Christine Picciolo-Schneider

STELLDICHEIN
MIT EINER
ANDEREN WELT

Biographischer Roman
über Alex Schneider ᵛ/₀ Sasu

Copyright: © 2021 Christine Picciolo-Schneider
Umschlaggestaltung: Brassel Architekten
Satz: Sabine Abels www.ebookerstellung.de
Verlag und Druck:
tredition GmbH
Halenreie 40-44
22359 Hamburg

Softcover 978-3-347-50453-0
Hardcover 978-3-347-50454-7

Bibliografische Information der Deutschen Nationalbibliothek:
Die Deutsche Nationalbibliothek verzeichnet diese Publikation in der Deutschen Nationalbibliografie; detaillierte bibliografische Daten sind im Internet über http://dnb.dnb.de abrufbar.

Für Alex

In ewiger Dankbarkeit

DIE AUTORIN:

Christine Picciolo-Schneider

1946 in Österreich geboren, aufgewachsen in Lochau

Besuch der Volks- und Hauptschule

Zwei Jahre Frankreichaufenthalt in einem Mädcheninternat

Besuch und Abschluss der Handelsschule Bregenz

Mit neunzehn nach Kanada ausgewandert und fünfzehn Jahre dort gelebt

In Kanada als Bankangestellte gearbeitet

Geheiratet und Familie gegründet, drei Töchter

Rückkehr nach Österreich mit Familie, Scheidung

Ausbildung zur Sozialarbeiterin und Psychotherapeutin

Viele Jahre Praxis als Psychotherapeutin

Ab 1996 Übersetzerin für die Schweizer Parapsychologische Gesellschaft

1999 Eheschliessung mit Alex Schneider

2012 Tod ihres geliebten Ehemannes

WISSENSWERTES

Zum Inhaltsverzeichnis

Aufgrund der unterschiedlichen Leserzielgruppen habe ich ein sehr ausführliches Inhaltsverzeichnis erstellt. So können die verschiedenen Interessensgebiete schnell gefunden werden.

Fakt und Fiktion

Der Inhalt, ausser vier Abschnitten, entspricht den Tatsachen. Im Sinne der lockeren und unterhaltsamen Lesbarkeit habe ich ihn allerdings literarisch, wie man es so schön nennt, zugeschnitten und umverteilt.

- Der Abschnitt «Alex' Besen – ein Tagtraum» ist zwar erfunden, der Inhalt und die Namen jedoch tatsächlichen Geschehnissen entnommen.
- Die Geschichte «Reinkarnation» haben Alex und ich so erlebt wie beschrieben. Die Fortsetzung davon, «Verlorene Liebe wiedergefunden», ist erdichtet.
- Die «Nostalgische Maturafeier» ist ein Konstrukt aus vielen tatsächlichen Aussagen Alex' ehemaliger Schüler, und es hat mich Überwindung gekostet, nicht alle der vielen Lobeshymnen einzubauen.
- Den «Parapsychologischer Vortrag am Gymnasium» hat es wirklich gegeben. Die Namen sowie die Beschreibung der Teilnehmer sind erfunden.
- Auch habe ich eine fiktive Liebesgeschichte in den Abschnitt «Mystische Englandreise» eingeflochten. Anna, Bill und Trixy sind frei erfunden. Die anderen echten Reiseteilnehmer haben an verschiedenen Reisen teilgenommen, die ich zu einer einzigen zusammengefügt und die meisten Namen etwas abgeändert habe.

Namen

Bekannte, öffentliche Personen wurden mit ganzem Namen genannt. Die Namen der restlichen realen Akteure wurden geändert oder gekürzt.

Sonderstatus haben Alex' ehemalige Schüler. Die meisten Genannten habe ich mit Vornamen und dem ersten Buchstaben ihrer Nachnamen sowie deren Maturajahr erwähnt.

Fotos

Die Fotos haben unterschiedliche Qualität – die meisten sind alt und unscharf, als Zeitzeugen aber nicht wegzudenken. Ein Grossteil wurde mir von den Betreffenden selbst zur Verfügung gestellt.

Danksagung

In Herzlichkeit gedenke ich aller, die durch ihre mündlichen oder schriftlichen Berichte zur Entstehung dieses Buches beigetragen haben. Zu viele sind es, um sie alle persönlich zu erwähnen; hier also nur einige:

Als erstes danke ich meinem lieben Freund Peter Hirning, einem wahren Digital-Künstler, nicht nur für das Einrichten des Computer Schreibprogramms, sondern auch dafür, dass ich mich immer wieder, bis zur Fertigstellung, mit allen möglichen und unmöglichen Computerproblemen melden durfte.

Immenser Dank gebührt meiner Lektorin und lieben Freundin Jana Maurer. Ohne sie hätte das Buch nie das Licht der Welt erblickt. Nachdem es von zwei Verlagen abgelehnt wurde, hat sie es in kürzester Zeit auf den Kopf gestellt, durchgeschüttelt und mir wunderbare, kreative Änderungsvorschläge gemacht.

Herrn dipl. Architekt Lukas Brassel kann ich nicht genug für seine spontane, grosszügige Gestaltung des vorderen Buchdeckels danken.

Ruth Schweikert bin ich sehr verbunden für ihre wertvollen Schreibhinweise, im Rahmen des ‹JULL Freier Schreib-Nachmittag›.

Alex' Farbenbrüder des KTV, hauptsächlich Eugen Knopfli ^{v}/o Kläff, Regierungsrat Ernst Rüesch ^{v}/o Luno, Reinhard Müller ^{v}/o Chrigel und Hugo Stäger ^{v}/o Toko haben sich besonders bemüht, mir die damaligen Verbindungszeiten nahe zu bringen. Grosse Freude hat mir Aleš Král ^{v}/o Naja damit gemacht, den KTV Abschnitt des Buchs als Büchlein für die KTVer zu drucken.

Lieber Dank gebührt Inge Kellenberger und Maya Herzig des AHV-KTV Damenstamms. Sie haben mir den Mädcheneinsatz im Landdienst während des 2. Weltkriegs lebendig veranschaulicht.

Seinen Bergkameraden der Jugendorganisation des SAC bin ich sehr dankbar für die Schilderungen ihrer Bergabenteuer, darunter besonders Heidi Müller-Kunkler, die für mich alte Fotos ausgegraben und mir unermüdlich Fragen beantwortet hat.

Zahlreiche unter Alex' vielen ehemaligen Schülern haben sich die Zeit genommen, mir Interviews zu geben und Fotos sowie Schnitzelbänke zu schicken. Dafür danke ich alphabetisch und ohne Titel: Aeberhard Ueli, Bauer Walo, Bobst Roland, Boller Beat, Brülisauer Alfred, Christ Regula, Eberle Alex, Eschenmoser Alphons, Hensel Christa, Giger Niklaus, Kesselring Jürg, Klauser Peter, Kohler-Rohner Hanny, König-Bersin Petra, Kriemler Albert, Leuenberger Christoph, Levron-Stöckli Marianne, Läuchli Max, Markwalder-Denzler Regula, Metzger Christoph, Müller Hans Peter, Notter-Ländi Marlis, Reichen Fredi, Schneider Urs, Studer Hans-Peter, Tobler-Frischknecht Ursula, Weder Hans und Weigelt Susanne.

Herzlich umarme ich meine Familie und meine Freunde dafür, dass sie immer wieder geduldig mein halbfertiges Produkt angehört und mich ermutigt und bestätigt haben. Das gilt ganz besonders für meine liebe Freundin Tina Leu, die mir in vielen Stunden die alte Schweiz nahegebracht hat.

Und last but not least, bedanke ich mich bei meiner Grafikdesignerin Sabine Abels, die beherzt mein Manuskript übernommen und gekonnt in ein anschauliches Buch verwandelt hat.

INHALTSVERZEICHNIS

VORWORT

Dieses Buch ist weder eine Biographie über Alex Schneider, noch erheben die folgenden Ausführungen, angesichts seines langen tätigen Lebens, auch nur den geringsten Anspruch auf Vollständigkeit.

Die Darstellung ist in Romanform verfasst, doch in Alex' Dialogen mit den Akteuren zitiere ich ihn – um die Echtheit seiner Aussagen zu wahren – aus seinen eigenen Texten, transkribierten Vorträgen sowie Zeitungs- und Fernsehinterviews.

Um seine persönliche Prägung aufzuzeigen holte ich weit aus und brachte seine wohlbehütete Kindheit mit seinen liebevollen Eltern ein.

Seine Kriegserlebnisse geben Einblick in die harten Zeiten, die ihn und sein Umfeld damals geformt haben.

In den Anekdoten aus seiner Jugend erkennen wir die heranwachsende starke Persönlichkeit. Er besass eine unbändige Lebensfreude sowie Humor und Gelassenheit, was ihm dann im KTV den *leicht und locker* bedeutenden Cerevis *Sasu* einbrachte.

Das war aber nur ein Aspekt seiner Persönlichkeit, ein anderer war der tiefe Denker. Das Auseinanderdriften der Naturwissenschaft und des Geistigen war für ihn ein Schmerz, der sich mir immer wieder mitteilte. Bis zuletzt war er davon durchdrungen seine Erkenntnisse auch der Fachwelt zu erschliessen, denn er war überzeugt, dass die Zukunft der Physik in der Einbeziehung des Metaphysischen liegt.

PROLOG

ES BEGANN UND ENDETE MIT KARTEN

Die ersten, vor vielen Jahren von einer Kartenlegerin gelegten, wiesen auf Leben, Liebe und Lachen hin. Jene, die mir der Postbote seit ein paar Tagen bringt, bedeuten Tod, Trauer und Einsamkeit.

Gerade hatte ich den Nachruf auf Alex im St. Galler Tagblatt gelesen, da läutete es an der Wohnungstüre.

«Guten Morgen», begrüsste ich meine hübschen Töchter, Sarah und Julia mit ihrem italienischen Flair, den sie von ihrem Vater geerbt hatten. «So schön, euch in dieser schweren Zeit bei mir zu haben.»

Sarah hielt mir eine Papiertüte mit *Gipfeli* entgegen und schüttelte das Regenwasser von ihrem Schirm. «Ist doch klar, Mama. Wir lassen dich die vielen Dankeskarten doch nicht alleine schreiben.»

«Oh, das ist ja ein riesiger Berg», rief Julia, als sie den angesammelten Haufen der Beileidsschreiben sah, die wir zu beantworten hatten. «Damit werden wir nie an einem Tag fertig.»

«Ich bin schon seit Tagen dran», erwiderte ich. «Die Karten und Briefe mit den schönsten Kommentaren habe ich hier aufgestellt. Hört euch diese mal an:

‹Mit Alex lernte ich einen hingebungsvollen, stets kritisch hinterfragenden Grenzwissenschaftler kennen, und darüber hinaus eine der großartigsten Persönlichkeiten, die mir je begegnet sind: bescheiden, gütig, wohlwollend, uneigennützig, hilfsbereit, immer auf Ausgleich bedacht. Die Schweizer Parapsychologie verliert mit Alex Schneider ihren herausragenden Repräsentanten der zweiten Hälfte des 20. Jahrhunderts – und ich einen fernen väterlichen Freund, den ich sicher nie, solange ich lebe, vergessen werde. Ohne Alex ist es diesseits etwas dunkler geworden. Harald Wiesendanger, Schönbrunn, Deutschland.›

Oder diese hier:

‹Alex hat ungewöhnlich viel getan für die Verbreitung des Geistigen in unserem Leben. Danke! Mir ging es wie es in der Todesanzeige stand: ‹Wer ihn gekannt hat, war stolz auf seine Freundschaft›.
Christian Schmid, St. Gallen.›»

Julia nickte zustimmend. «Er wurde sehr geschätzt, sogar von Menschen, die mit Parapsychologie nichts am Hut hatten.»

Um meine Rührung zu verbergen, nahm ich Alex' Foto vom Buffet und streichelte das lächelnde Gesicht.

«In seinen vielen Vorträgen und Veröffentlichungen ging es ihm darum, klarzustellen, dass die Trennung, die im 17. Jahrhundert in der westlichen Welt zwischen der Wissenschaft und der Kirche vollzogen worden war, nicht gleichzeitig Trennung von Materie und Geist -unserer einzigen Quelle dauerhaften Glücks – bedeutet, die sich aber bedauerlicherweise daraus ergeben hatte. Durch die Beschäftigung mit allen möglichen Formen paranormaler Erscheinungen wollte er postulieren, dass der Mensch nicht nur Materie ist, sondern vor allem Geist. Dass er sich mit dieser Thematik befasst hat, wurde nicht von allen verstanden, aber sie haben ihn trotzdem respektiert. Er hat nie missioniert.»

«Du weisst ja, Mama, dass deine drei Töchter» – Sarah wischte sich eine Träne von der Wange – «auch Claudia, die Alex leider schon vor vier Jahren vorausgehen musste, ihren Stiefpapa sehr in ihre Herzen geschlossen haben. Er hatte stets ein offenes Ohr und war immer freundlich und verständnisvoll.» Sie ging in die Küche und kam bald darauf mit drei Tassen Kaffee zurück. «Wie war das denn damals, als du Alex kennengelernt hast?»

Ich musste ob den Geheimnissen des Lebens lächeln. «Wenn ich so zurückblicke, wurden schon Jahre vor dem eigentlichen Kennenlernen die sogenannten Schicksalsfäden gesponnen. Zum ersten Mal getroffen habe ich ihn vor sechzehn Jahren, 1996, als ich nach der Scheidung von eurem Vater anfing, neben meiner Arbeit als Psychotherapeutin, auch als Übersetzerin für die Schweizer Parapsychologische Gesellschaft zu arbeiten. Ursula, seine erste Frau, war ein Jahr zuvor gestorben.

Das Verrückte ist, dass mir vier Jahre davor, während seine Frau noch lebte, eine Kartenlegerin die Beschreibung meines zukünftigen Ehemannes gab, die, wie sich später zeigte, exakt auf Alex passte. Meine Freundin Sonja wollte sich damals von Marianne, einer einfachen Frau aus unserem Dorf, die Karten legen lassen, scheute sich aber davor, alleine hinzugehen. So begleitete ich sie – schon aus Neugier.

Marianne verstand ihr Handwerk. Sie arbeitete selbstsicher und vertrauenerweckend. Und obwohl sie ihren schamanischen Tierkarten auf dem Küchentisch wundersame Deutungen entlockte, wirkte das Ganze nicht wie ein Hokuspokus. Ich staunte, was Sonja alles zu hören bekam, und am Ende war ich so beeindruckt, dass ich selbst um eine Sitzung bat. Das Tonband davon habe ich immer noch. Soll ich euch die Aufnahme vorspielen?»

«Ja, gerne», riefen beide zugleich.

Ich holte den Kassettenrekorder und das Tonband mit der Aufschrift *Marianne, November 1992* und schob es in den Rekorder. Gespannt warteten wir. Nach anfänglichem Bandknistern vernahmen wir die Prophezeiungen, die diese Hellsichtige vor zwanzig Jahren gemacht hatte.

Wir hörten sie die Karten mischen und den Stapel hinlegen. Dann vernahmen wir ihre feste Stimme:

«Zweimal abheben.»

Man hört, dass ich tue wie geheissen, mache zwei Kartenhäufchen, und sie mischt diese nochmals.

«Zwei Karten ziehen. Die erste wird ihr Ihr Problem zeigen.»

Ich ziehe zwei Karten, die erste ist ein Panzertier.

«Das sind ihre Grenzen», erklärte Marianne. «Wenn Sie diese Karte gewählt haben, könnte es sein, dass sie aus Ihrem Leben ein Bahnhofsrestaurant gemacht haben. Vielleicht können Sie nicht *nein* sagen. Die zweite Karte beschreibt Ihr Thema. Hm, sind Sie schon zum zweiten Mal verheiratet?»

«Nein», antworte ich, «nur einmal und bereits geschieden».

«Wenn das noch nicht ist, wird es in Zukunft sein», kontert sie.

«Ich kann mir nicht vorstellen, dass ich mir das noch einmal antue», gebe ich widerstrebend zurück.

«Doch, doch», antwortet sie mit Bestimmtheit. «Es gibt eine zweite Liebe für Sie und zwar eine ganz grosse. Sie steht sogar kurz bevor. Hier zeigt sich schon, was auf Sie zukommt. Aber etwas muss ich Ihnen sagen. Sie müssen umziehen. Er hat ein Haus, aber nicht hier in Vorarlberg. Und ich glaube wirklich, dass Ihr in drei Jahren heiratet. Den würde ich mit allen Fasern halten. Das ist ein guter Mann. Ausserdem werden Sie dort sehr angesehen sein. Die Ameisenkarte steht für Strategie, das heisst Sie müssen sich neu eingliedern. Ziehen Sie noch eine Karte zur Bestätigung. Ja, eindeutig, er ist die Kraft, die Geborgenheit, die Mystik, das Verschlossene, die Höhle. Noch sechs Karten ziehen.»

Pause, während ich ziehe.

«Ich höre die Worte *sozialer Professor*», spricht Marianne weiter.

«Die erste Karte ist der Angsthase. Sie haben anfänglich Angst, sich zu verlieben.

Dann das Eichhörnchen – es bedeutet Geld. Also, arm ist der Mann nicht.

Als Nächstes kommt die Karte der Wiedergeburt – Sie erleben einen Neubeginn.

Die nächste Karte, der Elch, ist die Sexualität. Nicht mit Bummbumm und Trieb werden Sie diese wieder kennenlernen, sondern auf ganz anspruchsvolle Art und Weise.»

«Moment mal», mischt sich Sonja ein. «Anspruchsvoller Sex? Oh, là, là! Kann ich hinterher auch noch mal ziehen?»

Dann hört man uns beide laut heraus prusten.

Marianne lässt sich nicht aus der Ruhe bringen.

«Die 5. Karte, hmmm, das Geheimnis des Lebens, das heisst, dass man zum richtigen Zeitpunkt, am richtigen Ort, die richtigen Menschen trifft.

Und schliesslich die Karte des grossen, geistigen Wissens der Erde. Wenn einer dasitzt, viel nachdenkt und nichts sagt, nennt man ihn oft einen Spinner. Das ist der besagte Professor. Sie selber werden sich auch mehr für die Spiritualität interessieren. Das ist Ihre Zukunft. Er ist die Erfüllung ihrer Wünsche und Träume.»

Ich hielt das Band kurz an, weil Julia anfing zu lachen.

«Du wirst dich wohl gefragt haben, wie diese Menagerie aus Elchen, Eichhörnchen und Ameisen über deine Zukunft entscheiden kann.»

«Das habe ich wahrhaftig. Aber, natürlich habe ich mich auch gewundert, wo dieser Wundermann sein soll.» Dann liess ich das Band weiter laufen.

«Jetzt nochmals drei Karten ziehen, extra für *ihn*», hörten wir Marianne. «Ah ja, er ist die Harmonie, die Reiselust, aber auch der Zweifler. Er zweifelt an dem Gehäuse, das er sich aufgebaut hat. Er blickt weiter hinter die Materie und sieht grössere Zusammenhänge.»

«Schon gewaltig, wie man solche Dinge voraussagen kann», meinte Julia staunend, nachdem die Aufnahme zu Ende war.

Sarah nickte bestätigend. «Ja, tatsächlich, nur mit den Zeitangaben hapert es oft, wie zum Beispiel, dass ihr drei Jahre später hättet heiraten sollen.»

«Begegnet bin ich ihm vier Jahre nach dieser Voraussage, aber geheiratet haben wir drei Jahre danach. Für mich hat diese Wahrsagerei darum so grosse Bedeutung, weil Alex als Parapsychologe genau diese Dinge erforschte.

Die Mädchen nickten zustimmend und wandten sich wieder den Dankeskarten zu.

«Wenn wir schon beim Mystischen sind,» erläuterte ich nachdenklich, «so ist auch sein Todestag, der 10.10.2012, bedeutsam. Die 10 ist die Zahl der Veränderungen und der Wendepunkte im Leben. Wendepunkt auch für mich. Nun bin ich wieder alleine und muss mich zurechtfinden. Doch obwohl er die irdische Ebene verlassen hat, fühle ich mich immer noch eins mit ihm, und seine Liebe scheint mir ein unvergänglicher Schatz.»

Julia reichte mir ein Bündel adressierter Dankeskarten, damit ich die Marken darauf klebe. «Wir machen uns Gedanken, wie das weitergehen soll. Ihr wart so verbunden und aufeinander abgespielt. Wie schaffst du das jetzt ganz auf dich gestellt?»

«Viel kann ich noch nicht dazu sagen. Alex besass eine so grosse geistige Weite, in der ich total aufgegangen war. Ich werde einen Fuss vor den nächsten setzen und versuchen, den Weg, den er mir aufgezeigt hat, alleine weiterzugehen. Überdies hatte er etwas Heilendes an sich, das durch seine Worte, seinen Blick, seine Berührung zum Ausdruck kam. Er nahm jeden an wie er war. Nie habe ich ihn etwas Negatives über jemanden sagen gehört. Die Menschen spürten dies und fühlten sich angenommen und gut in seiner Präsenz. Ihn selbst kann ich nicht festhalten, aber das, was ihn ausgemacht hat, möchte ich gerne niederschreiben.»

Etwas skeptisch neigte Julia ihren Kopf. «Schöne Idee, aber du hast Alex ja erst kennengelernt, als er schon neunundsechzig war. Du warst fast zwanzig Jahre jünger, kamst aus einer anderen Generation und einem anderen Land. Seine damalige Schweizer-Lebensart, zum Beispiel mit seiner Studentenverbindung dem KTV, oder dem Schweizerischen Alpenclub, war dir total fremd. Wie willst du da sein Leben aufzeichnen?»

«Sechzehn Jahre lang durfte ich mein Leben mit ihm teilen. Aber der beträchtliche Altersunterschied war mir immer bewusst. Die Wahrscheinlichkeit, dass er vor mir stirbt wurde mir, je länger je mehr, zum gefürchteten Damoklesschwert. Und die Frage, ‹wie wird mein Leben dann ohne ihn sein?›, nagte zunehmend an meinem Herzen. Ich befrage ihn so oft wie möglich über sein Leben vor unserer gemeinsamen Zeit und fing an, seine Geschichten aufzuschreiben und Fotoalben zu beschriften. Nun, da er nicht mehr da ist, habe ich vor, Interviews mit seinen noch lebenden Bekannten zu machen und zusätzliche Informationen in anderen Quellen zu suchen.»

«Kein leichtes Unterfangen», meinte Sarah.

«Mag sein, aber ich erhoffe mir viel davon. Besonders erfolgversprechend erscheint mir der Gedanke, Orte zu besuchen, wo Alex sich aufgehalten und intensive Erlebnisse hatte, um nochmals tief in seine Atmosphäre einzutauchen.

All das in eine Geschichte einfliessen zu lassen, gibt mir die Vorstellung, unser gemeinsames Leben noch einmal durchlaufen zu dürfen. Noch einmal träumen zu können, ihm nahe sein. Ein grosses Glück!»

AUF ALEX' SPUREN

Ich begann meine Suche damit, dutzende mir relevant erscheinende Bücher aus seiner umfangreichen Büchersammlung zu lesen sowie Informationen in Archiven, im Internet und sonstigen Quellen zu suchen. In meinem Büro türmten sich Alex' Ordner, Hängemappen und Fotoalben, die ich minutiös durchforstete. Um jedoch lebensnahe Beiträge von Zeitzeugen zu erhalten, begann ich nach seinen Freunden und Bekannten zu forschen.

Es entstanden viele Interviews mit zum Teil sehr alten Menschen. Ich hörte zu, nahm auf und blätterte in kostbaren Fotoalben voll lachender Gesichter von jungen Mädchen und Burschen in Ballkleidung oder an Bergflanken mit genagelten Schuhen und

Seilen um die Hüften. Auch wenn die Erinnerungen lückenhaft und subjektiv waren, so brachten sie unentbehrliche Hinweise nicht nur für das Buch, sondern auch für mein Verständnis der damaligen Zeit und Lebensart. Um mich so authentisch wie möglich in Alex' damaliges Ambiente zu versetzen, realisierte ich meinen Plan und reiste zu vielen Orten seiner prägenden Erlebnisse. Besonders geeignet für dieses Vorhaben schienen mir die SAC Grialetschhütte und Paris zu sein.

RISKANTER AUFSTIEG
ZUR GRIALETSCHHÜTTE

Obwohl Alex und ich viel unterwegs waren, standen hochalpine Hütten nie auf unserer Reiseplanung, weil ich bei seinen anstrengenden Märschen nicht mithalten konnte und an steilen Stellen Höhenangst zeigte.

Nachdem er mir eine längst vergangene SAC-Skitour voller Jugendlust auf die Grialetschhütte beschrieben hatte, erschien mir der Aufstieg dort hinauf nun jedoch besonders verlockend. Das Tempo konnte ich ja selbst bestimmen.

Der lange und für mich sehr einsame Winter hatte dem Land den Rücken gekehrt und dem aufbrechenden Lenz Platz gemacht. So entschied ich, es sei an der Zeit, meinen Pioniergeist aus der Versenkung zu holen.

‹SAC Grialetschhütte 2542 m› stand auf Alex' alter Wanderkarte. ‹Das schaffe ich allemal›, dachte ich, holte meine Wanderstöcke aus dem Keller, kaufte mir bessere Bergschuhe und machte mich mit einer Sportjacke und einer Wollkappe im Rucksack auf den Weg ins Dischma Hochtal bei Davos.

Es war, wie Alex beschrieben hatte, ein bezauberndes Tal. Das Wetter war perfekt, die Hänge standen in Frühlingsblüte, und die

Bergspitzen trugen glitzernde weisse Hauben. Stolz zeigte der Piz Grialetsch seine Nordflanke mit dem Scalettagletscher.

‹Schnee auf den Gipfeln, oje› ging mir durch den Kopf. ‹Aber so weit hinauf führt mein Weg ja gar nicht›, tröstete ich mich. Ein echter Bergkenner hätte allerdings gewusst, dass es im Mai auch weiter unten noch Schnee geben kann, den man in den Niederungen nicht sieht.

Am Ende des Tals, hinter dem Berggasthaus Dürrboden auf 2000 Metern, stellte ich das Auto ab und begab mich zu einer Wegtafel mit der Aufschrift ‹GRIALETSCHHÜTTE 1 ½ ST.›. ‹Das klingt machbar›, dachte ich. ‹Das sind ja nur noch an die 500 Meter Höhenunterschied. Und es sagt ja niemand, ich darf mit siebenundsechzig nicht länger brauchen›.

Zuversichtlich doch bedächtig bestieg ich die anfänglich leicht begehbare, doch dann stetig gerölliger werdende, abschüssige Bergflanke des Radüner Rothorns. Nach drei Stunden anstrengenden Steigens kroch ich keuchend aber glücklich über das letzte schroffe Stück. In ein paar Minuten würde ich die angekündigten 2500 Meter erreicht haben. Auf der Karte hatte ich gesehen, dass ab dieser Stelle ein ziemlich ebener Wanderweg zur Grialetschhütte führt. Doch jäh verkroch sich mein Optimismus, als ich diesen Pfad zu Gesicht bekam. Vor mir erstreckte sich ein zwar ebenes, jedoch mit hartem Schnee verkrustetes 200 Meter langes, etwa 80 Zentimeter breites Wegstück. Vorwärts ging es nur in den vereisten Fussstapfen meiner Vorläufer, links steil hinauf, rechts ebenso steil hinunter – weit unten rauschte wild der Furggabach. Meine Höhenangst schlug Alarm, aber zurück wollte ich auf keinen Fall.

‹Wie, um Himmelswillen, haben Alex und seine Kollegen das damals mit Skiern an den Füssen gemacht?›, wunderte ich mich. ‹Hilfe, Alex!›, rief ich gegen den Himmel. ‹Was soll ich jetzt tun?›

‹Komm nur›, hörte ich ihn innerlich, ‹das geht schon. Ich halte dich.›

Da mir nichts anderes übrig blieb, klammerte ich mich an diese innere Stimme und erreichte nach einer langen, nervenaufreibenden Weile eine weite Mulde mit dem wunderschönen kleinen Furggasee. Ab hier war das Laufen einfacher und ich konnte die Naturschönheiten wieder wahrnehmen.

An zwei weiteren kleinen Seen vorbei erreichte ich nach insgesamt vier Stunden zwar völlig abgekämpft aber wohlbehalten und vor allem siegesbewusst die Hütte. Auf einer schneebedeckten Hochebene, umgeben von majestätischen Bergkronen, erschien sie mir mit ihren grauen Bausteinen wie eine Festung.

An einen Abstieg am selben Tag war nicht zu denken. Gottlob gab es noch Platz im Massenlager. Ungeplant erlebte ich nun einen Hüttenabend, von denen Alex so oft geschwärmt hatte. Ich sass da nicht etwa alleine an einem Tisch, sondern rückte zusammen mit anderen Berggehern. Man stellte sich mit Vornamen vor und wurde geduzt. Servierkrimskrams gab es ebenfalls keinen. Die Suppe und das restliche einfache, aber köstliche Essen kamen in grossen Töpfen auf die Tische. Dann hörte ich Berggeschichten. Später, auf meinem sehr sauberen, aber eiskalten Schlaflager zwischen anderen Frauen – jemand hatte darauf bestanden, das Fenster offenzulassen – behielt ich sämtliche Klamotten an, sogar meinen Anorak, zog mir die Wollkappe tief über die Stirn und schob mir die Federdecke bis unter die Nase. Ich bildete mir ein, neben der kalten würzigen Luft habe auch der gewaltige, aber wohlwollende Berggeist Einzug im Raum gehalten. Es war magisch. Ich fühlte mich aufgehoben. Ich brauchte keine Schäfchen zu zählen und fiel bald in einen tiefen Schlaf.

Die Bergkameradschaft zeigte sich wieder am Frühstückstisch, wo ich viele Tipps für ebenso romantische, aber leichter erreichbare Berghütten erhielt. Für den Abstieg wurde mir der schneefreie Sonnenhang empfohlen, der in die gegengesetzten Richtung zur Flüelapassstrasse führt – weit entfernt von meinem Auto. Darüber müsse ich mir keine Sorgen machen, hiess es, Bergwanderer würden dort problemlos von Autofahrern mitgenommen. So war es dann auch, und nach einer Autostopp-Fahrt nach Davos und einer Busfahrt nach Dürrboden erreichte ich glücklich und stolz mein Auto.

Ich hatte mich nicht getäuscht. Diese Expedition gewährte mir nicht nur Einblick in Alex' Begeisterung für die Berge, sie hatte mich auch damit angesteckt. ‹Gut gemacht›, hörte ich ihn sagen.

UNVERGESSLICHES PARIS

Einen Monat später, vor dem grossen Touristenstrom der Sommerferien, war Paris an der Reihe.

Ich packte meinen Koffer, setzte mich in den TGV, und mit Alex'altem Fotoalbum sowie der Beschreibung seines Paris-Abenteuers im Gepäck eilte ich der Stadt der Liebenden entgegen. Einerseits freute ich mich auf Frankreich, wo ich als junges Mädchen zwei glückliche Jahre in einem Internat verbracht hatte, andererseits überkam mich banges Herzklopfen. Was erwartete mich dort? Würde ich noch genug von den Gefühlen aufstöbern können, die Alex damals aufwühlten, um sie in eine interessante Geschichte verpacken zu können?

Das monotone Rauschen des Zuges versetzte mich in einen ähnlichen Zustand, wie ihn damals Alex erlebte, als er voller Hoffnung seiner abtrünnigen Liebsten folgte. Fetzen eines Verses, den sein Kummer ihm entrungen hatte, kamen mir in den Sinn:

> ‹Es rattern die Wagen, es pocht auch mein Herz,
> wem soll ich denn klagen stillnagenden Schmerz?
> Die Bäume sie fliehen, es fiebert mein Sinn.
> Gedanken sie ziehen zur Geliebten dahin …›

Mit dem Taxi vor dem Hotel Ambassador angekommen, Mittelpunkt des damaligen Abenteuers, zog ich das Album aus der Tasche und verglich die alten schwarzweiss Bilder mit dem heutigen Gebäude. ‹Das sieht aber gar nicht aus wie auf den Fotos›, dachte ich, und befürchtete, vor dem falschen Hotel zu stehen. Nachdem ich so weit gekommen war, wollte ich mich nicht von meinem Vorhaben abbringen lassen, und betrat die grosse Eingangshalle. Der ältere Herr am Empfangspult hörte sich geduldig meine Geschichte an und strahlte, als er die alten Aufnahmen sah. «Das ist ja unser Hotel mit der alten Fassade», stiess er freudig aus.

«Und diese Dächer, die mein Mann da fotografiert hat?»

Da zeigte er in Richtung Eingang. «Die sind genau hier gegenüber». Er rief zwei junge Portiere zu sich und bat sie, mich mit dem Lift in den 8. Stock zu führen und mir dort das Zimmer 806 zu zeigen, von wo aus diese Fotos gemacht wurden. Dann stand ich am gleichen Fenster wie Alex vor über sechzig Jahren und schaute über die gleichen Dächer bis hinüber zum Eiffelturm. Als ich das Fenster öffnete, wehte mir die Abendluft entgegen, und ich bildete mir ein, sie rieche echt pariserisch. Nahm ich sogar einen Veilchenduft wahr?

Ich hatte den richtigen Faden aufgenommen. ‹Von hier aus kann ich nun Alex' Spuren folgen, und wenn ich Glück habe, ihm nahe sein›, dachte ich hoffnungsvoll. Luxus gab es in diesem Dachzimmer auch heute noch keinen. Es war nur spärlich mit einem Bett, einem Kasten und einem Schreibtisch eingerichtet. Ein einziger Stuhl diente sowohl zum Sitzen, als auch als Nachttischchen. Doch der an der Innenseite der Türe angegebene Preis passte perfekt zu meinem Budget. Somit hatte ich einen weiteren Grund zu bleiben. An der Rezeption erfuhr ich, dass das Zimmer noch frei ist, und so checkte ich ein.

Mein erster Erkundungstag präsentierte mir herrliches Sommerwetter. Ich zog mein hübsches, schwarzweiss geblümtes Kleid an, das Alex so mochte, und mit seiner Paris-Geschichte in der Tasche machte ich mich auf in den Frühstücksraum. An der Bar klapperte eine Kaffeemaschine und während ich in ein herrlich duftendes Croissant biss, studierte ich die Metrokarte. Nicht der Louvre, der Eiffelturm oder die Notre-Dame Kathedrale interessierten mich, sondern der königliche Park ‹Place des Vosges›, indem Alex so manche amouröse Stunde verbracht hatte, der ‹Montmartre› mit seinem Künstlerviertel und den engen verspielten Gassen – Refugium für Verliebte –, das ‹Moulin Rouge›, das köstliche Erinnerungen hinterlassen hatte, und natürlich eine Seine Fahrt auf einem Bateaumouche.

Der Place des Vosges bestätigte die Vorstellung die ich von ihm hatte. Der quadratische, verspielt angelegte Park erschien mir wie ein abgetrennter Teil der Stadt. Umgeben von palastartigen Bauten, die vom Verkehr abschotten, ist er eine Rückzugsoase, die zum Verweilen einlädt. Gern nahm ich diese Einladung an und liess mich auf einer der vielen Bänke unter grossen alten Bäumen nieder und packte mein Brötchen aus. Im Nu war ich von unzähligen grauen, gefederten Bettlern umringt, die mich mit ihrem Gurren aufforderten, mein Picknick mit ihnen zu teilen.

Etwas später, auf dem Montmartre, realisierte ich, dass sich seit Alex' Zeit sehr viel verändert hatte. In der Basilika Sacré Coeur und auf dem Künstlerplatz Place du Tertre drängten sich dicht an dicht die Touristen. Auf der Suche nach dem Moulin Rouge fand ich den Boulevard de Clichy überladen mit Sexshops und Video Läden, die alles Mögliche versprachen. Gigantische Lichtreklamen boten Sexspielzeuge *deluxe*, oder Potenzmittel *de première catégorie* zum Verkauf an. Und überall überdimensionale, aufgeblasene Penisse. Romantisch war es dort nicht mehr.

Allerdings hätte ich, wäre ich nicht alleine gewesen, abends ein ‹Dînerspectacle› im Moulin Rouge, dem bekanntesten Cabaret der Welt besucht, denn ‹*die Aufführung ist sensationell, das Essen ausserordentlich lecker und der Champagner hervorragend*›, behaupteten die Plakate am Eingang. Auch muss man, so Alex, diese Show gesehen haben, wenn schon in Paris.

Ich liess jedoch den Rummel hinter mir und begab mich auf die Suche nach einem Café in einer ruhigen Seitenstrasse. Da erspähte ich von Weitem einen kleinen Park, aus dem muntere Stimmen drangen. Das lockte mich an. Unverhofft war ich im ‹Place des Abbesses› gelandet, wo im Jahre 2000 zwei Künstler die ‹Mur des je t'aime› errichtet hatten, auf der sie die Worte *Ich liebe Dich* in fast dreihundert verschiedenen Sprachen festhielten. Was für ein aufregender Fundus für meine nostalgische Parisreise – was für ein Zufall. War es das wirklich, oder hatte mich Alex hierher geführt, um mir eine Liebeserklärung zu machen? Ein leichter Windstoss fuhr mir durchs Haar.

‹Chez Ives›, seine Lieblingsbrasserie fand ich nicht, dafür machte ich auf dem Opernplatz, unweit des Hotels, eine tröstliche Entdeckung: das ‹Café de la Paix›. Mit seiner verspielten Ausstattung aus der Belle Epoque liess ich gern, bei einem Glas Wein, die Abende ausklingen. Insgeheim stiess ich mit Alex an, der mir mit Sicherheit gegenüber sass und sich ebenso über das heitere, unbekümmerte Treiben freute. ‹In meinem Koffer nehme ich mehr als genug Atmosphäre für unser Buch mit nach Hause›, sagte ich eines Abends gedanklich zu ihm. Und er nickte mir lächelnd zu.

Als krönenden Abschluss gönnte ich mir eine Dinner-Fahrt auf der Seine. Was für romantische Momente – ein herrlich milder Abend, ein purpurroter Sonnenuntergang, die aufblitzenden Lichter der Stadt, die nächtlich glitzernde Seine deren kleine Wellen munter an den Schiffsbug plätscherten, ein aussergewöhnliches Abschiedsessen – ein Paris-Erlebnis das mir, wie Alex damals, unvergesslich in Erinnerung blieb.

෨෬

1. DAS SCHICKSAL NIMMT SEINEN LAUF

DER LANG ERSEHNTE SOHN

9. Mai 1927. Der Frühling hatte angefangen Fuss zu fassen und die blauen Flecken am Himmel begannen grösser zu werden als die grauen. Oskar Schneider stand früh auf und richtete sich im Sonntagsgewand und Melone für seinen wichtigen Gang: Heute durfte er Frau und Kind nach Hause bringen.

Einige Monate nach der Trauung war es der 30-jährigen Sofie freudig bewusst geworden, dass sie in Erwartung war. Sie hatte mit dem benachbarten Entbindungsheim auf der Goethestrasse vereinbart, das Kind dort zur Welt zu bringen.

Der frisch gebackene Vater machte einen Inspektionsgang zum neu eingerichteten Kinderzimmer, wo alles aufs Feinste für den

Spross parat gemacht worden war. Es sollte ihm an nichts fehlen. Das Kinderbettchen war so positioniert, dass es vom Flur aus beobachtet werden konnte, und der prächtige Stubenwagen – ein besonderer Blickfang – liess sich in der ganzen Wohnung herumschieben. Auch ein Kindermädchen wurde eingestellt, das sein Zimmer zwar oben im Dachgeschoss hatte, aber mit einer Glocke an einer Schnur leicht zu kontaktieren war. Im Kellervorraum wartete der grossrädrige, mit Spitzenwäsche ausstaffierte Kinderwagen darauf, zur Goethestrasse hinuntergefahren zu werden.

Aufrecht schob er den Wagen die breite Treppe durch den Garten zur Tannenstrasse hinunter. Hier herrschte schon am Morgen reges Treiben. Der Gemüseverkäufer schob seinen schweren Karren die Strasse entlang und pries laut rufend und eine Glocke läutend seine Ware an: «*Salat, Rüebli, Herdöpfel!*» Ein Pferdewagen mit Milchtansen hielt vor dem Haus, und Bauer Ebneter kam ihm mit einem Eimer voll Milch und einem Messkrug entgegen, um die vor der Eingangstüre parat gestellten *Milchkesseli* zu füllen. «Ich gratuliere», sagte er beim Anblick des Kinderwagens, «und alles Gute.»

«Danke», antwortete Oskar kurz und lüftete seinen Hut. Heute hatte er keine Zeit zum Plaudern. Aus der gegenüberliegenden Bäckerei ‹Café Bättig› strömte der Duft von frischem Brot, und Nachbarn mit Einkaufstaschen gingen ein und aus. Immer wieder wurde Oskar ‹guten Morgen› und ‹ich gratuliere!› zugerufen, und jedes Mal lüftete er seinen Hut.

Beim Entbindungsheim angekommen liess er den Kinderwagen vor der Türe stehen. Sofie wartete schon auf ihn. Fast ein Jahr war seit seiner zweiten Eheschliessung vergangen, als Oskar, achtundsechzig Jahre alt, vor drei Tagen sein erstes und einziges Kind in den Armen halten durfte.

«Oskar Alexander soll er heissen», sagte er gerührt vor Glück. Er hatte nicht mehr daran geglaubt, mit einem eigenen Sohn gesegnet zu werden.

Auch der erwachende Frühling hatte eine Überraschung parat.

Als Oskar voller Andacht seine kleine Familie heimführte, fielen still und unerwartet dicke Schneeflocken vom Himmel und breiteten einen weissen Teppich aus.

«Es schneit», rief Sofie verwundert und doch entzückt.

«Das kann doch nur ein gutes Omen sein», meinte der stolze Vater andächtig, «so aussergewöhnlich wie dieser Schnee, muss wohl auch unser Kind sein.»

Wieder daheim öffnete er mit einem neuen Gefühl die grosse Türe über welcher der Hausname ‹Wildrebe› stand. Er war stolz auf dieses imposante, vierstöckige Haus mitten in einem grossen Garten, das er vor fünfundzwanzig Jahren gekauft hatte, nachdem er mit seiner ersten Frau Ellen aus London in seine Heimat zurückgekehrt war. Sie waren kinderlos geblieben. Nun bekam das Haus eine andere Bedeutung: Es war nicht nur Obdach, sondern auch ein kostbares Gut, das er an seinen Erben weitergeben konnte.

෨෬

BEGEGNUNG DER BESONDEREN ART

TOTE BERICHTEN

‹Dieses grosse alte Haus mit seinem schönen geschwungenen Dach, in einem ummauerten Garten, kann seine noble Vergangenheit trotz neuem Verputz und modernen Fenstern nicht verleugnen›, denke ich, als ich mich zu Professor Schneider, Präsident der ‹Schweizer Parapsychologischen Gesellschaft›, kurz SPG, begebe. Ich soll hier eine Woche lang Sitzungen sowie eine sogenannte öffentliche mediale Demonstration für ein englisches spiritistisches Medium übersetzen, welches Botschaften von Verstorbenen aus dem Jenseits übermittelt.

Ich hatte schon oft aus dem Englischen übersetzt, aber bislang noch für keine Verstorbenen. Unbehagen beschleicht mich bei dem Gedanken. Ich hatte zwar ‹Der Alchemist› von Coelho gelesen, sowie dieses und jenes esoterische Heft, aber mit Geistern zu arbeiten, ist mir neu. Ich ahne nicht, dass mit dem Antreten dieser Tätigkeit mein Leben eine grundlegend andere Richtung nehmen würde.

‹BITTE EINTRETEN, NICHT LÄUTEN› steht auf einem an der Wohnungstüre angeklebten Zettel, im 1. Stock. Kaum bin ich eingetreten, kommt mir eine etwa sechzigjährige quirlige Person entgegen – das Medium Pam Beer – und reicht mir die Hand: «You must be Christine, my translator.»

Ich bejahe und gestehe ihr, dass mir die Idee, Verstorbene zu übersetzen, Respekt einflösst, aber sie beruhigt mich: «Du selber wirst sie nicht wahrnehmen, höchstens, du bist selbst medial veranlagt.»

«Ich hatte noch keine Gelegenheit herauszufinden, ob ich das bin und weiss auch nicht, ob ich das möchte», sage ich in abweisendem Ton und halte eine Hand bestärkend in die Höhe.

Daraufhin führt mich Pam lachend zum Sitzungsraum. Mit ihrer aufgestellten, humorvollen Art, ihren kurzen roten Haaren und der pfiffigen Kleidung ist sie mir augenblicklich sympathisch.

«Übrigens», erklärt sie weiter zeigt hinüber zum anderen Teil der Wohnung, «hat uns Professor Schneider zum Mittagessen eingeladen.» Daraufhin trägt sie mir auf, die erste Sitzungsbesucherin hereinzubitten, die sich als Tina vorstellt. Pam geht auf sie zu, um sie zu begrüssen, wird aber am Gehen gehindert. Sie dreht sich lachend im Kreis und schaut hinunter auf ein unsichtbares Etwas.

«Did you have dogs?», fragt sie Tina.

«Hatten Sie Hunde?», übersetze ich.

«Ja, mehrere», sagt Tina überrascht.

«Zwei davon sind hier, und zwar überaus muntere», erklärt Pam.

«Das sind sicher Chebec und Whirly», ruft Tina berührt. «Die sind vor ein paar Monaten gestorben.»

«Die begleiten Sie aber noch immer überall hin», sagt Pam in tröstendem Ton, setzt sich und drückt den Aufnahmeknopf des Tonbandgerätes.

‹Hunde haben ein Leben nach dem Tod?›, wundere ich mich perplex und bin neugierig auf weitere Überraschungen, die dieses Medium auf Lager haben mag. Die Sitzung beginnt. Jenseitige Verwandte kommen und bringen verschiedene Erkennungsmerkmale für Tina. Erst nachdem sie die Verstorbenen erkannt hat, gibt Pam die eigentlichen Botschaften weiter. Das Ganze wirkt seriös auf mich, und meine Vorbehalte weichen. An mir selbst entdecke ich keine medialen Fähigkeiten.

Nach einer Stunde ist die Sitzung beendet und die zweite Besucherin, Kati, wird hereingebeten. Kaum hat sie Platz genommen, streift sich Pam mit der Hand über den Kopf und sagt: «Es ist ein junger Mann mit einem Mountainbike hier. Er sagt: ‹Ich habe meine Haare wieder›.»

«Oh, mein Gott», ruft Kati, «das ist Robert, ein Arbeitskollege, der vor ein paar Monaten an Krebs gestorben ist.»

«Es geht ihm aber wieder gut», sagt Pam, «und er brachte ein Velo mit, weil er möchte, dass du wieder mehr hinausgehst, dich mehr bewegst und mehr Lebensfreude hast.»

Der Verstorbene erzählt wie es drüben ist, was er macht und gibt Kati ein paar Hinweise und Empfehlungen, wie sie mit ihrer momentanen schwierigen Lebenssituation umgehen könnte. Dann passiert etwas Aussergewöhnliches. Pam dreht sich zu mir und sagt: «Robert möchte der Übersetzerin etwas sagen.»

«Was, mir?», rufe ich verdutzt. «Nein, das kann nicht sein, ich kenne ihn ja gar nicht.»

«Doch», lacht Pam, «das ist zwar ungewöhnlich, aber er meint wirklich dich. Er sagt, ‹Du wirst bald den Partner Deines Lebens kennenlernen›.»

Ich warte: «Kommt da noch mehr?»

«Nein, das wars», antwortet Pam und wendet sich wieder – oder besser gesagt, Robert wendet sich wieder Kati zu. Und ich übersetze weiter, denke aber, ‹wenn sie geht, möchte ich mehr über diesen angekündigten Partner erfahren›.

«Das geht nicht», sagt Pam später. «Die Botschaft kam von Robert, und der ist mit Kati fortgegangen.»

«Oh, wie schade», brumme ich.

Pam muss wohl Enttäuschung auf meinem Gesicht lesen, denn sie sagt: «Warte, ich schaue, ob ich meinen verstorbenen Vater kontaktieren kann. Der hilft mir manchmal.» Sie braucht sich nicht lange auf ihn einzustellen. «Er ist schon hier», ruft Pam kurz darauf aus, «und meint, er könne nur noch eines dazu sagen, nämlich dass du diesen besagten Mann zuerst ablehnen wirst, bevor es zur Beziehung kommt.»

PROFESSOR SCHNEIDER

Es ist Mittag, und wir begeben uns zu einem grossen Esszimmer, wo an die zehn Leute anwesend sind und offensichtlich eine Diskussion im Gange ist.

«Wieso spricht niemand darüber, fragte ich mich damals, als ich noch während meiner Studienzeit mit der Parapsychologie in Berührung kam.»

Die Worte kommen von Professor Schneider, einem grossen, schlanken, distinguierten, älteren Mann mit auffallend hoher Stirn, prominenter Nase und geraden, fast eckigen Schultern. Sein ausgewaschener blauer Pulli und die abgetragene graue Hose erwecken den Anschein von Bescheidenheit.

«Aber, es ist, wie du sagst, mein lieber Freund: Die Naturwissenschaftler machen lächelnd alle paranormalen Erscheinungen als Hirngespinste herunter, da ihre Unbeweisbarkeit hinlänglich bewiesen sei. Es ereignen sich jedoch allein in unserem Land so viele Paraphänomene, dass ein wissenschaftliches Team mit Untersuchungen, Abklärungen, Beobachtungen und Beschreibungen ausgelastet wäre. Wir haben paranormal tätige Heiler, begabte Telepathen und Hellseher, jugendliche Löffelbieger und interessante Spukfälle, die leider oft gerade nur zur Kenntnis genommen werden können. Für genauere Erforschung hat niemand Zeit und schon gar kein Geld.»

Erst jetzt bemerkt Professor Schneider, dass Pam und ich den Raum betreten haben und hinter ihm stehen. Als er sich uns zuwendet, macht sich auf seinem Gesicht ein Lächeln breit. Aus seinen Zügen spricht ein schöner, starker Geist, der ihm etwas Anziehendes verleiht. Seine lebensprühenden Augen vermitteln Herzlichkeit. Auch glaube ich noch etwas anderes zu entdecken: Ist es Schalk, der um seine Mundwinkel spielt? Er legt eine Hand auf seine Brust und macht eine leichte Verneigung. «Ladies, we have been waiting for you. Let's have lunch.»

Das Mittagessen gestaltet sich als ein überaus lustiges, unterhaltsames Treffen. Unter den Eingeladenen befindet sich der Leiter der SPG Ostschweiz, Dr. Hans-Peter Studer, sowie ein Journalist, der nach dem Essen ein Interview mit Professor Schneider machen will.

‹Ein Interview? Der Mann muss wohl bekannt sein›, geht mir durch den Kopf.

Der Professor, den alle mit Alex ansprechen, hat einen grossen Topf gekochter Kartoffeln mit Schale auf den langen Tisch gestellt, dazu Käse und Butter und eine riesige Schüssel Salat ohne Sosse. Die muss man sich selber im Teller darüber schütten. Dieser ältere Herr erweist sich schnell als herrlich unkompliziert, nicht nur mit seinen Kochkünsten. Er ist auch witzig, und wenn er lacht, lachen seine tiefsinnigen Augen unter grauen, buschigen Brauen mit. Es geht etwas Kraftvolles und doch Sanftes von ihm aus. Der Journalist fragt ihn nach dem Sinn des Lebens, und ob die Physik Antworten darauf habe.

«Nein, die Physik, die mehr und mehr zur Grundwissenschaft aller Naturwissenschaften geworden ist, sich also auch mit dem menschlichen Leben befasst, kann über dessen Herkunft sowie Sinn und Zweck bislang keine Auskunft geben», antwortet er. «Die Frage nach dem Sinn des eigenen Lebens wie des gesamten Seins stellt sich jedoch immer wieder. Man findet jedes Mal eine neue Antwort und merkt, diese war nicht die Letzte – es gibt noch andere Antworten. Im Alter werden diese Fragen drängender. Allerdings habe ich es schon als junger Mensch merkwürdig gefunden, wenn Leute ihren Lebenssinn lediglich in Äusserlichkeiten gesehen haben.»

Wie kam er als Physikprofessor überhaupt dazu, sich jahrzehntelang für Themen zu engagieren, die teils belächelt und auch kritisiert werden? – war die nächste Frage.

Angefangen habe sein Interesse für Grenzgebiete während des Studiums nach einer Freifachvorlesung über ‹Träume, Hypnose und Suggestion›, und darin bestärkt worden sei er durch die Lektüre der Autobiografie von Paramahansa Yogananda, sagt er. Diesem geistigen Input folgte später ein praktischer in der Zusammenarbeit mit dem Tonbandstimmenforscher Konstantin Raudive, die ihn veranlasste, sich mit der Parapsychologie systematisch und mit einem, wie er sagt, bis heute durchaus naturwissenschaftlich geprägten Denken zu beschäftigen. Das habe den Vorteil, dass er die Dinge distanziert angehe und den Nachteil, dass er nicht über diesen Schatten springen könne. Ihm gehe es um eine sachliche und distanzierte Auseinandersetzung der Themen wie etwa Bewusstsein, Geistheilen, Telepathie oder Jenseitskontakt – um das Aufzeigen der Möglichkeiten und Gefahren, der Erfahrbarkeit und der Grenzen. «Ich war nie ein Esoteriker, der einfach etwas geglaubt und behauptet hat», sagt er vehement. «Man muss die breite Öffentlichkeit mit einer bisher zu wenig beachteten Seite der Wirklichkeit bekannt machen», spricht er weiter. «Die Existenz des Paranormalen ist eine Herausforderung an unser Alltagsdenken und an die Wissenschaften. Man muss sich mit diesen unbequemen Phänomenen, die zeigen, dass unsere Weltsicht noch etwas schief und eng ist, energisch und interdisziplinär breit auseinandersetzten, aber mit der von den etablierten Wissenschaften gelernten Sorgfalt.»

«Sind Sie heute noch ein Suchender?», fragt der Journalist.

«Ja, unbedingt», kommt überzeugt die Antwort.

«Also, offen gegen alles?»

«Sehr richtig! Offen gegen alles!»

Dann erhebt sich der Gastgeber, geht in die Küche und kommt mit zwei Anrichteplatten zurück, einer mit Käse und einer mit Obst, und ich beobachte amüsiert, mit welcher Leichtigkeit er seinen Gästen einerseits geistige Einblicke gibt und andererseits für ihr leibliches Wohl sorgt.

Das Tischgespräch nimmt eine Wende zur Gehirn- und DNA-Forschung.

«Die Wissenschaft», erläutert Professor Schneider, «behauptete bis in die 50er-Jahre, Gehirn und DNA seien unveränderbar. Es galt die Meinung, die Anzahl der Neuronen nehme beim Altern ab. Nun weiss man, dass das nicht stimmt. Es ist so, dass neue Neuronen gebildet werden. Also, wir könnten ohne Weiteres ein paar Neuronen bilden, wenn wir diese brauchen, um ein Projekt durchzuführen. Auch alt und krank werden ist nicht nötig. Aber, und ich betone das Aber, wir stören die Harmonie des an sich intakten Menschen der wir sind durch die Umweltbedingungen, durch unser falsches Denken und durch Programmierungen, die wir in uns haben.»

Man merkt schnell, dass die Worte dieses Mannes von grossem Scharfsinn, aber auch Weisheit geprägt sind. Es ist ihm eine Gehobenheit eigen, ohne überheblich zu sein und zugleich eine Menschenfreundlichkeit, die bis zu einem bestimmten Punkt Nähe zulässt.

«Das würde bedeuten», frage ich ihn, «dass, wenn das Altern nicht nötig ist, Frauen ihr Aussehen, also ihre Schönheit, nicht verlieren müssten.»

Da blitzt hinter seinem weisen Blick etwas Spitzbübisches auf. «Frauen sind immer schön», gibt er zurück und lächelt mich verschmitzt an, «egal welches Alter. Jede auf ihre Art.»

Ich schlucke, ‹hoppla, was war das denn jetzt? Hat dieser ältere Herr etwa gerade mit mir geflirtet?›

Ein Lachen und ein ‹Ooooh!› geht um den Tisch. Unerwartet beschleicht mich Befangenheit.

SPIRITISTISCHE DEMONSTRATION

«Glaube und Hoffnung, aber auch Zweifel erfüllen viele Menschen, dass sie Verbindung mit den Toten aufnehmen können», beginnt am selben Abend Professor Schneider seine Einführung zur medialen Demonstration in einem öffentlichen Saal in der Stadt, die jedermann für einen freiwilligen Unkostenbeitrag besuchen kann.

«Schon immer hat der Mensch versucht, mit den Geistern in Verbindung zu treten. Mitte des 19. Jahrhunderts ist in den USA der Spiritismus aufgekommen, mit dem Ziel, Kontakt mit den Verstorbenen herzustellen. Die Bewegung breitete sich wie ein Lauffeuer aus, und Medien schossen wie Pilze aus dem Boden. Überall wurden Séancen abgehalten, in denen trauernde und verzweifelte Hinterbliebene auf Botschaften von drüben hofften. Bald schwappte die Begeisterung über den Atlantik und breitete sich auch in Europa aus, hauptsächlich in Grossbritannien. 1882 wurde zum Zweck der Erforschung paranormaler Phänomene in London die ‹Society for psychical Research› gegründet, ein bahnbrechendes Ereignis.», erklärt Prof. Schneider. «Jedoch die goldene Zeit des Spiritismus, hauptsächlich das wissenschaftliche Interesse daran, ebbte Anfang des 20. Jahrhunderts wieder ab, weil die Phänomene mit den herkömmlichen wissenschaftlichen Vorgehensweisen nicht erfasst und bewiesen werden konnten. Als volksnahe okkulte Erscheinung ist er jedoch bis heute geblieben. In Grossbritannien sind die spiritualistischen Kirchen zur Tradition geworden. Regelmässig treten dort Medien auf, um Vorträge, Demonstrationen und Sitzungen abzuhalten, mit dem Ziel, für die Anwesenden Botschaften aus dem Jenseits zu übermitteln. Seit Jahren bringen wir englische Medien in die Schweiz, um auch hier solche Kontakte zu ermöglichen. Diese Woche weilt Pam Beer aus Devon bei uns, um solche Sitzungen anzubieten. In Wahrung der englischen Tradition und um Einblick in ihre Arbeitsweise zu geben, wird sie heute Abend eine Demonstration abhalten.» Professor Schneider wendet sich an Pam, macht eine einladende Geste und sagt: «It's your turn.»

Unvermittelt sagt Pam: «Already while Professor Schneider was speaking, I could feel a gentleman from the hereafter, who I believe belongs to the lady in the green blouse, in the 2nd row.»

«Noch während Professor Schneider sprach, spürte ich einen Herrn aus dem Jenseits, der, wie mir scheint, zu der Dame in der grünen Bluse, in der 2. Reihe gehört», beginne ich zu übersetzen.

Jeder im Raum hofft auf eine mediale Durchsage, und so ist die Frau sehr erfreut, angesprochen zu werden und eine Botschaft von ihrem verstorbenen Grossvater zu erhalten. Eineinhalb Stunden lang kommen Nachrichten für die verschiedensten Anwesenden. Immer wieder wird betont, dass sie von ihren verstorbenen Verwandten geliebt werden. Es kommen auch Entschuldigungen für Fehlverhalten ihrerseits, oder Ratschläge im Hinblick auf anstehende Vorhaben. Alle Botschaften werden gerne angenommen, nur eine nicht. Ein Mann wird gewarnt, er müsse seine Autoreifen wechseln, sie seien zu glatt. Diese Botschaft könne nicht für ihn sein, gibt er zurück, denn das stimme nicht. Da wird seine Frau ärgerlich und schimpft ihn einen starrsinnigen Narren. «Genau aus diesem Grund sind wir letzte Woche auf der schneeglatten Strasse fast den Hang hinunter gerutscht", ruft sie erbost.

Der Abend ist ein Erfolg. Das Publikum ist begeistert von den Botschaften und ich überzeugt von der Kunst der Medien – zumindest von Pam.

Eine Woche lang fahre ich nun jeden Morgen nach St. Gallen und abends wieder heim nach Bregenz. Insgeheim freue ich mich immer auf Professor Schneider, den ich aber nicht jeden Tag zu sehen bekomme. Bei den wenigen Gelegenheiten ist er immer zuvorkommend und charmant. Als ich mich nach Abschluss meines Übersetzungsauftrags zum letzten Mal auf den Nachhauseweg mache, veranlasst mich etwas einen Moment lang im Treppenhaus stehenzubleiben. Dieser Mann und auch das Haus sind mir so seltsam vertraut. Dann trifft es mich wie ein Blitz aus heiterem Himmel.

‹Du wirst bald den Partner deines Lebens kennenlernen›, höre ich innerlich Pam wieder sagen.

‹Was?›, durchfährt es mich! ‹Nein, nein – nicht Professor Schneider! Ich bin fünfzig, und er ist neunundsechzig. Der ist mir viel zu alt!›

‹Du wirst ihn am Anfang ablehnen›, höre ich Pams Stimme wieder.

‹Kommt nicht infrage›, schnaube ich innerlich, ‹kein Medium und kein Geist schreiben mir einen Mann vor – den bestimme ich immer noch selbst!›

Aufgebracht stürme ich aus dem Haus. Während der Heimfahrt sind jedoch all meine Gedanken besetzt von zwei dunkelbraunen munteren Augen.

ℰꙦ

SACHERTORTE UND ISAAC NEWTON

Zuhause angekommen bemerke ich, dass ich meine Jacke in St. Gallen vergessen habe.

«Die nächsten paar Tage bin ich nicht hier», sagt Professor Schneider am Telefon, «aber am kommenden Wochenende könnte ich sie Ihnen bringen.»

Tag und Zeit werden abgemacht, mit welchem Zug er kommt, und dass wir bei dieser Gelegenheit – weil das Märzwetter sich dafür anbietet – eine Wanderung auf den Pfänder unternehmen, den Bregenzer Hausberg. Am besagten Tag mache ich mich hübsch. Alles muss passen. Die Wanderschuhe sind mir zu klobig, und so wähle ich leichteres, schöneres Schuhwerk. Wieso eigentlich? Er bringt mir ja nur die Jacke. Auf dem Weg zum Bahnhof lassen sich – aller Vernunft zum Trotz – die Schmetterlinge in meinem Bauch nicht vertreiben.

Dann steigt er aus dem Zug, und ich bin entsetzt. Wie abgemacht trägt er Wanderkleidung, aber in was für einer Zusammensetzung! Die beige Hose und blaue Windjacke passen einigermassen, aber die braun karierte Halsschleife, die gelbe Wollmütze und die roten gestrickten Socken in Wandersandalen – wie kann man nur? Er kommt mir lächelnd entgegen und das Strahlen in seinen munteren Augen lassen Strickmütze, Socken und Sandalen, sowie die Ungnade in meinem kritischen Blick in den Hintergrund weichen. Es umgibt ihn etwas Besonderes, das sich seinem Umfeld mitteilt, eine Grösse und Autonomie, aber auch eine Natürlichkeit. Modisch oder angepasst zu sein scheint ihm völlig unwichtig. Ich spüre, dass ich vor einem ungewöhnlichen Menschen stehe. Die gegenseitige Sympathie erleichtert es uns bald, die Formalitäten fallen zu lassen und uns zu duzen.

Der waldige Pfänderhang hinter der Stadt empfängt uns in seinem Frühlingskleid. Zwischen dem alten braunen Laub hatten sich, übersät mit leuchtend weissen Sternen, sattgrüne Inseln breit gemacht; Buschwindröschen soweit das Auge reicht. Sogar einige zarte Veilchen sind schon aus dem Winterschlaf erwacht und schmücken da und dort den Wegesrand. Auch am lebhaften Vogelkonzert in den Baumwipfeln merkt man, dass der Winter in den letzten Zügen liegt.

Behände klettert Alex den steilen, ausgewaschenen und von riesigen Baumwurzeln durchzogenen Waldweg hinauf. Keine Spur von schon fast siebzig Jahren. Ich hingegen ächze ihm hinterher. Als er mir über einen grossen Wurzelstock hilft, schaut er mit pragmatischem Blick auf meine hübschen Sneaker und sagt: «Nennst du das Wanderschuhe?» Das trifft mich ein bisschen, doch sage ich nichts, sonst müsste ich eingestehen, dass ich ihm damit gefallen wollte.

Oben, auf der Terrasse, direkt neben der Bergstation der Pfänderseilbahn, mit Blick auf den Bodensee sowie den Berggipfeln der Schweiz, Liechtensteins und Vorarlbergs, gibt es Kaffee und Kuchen. Ein Stück Sachertorte vertilgend stelle ich meine Kaffeetasse ab.

«Eigentlich habe ich ja keine Ahnung von der Parapsychologie, bin aber ganz begeistert von dem, was Medien können. In St. Gallen, am Mittagstisch, hast du einen kurzen Einblick in diesen Forschungszweig gegeben und doch trotzt es meiner Vorstellungskraft, dass gerade du, als Naturwissenschaftler aus der ETH, dich dafür interessierst.»

«Es wird dich überraschen, dass es genau ein ETH-Professor war, Rudolf Bernoulli, der die Parapsychologie 1924 in die Schweiz gebracht hat. In den 20er- und 30er-Jahren war der wissenschaftliche Okkultismus als Gegenpol zum Materialismus sehr populär geworden. Gehobene Zürcher Kreise, unter ihnen akademische Grössen wie etwa Eugen Bleuler, Direktor der Psychiatrie Burghölzli, oder C.G. Jung, der schon in seinem Elternhaus Spukerscheinungen und spiritistische Séancen miterlebt hatte, trafen sich im Salon des ETH-Kunsthistorikers Bernoulli zu Séancen mit den bekanntesten Medien Europas. Auch du hast jetzt die Medialität erlebt, aber Parapsychologie ist viel mehr. Du darfst sie nicht mit Esoterik verwechseln. Sie hat das Erforschen von Phänomenen, die mit unseren Sinnen nicht erfassbar sind, zum Thema.»

«Und warum bist auch du so daran interessiert?», bohre ich weiter.

«Also», sagt Alex und wirft einen flüchtigen Blick auf seine Uhr. ‹Das wird keine kurze Antwort›, denke ich mir.

«Im 17. Jahrhundert wurde zwischen der Physik und der Philosophie noch keine scharfe Trennung gemacht, sodass die Philosophen sowie die Wissenschaftler versuchten, die Wirklichkeit durch ihr Denken zu ergründen. Dann kam Isaac Newton, ein Systematiker. Er begann mit dem Versuch, seine Ideen durch exakte Beobachtungsabfolgen und Experimente zu belegen und schrieb, um das Jahr 1680, seine Erkenntnisse in der ‹Philosophiae Naturalis Principia Mathematica› nieder. Mit seiner Beschreibung der Schwerkraft kam er aber unter Beschuss, denn man fragte sich: ‹Was meint er, wenn er sagt, eine Kraft hält die Erde auf ihrer Kreisbahn? Wie soll die Sonne an der Erde ziehen? Wo ist der Strick, der die Erde an die Sonne bindet? Was ist das für eine Kraft?›»

Fragend hebe ich die Augenbrauen: «Das Gravitationsfeld?»

«*Sicher*, du sagst es, aber das ist einfach eine andere Ausdrucksweise, um zu sagen, es wirkt eine Kraft. Es bleibt für uns ein Rätsel. Die Physik, deren Aufgabe darin besteht, die Welt zu erklären, also zu erklären, *warum* etwas geschieht, kann dies letztlich nicht, sondern sie sagt nur, *wie* die Sache ist. Newtons Entdeckung ist lediglich ein Model, doch ein gutes. Es veränderte die ganze Welt. Plötzlich konnte man damit die Bewegungen der Planeten auf das Beste berechnen. Heute kann man Satelliten starten, die irgendwelche Bahnen machen. Die Rechnung stimmt.»

Die Bedienung kommt und bringt die zweite Runde bestellten Kaffees. Nach einem Schluck setzt Alex fort.

«Dieses Verfahren hat durch die Sinne wahrnehmbare und leicht quantifizierbare Aspekte der Welt jedoch überbetont und andere Bereiche wie den Geist und das Bewusstsein ausgeklammert.»

«Wie geht so etwas?», frage ich verwundert. «Brauchen wir denn nicht das Bewusstsein um zu denken?»

«Aaaah, jetzt bist du in einem meiner Lieblingsthemen gelandet. Es ist komplex, drum hier nur kurz gesagt: Wir brauchen es für die höhere Logik, aber nicht für das fokussiere Denken der Wissenschaft oder das Routinedenken im Alltag. Das ist ja die Krux an der Sache», gibt Alex höhnend von sich. «Der moderne Mensch ist ein Routinedenker geworden und identifiziert sich mit seinen Gedanken.

Der Materialismus, der vor dreihundert Jahren in der Wissenschaft Fuss gefasst hatte, sagt: ‹Die Welt besteht aus Atomen, Molekülen, Elementarteilchen und so weiter, und zwischen diesen Elementen wirken Kräfte.› Was aber fehlte, war die Antwort auf das ‹Warum die Kräfte so sind›. Auch Newton selbst deklarierte, ‹Was wir wissen, ist ein Tropfen, was wir nicht wissen, ein Ozean.›»

UNSER GOTT: DIE TECHNIK

Ganz in Gedanken über das Gehörte betrachte ich die aufblitzenden Punkte auf einer Reihe sonnenbestrahlter Glasscheiben am deutschen Seeufer.

«Und weil man mit dem Materialismus nicht alles erklären kann, vor allem keine geistigen Dinge, hat man in anderen Richtungen nach Antworten gesucht», sage ich schlussfolgernd.

«Du sagst es. Folglich entstanden schon damals Gegenströmungen. Eine interessante war vor etwa zweihundert Jahren der Spiritismus, denn unerklärbare Erscheinungen wiesen auf eine verborgene Ebene unserer Existenz. Doch seine Stimmen wurden geflissentlich überhört. Die Technologie stand im Vordergrund. Sie war wichtiger als alles andere. Die Dampfmaschinen mussten verbessert, das Auto weiterentwickelt werden und schliesslich, in unserem Jahrhundert, die Elektronik. Und da darf man nicht solche Störenfriede haben, die davon reden, dass es noch etwas anderes gäbe.»

«Und so haben wir die Technik zu unserem Gott gemacht.»

Alex nickt wortlos, streicht sich über die Augen und richtet seinen Blick nach innen. Für einen Moment denke ich, seine Erklärung sei zu Ende.

«Könnte denn nicht beides nebeneinander existieren?», frage ich verständnislos.

Alex' Augen glänzen. «Du hast es erfasst!», sagt er erfreut, als ob er sich verstanden fühle.

Da ertönt ein langgezogener Pfiff über den Wipfeln des dunklen Tannenwaldes neben uns und zieht unsere Aufmerksamkeit auf sich. Lautlos gleitet ein braunbeige gefleckter Greifvogel über uns hinweg.

«Ein sehr schönes Exemplar eines Milans», sagt Alex bewundernd.

«Könnte es nicht ein Adler sein? Nicht weit von hier gibt es eine Adlerwarte, wo Flugshows mit Adlern, Geiern und Falken veranstaltet werden», erkläre ich.

«Nein, kannst du die Schwanzgabelung des Vogels erkennen? Ein typisches Merkmal des Milans.

Scharf schaue ich dem dahin segelnden Vogel nach und nicke.

«Adler haben gefächerte Schwanzfedern und sind etwas grösser», erklärt Alex und lächelt mich an. «Als Berggänger kenne ich mich auch ein wenig bei den Vögeln und Bergtieren aus.»

«So, neben deinem Interesse am Geistigen, gehst du auch in die Berge?», frage ich interessiert.

«Ja», sagt er schmunzelnd, «aber das ist ein anderes Thema. Wo waren wir doch?»

«Ob Bewusstsein und Geist nicht neben dem Materialismus existieren können, anstatt verleugnet zu werden.»

«Richtig!», sagt Alex und hebt bestätigend einen Zeigefinger. «Es war dann auch so, dass in Europa die indische Philosophie bekannt wurde, zuerst durch Arthur Schopenhauer, dann durch Helena Blavatsky mit der Theosophie, die später durch Rudolf Steiner zur Anthroposophie weiter reifte. Schopenhauer – ich nehme an, er ist dir ein Begriff?»

«Ein Begriff ja – gelesen habe ich ihn nicht.»

«Er hat extra Sanskrit gelernt, um die Upanischaden, eine Sammlung philosophischer Schriften des Hinduismus, im Urtext zu lesen. Die indische Philosophie ist viel, viel breiter als die westliche. Sie beinhaltet auch das Spirituelle. Nachdem ich in den 50er-Jahren das Buch ‹Die Autobiografie eines Yogi› von Paramahansa Yogananda gelesen hatte, kam in mir der Wunsch hoch, den beschriebenen Phänomenen auf den Grund zu gehen.»

«Dieses Buch hat wohl grosse Bedeutung für dich, denn du hast es schon im St. Galler Mittagsgespräch erwähnt. Darüber möchte ich mehr wissen», werfe ich ein.

«Gerne, erinnere mich daran».

GEIST: MATRIX ALLER MATERIE

«Neben meiner Zeit als Lehrer an der Kantonsschule», fährt Alex fort, «begann ich mich intensiver mit den Randgebieten der Physik und Philosophie, sowie deren Paraphänomenen auseinanderzusetzen. Es wurde mir immer klarer, dass die Naturwissenschaft in ihrer bisherigen Form unvollständig ist, da sie nur einen schmalen Sektor der Wirklichkeit darstellt. Viele Antworten zu meinen offenen Fragen fand ich im verhältnismässig neuen Forschungszweig der Parapsychologie.

«Trotz all der modernen Forschungen ist unsere Naturwissenschaft immer noch unvollständig?», frage ich laienhaft.

Alex schaut bewegt über den glitzernden See zum entfernten Horizont. «Newtons Methode wurde zur Grundlage der Wissenschaft, die bis heute – über dreihundert Jahre später – nach wie vor Gültigkeit hat. Und dies, obwohl zu Beginn dieses Jahrhunderts philosophierende Physiker – unter anderen Max Planck, Werner Heisenberg und Albert Einstein – mit der Erkenntnis, dass die Physik keine abgeschlossene Wissenschaft ist, einen Trend zu einem erweiterten Weltbild eingeleitet haben.»

«Waren es nicht genau diese Physiker, die auf das Bewusstsein, ja sogar Gott hingewiesen haben», kommentiere ich etwas laut, denn eine Schar vergnügter Kinder, mit Blumenkränzen auf ihren Köpfen, läuft über die Terrasse der Seilbahnstation zu.

«Ganz genau», bestätigt Alex und lächelt mich erstaunt an.

«Es ging diesen Wissenschaftlern um die Frage des Bewusstseins in der Welt der Atome, und Max Plank deklarierte – hier nur sinngemäss: ‹Alle Materie entspringt und existiert nur durch eine Kraft. Wir müssen annehmen, dass hinter dieser Kraft ein bewusster, intelligenter Geist steht. Dieser Geist ist die Matrix aller Materie.›

Anfänglich hatte Einstein Mühe mit diesem Ansatz, denn er liess sich nicht mit seinen mathematischen Theorien vereinbaren. Doch auch er kam zu derselben Ansicht und machte die berühmte Aussage: ‹Jeder, der sich ernsthaft mit der Wissenschaft beschäftigt, gelangt zu der Überzeugung, dass sich in den Gesetzen des Universums ein Geist manifestiert, ein Geist, der dem des Menschen weit überlegen ist und angesichts dessen wir uns mit unseren beschränkten Kräften demütig fühlen müssen.›»

«Wow», entfährt es mir. «Solche monumentalen, offen deklarierten Ansichten von den bekanntesten Physikern müssten die ganze Wissenschaft auf den Kopf gestellt und verändert haben.»

«Du sagst es», gibt Alex mit Bedauern in der Stimme zurück. «Doch die alte Physik und der Materialismus blieben bestehen, denn diese Erkenntnis wurde gezielt vom Tisch gewischt und man höre nichts mehr davon. Und so spielt der Geist – vor mehreren Hundert Jahren in die Kirche verbannt – weiterhin in der Forschung keine Rolle, während die Materie die Herrschaft behalten hat. Anstatt dieses Wissen bereits in den frühschulischen Lehrstoff einzubauen, wurde es der Philosophie und der Esoterik überlassen, uns auf die unendliche Macht unseres Geistes, des Bewusstseins, hinzuweisen. Die breite Masse der Menschheit hört auf diese Weise nie davon.»

Da weht, weich wie Samt, ein Frühlingslüftchen den Wiesenhang herauf, und ich atme tief ein. „Damit sagst du, dass der Mensch, mit Scheuklappen ausgestattet, dazu verurteilt wurde, mit einer falschen Vorstellung von sich selbst und seiner eigenen Grösse, durchs Leben zu gehen.»

Mit ernstem Blick nickt Alex bejahend.

«Andererseits hat die Wissenschaft doch auch Grossartiges erreicht – gigantische Entwicklungen gemacht», wage ich dagegenzustellen.

«Natürlich hat sie das», erwidert Alex heftig gestikulierend. «Die Technologie entschlüsselte ein Rätsel der Natur nach dem anderen und machte sie nutzbar. So einen Wohlstand hat die Menschheit noch nie gekannt. Mit der Wissenschaft wurde alles gemacht, was überhaupt machbar war. Seit den letzten Jahren gibt es eine Explosion von Innovationen und neuen Ideen. Das Leben im Schlaraffenland hat indessen seinen Pferdefuss, und nun stehen wir vor verarmenden Ressourcen, gigantischen Abfallhalden und einem, durch Respektlosigkeit unserem Planeten gegenüber vorangetriebenen, lebensbedrohlichen Klimawandel.»

Erregt greift Alex nach dem Glas Wasser, das mit dem Kaffee gekommen war und nimmt einen grossen Schluck. «Dieser heutigen Tendenz zum Materiellen wäre dringend ein humaneres Weltbild entgegenzustellen.»

Verwundert neige ich meinen Kopf. «Und wie soll das bewerkstelligt werden?»

«Dazu könnte die Parapsychologie beitragen», gibt er passioniert zurück, «da gerade sie auch andere Aspekte der Wirklichkeit aufzuzeigen vermag. Indem wir durch sie wieder Zugang zu unserem Bewusstsein finden, hilft sie uns, nicht anders, sondern *mehr* zu werden.»

«*Mehr* werden», sage ich interessiert, «wer möchte das nicht? Aber wie stellen wir das an?»

«Ich mach es etwas konkreter, doch lass uns dabei ein paar Schritte gehen. Das sollte heute ja vor allem ein Wandertag sein.»

«Wie recht du hast. Ich bin eine schlechte Gastgeberin, die dich noch nicht einmal auf die beliebte Rundwanderung hier oben hingewiesen hat. Sie führt durch einen Alpenwildpark.»

«Schön, dann zeig ihn mir», sagt Alex und ruft der Kellnerin.

Kurz darauf steigen wir den Hang zum Wildpark hinunter, wo sich in Gehegen Zwergziegen und Steinböcke tummeln. In einer aufgewühlten, schlammigen Erdmulde grunzen zwei Wildschweine faul vor sich hin.

Gemütlich nebeneinander schlendernd nimmt Alex das Gespräch wieder auf.

«Wenn wir von Menschen hören die zu höheren geistigen Leistungen fähig sind, wie etwa hellseherisch Begabte die die Zukunft voraussagen können, Medien die Kontakt zum Jenseits aufnehmen – ein Beispiel, das du selbst erlebt hast – oder fantastischen Heilern die Kranke aus dem Rollstuhl aufstehen lassen, sagen wir, ‹ja, das ist halt so, der kann das eben›. Wenn das hingegen bei einem möglich ist, und nachdem wir stets behaupten, wir Menschen seien alle gleich gebaut, dann wäre es prinzipiell bei uns allen möglich.»

«Einen Moment!», unterbreche ich Alex und setze mich auf eine Bank am Rande des Spazierwegs. «Ich habe einen Stein im Schuh.»

Er setzt sich zu mir, und während ich mich an meinem Schuh zu schaffen mache, fährt er fort.

«Wir müssen die Barrieren ablegen, die uns nicht glauben lassen, dass Gewaltiges in uns liegt. Man sagt oft, Menschen überschätzen sich. Doch nein!», ruft er aus, «es ist genau das Gegenteil. Wir unterschätzen uns selbst soooo wahnsinnig.» Zeichensetzend macht sein Arm einen grossen Bogen in der Luft. «Wir sind sehr, sehr viel mehr als wir meinen und sind zu viel Grösserem fähig als wir glauben.»

Alex war ganz leidenschaftlich geworden, und aus seinem Gedankenstrom gerissen schaut er mich überrascht an, als ich bekräftigend feststelle: «Etwas Ähnliches hat vor 2000 Jahren schon einmal einer gesagt.»

Er nickt lächelnd: «Ja, das stimmt, meine Liebe, da hast du recht.»

Beim Ruf eines Kuckucks konsultiert er aufs Neue seine Uhr, und seine Stirn legt sich in Falten. «Oh, so spät ist es schon. Wir müssen bald eine Seilbahn hinunternehmen – um 20.15 Uhr fährt der letzte direkte Zug nach St. Gallen.»

Eine Windböe streift mich. Sie birgt den Geruch von Erde und Frühling – von Neubeginn. Während Alex' Erzählungen war ich still geworden und bewegt. Es war aufregend, seinen Worten zu lauschen, denn sein Wissen ist reich und vielseitig und seine Art es zu vermitteln undogmatisch. Auf der Fahrt ins Tal erwähne ich, dass meine Frage nach dem Jogananda Buch, das sein Leben so verändert hatte, unbeantwortet geblieben sei.

Er überlegt kurz: «Nachdem du mich jetzt auf euren Hausberg geführt hast, könnten wir eine Revanche-Wanderung in der Schweiz machen. Dafür stelle ich mir den Kronberg vor. Allerdings braucht es dazu gute Schuhe – echte Bergschuhe, die auch auf eventuellem Schnee tauglich sind.»

«Habe ich», sage ich schnell mit einem Grinsen.

«Dann kann es dort eine Fortsetzung unseres Gesprächs geben, und du kannst mehr über den Jogananda erfahren, wenn du magst.»

Ich nicke: «Mhm – und wann?»

«Passt dir der kommende Samstag?»

Obwohl mein Herz Purzelbäume schlägt, gebe ich, um meine Freude nicht zu verraten, leger zurück: «Der passt gut».

Nachdem Alex in den Zug gestiegen und dieser abgefahren ist, stehe ich noch lange auf dem Bahnsteig und schaue den verschwindenden Schlusslichtern nach. Was für ein Mensch hat da meinen Pfad gekreuzt? So jemandem war ich noch nie begegnet. Was mich so berührt, ist nicht sein Wissen, das er mit Klarheit und Einfachheit darzustellen vermag, sondern sein Wunsch, den Menschen mit seinen Erkenntnissen zu helfen. Und zugleich ist ihm Selbstwichtigkeit ein Fremdwort. Er scheint aus einer anderen Welt zu sein und mir doch so vertraut und selbstverständlich. Ich fühle mich zutiefst in seinen Bann gezogen. Noch am Morgen war dieser Sonntag ein ganz gewöhnlicher Tag gewesen. Jetzt kommt es mir vor, als habe das Schicksal begonnen, ein neues, ganz besonderes Kapitel in mein Lebensbuch zu schreiben.

∞)(∞

RUTSCHPARTIE
AUF DEM KRONBERG

Nach einer frühlingshaften Schönwetterperiode während des ganzen Monats März klingelt am abgemachten Wandertag, in aller Herrgottsfrühe, das Telefon. Alex ist dran. Es habe auf dem über sechzehnhundert Meter hohen Kronberg frisch geschneit. Er würde trotzdem gehen, ob ich dennoch mitkomme und ob ich Spikes habe. Wenn nicht, könne er mir welche mitbringen. Natürlich sage ich zu und bitte ihn um die Spikes.

Dieses Mal mache ich keine Versuche mich aufzutakeln, denn ich vermute, mit Natürlichkeit besser bei Alex anzukommen. Je mehr ich mich seinem Haus nähere, desto grösser wird meine Freude ihn wiederzusehen, und ich muss mir gestehen, dass sich sogar Sehnsucht eingenistet hat.

Alex wartet schon an der Bushaltestelle vor dem Haus, wo ich das Auto abstelle, und begrüsst mich vergnügt. Mit dem 5er Bus gehts zum Bahnhof und von dort mit dem Zug, einer Schmalspurbahn, weiter nach Jakobsbad, zur Talstation der Kronberg-Seilbahn. Die etwa halbstündige Fahrt dorthin gibt mir Gelegenheit, das Gespräch auf das Buch von Paramahansa Jogananda zu lenken.

«Eigentlich bin ich ganz zufällig dazu gekommen, wie das oft so ist», erklärt Alex. «Ich hatte nach dem Studium gerade begonnen bei Schindler zu arbeiten, als mir Hr. Müller, eigentlich ein biederer Buchhalter, ein Buch in die Hand drückte. ‹Das könnte Sie interessieren›, sagte er nur. ‹Autobiografie eines Yogi› stand auf dem Umschlag. Yogananda war ein indischer Yogi, der in diesem Buch sein Leben beschrieb. Er erzählte von Dingen, die für meinen damaligen Begriff einfach unmöglich waren – heute würde ich paranormal dazu sagen.

«Zum Beispiel?», frage ich neugierig».

«Zum Beispiel behauptete er, einer seiner Lehrer, der auch sein persönlicher spiritueller Meister war, konnte an zwei Orten wirken. Das heisst, man hat ihn ganz deutlich bei der Abschlussprüfung an der Schule gesehen, während er zugleich an einem ganz anderen Ort beobachtet wurde.»

«Und hat damit Raum und Zeit aufgehoben.»

«Korrekt. Und du kannst dir vorstellen, wie erstaunt ich war, als da nicht nur die Rede von Spirituellem war, sondern auch von der erstaunlichen Wirkung der Schwerkraft und der Elektrizität, der Lichtgeschwindigkeit und Einsteins Relativitätstheorie. Und als ich dann las, dass mehrere grosse Wissenschaftler nicht nur die kühne Behauptung aufstellten, das Atom sei seinem innersten Wesen nach Energie und nicht Materie, sondern überdies erklärten, dass die Atomenergie, also der Stoff, aus dem die Welt besteht, in Wirklichkeit *Geiststoff* sei …»

«… hat es dir den Ärmel ganz hineingezogen», sage ich lachend.

«So ungefähr. Vor allem fragte ich mich: ‹was ist Realität, was soll ich glauben?› Mein Weltbild war auf den Kopf gestellt, und ich wollte mehr wissen.»

Als das *Bähnli* nach dem Weiler mit dem lustigen Namen ‹Sammelplatz› auf den Schienen buchstäblich die Kurven kratzt und ich hinaus schaue, um den Grund des lauten Quietschens zu ergründen, rückt, aus dem Wald emporstrebend, ein majestätisch in den blauen Himmel ragender Gipfel immer näher, und das Panorama des ‹Alpsteins› eröffnet sich meinem Blickfeld.

«Ist das der Säntis?», rufe ich hingerissen aus.

Alex, mir gegenüber, braucht sich nicht umzudrehen und nickt. «Ja, du meinst, du hast den höchsten Berg des Alpsteins noch nie gesehen?»

«Nein, und überhaupt, so eigenartig es tönt – wo wir Österreicher doch Nachbarn sind – kenne ich die Schweiz kaum.»

«Dagegen muss etwas unternommen werden», sagt Alex augenzwinkernd.

«So wie heute», gebe ich schmunzelnd zurück und schaue hinaus auf die vorbeiziehende Appenzeller Hügellandschaft mit ihren weit verstreuten Häusern und Höfen.

«Nun muss ich dich aber, bevor du weiter erzählst, um eine Erklärung bitten. Beim Stichwort *Geiststoff*, das du vorhin erwähnt hast, kommt mir, dass du nun etliche Male die Trennung von Geist und Materie erwähnt hast. Was genau meinst du damit?»

«Dafür muss ich einen Schritt zurückmachen, einen grossen, nämlich ins 16. Jahrhundert, zu den Gelehrten der Aufklärung.»

DIE TRENNUNG
VON GEIST UND MATERIE

Zuerst zu Nikolaus Kopernikus. Mit seiner revolutionären Theorie, die Erde umkreise die ruhende Sonne, beendete er das mehr als ein Jahrtausend gültige Weltbild, in dem die Erde im Mittelpunkt des Universums stand. Damit entging er knapp der Anschuldigung der Häresie. Die katholische Kirche war im Mittelalter die beherrschende Autorität in Europa, sogar die weltlichen Herrscher, Könige und Kaiser, kamen in ernste Bedrängnis, wenn sie sich mit ihr anlegten. Die europäischen Gelehrten waren zum größten Teil Mitglieder des Klerus, und die Universitäten waren kirchliche Schulen. So bestimmte die Kirche bis ins 17. Jahrhundert die astronomische Lehrmeinung.»

Dazu fällt mir etwas ein: «Vor einiger Zeit habe ich ein Buch über die Inquisition gelesen und glaube mich zu erinnern, dass der italienische Priester und Philosoph, Giordano Bruno, weniger Glück hatte. Wurde er nicht hingerichtet?»

«So war es. Er wurde der Ketzerei und Magie für schuldig befunden und zum Tod auf dem Scheiterhaufen verurteilt, weil er die Unendlichkeit des Weltraums und die ewige Dauer des

Universums postulierte. Damit hatte er die göttliche Schöpfung und das Jüngste Gericht ausgeschlossen.»

«Die freie Meinungsäusserung, die heute zu einem unschätzbaren Gut geworden ist, gab es wohl im 16. Jahrhundert noch nicht», stelle ich entsetzt den Kopf schüttelnd fest.

«In keinster Weise», lacht Alex sarkastisch. «Galileo Galilei, Mathematiker, Physiker, Kosmologe und ebenfalls Anhänger dieser neuen Theorien, entkam knapp der Hinrichtung auf dem Scheiterhaufen, nachdem er seinen Irrtum abgeschworen, verflucht und verabscheut hatte. Er wurde – ich betone ‹lediglich› zu lebenslanger Kerkerhaft verurteilt. Nun suchten die Philosophen der Aufklärung, darunter René Descartes, dringend einen Ausweg. Sie fanden ihn in der – vom Vatikan sanktionierten – dualistischlinearen Logik des Aristoteles, welche besagt, dass Körper und Geist zwei Dinge grundsätzlich verschiedener Art seien. Wenn dem so ist, argumentierten die Aufklärer, dann habe sich die Kirche, um den Geist zu kümmern, die Materie aber den Wissenschaften zu überlassen.»

«Waghalsig, würde ich sagen. Sind sie damit denn durchgekommen?»

«Ja, waghalsig waren sie, aber auch frustriert und erbittert genug, um dieses Argument durchzusetzen. So wurde der Materialismus geboren.»

«Aber das ist doch alles schon so lange her», sage ich verwundert.

«So ist es, diese Meinung bestimmt jedoch bis heute, über dreihundert Jahre später, die westliche wissenschaftliche Lehre.»

«Und gemäss deinen Erläuterungen aus dem Jogananda Buch, hat die östliche Philosophie diese Trennung nicht gemacht?»

Alex nickt. «Richtig, nichts ist in jener Denkweise getrennt oder statisch.»

In der Talstation der Seilbahn angekommen treffen wir auf weitere Bergwanderer, die sich nicht vom Schnee abhalten lassen und mit uns die Gondel besteigen. Als diese beim Aufwärtsgleiten durch das Nebelmeer bricht, tut sich eine monumentale Gebirgswelt vor uns auf. Oben auf der Terrasse des Berggasthauses angekommen bietet sich dem Besucher ein eindrücklicher Rundblick in die wundersamen schneebedeckten Felstürme der Alpsteinkette. Begierig saugt Alex die frische Luft ein und reicht mir sein Fernglas. Durch die Prismen blickend weitete sich meine Brust, denn der Säntis und die Altenalptürme scheinenden zum Greifen nahe.

«Laut Wetterbericht löst sich der Nebel im Laufe des Vormittags auf», höre ich ihn hinter mir. «Am besten nehmen wir hier nur Kaffee und Gipfel, denn für den *Zmittag* habe ich mir eine Überraschung ausgedacht.»

Gleich nach der Kaffeepause beginnt der Abwärtsmarsch. Solange wir uns auf dem schneebedeckten Kamm befinden, ist das Laufen eben und angenehm, und ich kann mir erlauben, den Blick schweifen zu lassen. Dann aber geht es plötzlich steil abwärts, nicht nur vor mir, sondern auch links und rechts. Ich bin keine gut trainierte Bergwanderin und werde, trotz den Spikes an den Schuhen, mit jedem Schritt ängstlicher. Dadurch, dass ich so langsam bin, scheint mir der Abstieg elend lang, und die Angst abzurutschen vergällte mir jegliche Freude an dieser schönen Gegend. Was heisst schöne Gegend, sie wird zunehmend vom Nebel verschluckt, und bald kann ich auch Alex, der nur ein paar Meter vor mir unbeirrt seines Weges marschiert, nicht mehr richtig sehen. Was mir als gefährlich erscheint, tangiert jedoch die Standfestigkeit dieses Mannes nicht im Geringsten. Ich fange an laut zu lamentieren, was er sich denn dabei gedacht habe, mich bei dieser Wetterlage auf eine so bedrohliche und strapaziöse Strecke zu führen.

Da dreht er sich um, streckt mir seine Hand entgegen und sagt: «Komm zu mir, ich halte dich.»

An seiner Hand ist die Gefahr gebannt, aber nicht nur durch seine Trittsicherheit, es geht noch etwas anderes von ihm aus. Ist es seine Souveränität? Ist es etwas Heilendes? Was auch immer, mein Gemüt ist besänftigt.

Nach einer guten Weile tauchen hier und dort silhouettenhaft Tannen aus der grauen Suppe, und plötzlich glaube ich etwas wie ein Kirchtürmchen zu erkennen. Ja, es wird immer deutlicher, und dann enthüllt sich uns eine Kapelle. ‹Jakobskapelle› steht auf einer Tafel daneben. Der Nebel hat sich so weit aufgelöst, dass ich eine kleine Ebene vor uns erkenne. Und oh, die nächste Wundererscheinung taucht vor uns auf, eine wahre Fata Morgana, das ‹Berggasthaus zur Scheidegg›. Erlöst atme ich auf. Da höre ich Alex lachend fragen, «und jetzt, bist du hungrig?»

«Und ob», rufe ich aus und stürme auf das Refugium zu. Drinnen ist es warm, und es riecht herrlich nach Gebratenem.

«Ich kann dir die Rösti hier empfehlen», sagt Alex, der schon seinen Teecrème bestellt hat, «das ist keine Fabrikware, die machen sie selber.»

«Eine Rösti, mit Speck, Käse und allem drum und dran», sage ich überschwänglich zur Bedienung. Das dampfende Gericht, das kurz darauf sogar mit einem Spiegelei obendrauf vor mir steht, tröstet mir nun vollends Leib und Seele. Ich hebe mein Weinglas und stosse mit Alex an.

«Wo hast du denn gelernt so mühelos derartige Märsche zu machen?»

«Sehr früh schon. Mein Vater war ein Wandervogel. Oft führte er Mutter und mich irgendwohin, ins Appenzell, ins Graubünden oder weiter fort. Und später, im Schweizer Alpen-Club, machten wir tagelange Touren, im Winter auf Skiern, im Sommer auf Schusters Rappen. Früher war man mit den Jungen nicht zimperlich.»

«Lass uns einen Espresso nehmen und noch eine Weile bleiben», sage ich schmeichelnd, nachdem wir gegessen hatten. «Es ist so schön gemütlich hier.»

«Ich glaube, du drückst dich vom Weitermarschieren», antwortet Alex und zwinkert mir zu.

«Vielleicht ein bisschen», gebe ich zu, «aber auf diese Weise kannst du deine Erzählung fortsetzen, wie es damals mit deiner geistigen Suche weiter ging.»

«Na schön, das ist eine Idee, und angenehm warm ist es auch hier drin.»

DIE ERSTEN MEDIEN AUS ENGLAND

«Es folgte also für mich eine Zeit des Ausschauhaltens, in der ich einschlägige Literatur las sowie Vorträge und Kurse besuchte. Dann, Mitte der 60er-Jahre, hat sich alles parallel entwickelt. Da habe ich Verbindung mit den unterschiedlichsten Leuten bekommen.»

«Auch mit der Schweizer Parapsychologische Gesellschaft?»

«Ja, nämlich mit beiden die damals existierten – jener in Zürich, der SPG, sowie dem SVPP, dem Schweizer Verein für Parapsychologie in Bern. Da es mir in Folge daran lag, Aufmerksamkeit und Verständnis für diesen Forschungszweig auch auf akademischer Ebene zu fördern, fing ich Mitte der 60er-Jahre an, Vorträge zu halten. An der Hochschule St. Gallen, der einzigen Universität der Schweiz, welche Vorlesungen zu dieser Thematik anbot, dozierte ich bis in die 80er-Jahre.

Zu dieser Zeit haben auch meine sogenannten Forumsveranstaltungen bei der Migros-Klubschule in St. Gallen, Zürich und Winterthur begonnen. Anfänglich sprach ich über die Entwicklung der Astronomie, von der Antike bis in die Moderne. Es war ziemlich mathematisch.»

«Interessierten sich die Leute denn dafür?»

«Nicht so sehr wie für die Anekdoten über Keppler. Nämlich, dass er damals, Ende des 16. Jahrhunderts, noch relativ mühsam die Messungen gemacht und seine Gesetze abgeleitet hat, davon aber kaum leben konnte. Dass er den Auftrag bekam, Fürst Wallensteins Söhnen Horoskope zu machen, wovon er dann hauptsächlich lebte, und dass er sich mit dem Horoskop für den Fürsten selbst nicht nur einen grossen Namen gemacht hatte, sondern zugleich in Wallenstein einen grosszügigen Gönner gewonnen hatte. Daraufhin haben sich die Zahlen der Kursbesucher dermassen gesteigert, dass mich der Klubschulleiter bat, offiziell Vorträge über Astrologie anstatt Astronomie zu halten. Und so ergab sich das eine aus dem anderen, und die parapsychologischen Kurse mit den Themen Telepathie und Hellsehen, die ich mit der Zeit ebenfalls anbot, wurden immer beliebter.»

«Das glaube ich gerne», werfe ich ein. «Die sind ja auch spannend.»

«Genau, und was ich besonders spannend empfand, war Folgendes: Gesetzlich ist der Mensch tot, wenn das Gehirn tot ist. Wie ist es aber dann möglich, dass hellsichtige Menschen Tote sehen und mit ihnen sprechen können? Viele plausible Antworten auf diese Fragen fand ich in einem Buch von Allan Kardec, einem französischen Gelehrten des 19. Jahrhunderts. Er war schon über fünfzig, als er sich überreden liess, an einer Séance teilzunehmen, bei welcher Tische von allein hin und her rückten, herumsprangen und sich in die Luft erhoben. Er beschloss, diesem Phänomen auf den Grund zu gehen. Als ihn daraufhin in einer weiteren Séance ein Geist darum bat, Sprecher der Toten zu werden, war das für ihn ein Fingerzeig. Da er selbst nicht medial begabt war, begann er mit diversen Medien zu arbeiten, um den Geistern eine Liste von Fragen zu stellen. Auf Bitte der Geistwesen veröffentlichte Kardec die Schrift ‹Buch der Geister›, sein erstes und wesentliches Werk über den Spiritismus. Es beantwortet Fragen zur Geisterwelt sowie der Beziehung zwischen der Geisterwelt und der irdischen Welt. Kardecs Lehre fand grosse Beachtung und hat heute noch viele Anhänger, besonders in Südamerika. Aus eben solchen Fragestellungen heraus habe ich 1971 die ersten Medien aus England kommen lassen.

«Was!», rufe ich überrascht aus. «Wie kamst du denn gerade auf diese Idee?»

«Der Hinweis war von Ursula gekommen, meiner verstorbenen Frau, die als Aupair Mädchen in England spiritistische Sitzungen erlebt hatte und davon sehr beeindruckt gewesen war. ‹Das will ich selber sehen›, sagte ich zu ihr. Und so sind wir zusammen nach London, zur ‹Spiritual Association of Great Britain› gereist, um dort in öffentlichen Demonstrationen solche Jenseitskontakte aus erster Hand zu erleben. Mein persönlicher Eindruck war so positiv, dass ich Kathleen St. George und Frida Fell für die Klubschule engagierte und etwas später Ursula Roberts und Joan Ried.»

«Und – sind sie bei uns akzeptiert worden? Hatten sie Erfolg?»

Alex lehnt sich zurück und ruft lachend aus: «Und wie! Nachdem diese Medien ohnehin schon für die Klubschule in der Schweiz weilten und mit ihren Auftritten Furore machten, organisierte ich privat zusätzliche Veranstaltungen, mietete dafür einen Raum in der Kantonsschule und trommelte Leute zusammen. Diesen ersten britischen Medien in der Schweiz folgten etwa Gay Muir und Ivor James, die sehr gefragt waren. Die Veranstaltungen an der Migros Klubschule hatten einen solchen Erfolg, dass die Organisatoren mich baten, diese parapsychologischen Abende auch in Kreuzlingen und Chur abzuhalten. So kam ich direkt ein wenig in Stress, denn ich hielt ja weiterhin öffentliche Vorlesungen an der Hochschule St. Gallen.»

«So wenig ich über diese Dinge weiss, so scheint es mir doch, dass es wohl Mut gebraucht hat, mit dieser Thematik an die Öffentlichkeit zu gehen. Bist du nicht Gefahr gelaufen als Spinner bezeichnet zu werden?»

Alex zuckt mit den Achseln. «Schon viele Forscher sind als Spinner bezeichnet worden», erklärt er lachend. «Doch wenn man von einer Sache überzeugt ist, darf man sich von der Meinung der Masse nicht abhalten lassen. Doch lass uns jetzt aufbrechen. Es ist noch ein langer Weg zum Bahnhof Gonten.»

PREKÄRE SCHLITTENFAHRT

Nachdem wir die gemütliche Gaststube verlassen haben und noch keine zweihundert Meter gelaufen sind, erspähen wir in einer Waldlichtung vor einer Scheune ein Dutzend in Reih und Glied aufgestellter Schlitten und daneben eine angekettete metallene Kasse mit einem Schlitz. Auf einem Schild steht:

‹SCHLITTEN FÜR 5 FRANKEN ZU MIETEN.
HINTER DEM BAHNHOF GONTEN DEPONIEREN.›

«Denkst du, was ich denke?», frage ich Alex mit auffordernder Miene.

Skeptisch hebt er die Augenbrauen. «Du weisst, dass Schlittenfahren viel Kraft in den Beinen braucht», antwortet er und schaut mich etwas zweifelnd an.

«Ist mir bekannt, denn das war damals im Winter die Lieblingsbeschäftigung für uns Kinder. Oft marschierten meine Mutter und ich abends noch zum Pfänder hinauf und rodelten auf der vereisten Strasse bis zu unserem Haus nach Lochau hinunter. Später, während meiner vielen Jahre in Kanada hatte ich keine Gelegenheit dazu. Doch nun, da meine Familie wieder in Europa lebt, bin ich froh, diesen lustigen Freizeitspass hin und wieder mit meiner Enkelin ausüben zu können», gebe ich überzeugt zurück.

Alex lässt sich nicht lang bitten, zieht seine Geldbörse heraus und steckt eine Zehn-Franken-Note in den Kassenschlitz. Dann bückt er sich zu seinen Spikes hinunter und schnallt sie fester an seine Schuhe. «Die müssen eng sitzen, sonst würden sie auf so einer Fahrt abgerissen», betont er und wählt dann für sich einen grossen Davoser Schlitten. Ich mache es ihm gleich mit den Spikes, entscheide mich hingegen für einen Hörnerschlitten, damit ich mich an den vorne hoch aufgeschwungenen Kufen festhalten kann.

Die Rodelbahn verläuft auf der öffentlichen Strasse hinunter ins Tal. Die oberste Schneeschicht ist frisch, doch man sieht, dass sich darunter ein alter, fester Belag befindet.

«So wie es aussieht, haben wir sicher eine von Wanderern, anderen Schlittlern und dem Jeep des Gastwirtes gut festgepresste Bahn bis hinunter», überlegt Alex laut.

«Fein, wer fährt zuerst?», rufe ich keck.

So überzeugt von meinem Können ist Alex indessen nicht, denn er meint: «Mir scheint, ich sollte dich vor mir fahren lassen. So kann ich dich im Auge behalten.»

«Du meinst wohl, ich könnte im Graben landen», sage ich mit gekränktem Stolz, setze mich auf mein Gefährt und stosse ab.

Alsbald beginnt eine lustige Fahrt und nach der ersten Kurve juble ich noch. Doch dann trägt mich mein gut geschliffener Rodel immer rasanter bergab. Trotz meinen Spikes fällt mir das Bremsen schwer, denn die schattigen waldigen Abschnitte liessen grosse Eisplatten auf der Strasse entstehen. Von einer Kurve zur nächsten nimmt mein Tempo immer mehr zu, was nun auch das Lenken schwierig macht. Jetzt reisst mir der Fahrtwind die Mütze vom Kopf und treibt mir Schneeflocken in die Augen. Mit meiner nun beeinträchtigten Sicht rase ich knapp an Wanderern vorbei, die erschrocken zur Seite springen. Die Buckel auf der Fahrbahn werden zu kleinen Sprungschanzen, sodass ich kurzfristig die Kontrolle verliere und den Tannen und anderen Hindernissen am Strassenrand gefährlich nahe komme. Erst als es dem Tal mit seinen grünen Wiesen zugeht, und die Strasse abflacht, gewinne ich wieder Herrschaft über das Vehikel. Ich kann meine Fahrt verlangsamen und komme endlich zum Stehen. Den Schrecken noch in den Gliedern und völlig aus der Puste schnappte ich hörbar nach Luft. Dann steht Alex neben mir und legt mir kommentarlos seinen Arm um die Schultern.

«Du meine Güte», schnaube ich ausser Atem und halte einen Moment lang inne, bis ich weitersprechen kann. «Das habe ich nicht erwartet. Wie es aussieht, muss ich noch ein wenig mehr mit meiner Enkelin üben», sage ich mit einem erzwungenen Lächeln.

«Oder mit mir», antwortet er übermütig. Dann schnallt er seine Spikes ab, pflückt ein Gänseblümchen am Wiesenrand und überreicht es mir mit einem schelmischen Grinsen: «Das ist eine Siegestrophäe für dich, denn immerhin bist du als Erste angekommen».

«Allerdings», antworte ich etwas beschämt über meine Prahlerei. Meine Gedanken verharren einen Augenblick in Alex' Liebenswürdigkeit und seinen Worten, *oder mit mir*, und ich bin froh um den Windstoss, der meine heissen Wangen kühlt.

Dann überreicht er mir noch etwas – meine Mütze. «Die ist mir direkt in den Schoss geflogen, sagt er gespielt triumphierend.

Nun fällt mir die Thermosflasche in meinem Rucksack ein und ich greife nach hinten. «Gottlob ist dem Kaffee und den Nussschnecken nichts passiert», sage ich aufatmend. «Das wäre echt schade gewesen. Die geniessen wir später im Zug.»

Auf dem letzten Wegstück zum Bahnhof macht die Anspannung der Müdigkeit Platz, sodass ich mich auf der Zugfahrt von Gonten nach Appenzell eine Weile still zurücklehne. Auch wiederholen sich Alex' Worte in meinen Ohren wie ein Echo. Verstohlen forschend schaue ich zu ihm hinüber und glaube in seinen Augen das zu sehen, was auch mich beschäftigt. Gedankenversunken höre ich ihn sagen: «Mit dem Kaffee warten wir lieber. Die Fahrt nach Appenzell ist zu kurz um alles aus dem Rucksack zu kramen.» Ich nicke, dankbar für die Pause. Doch dann erinnere ich mich, dass die Schlittenfahrt Alex' Bericht unterbrochen hat und bitte ihn, weiterzuerzählen.

SPRECHFUNK MIT VERSTORBENEN

«Ebenfalls zu jener Zeit», nimmt er den Faden wieder auf, «im Herbst 1967, gab mir jemand ein Heft ‹Die andere Welt›, oder so ähnlich. Darin war ein Bericht über einen schwedischen Kunstmaler und Sänger, Friedrich Jürgenson, der 1959 erstmals beim Aufnehmen von Vogelgezwitscher rätselhafte Stimmen auf seinem Tonband fand. Jürgenson war überzeugt, dass sie aus einer anderen Lebensdimension kommen, welche den Kontakt mit uns wünscht. Erst fünf Jahre später stellte er das Phänomen der Öffentlichkeit vor, und löste damit unterschiedlichste Reaktionen aus.

«Ich kann mir gut vorstellen, dass man ihn verspottet hat», werfe ich ein.

Es ist sehr warm im Abteil und Alex öffnet den Reissverschluss seines Anoraks. « Tatsächlich haben das einige getan, aber andere nahmen die Sache ernst. Als Techniker vom schwedischen Rundfunk zu Jürgensons Haus kamen, um dort mit versiegelten Bändern Einspielungen zu machen – es galt, die Echtheit des Phänomens zu prüfen – wurden sie von den mysteriösen Wesenheiten mit Namen angesprochen. Sie waren bestürzt und verwundert, wie etwas Derartiges möglich war.

Ich erinnere mich, dass ich immer noch meine Spikes an den Schuhen habe. «Techniker vom schwedischen Rundfunk sind sicher keine leichtgläubigen Esoteriker. Hat das nicht die Wissenschaft wachgerüttelt?», frage ich, während ich den Gleitschutz abschnalle.

«Es waren die Parapsychologen, die Jürgensons Behauptung, jeder Mensch könnte diese Experimente erfolgreich machen, nachprüfen wollten – allen voran Prof. Hans Bender vom parapsychologischen Institut der Universität Freiburg. Er reiste mit einigen Mitarbeitern nach Schweden, um sich vor Ort von der Authentizität des Phänomens zu überzeugen. Er hat später ausführlich über seine Experimente bei Jürgenson berichtet und das Phänomen für echt erklärt.»

Eine Lautsprecherstimme, die den Bahnhof Appenzell ankündigt, unterbricht Alex' Bericht. Er wartet einen Moment bevor er weiterspricht, während ich schon meinen Rucksack schultere.

«In seinem Buch ‹Sprechfunk mit Verstorbenen› hält Jürgenson fest, da die Tonbandaufnahmen sich von jedermann abhören lassen, stellen sie wissenschaftlich betrachtet, einen xbeliebigen, wiederhol- und kontrollierbaren objektiven Beweis für die Existenz eines nachtodlichen Zustandes des Menschen dar. Im Grunde genommen seien Trennungsleid und Tränen sinnlos, schrieb er, denn der Meinung, die die meisten Menschen vom Tod haben, liegen Irrtum oder Lüge zugrunde. Der Tod sei nicht das, wofür die meisten Menschen ihn halten. Da sprechen ins *grosse Nichts* verschwundene Tote mit ihren alten lieben, vertrauten Stimmen zu ihren Verwandten und Freunden, deutlich und immer wieder nachprüfbar auf dem Tonband – trotz körperlichen Todes, Verbrennung und jenem Häuflein Asche, deren Tatsächlichkeit ebenso unbestreitbar sei. Er hatte die unerschütterliche Gewissheit, dass seine besprochenen Tonbänder die Stimme der Unsterblichkeit enthielten, von keiner Instanz dieser Welt wegdiskutierbar.»

Nach dem Zugwechsel in Appenzell wird der Imbiss ausgepackt. Ich lege die Nussschnecken auf das Fenstertischchen und schenke den inzwischen lauwarmen Kaffee in zwei mitgebrachte Trinkbecher ein.

«Auf unser heutiges Abenteuer muss angestossen werden, sage ich und halte Alex meinen Becher entgegen.

«Prost, meine Liebe», erwidert er bestätigend, während er mit mir anstösst.

«Durch meine Wissbegier konntest du heute kaum eine Sprechpause einlegen, sodass sogar *ich* schon einen ganz trockenen Mund habe», sage ich scherzend.

«Hast du genug gehört? Soll ich aufhören?»

«Nein, nein. Wie das mit deinen eigenen Tonbandstimmenexperimenten weiter gegangen ist, musst du mir auf jeden Fall erzählen bevor wir in St. Gallen ankommen. Hast du denn mit Jürgenson Kontakt aufgenommen?»

«Nein, nicht mit ihm, sondern mit einem gewissen Dr. Konstantin Raudive. In dem Heft stand nämlich weiter, dass dieser in Deutschland lebende, lettische Philosoph und Schriftsteller begonnen hatte, dieses Phänomen auf wissenschaftlicher Basis zu erforschen. Der alte Radiobauer und Funker in mir wurde von der Neugier gepackt. Ich machte ihn ausfindig und schrieb ihm, woraufhin er mich zu einem Besuch in Bad-Krozingen einlud. Als er erfuhr, dass ich Elektroingenieur bin und Physik unterrichte, wollte er, dass ich bei ihm mitmache und rief aus, ‹Du musst unbedingt bei meinen Vorträgen dabei sein, um das Physikalische an der Sache zu erklären›.

«Ich komme vom Staunen nicht heraus», unterbreche ich Alex. «Du warst Familienmann und Lehrer, hattest schon überall Engagements für parapsychologische Vorträge, und dann wolltest du diese Tonbandsache auch noch aufgreifen. Hattest du denn überhaupt Zeit dafür, neben all deinen Verpflichtungen?»

«Doch, doch! Die Kurse an der Migrosklubschule habe ich aufgehört. So konnte ich intensiv mit Dr. Raudive arbeiten und experimentieren. Hunderttausend Stimmenfragmente hat er registriert sowie untersucht, denn er sah sofort, dass ein paar Dutzend merkwürdige Bandmagnetisierungen nicht als Beweis für eine paranormale Herkunft gewertet würden.

Dort erfuhr ich auch, dass die ersten aussergewöhnlichen Stimmen schon in den 1940er-Jahren, in USA, während spiritistischen Sitzungen auf magnetischen Tonträgern aufgetreten waren. 1952 zeichnete Padre Gemelli im Beisein von Padre Ernetti im Physiklabor der katholischen Universität Mailand unabsichtlich die Stimme seines verstorbenen Vaters auf.

«Nicht zu fassen, dass man das nicht ganz gross publik gemacht hat», sage ich entrüstet, beisse in die Nussschnecke und zeige kauend mit dem Kinn in den Himmel. «Da sucht man überall im Weltall nach weiteren Lebensformen, und solche, die sich melden, ignoriert man schlicht und einfach.»

«Goldrichtig», ruft Alex strahlend. «Schon bald kam mir die Idee, Versuche in einem faradayschen Käfig zu machen und stellte alle Aufnahmegeräte – das batteriebetriebene Tonbandgerät, das Mikrofon und die benötigten Messinstrumente – hinein.»

«Moment bitte», werfe ich ein, «was ist ein faradayscher Käfig?»

«Das ist ein metallischer, völlig geschlossener, geerdeter Behälter oder Raum, in den keinerlei Radiowellen eindringen oder sonstige elektrische Felder einwirken können.»

«Hat es funktioniert?»

«Sehr gut sogar. Ich stellte fest, dass sich die Stimmen auch in einem derartigen Raum manifestieren. Damit wurde die Annahme widerlegt, es handele sich um Radiofloskeln oder Einstreuungen von Radiosendern. Raudive war stets bestrebt, das Phänomen unter wissenschaftlich kontrollierten Bedingungen zu beweisen. Dies gelang ihm 1971 in London durch die Einspielung von Stimmen in eben so einem faradayschen Käfig im abgeschirmten Laboratorium der Firma Belling & Lee. Alle Experimente erbrachten paranormale Stimmen, die von niemandem auf herkömmliche Weise erklärt werden konnten. Auch bei diesen Experimenten bekundeten die Stimmen, dass sie Tote seien und sich bemerkbar zu machen wünschen.»

«Jetzt hoffe ich aber, dass man daraufhin Alarm geschlagen und das Resultat öffentlich bekannt gemacht hat.»

«So ist es tatsächlich gewesen. Dr. Raudive sollte es beschieden sein, dieses neue Forschungsgebiet weltweit bekannt zu machen. Er wusste, dass er ein wichtiges, beliebig wiederholbares Phänomen empirischwissenschaftlich erforschte, mit dessen Hilfe Untersuchungen an der Nahtstelle zwischen bekannter Naturgesetzlichkeit und transzendenter Wirklichkeit vorgenommen werden können.»

«Direkter verbaler Kontakt mit Verstorbenen – und jeder soll das können», sage ich nachdenklich. Was ich da vernahm, war umwerfend, und versetzt mich einen Moment lang ins Studieren.

Als der Zug in Gais stehen bleibt, schreckt eine Taubenschar vom Bahnhofsdach hoch. Während mein Blick sie verfolgt, umkreisen sie die Krone einer zartgrün spriessenden Linde, lassen sich kurz nieder, heben aber mit der Abfahrt des Zuges wieder ab und verschwinden flügelschlagend über dem Waggon. Dann macht sich ein Lächeln breit auf meinem Gesicht, denn zwei der Vögel kommen zurück und setzen sich turtelnd aneinandergeschmiegt wieder auf das Bahnhofsdach.

«Wenn nicht du mir dieses eigenartige Phänomen erklärt hättest», sage ich nach einem Moment des Reflektierens, «würde ich es nicht glauben. Trotzdem reizt es mich einerseits, auch einmal so einen Kontakt herzustellen, andererseits hätte ich einfach zu grossen Respekt davor.»

«Verständlich. Dazu kommt, dass es viel Geduld und Übung braucht, bis man den kurzen, oft mit verzerrter Stimme, in eigenartigem Rhythmus gesprochenen Sätzen etwas Brauchbares entnehmen kann. Wer zum ersten Mal ein bespieltes Originalband abhört wird kaum sinnvolle Satzfragmente heraushören. Es tönt wie eine missratene Aufnahme einer Menschenansammlung, die durch eine starke Geräuschkulisse noch unverständlicher wird. Das war am Schluss der Grund, dass ich damit wieder aufgehört habe. Es verschlang zu viel Zeit. Grosse Freude hatte ich allerdings, als ein paar Jahre später Schreibcomputer und PCs von sich aus anfingen Nachrichten zu schreiben, die auch mit den besten Tricks niemand eingegeben haben konnte. Die waren nun klar und deutlich zu lesen.

Alex greift nach dem Kaffee, trinkt den letzten Schluck und stellt den leeren Becher zurück auf das Tischchen.

«Auch wenn du nicht selber mit dem Tonbandphänomen experimentieren magst, dich die Thematik gleichwohl interessiert, gebe ich dir gerne ein Buch darüber.»

«Das ist vielleicht eine gute Idee, denn was ich heute alles ge-hört habe, war eine richtige Para-Lawine. Alles habe ich sicher nicht behalten.»

«Das glaube ich dir gerne, und wenn dich meine Kochkünste nicht abschrecken, so komm doch nächstes Wochenende zu mir nach St. Gallen. Ich habe eine beträchtliche Anzahl von noch an-deren parapsychologischen Büchern, die dich auch interessieren könnten.»

Angesichts der Vorstellung, Alex bald wiederzusehen, über-kommt mich ein Glücksgefühl, das ich diesmal nicht zu verbergen suche. Spontan rutsche ich auf meinem Sitz nach vorne und er-greife seine Hand.

«Du würdest für mich kochen?», rufe ich freudestrahlend.

«Sicher», sagt er lächelnd und erwidert meinen Händedruck.

«Ja, dann komme ich gerne, Para-Lawine hin oder her», beeile ich mich die Einladung anzunehmen.

Wieder zu Hause in Bregenz fällt mir plötzlich die Kartenle-gerin Marianne ein: ‹*Es gibt eine zweite Liebe für Sie, und zwar eine ganz grosse*›, hatte sie gesagt. ‹*Das ist ein guter Mann. Den würde ich mit allen Fasern halten.*›

Ist Alex diese grosse Liebe? Habe ich drum so ungestümes Herzklopfen, wenn ich an ihn denke?

&c&

ITALIENISCHER LECKERBISSEN UND SAI BABA

Am Tag der Essenseinladung hat mir Alex in seinem Büro, ein Stockwerk höher, zugänglich über eine Treppe vom Wohnzimmer aus, das Buch über Tonbandstimmen ‹Konstantin Raudive zum Gedächtnis› herausgelegt und die Seite mit einem von ihm geschriebenen Artikel bereits aufgeschlagen:

> ‹Die merkwürdigen Stimmen, die Friedrich Jürgenson zwischen seinen Tonbandstimmen fand, scheinen nicht in den üblichen Rahmen der Naturgesetze, so wie sie uns heute bekannt sind zu passen … Es fanden zwar weltweit viele Menschen, darunter auch Forscher, eine große Bereicherung durch Dr. Raudives Arbeit, die wissenschaftlichen Institutionen aber beachteten sie zu wenig, der Druck der dargelegten Tatsachen brachte keine Revolution. Die Fundamente der Wissenschaft werden nicht alle Jahre umgebaut. Die sorgfältig wissenschaftlich sauber dargestellten Resultate Raudives sind aber zeitlos. Sie werden Steine des zukünftigen Unterbaus eines neuen Weltbildes sein.›

«Kommst du klar mit der Bücherauswahl?», höre ich Alex unten rufen.

«Ich denke schon», antworte ich kurz, bin mir dessen aber gar nicht sicher. Die Vielzahl der unterschiedlichen parapsychologischen Gebiete, welche die anderen Bücher auf den Regalen widerspiegeln, macht es mir schwer, weitere auszuwählen, denn ich kenne auch die Autoren nicht. Meine Augen schweifen über die Buchrücken und bleiben an einem Titel hängen, ‹Das Buch der Geister› von Allan Kardec. Ich nehme es vom Regal.

«Ich glaub, ich habe etwas Interessantes gefunden», rufe ich hinunter. Ein Eselsohr führt mich zu einer Seite, auf welcher ich Folgendes lese:

‹Gott ist ewig, unwandelbar, immateriell, einig, allmächtig, allgerecht, und allgültig. Er hat das Weltall geschaffen, das alle belebten und unbelebten Wesen, materielle und immaterielle, umfasst. Die materiellen Wesen bilden die sichtbare Welt, die Körperwelt; die immateriellen Wesen, die unsichtbare Welt, die Geistwelt. Die geistige Welt ist die normale, ursprüngliche und ewige Welt, die vor allem physischen Sein war und alles Materielle überdauern wird. Die Körperwelt ist von untergeordneter Bedeutung. Sie könnte in ihrer Existenz aufhören und brauchte nie existiert zu haben, ohne die Wesenheit der geistigen Welt zu verändern. Die Geister legen für eine gewisse Zeit eine vergängliche, materielle Hülle an, deren Zerstörung, für gewöhnlich Tod genannt, sie wieder in Freiheit setzt.›

Beide Texte sind aufwühlend und zugleich Hoffnung spendend. Scheinbar ahnt Alex meine Kalamität, denn er ruft von unten herauf: «Wenn dir die Thematik immer noch neu und fremdartig erscheint, kannst du ja ein paar Bücher mitnehmen. Ich kann dir auch gerne weitere Fragen beantworten. Übrigens kannst du essen kommen.»

«Bücher nehme ich keine mit, und das mit dem Fragen Beantworten vertagen wir am besten», rufe ich zurück. «Zum Essen komme ich sofort.»

«Das duftet ja fein», entfährt es mir voll freudiger Erwartung als ich die Küche betrete. Neugierig nähere ich mich dem Herd, wo in einem Topf, auf kleiner Flamme, drei verschiedene Nudelsorten – der Todesstoss für jeden Italiener – gemütlich vor sich her köcheln.

«Meinst du, sie sind al dente?», fragt Alex.

«Das waren sie mal», gebe ich mit verhaltenem Zynismus aber humorvollem Ton zurück, «jetzt sind sie al polente». Dann setze ich mich an den zwar nicht festlich, doch mit allen Notwendigkeiten gedeckten Tisch. Meine spitzige Bemerkung hat mein Gastgeber scheinbar überhört, denn mit vorauseilender Entschuldigung meint er, «möglicherweise täuscht der Duft. Es ist ja fast waghalsig, dir Teigwaren anzubieten, wo du ja praktisch Spezialistin in der italienischen Küche bist.» Dann schüttet er das Wasser ab, bearbeitet das Ganze mit Tomatenpüree aus der Tube und reicht mir einen Teller mit der dampfenden Mixtur.

«Ich hoffe, es schmeckt besser, als es aussieht», fügt er ganz unbedarft hinzu.

«Ich bin überzeugt, das tut es», antworte ich mit einem Pokergesicht. Mit der Absicht, mir durch nichts meine gute Stimmung verderben zu lassen, streue ich von vornherein viel mehr Käse als sonst über das Festmahl. «Schmeckt himmlisch!», rufe ich kühn nach ein paar Bissen und lasse mir ein zweites Glas Wein einschenken.

Mit den Kaffeetassen setzen wir uns dann in die Stube, Alex auf einen schon etwas in die Jahre gekommenen, dennoch komfortablen Grossvaterstuhl.

Ich fahre mit der Hand über den verblassten grünen Samt: «Der scheint sehr alt zu sein und kommt sicher noch von deinen Eltern.»

«Ja. So sind auch einige andere Möbelstücke im Haus.»

«Und Bilder!», füge ich hinzu und zeige auf die Wand hinter dem Sofa. Sie ist behangen mit Bildern, die durch ihre Art davon zeugen, dass sie nicht aus einem modernen Kaufhaus stammen, zumeist Landschaften.

«Man sieht, dass sie mit Bedacht ausgewählt worden sind», sage ich. «Aber eines tanzt aus der Reihe, dieses da, mit dem fremdländischen Mann.» Ich trete näher an das Bild heran. Es zeigt einen etwa vierzigjährigen Inder in einem bis zum Boden reichenden orangen Kleid. Sein schwarzes krauses Haar umrahmt seinen Kopf wie einen Kranz.

«Sai Baba», höre ich hinter mir, «ein indischer Yogi.»

«Und was macht ein indischer Yogi an deiner Stubenwand?», wundere ich mich.

«Ursula war eine Devotee, eine glühende Anhängerin von ihm. Sie war dreizehnmal in seinem Ashram in Puttaparthi, Indien, und du wirst Fotos von ihm im ganzen Haus finden.»

«Ist das nicht schon ein wenig fanatisch?», entfährt es mir.

«Man könnte so sagen. Die Kinder haben es wenigstens so empfunden, denn es sollte nur noch das gemacht werden, was Sai Baba für richtig und gut erachtete.»

«Und du, wie war das für dich? Das hat doch sicher den ganzen Haushalt auf den Kopf gestellt.»

«Zum einen lasse ich grundsätzlich jeden gewähren und so leben wie er meint, es mache ihn glücklich. Zum anderen liessen mich Ursulas Berichte von seinen unglaublichen Wundertaten aufhorchen. Auch hatte Professor Erlendur Haraldsson schon an den Psi-Tagen so überzeugend von diesem aussergewöhnlichen Menschen erzählt, dass ich ihn selber erleben wollte, erstens aus Neugier und dann aus parapsychologisch wissenschaftlichen Gründen.»

«Wundertaten?», frage ich skeptisch.

«Selbst beobachten konnte ich Materialisationen etwa von spektakulären Mengen von Asche, ‹Vibhuti›, aus einer Vase, die dort unmöglich hineingepasst haben können, oder von Schmuck, den er aus seinen Händen produzierte und verschenkte. Ich konnte keinen Trick feststellen. Devotees, die sein Bild zu Hause aufgestellt hatten, berichteten, es habe sich vor und hinter dem Glas ‹Vibhuti› gebildet.

«Unmengen von Asche», unverständig verziehe ich mein Gesicht. «Was will er denn damit bezwecken?»

«Er möchte der Menschheit beweisen, dass Materie nicht das ist, was die klassische Naturwissenschaft meint – das Stabile, Klare, Grundlegende – und das Stichwort Materialismus gar nicht stimmt.» Alex zeigt auf den Kaffeetisch. «Dieser Tisch hier ist eigentlich gar nicht da. Wir haben lediglich ein Gewirr von Kräften vor uns, das bedingt, dass ich mit der Hand nicht eindringen kann. Also, Sai Baba möchte sagen, Materie ist eine Illusion. Es ist schon etwas da, aber was wir sehen, ist nicht das Eigentliche; man kann das ohne Weiteres verändern, wenn man weiss wie. Oder der Schmuck; es ist schon fantastisch, wie er eine Handbewegung macht und dir dann einen Ring überreicht, der genau auf deinen Finger passt. Und immer wieder vernahmen wir von Heilungen, auch von als unheilbar diagnostizierten Krankheiten. Das Erstaunlichste von dem wir hörten, waren Teleportationen, seine eigenen, sowie jener eines australischen Besuchers. Dieser hatte Sai Baba erzählt, man habe ihn von zu Hause angerufen, seine Frau liege im Sterben. Nun wolle er so schnell wie möglich zu ihr. ‹Geh durch diese Türe dort›, sagte Sai Baba zu ihm und wies auf einen Durchgang in der Wand. Der Mann tat wie geheissen, und befand sich im nächsten Augenblick in Australien, neben seiner Frau.»

‹Kann man so etwas glauben›, frage ich mich still, ‹es tönt wie eine Magie-Show aus dem Fernsehen.›

Alex beobachtet mich und nickt verstehend. «Am Morgen, nachdem wir angekommen waren, stand ich mit vielen anderen Menschen im grossen Saal von Sai Babas Ashram, wo er seine Besucher empfängt. Als er den Raum betrat, drehte er sich im Kreis und liess seinen Blick über die Anwesenden gleiten. Ich stand ziemlich hinten, neben einer Säule. Trotzdem erspähte er mich, und sein Blick verweilte eine Weile in meinen Augen. Ich muss schon sagen, es ging mir durch Mark und Bein. Und ich konnte von da an verstehen, warum viele entscheiden, seinen spirituellen Weg einzuschlagen und diesem Meister anzuhängen. Die Begegnung mit ihm hat mich animiert, Vorträge über ihn und seine Wundertaten zu halten.»

«Also würdest du dich auch als Devotee bezeichnen?», frage ich eigenartig beeindruckt vom Gehörten.

«Nicht direkt als Devotee, aber die Erfahrungen dort haben mich schon fasziniert und in der Ansicht bestärkt, dass viel mehr möglich ist, als die Naturwissenschaft behauptet.»

«Interessant, deine Geschichten, und ich könnte dir ewig zuhören», sage ich, als ich merke, dass es dunkel wird, «aber es ist leider Zeit für mich heimzufahren.» Wie üblich verabschiede ich mich mit einem linksrechts Küsschen, und will mich zum Gehen wenden. Da zieht mich Alex noch einmal zurück und drückt mir einen sanften Kuss auf die Lippen.

Ich bin wie gebannt, denn auch wenn es nur ein Hauch von einem Kuss war, so geht er mir durch und durch. Der letzte Rest meines Widerstandes gegen diesen älteren Mann ist dahingeschmolzen. Aufgewühlt aber glücklich verlasse ich ihn.

ഇൻ

PURZELBAUM
IN EINE GEHEIMNISVOLLE WELT

Etwas Schönes, Wohlwollendes hat sich über mich ausgebreitet seit Alex in meinem Leben ist, und meine Besuche in St. Gallen werden immer häufiger, denn ich will so viel Zeit wie möglich mit ihm verbringen. Das Haus mit seinen weiten, hellen Räumen, hohen, mit Stuckatur verzierten Decken und grossen Fenstern, die Blick auf eine alteingesessene Nachbarschaft geben, in welcher viele der schönen Häuser noch zurzeit der Textilblüte erbaut wurden, wird immer mehr zu meinem zweiten Daheim.

Und so bin ich Hals über Kopf in Alex' Welt gepurzelt, eine ganz andere, als jene die ich bisher gekannt hatte. Geistergeschichten, die man sich zu meiner Kinderzeit in der abendlichen Stube erzählt hat – damals gab es noch kein Fernsehen – und derentwegen ich mich dann beim Zubettgehen fürchtete, gehören hier zum Alltag. Hier sind sie real, hier leben sie. Und wie ich bald feststellen sollte – mehr als mir lieb ist.

Da sich meine Fahrten zwischen Bregenz und St. Gallen häufen, bietet mir Alex eines Tages die Veranda als kleinen Büroraum an. «Dort kannst du dir einen Computer einrichten. Heute kann man damit ja alles erledigen. Auch für Bankangelegenheiten musst du nicht extra nach Österreich fahren. Ursula hatte sich vor ihrem Tod letztes Jahr eine Liegeecke dort eingerichtet. Es hängen noch ein paar Bilder von ihr an den Wänden. Du musst halt schauen, welche du behalten magst.»

Die Idee gefällt mir. Von der auf zwei Seiten eingeglasten Veranda aus sieht man, über den tieferliegenden Stadtkern hinweg, zu den Appenzeller Hügeln bis hinüber zum Säntis. Und darunter, gesäumt von vielen hohen, dunklen Tannen schlängelt sich die Tannenstrasse in die Stadt hinab.

Indem ich das alles ins Auge fasse, kommt mir eine Erinnerung hoch: ‹*Aber etwas muss ich Ihnen sagen*›, hatte die Kartenlegerin Marianne prophezeit, ‹*Sie müssen umziehen. Er hat ein Haus, aber nicht hier in Vorarlberg.*›

ES SPUKT IM HAUS

Auf dieses Angebot hin bringe ich die notwendigen Bürosachen aus Bregenz, und richte mir ein kleines Arbeitszimmer ein, mit einem Tisch und dahinter einem Regal für Ordner und Bücher. Ursulas Bilder nehme ich alle von der Wand und lege sie vorerst auf das Büchergestell, darunter auch ein postkartengrosses, eingerahmtes Foto von Sai Baba. Ich hole die nächste Kiste mit Material aus dem Auto, worin sich unter anderem ein etwa zwanzig Zentimeter grosser Rosenquarz befindet. Wie ich nun wieder in die Veranda trete, finde ich Sai Babas Foto in seinem Rahmen aufrecht mitten auf dem Regal stehen. Alex ist in seinem Büro im oberen Stock, «Hast du das Bild von Sai Baba, das ich auf das Regal in meinem neuen Büro gelegt hatte, aufgestellt?», rufe ich durch den Treppenschacht hinauf.

«Nein, ich war gar nicht unten.»

Mehr als verwundert gehe ich zurück in die Veranda, nehme das Bild des Jogi in die Hand, habe aber, nach den wundersamen Geschichten über ihn, nicht den Mumm es ganz aus dem Raum zu verbannen und stelle es wieder auf das Regal, aber hinter den Rosenquarz, direkt über dem Computer. Ich will den Raum verlassen, um weitere Kisten aus dem Auto zu holen, da höre ich einen mächtigen Plumps hinter mir. Ich drehe mich erschrocken um: Der Rosenquarz war auf den Monitor gefallen. Sai Babas Bild nun wieder in voller Sicht.

«Oh, du meine Güte», rufe ich aus, «auf was, habe ich mich denn da eingelassen!» Nichts war kaputtgegangen, aber ich weiss, dass dieser zaubernde Guru jetzt definitiv raus muss aus meinem neuen Büro. Ich entschliesse mich, mit diesem indischen Heiligen, der Steine fliegen lässt, einen Handel zu machen. Dazu nehme ich das Bild in die Hand und sage zu ihm: «Lieber Sai Baba, Ursula hat dich sehr verehrt und in der ganzen Wohnung Fotos von dir aufgehängt. Nun wohne ich aber hier und werde das ändern. Ich werde aus Respekt ein ganz grosses in einem goldenen Rahmen im Seminarraum aufhängen. Alle anderen Bilder von dir im Haus werden aber entfernt.» Sage es und stelle das Bild wieder hinter den Rosenquarz, mit der Absicht mein Versprechen so bald wie möglich in die Tat umzusetzen. Es wirkt. Bild und Rosenquarz bleiben stehen wo ich sie hingestellt habe.

Von Alex' fünf Kindern wohnen zwei im Haus, Susanne in der Wohnung über uns und Martin einen Stock höher. Beide kommen öfters ihren Vater besuchen und gehen regelmässig bei uns ein und aus. Sie fühlen sich hier immer noch zu Hause, sodass sie meistens nicht läuten oder klopfen, sondern einfach hereinkommen. Man hört dann die Türe aufgehen und Schritte sich nähern. Unerklärlicherweise höre ich aber auch oft die Türe sich öffnen und Schritte über den Boden gehen, ohne dass wirklich jemand hereinkommt. Ich schreibe es anfänglich dem alten Parkett im ganzen Haus zu, das beim Darüberlaufen knarrt.

Als mir Sarah, meine eigene Tochter, ein paar Sachen aus Bregenz bringt, und wir mit ihrer Freundin Miriam in der Küche Kaffee trinken und plaudern, hören wir plötzlich lautes Wasserrauschen aus der Richtung des Badezimmers kommen. Perplex schauen wir uns an, denn ausser uns dreien ist niemand in der Wohnung. Die Mädchen machen einen Spurt den Flur entlang mit mir im Gefolge. Als wir das Bad betreten, stoppt das Rauschen auf unerklärliche Art, und ein blitzähnliches Licht saust geisterhaft über unsere Köpfe hinweg auf den Flur hinaus.

Eines Tages wird dieser Spuk allerdings auf die Spitze getrieben.

Alex ist nicht daheim und ich sitze im Wohnzimmer mit meiner Freundin Glenda. Da vernehmen wir beide ganz deutlich Schritte aus der Veranda kommen und auf uns zuschreiten. Direkt neben uns hört das Laufen auf.

Unser Gespräch stoppt wie eingefroren, und Glenda flüstert: «Hast du das auch gehört?»

Wie gelähmt nicke ich und zeige ihr wortlos die Gänsehaut auf meinem Arm.

«Tut mir leid», stösst sie hervor, das Grauen steht ihr ins Gesicht geschrieben, «ich möchte jetzt sofort nach Hause gehen.»

Als sie gegangen war und ich die Türe schliesse, flattern hinter mir, bei geschlossenem Fenster, die Wohnzimmervorhänge. Starr vor Schreck schnürt es mir anfänglich die Kehle zu, doch dann schreie ich wagemutig in den leeren jedoch besetzten Raum: «Wer immer diesen Spuk hier veranstaltet und versucht mich zu vertreiben, höre augenblicklich damit auf und verlasse dieses Haus. Hier wohnen Alex und ich, und niemand anderes hat hier etwas zu suchen. Raus, aber sofort!!!» Die Vorhänge senken sich, die Atmosphäre entspannt sich und es kehrt Ruhe ein, meistens jedenfalls. Ab und zu nehme ich weiterhin Geräusche wahr, die ich weder Alex' noch meinen Tätigkeiten zuschreiben kann.

WANJAS SCHRÄGE TÖNE

In diesem Haus gehen seit vielen Jahren Medien und Heiler ein und aus, die hier im Namen der Schweizer Parapsychologischen Gesellschaft mediale Sitzungen geben oder heilerisch arbeiten und während dieser Zeit oft auch hier wohnen. Mit einigen sind echte Freundschaften entstanden, so etwa mit dem Heiler Ivan R. Er hatte uns informiert, dass er erst abends spät eintreffe. Der vielleicht fünfundvierzigjährige Russe, mit buschigem dunklem

Haar, steht dann aber, gross und breit wie ein Bär, doch schon um zwölf Uhr mittags vor unserer Türe und stellt sich mir mit einem gewinnenden Lächeln als Wanja vor.

«Kommen Sie herein, Wanja», sage ich mit einer einladenden Geste, «und setzen Sie sich zu uns an den Tisch. Wir sind gerade beim Essen.»

«*Zum Essen? Ja chaben Sie denn mit mir verrechnet?*», sagt er etwas verlegen in tiefem Bariton und dickem russischen Akzent.

Seine amüsante Art bringt mich zum Lachen: «Nein, aber bei uns ist immer *open house*, und für jeden Gast gibt es einen Platz am Tisch.»

Er nimmt gerne an, und nach dem Essen bespricht er mit Alex die Liste der angemeldeten Hilfesuchenden. Wanjas Spezialität ist es, mit seiner Hand das Aurafeld leidender Menschen abzutasten und so festzustellen, was ihnen fehlt. Dann berät er sie, was zu tun sei, um eine Besserung oder Gesundung herbeizuführen. Anschliessend lässt er seine Hände wieder über die Aura der Betroffenen gleiten und sendet Heilströme. Dazu singt er laut und eine Spur falsch melancholische russische Lieder, die durch das ganze Haus dröhnen. ‹Kein Wunder, die Leute werden gesund›, denke ich amüsiert, ‹bei diesem schrägen Krach läuft ja jede Krankheit davon.›

DER SPUK VERSCHWINDET

Dieses Frühjahr steht auch Aulikki P., ein finnisches Medium und Trance-Sängerin auf dem Programm. Sie und ihr Mann Seppo, der sie musikalisch begleitet, sind seit Jahren willkommene Gäste. Nach ihrer Ankunft setzen wir uns mit einem Gläschen Wein gemütlich in die Stube. Da schaut Aulikki überrascht zur Verandatüre hinüber und ruft erfreut: «Da kommt ja auch die Tante!»

Ich stosse Alex an: «Welche Tante?», flüstere ich.

«Aulikki war mit Ursula befreundet und hat sie Tante genannt», sagt er. «Sie kann sie medial sehen.»

«Aha, jetzt ist mir alles klar», entfährt es mir. «Ursula ist die Übeltäterin die hier herumgeistert.» Ich wende mich an Aulikki, erzähle ihr von den unheimlichen Begebenheiten und bitte sie, Ursula zu sagen, sie soll uns nicht mehr stören, denn das sei nun nicht länger ihr Reich.

Aulikkis inneres Gespräch mit Ursula wirkt. Der Spuk ist vorüber.

☙❧

2. BLICK IN DIE VERGANGENHEIT

Die früh einsetzende Dämmerung eines regnerischen Abends bietet sich wunderbar zum Durchblättern von Fotoalben und dem Anhören der dazugehörenden Familiengeschichten an.

«Nun kennen wir uns schon seit einigen Monaten», überfalle ich Alex, «aber eigentlich weiss ich nur ganz wenig über dich. Diese Alben sprechen Bände. Das kleine, geblümte hier hat es mir besonders angetan. Auf dieser Aufnahme erkenne ich deine Mutter mit dir als Baby auf dem Arm und dahinter deinen Vater. Die beiden waren sicher sehr liebevolle Menschen, meine ich zu erkennen.»

«Ausserordentlich liebevoll.»

«Sehr viel jünger, deine Mutter, gell?»

«Ja, achtunddreissig Jahre jünger, aber sie waren trotz des beachtlichen Altersunterschieds ein wunderbares Paar, und sie hatten nicht nur Achtung, sondern auch echte Zuneigung für einander.»

«Dein Vater platzt fast aus dem Foto vor Stolz und Freude.»

«Ja, das kannst du dir vorstellen. Mit achtundsechzig hatte er schon lange die Hoffnung auf einen Sohn und Erben aufgegeben, und dann kam ich.»

«Achtundsechzig», wiederhole ich staunend und blicke auf. «Und wie war das denn alles so gekommen?» Ich rücke ein paar Kissen zurecht und lehne mich zurück.

«Die ganze Geschichte?»

«Ja, die ganze, bitte. Ich hör dir so gerne zu.»

Alex kramt einen Moment lang in seinem Gedächtnis. Dann hebt er an zu erzählen und ich lausche. Im Nu werde ich, wie in einer Zeitmaschine in eine längst vergangene Zeit versetzt. Ich spüre auch, dass diese Geschichten immer noch in Alex, sowie im Haus leben.

«Mein Vater, Johann Oskar Schneider, kam am 11. 1. 1859 hier in St. Gallen zur Welt. Das liegt nun schon fast 140 Jahre zurück. Es herrschte damals eine boomende Zeit in unserem Land, eine Pionierzeit. Die Eisenbahn war zwei, drei Jahre davor nach St. Gallen gekommen und verband die Stadt mit der Welt. Die Mechanisierung der Stickerei brachte Wirtschaftswachstum in unsere Region, und es entstand eine neue Berufsart, die Angestellten. Diese Bezeichnung hat heute vielleicht keine grosse Bedeutung mehr, aber damals war der Angestellte ein angesehener und gut bezahlter Beruf, der sich scharf von der Arbeiterklasse abhob. Da gab es zum Beispiel den Kaufmann, den Buchhalter, den Korrespondenten, den Reisenden und so weiter. Vater war ein guter Schüler und überhaupt ein cleverer, weitsichtiger Mensch. Er wollte ein Angestellter werden, ein Kaufmann.

Ich hole noch ein wenig weiter aus. Mein Grossvater, Kaspar Schneider, aus Ellwangen im Schwabenland, geboren am 22. 10. 1830, war als Zuckerbäcker auf der Walz nach St. Gallen gekommen. Hier traf er Magdalena Sophie Keller, von der Schuhmacherei Keller, und die beiden heirateten am 23. 9. 1856. Sie wohnten auf der Scheffelstrasse und hatten drei Kinder, meinen Vater Johann Oskar sowie Karl Jakob und Sophie.

Da Vater der älteste der drei Kinder war, hätte er die ‹Schuhwaarenhandlung› seiner Eltern, im ‹Haus zum rothen Herz›, an der St. Magnushalden übernehmen können. Aber er hatte andere Pläne. Sein Pioniergeist wollte nicht in einem Schuhladen verstauben, sondern enthob ihn seinen familiären Grenzen. Er wollte, wie viele seiner Freunde, hinaus in die Welt. Er machte die Lehre als Kaufmann bei einer St. Galler Textilfirma mit der Schwerpunkt Buchhaltung. Nach dem Lehrabschluss ging er für etwa drei Jahre nach Paris und mit circa zweiundzwanzig zog es ihn nach London, wo er als Buchhalter arbeitete und seine erste Frau, Ellen Mary Tolliday, heiratete. Das war die Zeit der grossen Erfindungen und industriellen Entwicklungen in England. Er investierte in Aktien, hauptsächlich in die Eisenbahn, sowie Kupfer und bewies damit nicht nur Köpfchen, sondern hatte auch grosses Glück. Die Investitionen brachten ihm viel Geld. Nach zwanzig Jahren in England kehrte er mit seiner Frau in die Schweiz zurück und kaufte 1903 dieses Haus hier auf der Tannenstrasse, eine bessere Wohngegend. Es wurde nicht nur ein Dienstmädchen, sondern auch eine Köchin angestellt. Leider waren ihnen keine eigenen Kinder beschieden, sodass, vor dem Ersten Weltkrieg, nach einigen Jahren des Wartens und Hoffens entschieden wurde, Ellens Neffe, Alec Tolliday, als Pflegekind in die Schweiz zu holen. 1922 starb Ellen, Alec war schon erwachsen und ausgezogen, und so lebte Vater einige Jahre als Witwer alleine.

Zu jener Zeit herrschte die grosse Wirtschaftskrise, und Vater überlebte sie so recht und schlecht. Viele Deutsche, besonders die jungen Männer wanderten aus in ferne Länder. Junge Frauen verdingten sich dagegen oft als Dienstmädchen in der nahen Schweiz. Auch mein Vater nahm 1925 ein deutsches Dienstmädchen ins Haus». Dann hält Alex inne, nimmt einen tiefen Atemzug und meint: «Den Rest kannst du dir ausmalen.»

«Das könnte ich», wende ich aus der Geschichte gerissen enttäuscht ein, «aber ich möchte es von dir hören», füge ich beharrlich hinzu. Ich sehe die Kapitulation in Alex' Augen. Dann gehe ich in die Küche und komme bald darauf mit frisch gebrautem Tee zurück. «Und bitte nichts auslassen», sage ich mich setzend und schaue ihn erwartungsvoll an.

«Es schmeichelt mir, dass du dich so für meine Lebensgeschichte interessierst», Alex schüttelt lächelnd den Kopf, wirft einen Blick auf die Uhr und steht auf. «Es ist jetzt sieben, ein wenig Zeit haben wir noch. Du weisst, ich gehe gerne früh ins Bett. Und etwas Stärkeres als Tee genehmige ich mir dafür auch.» Er schenkt sich einen Cognac ein und setzt sich wieder.

«Wenn du mein Leben so fesselnd findest, solltest du die grüne Hängemappe in meiner linken Schreibtischschublade durchstöbern. Dort habe ich alles Mögliche aufbewahrt.»

«Oh, wie aufregend – gerne einmal», gebe ich erfreut zurück. Dann vernehme ich an diesem und vielen weiteren Abenden Alex' ‹So war es damals› Geschichten.

MIT DEM DIENSTMÄDCHEN
FING ALLES AN

«Das neue Dienstmädchen Sophie, neunundzwanzig Jahre alt, war Vater auf Anhieb vertraut. Sie sprach den melodiösen Dialekt seines eigenen Vaters, der ja ebenfalls ein Schwabe war. Sie sagte *noi* statt *nei*, *hoim* statt *hei*, und wenn ihr etwas besonders gefiel, rief sie: ‹*Des isch fei ganz prima*›. Sophie war tüchtig und liebenswürdig. Sie hatte ihr Zimmer ganz oben unter dem Dach im Dienstbotenbereich. So war es üblich. Aber den Brauch, Dienstboten in der Küche essen zu lassen, während die Herrschaft im Salon speist, liess Vater bald fallen. Er spürte immer mehr, dass er gerne Gespräche mit dieser gescheiten jungen Person führt, warum also nicht auch bei Tisch. Nicht nur erzählte er Sophie von seiner zweiten Heimat England, er zeigte ihr auch wie man seine Lieblingsspeise zubereitet, Roastbeef mit Yorkshire Pudding. Umgekehrt lernte er Sophies Lebensgeschichte kennen, erfuhr von ihrem Dorf, ihren Eltern und Geschwistern. Bald wusste er Bescheid über die Angelegenheiten dieser Bauernfamilie, die nicht nur Ackerbau betrieb, sondern auch Obstfelder und Rebberge bewirtschaftete, sowie einen Stall voll Tiere hatte. Den Bauern mangelte es zwar nicht an Essen, sie konnten aber durch die Inflation, welche 1923 im kriegsgeschädigten Deutschland ihren Höhepunkt erreicht hatte, ihre Zahlungen nicht mehr machen. Der Finanzmarkt war total vernichtet und die Ersparnisse zahlloser Menschen am Boden zerstört. Vater konnte sich gut in Sophies Beweggründe einfühlen, nicht nur sich selbst zu erhalten, sondern zudem ihrer Familie zu helfen.

Bald bewies Sofie ihre Klugheit und Umsicht in Haus und Garten und zeigte überdies ihr Geschick in der Küche. So überraschte sie meinen Vater eines Sonntags mit einem zarten, saftigen Roastbeef und einem schön aufgegangenen aromatischen Yorkshire Pudding.

‹I feel well taken care of with Sophie› – ich fühle mich gut aufgehoben bei Sophie, schrieb er seinem nun erwachsenen Ziehsohn Alec und dessen Schweizer Ehefrau Emmi, die nach London zurückgekehrt waren. Ausserdem konnte er seine wachsende Zuneigung zu dieser jungen Frau nicht mehr abtun.

Nach einem Jahr lief Sophies Arbeitsbewilligung ab, und so kehrte sie Anfang 1926 wieder nach Deutschland zurück. Meinem Vater wurde allerdings immer klarer, dass er sich nach ihr sehnte. Ihr gradliniger Charakter, ihre schlichte Lebenstüchtigkeit und nicht zuletzt ihr freundliches Naturell sprachen gleichermassen für sie. Im Alter von siebenundsechzig traf er eine lebensverändernde Entscheidung: Er schrieb Sophie und bat sie, seine Frau zu werden. Hocherfreut nahm sie an, dann war es nur noch eine Frage der Organisation. Ausser den notwendigen Dokumenten für die Eheschliessung, brauchte es Sonderarrangements für eine Vermählung im Ausland, nämlich in London. Aber das war für meinen Vater kein Problem. Er war weltgewandt und hatte auch das notwendige Geld dazu. Und was sich als besonders hilfreich erwies, war Alecs Versprechen, alles auf der anderen Seite des Kanals für die Hochzeit Notwendige zu erledigen. Dann fuhr er nach Oberderdingen, um seine Braut abzuholen.

Als die beiden im Zug nach England sassen, fühlte sich mein Vater um Jahre jünger. Die muntere junge Frau gab ihm wieder einen Lebenssinn, und der frisch gebackene Bräutigam freute sich sehr darauf, seiner zukünftigen Frau London zu zeigen und mit ihr schöne Momente teilen zu können. Je näher sie ihrem Ziel kamen, desto lebendiger wurden seine Erinnerungen an die zwanzig Jahre, die er von 1880 bis 1900 dort verbracht hatte. Er war aufgeregt, denn obwohl er in den sechsundzwanzig Jahren, die er nun wieder in der Schweiz lebte, England mehrmals besucht hatte, wusste er, dass sich vieles verändert hatte.

‹Wenn auch das Leben heute praktischer ist, kann ich nicht umhin, von der guten alten Zeit zu schwärmen›, sagte er etwas wehmütig. ‹Kaum zu glauben, dass ich noch die Ära der Königin Victoria erlebt habe.›

Nachdem sie in London aus dem Taxi gestiegen waren und auf Alec Tolidays Haus zugingen, stiess Vater einen ganz bestimmten Pfiff aus, den ‹Schneider Pfiff›. Damals hatten Familien oft ihren eigenen Pfiff. Da öffnete sich die Haustüre, und Alec und Emmi liefen ihnen lachend und mit offenen Armen entgegen. Vater und Sophie wurden von den beiden herzlich aufgenommen und behaust. Wie konnte es anders sein, als dass Emmi Sophie unbedingt zu ein paar Londoner Modegeschäften führen wollte. Sophie hatte zwar ein Kleid für die Hochzeit mitgebracht, doch Emmi war überzeugt, dass die Braut in diesen mondänen Kaufhäusern noch ein ausgefallenes Accessoire finden würde. ‹Vor allem musst du dir die neue Hutmode anschauen. So etwas findest du nicht in Oberderdingen›, sagte sie schwärmerisch.

‹Gehn wir doch alle in die Stadt›, meinte Alec. ‹Oskar, du hast sicher Freude daran, ein paar deiner alten Quartiere zu besuchen, und vielleicht findest du eine neue englische Grammophonplatte für deine Sammlung.›

Die Idee wurde allerseits angenommen und Emmis Vorschlag beklatscht, sich hinterher auf einen Sherry und einen Imbiss zu treffen.

‹Darf ich dich bei dieser Gelegenheit an etwas erinnern, Oskar›, warf Alec ein. ‹Für den Fall, dass es etwas später wird, müsstest du schwarz gekleidet sein. Denn das Motto *never brown after six* gilt immer noch.›

‹Ich weiss›, antwortete Oscar amüsiert, ‹zumindest für die Schuhe.›

‹Übrigens habe ich deinem Wunsch entsprechend für die Hochzeitsfeier einen Tisch im ‹Hotel Victoria› in Charing Cross bestellt›, erklärte Alec weiter. ‹Der riesige Bau wurde seit deinem letzten Besuch aufs Feinste renoviert. Das ganze Haus ist jetzt elektrisch beleuchtet, die meisten der fünfhundert Zimmer haben ein Bad, und zu allen fünf Stockwerken gibt es Aufzüge.›

‹Ausgezeichnet›, sagte Vater, ‹und ich hoffe, die Speisen sind immer noch so exzellent wie früher.›

‹Natürlich›, gibt Alec zurück. ‹Und auf feine Weine legen sie nach wie vor den grössten Wert.›

Die Hochzeit fand am 6. 5. 1926 im Kreise der kleinen Familie statt, mit Alec und Emmi als Trauzeugen. Abends, im Hotel, wurde ausgiebig gefeiert. Mutter schwärmte noch lange von diesem Prunkpalast, der sich als ‹*the finest Hotel in the world*› bezeichnete. Eine neue Epoche hatte für sie begonnen. Sie war jetzt die Frau eines feinen Herrn.»

GLÜCKLICHE KINDHEIT

«Ich habe überraschend klare Erinnerungen an meine frühe Kindheit. Schon eigenartig, wie man Dinge vergisst, die gerade passiert sind, sich doch ganz deutlich an weit zurückliegende Ereignisse erinnert oder an Menschen, die schon lange dahin gegangen sind, wie meine Eltern. Es ist schwer zu glauben, dass es sie nicht mehr gibt, da ich sie doch ganz lebendig vor mir sehe und mir ihre vertrauten Stimmen immer noch in den Ohren klingen.

Eine dieser Erinnerungen geht zurück zum Sommer 1929. Ich war zwei Jahre alt. Jemand war in meinem Zimmer gewesen und hatte die Türe nicht ganz geschlossen. Ich vernahm leise Geräusche, wachte auf und war überrascht, eine Seite meines Gitterbettchens hinuntergeklappt vorzufinden. Es war still im Haus, niemand war zu hören. Ich kletterte auf den Boden und, vorbei an der offenen Wohnungstüre, lief ich zur Küche. Dort schob ich die angelehnte Türe auf und rief so laut ich konnte: ‹Mama›.

Aber da war niemand. Es duftete süss nach Früchten. Links, neben dem Kamin, auf dem grossen schwarzen Herd blubberte ein

Kochtopf. Die rote Lücke des Heizungstürchens liess erkennen, dass ein Feuer brannte. Rechts auf dem Küchentisch standen Einmachgläser mit Kompotten und Konfitüren, und in der Ecke, auf dem Schüttstein, warteten eine Reihe von Töpfen und Pfannen darauf, gewaschen zu werden.

Von irgendwoher hörte ich Frauenstimmen. Ich drehte mich um, verliess die Küche und ging durch die offene Wohnungstüre hinaus ins Treppenhaus. Immer diesen Lauten folgend versuchte ich die Treppen hinunter zu steigen.

‹Mama›, rief ich wieder, als die Stimme meiner Mutter und die des Dienstmädchens, die in den Keller gegangen waren, deutlicher wurden.

‹*Schätzeli, was machsch denn do*›, hörte ich nun meinen besorgten Vater hinter mir fragen, ‹*du tuesch di jo verchelte. Chum zu mir. I verzell dir wieder vom Ferdinand.*› Vater bückte sich, hielt seine Hand hinunter, und ich nahm sie beglückt. Ich liess mich in die Stube zu seinem grossen samtenen Ohrensessel führen. Vater setzte sich hinein und ich kletterte auf seine Knie. An diesem sicheren Ort sass ich gerne; hier hatte ich schon viele, aufregenden Geschichten gehört. Vaters tiefe, warme Stimme vermittelte Geborgenheit.

‹*Vom Ferdinand oder vo de Königin Victoria?*›, fragte er mich. Der Ferdinand war einer seiner Geschichtshelden, der unter anderem mit seinen Freunden ins Appenzell fuhr, um auf die Ebenalp zu gehen.

Ich neigte meinen Kopf zur Seite: ‹Hektor›, sagte ich mit Überzeugung.

‹*Scho wieder de Hektor?*›, stiess Vater lachend aus.

Erwartungsvoll nickte ich heftig.

Er beugte sich meinem Wunsch, hole tief Luft und rezitierte inbrünstig den Kinderreim.

‹Dä Hektor hüület und tuet chlagä,
am Chnochä hät er nüt me zhnagä,
drom hüület er ä gueti Schtond
und hofft, dass denn sin Maischter chonnt.
Bald rüeft vom Huus dä Maischter trochä:
bis ruhig Hektor, und friss dinn Chnochä.›

Als ich fünf Jahre alt war haben die Eltern gefunden sie können zwar einerseits weiterhin selber auf mich schauen, andererseits dachten sie: ‹Es ist gut, wenn das Kind ein wenig mit anderen Kindern zusammen kommt›. Daraufhin bin ich nur am Vormittag in den Kindergarten an der Ecke Dufourstrasse – Goethestrasse gegangen und habe mich dort mit Peter angefreundet. Zusammen haben wir uns immer wieder vor einer Gruppe böser Buben aus dem Quartier gerettet. Wir sind zu Peter in den Garten gerannt, nicht weit vom Kindergarten, und haben dort gewartet bis die Lümmel sich verzogen hatten. Sie waren etwas älter als wir und fingen Kinder ein, um sie in einen Keller zu sperren – vor allem während der Fasnacht.

Wir sind dicke Freunde geworden, Peter und ich, und haben entweder bei ihm oder bei mir gespielt. Im Sommer stellte uns Vater zwei Zinngelten in den Garten und füllte sie mit Wasser. Da wurde dann gebadet. Mutter nähte mir ein Zelt, das als unsere Burg im Garten aufgestellt wurde. Verlässlich liess sie an Spielnachmittagen einen Imbisskorb an einer Schnur vom ersten Stock zu uns herunter.

Manchmal spielten wir mit den anderen Nachbarkindern ums Haus oder auf den Strassen Verstecken und *Fangis* oder balancierten auf Stelzen um die stehenden Pferdefuhrwerke. Wir kletterten auf die Bäume in unserem Garten und tollten ums Haus, bis es dunkel wurde. An warmen Sommertagen liefen wir Kinder barfuss herum, sogar zur Schule. Als Peter zwölf war, zog er mit seiner

Familie nach Bern, und ich verlor ihn aus den Augen. Ich vermisste ihn sehr.

Direkt hinter unserem Haus, wo die Helvetia heute steht, befand sich ein grosses, würdiges Gebäude, das Waisenhaus. Zu jener Zeit nahm man den ledigen Müttern noch die Kinder weg, um sie in Heime zu geben. Aber das realisierte ich damals nicht. Ich dachte immer, Waisenhaus heisse, ‹oje, deren Eltern sind gestorben. Jetzt müssen die alle zusammen in grossen Zimmern schlafen›. Dabei war nur ein kleiner Teil Waisen und der grössere Teil uneheliche Kinder. Sie waren gut gehalten, das muss ich schon sagen, nicht wie in Charles Dickens Geschichten. Die Mädchen hatten alle schwarze Röcklein an. Heute noch sehe ich das Bild vor mir. Mit den Kindern dort spielte ich auch ab und zu. Die Leute vom Waisenhaus sahen es zwar nicht gern, aber direkt verboten hat man es mir nicht.

Zum Waisenhaus gehörte eine richtige Gärtnerei mit Treibhäusern und Triebbeeten, und die Kinder mussten dort ein wenig helfen. Das Gemüse wurde hauptsächlich für das Waisenhaus produziert, der Rest wurde verkauft. Damals war es so, dass man im Frühling Rhabarber gegessen hat, weil es wenig anderes gab. Diesen, oder Schnittlauch und auch Setzlinge kauften die Leute aus dem Quartier dort.

Wenn etwas Ungewöhnliches in unserem Viertel vor sich ging, waren wir Buben sofort zur Stelle. Eines Nachmittags drangen unbekannte Geräusche von der Strasse durchs offene Fenster zu uns in die Wohnung, und Männer riefen sich laut etwas zu. Von der Neugierde getrieben, rutschte ich das Stiegengeländer hinunter bis in den Keller, wo mein Trottinette stand.

‹Da riecht es nach frischer Wäsche›, dachte ich. ‹Das wird die alte *Jumpfer* Fetz sein, die einmal im Monat bügeln kommt.› Sie war immer lieb zu mir, so ging ich in den Bügelraum, um sie zu begrüssen. Ihr Kleid war schwarz und altertümlich und reichte bis zum Boden. Überall standen Körbe mit frisch getrockneter

Wäsche. Auf Gasflammen, die aus einer Leitung mit Löchern züngelten, standen drei Bügeleisen. Ab und zu half ich ihr beim Bedienen der Mangel, mit der man grosse Tücher glättete, aber heute hielt ich mich nicht lange auf, denn ich wollte wissen, was auf der Strasse los war.

Eilig schob ich das Trottinette den Weg durch den Garten bis zur Strasse hinunter, wo ein Lastwagen angehalten hatte. Zwei Männer waren damit beschäftigt, lange schmale Eisstangen abzuladen. ‹Vorsichtig›, rief einer der beiden, ‹die müssen ganz bleiben, bis wir sie in den zweiten Stock getragen haben.›

‹Aha, so sehen die aus›, dachte ich. Die Eltern hatten davon erzählt, dass sich die Familie im Stock über uns einen Eisschrank besorgt hatte. ‹Ich denke, ich mache so weiter wie bisher›, kommentierte Mutter diese Errungenschaft, ‹nämlich Verderbliches im Sommer in den Keller und im Winter vor das Fenster zu stellen. Obst und Gemüse werde ich weiterhin in Gläsern einmachen.›

Vorbei an einem Grüppchen Frauen die Neuigkeiten austauschten schob ich mein Vehikel über die Strasse. Es war von der Arbeitslosigkeit die Rede und von Familie über Wasser halten. Ich hatte schon bemerkt, dass es nicht allen Familien so gut ging wie unserer. Manche hatten ihre Dienstboten entlassen. Andere vermieteten Zimmer in ihren Häusern. Mein Freund Eugen hatte früh seinen Vater verloren, und seine verwitwete Mutter war gezwungen, mit den Kindern, fort von unserem Quartier zu ihren Eltern zu ziehen, weil sie sich nach dem Tod ihres Mannes keine Wohnung leisten konnte.

Da meine Eltern keine derartigen Probleme hatten, widmete ich mich wieder sorglos meinem Trotinette mit der Absicht eine Rennfahrt zu machen. Nachdem ich in die Dufourstrasse eingebogen war stellte ich mich auf mein Gefährt und sauste wie der Blitz, Steinen und ausgetrockneten Regenpfützen ausweichend, die abschüssige Strasse hinunter. Peter, der hinter seinem Gartentor stand, schaute ganz verdutzt, als ich nicht anhielt. ‹Ich komme›, rief ich, fühlte den Wind in den Haaren und sauste abenteuerlustig weiter, vorbei am Kindergarten, bis zur Spezerei Graf. Dann kehrte ich um und schob mein Rennvehikel wieder hinauf zu meinem Freund. Wir spielten bis ich Fini, unser Dienstmädchen, rufen hörte, es sei Zeit zum Abendessen.

Als ich mich der Tannenstrasse näherte sah ich Mutter hinter einem Lastwagen verschwinden, der sich an der Kreuzung positioniert hatte. Offensichtlich war das kein offizieller Ausgang für sie, denn sie trug eine Schürze sowie einem Korb am Arm. Neugierig folgte ich ihr. Obwohl ich noch nicht zur Schule ging, konnte ich auf der mir zugewandten Seite des Fahrzeugs in grossen Lettern das Wort ‹MIGROS› entziffern. Beim der Kreuzung angekommen, sah ich noch andere Frauen im Alltagsgewand, mit Körben oder Taschen. Die Seite des Verkaufswagens war aufgeklappt und präsentierte Lebensmittel auf Regalen. Da sah ich etwas Revolutionäres, nämlich Mehl und Zucker abgepackt in 500 g Packungen. Bislang ging man in einen Spezereiladen und verlangte etwa 500 g Mehl. Der Verkäufer machte eine Schublade auf, nahm mit einer Schaufel die ungefähre Menge heraus, schüttete sie in einen Sack auf der Waage und fragte, ‹Ist es recht, wenn es 20 g mehr sind?› Dasselbe mit dem Zucker und so weiter.

Die Migros hatte mit ihren rollenden Läden mit Nahrungsmitteln und Bedarfsgegenständen in St. Gallen Einzug gehalten. Gottlieb Duttweiler hatte 1925 in Zürich mit nur einem Warenlager und ein paar Autos angefangen die Ware auszufahren, und man wusste, an einem bestimmten Tag steht das Migros-Auto im Quartier. Es wurden eine Anzahl wichtiger Artikel in diesen Fahrzeugen angeboten, aber zu einem wahnsinnig viel tieferen Preis, als man in der Spezerei zahlte. Doch das sorgte für Aufruhr, ‹Das ist doch der Niedergang, wenn jemand das Zeug so billig verkauft›. Also musste man schauen, dass man beim Einkaufen nicht gesehen wurde. Später kamen grössere Lastwagen, in die man über ausziehbare Treppen einsteigen konnte. Da standen rechts und links Stellagen mit – ich weiss nicht mehr genau was – den wichtigsten Konserven wie Erbsen und Bohnen, möglicherweise auch Brot. Erst viel später sind die ersten stationären Filialen gekommen.

Zu Hause war der Tisch schon gedeckt. Was es am Montagabend meistens gab mochte ich nicht: kaltes Rindfleisch, übrig geblieben vom sonntäglichen Roastbeef. Vom Speisezimmer aus sah ich Papa in der Stube sitzen. Er war leicht zur Seite gebückt und man hätte meinen können, sein Ohr klebe am Radioapparat. Als er zu Tisch kam war er sehr ernst und erzählte Mutter von der Situation in Deutschland.

‹15 Millionen Arbeitslose, und in der Schweiz ist die Situation nicht viel besser. Auch hier hat man an der Wirtschaftskrise zu nagen. Hauptsächlich die Textilindustrie, aber auch der Maschinenbau und die Uhrenindustrie haben grosse Einbrüche erlitten. Die Arbeitslosigkeit ist drastisch gestiegen. Auch Männer, die gute Anstellungen verloren haben und nun Arbeitslosengeld beziehen, müssen Bau- oder Strassenarbeiten annehmen›, sagte er mit merklich betroffener Stimme.

‹Wie es wohl meinen Verwandten in Oberderdingen zurzeit gehen mag?›, antwortete Mama besorgt. ‹Das Geld, das du meinen Brüdern geliehen hast, hat ihnen sehr geholfen ihre Höfe zusammenzuhalten. Hoffen wir nur, dass wir nie wieder eine derartige Inflation erleben müssen wie vor ein paar Jahren. Die steckt mir heute noch in den Knochen. In Kübeln trugen wir die Millionen Scheine zum Lebensmittelladen. Wir Bauern waren noch besser dran als die Leute in der Stadt›.

Da Mama so vertieft in ihr Gespräch mit Papa war, nahm ich kein Fleisch von der Servierschüssel, sondern legte nur ein paar Kartoffeln in meinen Teller. Es schien zu funktionieren, denn sie schaute mich geistesabwesend an.

‹So schlimm wird es sicher nicht mehr werden, obwohl die Armut überall zunehmen wird, auch hier in der Schweiz›, meinte Papa dazu.

‹In seinem letzten Brief schrieb Albert, dass sich die NSDAP seit der Reichstagswahl im Juli nun auch im Dorf ausbreite›, gab Mama bekümmert zurück.

Einen Augenblick lang stocherten beide still in ihren Tellern herum, dann schaute Papa in meine Richtung und gab dem Gespräch eine Wendung. ‹Morgen Nachmittag hole ich die Leiter aus dem Keller und steige auf den Apfelbaum, um die Äpfel herunterzuholen.›

‹Da mache ich mit›, rief ich aufgeregt, ‹und Peter sicher auch›. Klettern erfüllte mich mit Begeisterung.

Mutter meinte lächelnd: ‹Schön. Und du darfst auch die Äpfel mit mir einsammeln, die dabei auf den Boden fallen. Danach können wir den Tee im Garten einnehmen, ganz vorne an der Strasse auf unserem Lieblingsplätzchen. Ihr wisst, ich wechsle dort gerne ein paar Worte mit den Nachbarn, wenn sie vorbeispazieren›.

Im Winter sind wir Ski und Schlitten gefahren. Anschliessend zum Waisenhausareal lag die Wachswiese. Der oberste Punkt war die Wienerbergstrasse, die heutige Guisanstrasse. Da gab es noch keine Häuser so wie heute. Dort, oder noch weiter oben im Fritschiloch, auf Peter und Paul, haben wir Rotmöntler Skifahren gelernt. Wenn viel Schnee auf der Strasse lag, schlittelten wir Buben die Dufourstrasse und die Müller-Friedbergstrasse bis zur Stadt hinunter. Was für ein Spass! Die Strassen waren dann dicht bevölkert mit Schlittlern, und die wenigen Autos die damals auf und ab fuhren wichen an den Strassenrand aus, um die kreischende Schar vorbeizulassen. Unten, auf den ebenen Stadtstrassen, war die Schneeschicht oft so dick und hart, dass Kinder sogar auf Schlittschuhen herumliefen. Peter und ich schlittelten nach der Schule gerne mit ein paar anderen Buben die Strasse zum Sittertobel hinunter. Einmal hängten wir sechs Schlitten aneinander, legten uns auf die Bäuche und schossen los – direkt in einen Baum. Dabei brach ich mir prompt ein Bein.

Weihnachten war immer etwas Besonderes, und jedes Jahr besorgte Papa grosse Christbäume, die vom Boden bis zur Decke reichten. Und dann hat Mama den Baum geschmückt, mit echten Kerzen natürlich, und ich durfte nicht ins Wohnzimmer. Ich sollte doch glauben, das Christkindlein hat den Baum gebracht. Die Warterei kam mir elend lang vor. Das Weihnachtsessen, zudem selbstverständlich auch Roastbeef und Yorkshire Pudding gehörte, war immer speziell fein, und Tante Sofie, Papas Schwester, die im oberen Stock wohnte, wurde eingeladen, mit uns zu feiern. Die Geschenke waren bescheiden. Als ich klein war, bekam ich ein Rösslein auf Rädern, später eine Merklin Eisenbahn zum Aufziehen und irgendwann einen Metabo Bausatz. Auch schöne Büchlein und Spiele gab es oder ein Kaleidoskop.

Einmal, da war ich vielleicht sechs, habe ich vor Weihnachten, wo es noch kältere, schneereichere Winter gab, meine Fäustlinge verloren. Da hat es geheissen: ‹Ja, vielleicht bringt dir das *Chrischtchindli* wieder welche.› Dann hatte ich drei Wochen lang kalte Hände. Und tatsächlich brachte mir das Christkind Fäustlinge. Mutter musste die selber noch schnell lismen, wenn ich es nicht beobachtete. Man ging nicht einfach in einen Laden, um welche zu kaufen. Aber auch meine Pullover und Strümpfe hat sie selber gestrickt. Früher trugen die kleinen Buben keine langen Hosen, auch im Winter nicht, sondern kurze und dazu lange dicke Strümpfe. Später, in der Schule, trugen wir Buben Knickerbocker Hosen, die mit Kniestrümpfen getragen wurden. Die Schuhe hat man mir bei den Verwandten, den Schneiders, im Schuhhaus zum ‹Roten Herz› gekauft. Aber da hat man nicht etwa auf *schön* geachtet, praktisch mussten sie sein.

Die Familien haben sich auch gegenseitig besucht, besonders an Weihnachten. Da wurden dann *Guetzli* ausgetauscht unter dem Motto: «Wer hat das bessere Rezept?»

GOLDENER SOMMER IN OBERDERDINGEN

«Praktisch jeden Sommer fuhren wir zur Sommerfrische nach Oberderdingen, dem Heimatdorf meiner Mutter.

‹Jetzt bist du fünf und gross genug um Spass an unserer Reise zu haben›, sagte Vater eines Tages. ‹Wir fahren nämlich zuerst mit dem Zug an den Bodensee, dann mit dem Schiff nach Friedrichshafen und von dort weiter mit dem Zug nach Oberderdingen zu deinem Onkel Albert und den anderen Verwandten.›

Als wir am Bahnhof Friedrichshafen ankamen, mussten wir uns eine Weile im Bahnhofsrestaurant aufhalten, denn es hatte ein paar ungewöhnlich kühle Tage gegeben, sodass die Waggons noch kalt waren. ‹Sie müssen mit kleinen Öfen vorgeheizt werden›, sagte Papa, ‹bis es dann, während der Fahrt, genügend Dampf gegeben hat, mit dem dann weiter geheizt wird.›

Durch das Restaurantfenster beobachtete ich das Treiben auf dem Bahnsteig, besonders das Geschehen um die riesige Lokomotive. Dann verschwand diese in einer weissen Dampfwolke und wir hörten den Schaffner rufen: ‹Alles einsteigen und die Türen schliessen!›.

Eilig kamen wir seiner Aufforderung nach und sassen bald in unserem warmen Abteil. Dann ertönte schrill eine Pfeife, die

Lokomotive fing an zu paffen und zu schnaufen, es gab einen Ruck, und der Zug fuhr los. Aufgeregt drückte ich meine Nase an die Fensterscheibe und bestaunte die vorbeifliegenden Städte und Landschaften.

‹Komm, Liebling›, hörte ich Mama hinter mir sagen, ‹wir gehen in den Speisewagen.› Dort angekommen hatte ich so viele Fragen an Papa, dass ich kaum meine Suppe essen konnte. Eine drängte sich besonders auf: ‹Wieso machen die Lokis hier so viel Rauch und Krach? Das tun die bei uns zu Hause doch nicht.›

‹Weil in der Schweiz die Züge mit Strom betrieben werden›, antwortete Vater.

‹Strom? Den habe ich noch nie gesehen›, meinte ich erstaunt.

‹Den sieht man auch nicht›, erwiderte Papa amüsiert. ‹Der ist in den Drähten, die oberhalb des Zugs verlaufen, und die Lokomotive ist mit diesen Drähten verbunden›.

‹Strom›, dachte ich, ‹wie eigenartig. Man sieht ihn nicht, und doch ist er so stark.›

Je näher wir dem Heimatdorf meiner Mutter kamen, desto mehr Erinnerungen stiegen in ihr hoch.

‹Mein Leben hat sich total verändert, seit ich aus Oberderdingen weggegangen bin, um die Stelle bei dir anzunehmen›, sagte sie zu Vater. Sie lächelten sich zu.

‹Warum bist du nach einem Jahr wieder von Papa weggegangen? Hat es dir bei ihm nicht mehr gefallen?›

Mama lachte laut. ‹Doch Schätzchen, gefallen hat es mir schon, aber … Weisst du was, ich erzähle dir von Anfang an wie das damals war:

Oberderdingen liegt zwischen rollenden Hügeln, inmitten stiller Obstgärten und Baumstücken. Das Dorf besteht zumeist aus Fachwerkbauernhäusern mit ausladenden Dächern, Ställen und Scheuern. Und rund um das Dorf führen Wege zwischen Feldern und Äckern hinauf in die Weinberge, die bis an den Waldrand reichen. Die meisten Bauern besitzen ein Stück Weinberg, so auch wir.›

Es folgte eine detaillierte Geschichte über ihre Kindheit, ihre Familie und ihr Leben auf dem Hof. ‹Nach dem Tod unseres Vaters hat mein Bruder Albert den Hof übernommen. Mein anderer Bruder Karl, sowie die Kinder meiner verstorbenen Schwester Karoline und ich haben Land geerbt.

Die Jahre vergingen, und als ich achtundzwanzig war, wohnte ich immer noch zuhause bei Albert. Während der täglichen Arbeit auf Hof und Acker liessen mich gewisse Überlegungen nicht mehr los. Ob ich nun *Bodebire* steckte – das ist badisch für Kartoffel – das Getreide zum Müller fuhr, Äpfel auf dem Dachboden lagerte, im Stall die Pferde, Kühe, Schweine und Hühner versorgte oder Arbeiten im Haus verrichtete, musste ich immer öfter daran denken, dass ich mit fast dreissig noch ledig war und die Chancen, in unserem Umfeld einen Mann zu finden, praktisch null waren. Unzählige junge Männer, die zum Heiraten getaugt hätten, waren im 1. Weltkrieg gefallen. Viele weitere hatten das Dorf verlassen, um Arbeit und Glück anderswo zu suchen. ‹Wenn ich schon ledig bleiben soll, dann muss ich irgendwo eine entlohnte Arbeit finden, um mich selbst zu erhalten›, war ein Gedanke, der immer hartnäckiger wurde. Ich vertraute meine Überlegungen Albert an. ‹Du weißt ja, dass in den letzten Jahren viele unserer Freunde und Bekannten ausgewandert sind – nach Amerika, Brasilien, überall hin›, sagte ich. ‹Einige meiner Kolleginnen sind in die Schweiz gegangen als Dienstmädchen, und seit die Base Klara Bonet eine Stelle in Herisau bei St. Gallen gefunden hat, lässt mir der Gedanke, mich ebenfalls in der Schweiz zu bewerben, keine Ruhe mehr. Ich glaube, das wäre das Richtige für mich. Meine vier Äcker sowie mein Baumstück mit den Obstbäumen kannst du für mich besorgen und dafür den Ertrag behalten.› Albert unterstützte mich in meiner Absicht, die ich alsbald in die Tat umsetzte.

Es war im Januar 1925 als ich aufgeregt den Brief öffnete, den der Postbote gebracht hatte. Ich hielt den Atem an, dann stiess ich einen Freudenschrei aus: ‹Ich habe eine Stelle in der Schweiz!›, rief ich meinem Bruder zu. Als ich eine Woche später am Bahnhof

St. Gallen aus dem Zug stieg, wurde ich von deinem Vater in Empfang genommen. Er kümmerte sich um mein Gepäck und führte mich in sein Heim.›

‹Und warum bist du wieder fortgegangen?›, insistierte ich.

‹Weil meine Arbeitsbewilligung abgelaufen war.›

‹Aber dann hat dich Papa geholt, geheiratet, und du bist geblieben.›

‹Ja, Liebling, das bin ich›, sagte sie lächelnd und strich mir liebevoll über den Kopf.

Ich kuschelte mich an meine Mutter, ganz im Vertrauen auf Papa, von dem wir beide wussten, dass er die Zügel hält.

Das Dorf gefiel mir. Manchmal wohnten wir bei Onkel Albert – von meinen Onkeln und Tanten hatte ich ihn am liebsten – Tante Elsa und meinem etwas jüngeren Cousin Hans. Leider gab es im alten Bauernhaus weder Bad noch Toilette, nicht einmal ein Plumpsklo. Man machte sein Geschäft im Stall.

So war ich nicht unglücklich, als Papa diesmal entschied, im Gasthof Adler zu logieren. Der stand auf dem Dorfplatz, unweit des Dorfbrunnens, schräg gegenüber von Onkel Alberts Hof. Dort liebte ich die köstlichen Apfelküchle und Papa den badischen Wein.

Von unserem Zimmerfenster aus konnte ich den Unterschied unseres Stadtlebens zum Dasein dieser Bauern beobachten. Frühmorgens, als die Morgennebel noch über dem Boden lagen, zogen sie mit ihren Karren und Geräten hinaus auf die Äcker, die ihre Existenz bedeuteten. Auch die Kinder mussten zuerst ihre täglichen Pflichten erledigen, bevor sie hinaus durften zum Spielen.

Der Sohn der Wirtsleute, Heinz, war gleich alt wie ich, und wir verbrachten gerne Zeit miteinander. Er nahm mich mit zu den anderen Dorfkindern, und zusammen sprangen wir auf den engen Weglein zwischen den Häusern herum. Die Zwetschgen und Kirschen, die über die Gartenzäune herauswuchsen, schmeckten mir besser als die vom Laden in St. Gallen. Lustig war es am Dorfbrunnen. Er war der Treffpunkt der Dörfler, denn viele holten ihr Wasser dort. Abends wurde er zum Anziehungspunkt der jungen Mädchen und Burschen, und man hörte bis in die Nacht hinein ihr Lachen und Necken.

An manchen Tagen nahm Onkel Albert uns zwei Buben auf dem Fuhrwerk mit auf seine Felder. Die Wege waren nicht asphaltiert, sodass, wenn es geregnet hatte, die Wagen oft bis zur Nabe einsanken. ‹Wir müssen absteigen, sonst zieht der Ochs den schweren, mit Runkelrüben beladenen Karren nie aus dem Dreck›, sagte er bei solchen Gelegenheiten.

Eines Vormittags – ein goldener Sommerhauch lag über dem Horizont – fuhren wir hinaus zur Feldscheuer, um Stroh zu holen. Unser Weg führte an vielen kleinen Kraut-, Rüben- und Kartoffeläckern vorbei. Überall standen Bauersleute über ihre Arbeit gebückt, zum Teil ganze Familien. Als wir um 11 Uhr mit der Ladung Stroh wieder ins Dorf zurückfuhren, läuteten die Kirchenglocken. Dies war das Signal für die Frauen, ihre Verrichtungen zu unterbrechen und nach Hause zu gehen, um das Mittagessen zu kochen.

An grossen Heutagen war das aber anders. Da setzten sich die Familien und ihre Helfer unter schattige Bäume, und dann wurde

Brot, Speck und Most herumgereicht. Für uns Kinder war es ein besonderes Vergnügen bei der Heimfahrt ganz oben auf dem vollgeladenen Heuwagen sitzen zu dürfen.

Abends, vor dem Schlafengehen, machten meine Eltern oft noch eine Runde mit mir durchs Dorf. Die meisten Häuser hatte einen angebauten Stall mit ein paar Kühen, Hühnern und vielleicht einer Sau, und obwohl Feierabend war und die Kühe gemolken, sah man durch die offenen Stalltüren noch manch einen am Werk. Hier wurde der Mist auf den Misthaufen geschaufelt und frische Streu verteilt, dort wurde Heu vom Heuboden in die Futtertröge heruntergeworfen. Die Kühe stampften und schnaubten in ihren Ständen, und zufriedene Katzen leckten frische Milch aus Schüsseln. Kleine Schatten von Motten umkreisten die Stalllampen. Die Abendluft war erfüllt von einem wunderbaren Duftgemisch von Tier und Heu. Manch später Feldarbeiter kam uns mit einem breiten Holzrechen auf der Schulter entgegen. Mit einem freundlichen *noowe* begrüsste man sich gegenseitig, was ich bald als *guten Abend* erkannte.

Wie jedes Jahr führte uns einer unserer Spaziergänge auch nach Kürnbach, nicht weit von Oberderdingen, wo wir den anderen Bruder meiner Mutter besuchten, Onkel Karl.

‹Der Zwiebelkuchen, eine Spezialität unserer Gegend, ist fertig›, begrüsste uns die Tante an der Türe und ging uns schnell voraus in die Küche. Dort stand ein besonders grosser schwarzer Herd mit einem hochpolierten kupfernen Deckel über dem Wasserschiff. Sie nahm eine hölzerne Schaufel mit einem langen Stiel, öffnete den Ofen, aus dem herrliche Düfte stiegen, schob die Schaufel unter den Zwiebelkuchen und balancierte diesen auf die Tischmitte, wo ein grosser Teller dafür parat stand.

‹Dazu gibt es unseren eigenen badischen Wein›, sagte Onkel Karl stolz.

Als ich ein bisschen grösser war, machte es mir Spass in der Landwirtschaft mitzuhelfen, doch in späteren Jahren hatte ich keine Freude mehr daran nach Oberderdingen zu fahren. Alles wurde modernisiert und das Land von Strassen durchzogen. Dann kam die Güterzusammenlegung und fertig war es mit den kleinen Böden. Fortan gab es nur noch grosse Monokulturen. Viele Menschen, die von ihrem Land gelebt hatten, mussten dieses nun verkaufen. Es blieb auch mir nichts anderes übrig, als meine fünf Äcker, Mutters Erbe, abzutreten. Der Erlös war 15.000 DM.»

MIT SMOKING UND BERGSCHUHEN
NACH ST. MORITZ

«Das Reisen hat bei meinem Vater immer eine bedeutende Rolle gespielt, und obwohl im Jahre 1934, als ich sieben war, die wirtschaftliche Lage in Europa nicht rosig war, entschied Papa, die Sommerferien mit uns im damals schon mondänen St. Moritz zu verbringen. Er hatte das ‹Hotel Suvretta› gewählt, da er wusste, dass viele Engländer dort zu Gast waren.

‹Das schöne Bergdorf übt weit über die Grenzen hinaus eine magische Anziehung aus, besonders auf die Briten›, erklärte er uns. ‹Sie scheuen die lange Reise nicht, und jene, die es sich leisten können, fliegen im Winter sogar von London nach St. Moritz, wo Kleinflugzeuge auf dem gefrorenen See landen können.›

Mutter musste sich das Kofferpacken gut überlegen, da man in den Bergen, nebst den Sommerkleidern auch Wanderschuhe und eventuell warme Hosen und Jacken brauchte. Für den Aufenthalt im Hotel benötigten wir aber auch elegante Kleidung, denn in der ‹Suvretta Society› galt der Dresscode ‹Sonntags Smoking›. Sie war ganz vertieft in die Packerei und hielt Selbstgespräche: ‹Es ist zwar Sommer, aber dort oben kann es auch im Juli sehr kalt werden, also muss dieser Pullover ebenfalls mit›.

Ich befürchtete ihren Einwand und versuchte daher drei Karl May Bücher unbemerkt in mein eigenes Köfferchen zu würgen. ‹Aber Schätzchen, die kannst du unmöglich alle mitnehmen›, hörte ich sie entsetzt hinter mir ausrufen. ‹Nur eines bitte›.

Vater war schon fünfundsiebzig, war einerseits nicht mehr darauf bedacht schnell am Ziel anzukommen und wollte andererseits ein paar Tage Zwischenstation in der schönen auf 1500 m liegenden Lenzerheide machen. Also fuhren wir mit dem Zug nach Chur und von dort mit dem Postauto ins Hotel ‹Lenzer Horn›. Zu jener Zeit gab es wirklich noch eine Heide mit einer einzigen Strasse durch den Ort und vielleicht zwölf Hotels. Für die Weiterfahrt im Postauto nach St. Moritz hatte der Chauffeur aufgrund des herrlichen Wetters entschieden mit offenem Dach zu fahren. Dieses lag zusammengefaltet wie eine Ziehharmonika oben, auf dem hinteren Ende des Busses.

‹Jetzt könnt ihr die herrliche Berglandschaft noch viel besser sehen›, sagte Vater erfreut zu mir und Mutter, die mir in weiser Voraussicht Jacke und Kappe angezogen hatte.

Die Fahrt ging durch blühende, hügelige Wiesen, dunkle Wälder mit riesigen Tannen, vorbei an Bergdörfchen, Burgen und Seen. Dann wurde es steiler, doch das Postauto bahnte sich seinen Weg immer höher hinauf. Zwischendurch kamen Mutter die engen Passagen und Kurven recht gefährlich vor.

‹Die Berge mögen ja herrlich sein, aber die Strecke ist zum Teil schon sehr prekär›, stiess sie hervor und schaute mit Respekt rechts den fast vertikal abfallenden Abhang hinunter und links hinauf auf eine steile, bedrohlich wirkende Geröllhalde.

Lange war der Himmel blau, als wir auf kunstvoll angelegten Strassen immer höher stiegen. Doch dann kamen dicke graue Wolken, die Luft wurde kälter und es roch plötzlich nach Schnee. Unerwartet fing es mitten im Sommer auf dem Julierpass an zu schneien. Der Chauffeur hielt an und zog das Dach von hinten nach vorne über den Bus.

‹Schade›, dachte ich, ‹nun sieht man nur noch halb so viel, und wärmer ist es deswegen auch nicht.›

Den ganzen Tag hatte ich meinen Kopf hinüber und herüber gewendet, um all die vielen Neuigkeiten in mich aufzunehmen und wurde davon so müde, dass ich mit dem Rest eines Butterbrotes in der Hand einschlief.

‹Alex Schätzchen, wir sind bald da›, hörte ich Mutter leise sagen.

Als ich etwas ausserhalb des Dorfzentrums meine Augen öffnete, sah ich von Weitem ein mächtiges Gebäude mit zwei Türmchen, wie ein Schloss.

Vater war merklich erfreut: ‹Das ist das ‹Suvretta House›, unser Hotel.›

Dort angekommen war mein Staunen gross. Das Haus wirkte riesig auf mich. Auf dem Vorplatz herrschte emsige Betriebsamkeit. Zugleich mit dem Postauto war ein prominentes Paar in einem schicken Automobil angekommen. Sofort wurde es von dienstbeflissenen Hotelangestellten umschwirrt.

Nicht die beiden Personen erregten jedoch meine Aufmerksamkeit, sondern deren dunkelgrüner Humber. ‹Den muss ich mir anschauen›, rief ich begeistert und rannte davon.

Papa lachte: ‹Halt Alec› – so nannte er mich gerne –, ‹zuerst müssen wir uns beim Empfang anmelden, hinterher kannst du diesen Schlitten unter die Lupe nehmen›.

Wir traten in eine hell erleuchtete Halle und wurden sehr zuvorkommend empfangen. Während die Eltern mit Anmelden beschäftigt waren, spähte ich in alle Richtungen und wusste bald, dass es für mich in und um das Haus viel Interessantes zu erkunden gab.

Der prachtvolle Speisesaal mit seinen geschnitzten Säulen, von dem Vater geschwärmt hatte, das Bridgezimmer sowie der Tearoom waren etwas für meine Eltern. Vater liebte das vornehm gediegene Haus. Er fand nicht nur englische Atmosphäre dort, sondern auch englische Gäste. Sie füllten das Haus im Sommer wie im Winter. Einige waren schon im Februar da gewesen, nicht nur zum Skifahren, sondern um die alpine Skiweltmeisterschaft hautnah zu erleben. Auch Briten hatten an den verschiedenen Wettbewerben teilgenommen und sogar vordere Plätze errungen. Natürlich war man da stolz auf seine Landsleute und gab schwärmend die Details wieder. Vater sass mit einem Sherry und einer Zigarre in ihrer Runde, schwärmte mit und fühlte sich ganz daheim. Er müsse mit seiner Familie unbedingt einmal im Winter kommen und den Eisspektakel vor dem Haus erleben. ‹Der grosse Platz wird in eine Eisfläche verwandelt›, wurde ihm erklärt, ‹wo die Gäste Eislaufen und Champagner nippen können, der von schlittschuhlaufenden Kellnern serviert wird›.

Mein eigenes kindliches Interesse hingegen galt den beiden Treppenhäusern mit ihren wuchtigen Holzbrüstungen und knarrenden Stufen. Sie eröffneten neue Abenteuer auf jedem entdeckten Stockwerk, jedem um die Ecke verschwindenden Flur. Freudiges Erstaunen verursachten auch die zusätzlich ausfindig gemachten Stiegen des Notausgangs: ein spannendes Labyrinth.

Eines Morgens richtete Mutter zwei Rucksäcke mit einem feinen Picknick vom Hotel. Auf meinen fragenden Blick enthüllte sie mir eine Überraschung: ‹Heute machen wir eine richtige Alpenwanderung. Zuerst geht es mit der Eisenbahn hoch den Berg hinauf. Unterwegs kommen wir ganz nahe an den Morteratschgletscher heran. Dann fährt der Zug weiter zum Berninapass hinauf und auf der anderen Bergseite, über viele Kurven, wieder steil hinunter zur italienischen Stadt Tirano. Wir aber steigen noch in den Bergen oben aus, auf der ‹Alp Grüm›, und wandern von dort aus zu einem See hinunter.›

‹Um diese Zeit sind die Hänge voller Alpenrosen›, sagte Papa, ‹und wenn wir Glück haben, finden wir sogar ein Edelweiss oder zwei.›

‹Vielleicht sehen wir sogar ein paar Murmeltiere, die dir so gefallen›, meinte Mama.

Mein Kinderherz machte einen Freudensprung. Dann, in Bergschuhen, Papa mit Stock und Hut, brachen wir zu unserer

Wanderung auf. Die Erwartungen meiner Eltern gingen in Erfüllung, und wir erlebten nicht nur Murmeltiere, sondern auch Steinböcke, sowie hautnah die beiden Gletscher ‹Morteratsch› und ‹Pers›.

Abends im Zug zurück nach St. Moritz waren wir alle drei müde, aber glücklich. Ich hielt ein Sträusschen Alpenblumen fest in der Hand: ‹Die presse ich in einem Buch, so halten sie am längsten.›

‹Ich habe noch einen Grund mehr, als ihr beide, mich über diesen Tag zu freuen›, sagte Mutter verschmitzt. ‹Ich muss unsere schmutzigen Schuhe heute nicht selber putzen. Ich kann sie abends einfach im Hotel vor die Zimmertüre stellen. Das nenne ich Ferien›.

Das war ein besonders schöner Tag. Durch meine Eltern war ich einmal mehr in den Zauber der Berge und der Natur gezogen worden. Überhaupt waren es wunderbare Ferien, die ich, wie auch die anderen Reisen mit meinen Eltern, nicht mehr vergessen sollte. Wenige Jahre später sah alles ganz anders aus.»

PAPA STIRBT

«An einem schönen sonnigen Tag im Dezember 1937 machten meine Eltern einen Spaziergang. Vater hatte leichtsinnigerweise jedoch nicht seinen wärmsten Mantel angezogen, sodass ihm beim Laufen immer kälter wurde. Wieder daheim bekam er Atembeschwerden, so rief Mutter unseren Hausarzt Dr. Riener an.

‹Mein Gott, was ist Ihnen denn da passiert?›, rief dieser aus, als er Vater sah, ‹Sie haben ja eine Lungenentzündung.›

Es gab damals noch kein Penizillin, so verschrieb der Arzt – ich glaube, es war Chinin. Er nahm seinen Rezeptblock hervor und notierte ein paar Sachen darauf. Ganz elend zumute rannte ich mit dem Rezept zur Apotheke und hielt es dem Apotheker hin. Ungeduldig schaute ich zu, wie dieser seelenruhig ein paar Flaschen nahm, so und so viel Gramm von diesem und jenem Pulver abwog, die Mischung auf ein kleines spezielles Blatt Papier schüttete und dieses auf eine besondere Art faltete, wie ein kleines Briefchen. In Windeseile trug ich es heim. Mutter rührte die Mixtur in ein Glas Wasser und gab es Vater zu trinken. Voller Hoffnung beobachteten wir den Kranken. Keine Besserung. Ich fühlte mich hilflos und verzweifelt. Er war doch mein König, der immer alles für uns geregelt und auch vielen anderen Menschen geholfen hatte. Nun lag er im Bett und konnte sich selbst nicht helfen.

Es hatte öfters Situation gegeben, an denen Vater das Familienvermögen erwähnte. Nun rief er Mutter und mich zu sich und erklärte uns die finanzielle Lage ganz offiziell. Seine Haut war fahl und seine Haare schienen grauer als sonst. Mit brennend heisser Hand streichelte er meine Wange, und seine früher lachenden Augen blickten mich traurig und besorgt an. Mama sass stumm da, die Tränen rollten ihr über das Gesicht.

‹Wir besitzen kein grosses Vermögen mehr›, sagte er. ‹Leider ist es wegen der deutschen Anleihen geschrumpft. Jetzt steht es auf circa 100'000 Franken. Ich spreche hier von den ‹Young Anleihen der badischen Kraftwerke›. Diese Anleihe ist eine Obligation und stand gut. Sie hatte hohe Zinsen, bis Hitler kam, und dann ist sie den Bach ab. Wenn ich nicht mehr bin, werft sie aber nicht weg, wie das im Moment viele Leute machen. Man weiss nie. Wir haben auch Wertpapiere in der Schweiz die Zinsen einbringen, sowie die Mieteinnahmen von zwei Wohnungen. Insgesamt macht das circa 5'000 Franken im Jahr zum Leben, ohne die 100'000 abzubauen. Mit diesen Einnahmen solltet ihr *zschlag cho*.›

Das Sprechen hatte Vater total erschöpft, er schloss die Augen und sank noch ein Stück tiefer in seine Kissen. Seine Aussage brachte etwas heim, dass ich nicht begreifen, nur ahnen konnte, und ich stürzte mich in die Arme meiner Mutter. Erstarrt verharrten wir neben dem Kranken, der, schwer nach Atem ringend, langsam dahin starb.

Als er dann am 30. Dezember 1937, ein paar Tage nach Weihnachten und einen Tag nach Mutters 41. Geburtstag von uns ging, war es für mich Zehnjährigen ein unbeschreibliches Unglück. Nicht mehr im Berufsleben tätig, war er nach meiner Geburt für mich ja stets präsent gewesen. Er war es, der mit mir lange Spaziergänge unternahm, während Mutter Hausarbeiten verrichtete.

Wann immer er am Schreibtisch sass und schrieb oder Rechnungen kontrollierte, hockte ich neben ihm. Schon als Knirps interessierte ich mich für das, was er machte. Er war nie ungehalten oder gar böse. Nun fühlte ich mich ganz vereinsamt. Zwei Wochen später, am 11. Januar, hätte er seinen 79. Geburtstag gehabt. Ich konnte nicht begreifen, dass er nicht mehr da war.

Da im Kanton St. Gallen die Vormundschaft der Mütter ausgeschlossen war, bekam ich einen Vormund. Der hat sich aber kaum eingemischt und hat Mutter schalten und walten lassen. Anfänglich hat sie die offiziellen Dinge erledigt und die Rechnungen bezahlt, aber das habe ich dann mit circa zwölf Jahren übernommen. Früher hatte man ja nicht so viele Rechnungen. Dienstleistungen wie etwa den Kaminfeger, sowie alles was man kaufte, bezahlte man in bar.

Vor den darauffolgenden Weihnachten hat mir gegraut, sodass Mutter versuchte, etwas Aufmunterndes zu unternehmen. Am 24. oder 25. Dezember waren wir dann öfters im Haus zum ‹Roten Herz›, bei Kurt Schneiders Familie. Die hatten zwei Buben, den Werner, der ein Jahr älter war als ich, und den jüngeren Kurt. Mit diesen beiden Cousins zu spielen hat mich abgelenkt.

Vater hatte recht behalten, die ‹Young Anleihen› wurden später tatsächlich bezahlt.»

SCHULHAUS MIT SCHIEBEFENSTER UND SKIKANONE ALS LEHRER

«Mit sieben ging ich in die Primarschule für Buben im Graben, das Grabenschulhaus. Es stand am untersten Punk der Müller-Friedbergstrasse, wo sich heute die Grabenhalle befindet. Morgens, auf meinem Schulweg, war diese Strasse voller Rotmöntler, die in die Stadt hinuntergingen. Es gab zwar jede Stunde ein Postauto, das vom ‹Hotel Sonne› zum Bahnhof fuhr, aber die Fahrt hat 30 Rappen gekostet, so gingen die meisten Leute zu Fuss zur Arbeit. Man kannte sich. Die Männer lüfteten den Hut zum Gruss. Man plauderte freundlich, fragte nach, wie es geht, und bot sich gegenseitig Hilfe an.

Das Schulhaus war uralt mit kleinen Schiebefenstern. Die Treppen waren aus Holz und schon ganz ausgelaufen. Von der Stadtseite her drangen die Geräusche des pulsierenden Alltags in unser Klassenzimmer. Die derben Rufe der Fuhrmänner mit ihren Pferden und Wagen waren unüberhörbar. Aber auf der Rosenbergseite war das Gebäude gesäumt von stillem Wald. Da gab es noch keine Parkgarage. Dort und weit den Hang hinauf standen nur Tannen.

Für die 4. bis 6. Klasse der Primarschule mussten wir Buben in das viel grössere Hadwig Schulhaus wechseln, das eigentlich eine Mädchenschule war. Unser Lehrer, Herr Zweifel, wurde zum Vorstand der ganzen Schule gewählt. Während des Ersten Weltkriegs war er ein begeisterter Offizier gewesen, einer der Sport geliebt hat. Er sagte, er könne nicht Lehrer für Mädchen sein und trete das Amt nur unter der Bedingung an, Buben unterrichten zu dürfen. Dann waren wir die einzige Bubenklasse in diesem grossen Schulhaus. Die Mädchen haben uns damals überhaupt nicht interessiert, ja geradezu gelangweilt. Sogar die Pausenplätze waren getrennt. Die Mädchen waren vorne und wir Buben hatten einen eigenen Pausenplatz hinter dem Schulhaus, wo wir tschutten konnten.

Herr Zweifel war wirklich ein toller Lehrer. Während der Schulstunden haben wir intensiv gearbeitet. Von unserer 6. Klasse sind dreizehn Schüler in die Kantonsschule aufgestiegen und haben diese auch abgeschlossen. Das war etwas Besonderes. Erst später habe ich das realisiert. Jetzt ist es so, dass es einer oder zwei von einer 6. Klasse an die Kanti schaffen.

Unser Lehrer kam morgens herein, meistens verspätet, weil er als Vorstand noch Besprechungen hatte, dann ging es los: es wurde kopfgerechnet – die ganze Klasse. Da ist etwas gelaufen, und alle haben mit Spass mitgemacht.

‹Hausaufgaben gibt es nicht›, sagte er, ‹zu Hause arbeitet ihr nicht richtig. Man muss in der Schule zackig schaffen und dahinter sein; daheim blödelt ihr nur herum und macht das Zeug ohnehin nicht richtig. Erholt euch zuhause, tschuttet, rammelt, spielt Räuber und Polizist, und danach arbeiten wir wieder.›

Diesen Lehrer habe ich geliebt, und meine beiden Freunde, Eugen Huber und Werner Steiger waren auch ganz begeistert von ihm.

Fussballspielen war nicht so mein Ding. Ich wusste in der 4. bis 5. Klasse der Primarschule schon genau, was ich werden wollte: Elektroingenieur. *Mi hät eifach d'Elektrizität öpis Glatts tüecht.*

Bis dahin hatten wir Gaslampen zu Hause. Die grosse, über dem Esstisch, hatte einen Glasschirm mit Perlen rundum. Die konnte man auf und ab schieben. Von der Decke kamen zwei Gasleitungen, und in der Lampe war ein Docht, den man anzündete. Dann habe ich den Elektrikern zugeschaut, wie sie Drähte einzogen und elektrische Lampen montierten. Das fand ich höchst interessant, sodass die Beschäftigung mit dem Strom auch zu meinem Hobby wurde. An vielen Nachmittagen habe ich mit meinem Freund Werner Steiger, der auf der Holzstrasse wohnte und aus seinem Zimmer buchstäblich eine Werkstatt gemacht hatte, gebastelt und Apparate gebaut, hauptsächlich Radios.

Der Lehrer Zweifel war auch Skilehrer, einer der Ersten, die es in der Schweiz gab. So haben wir vom Herbst bis in den Frühling

kein Turnen gehabt. Er hat die ausgefallenen Turnstunden auf-
geschrieben, und wenn schönes Wetter war, sind wir Skifahren
gegangen. Wenn wir dann vom Pausenplatz abmarschiert sind,
haben die Mädchen aus den Fenstern geschaut und gerufen: «Oh,
die gehen schon wieder Skifahren!»

Wir trugen unsere Ski zu den Hängen auf dem Birt, dem Kapf
oder dem Scheitlinsbüchel. An der Bindung waren Riemchen in die
man die Stöcke einhängen konnte. So hat man die zusammenge-
bundenen Ski auf dem Rücken getragen. Nur selten sind wir mit
dem *Bähnli* hinaufgefahren. Von dort konnte man dann hinunterfahren, oft bis vor die Haustüren in der Stadt. Das war toll.

Herr Zweifel hat im Schulhaus eine Stelle eingerichtet, wo man
zu klein gewordene Ski abgeben konnte. Für einen Franken den ganzen Winter konnten Schüler diese Ski dann mieten. Ich weiss noch
wie wir im Estrich diese Ski *zweg büschalä* mussten, damit sie der
Grösse nach geordnet waren. Wir sind gute Skifahrer geworden.»

KRIEG

«In der ersten Septemberwoche 1939 – ich war 12 Jahre alt – wachte
ich eines Morgens mit dem vollen Bewusstsein auf: ‹Es ist Krieg!›

Am 1. September 1939, an dem Tag, als Hitlers Truppen in Polen
einfielen, wurde in der Schweiz die Mobilmachung der Grenztrup-
pen entschieden. Seit Papas Tod sah ich meine wehrschafte Mutter immer öfter weinen, jetzt, nach Kriegsausbruch, waren ihre
Augen meistens rot. Sie war Deutsche, durch den Krieg unbeliebt
und ohne Mann ganz auf sich gestellt. Auch machte sie sich Sorgen um ihre Verwandten in der Heimat. Ich war noch in der Primarschule im Hadwig und zu jung, um das alles richtig zu erfassen. Für uns Schüler war der ganze Tumult sogar aufregend, weil
sich die verschiedenen Einheiten teilweise in den Schulhäusern

sammelten. Dort wurden sie vollständig ausgerüstet und haben sogar dort geschlafen. Wir Schüler bekamen drei Tage schulfrei.

Die Schweizer Soldaten wurden im ganzen Land stationiert, um es im Ernstfall zu verteidigen. Alles war gut organisiert. Die Uniform und das Gewehr hatten die Männer schon zu Hause, und sobald die erste Meldung kam, mussten sie sich sofort auf ihrem Core-Sammelplatz einfinden. Auch Zeughäuser waren überall verteilt. Wie der Blitz wurde Stacheldraht ausgerollt und die Panzerabwehr in den Strassen hochgefahren – besonders in Grenzgebieten. Bereits vorher, als man gesehen hatte, dass es brenzlig wird, sind gewisse Grenzschutzeinheiten einberufen worden. Überhaupt hat sich die Schweiz lange zuvor auf einen eventuellen Angriff vorbereitet.

Bezüglich der Vorräte wurde den Bürgern empfohlen, das Nötigste im Keller parat zu halten. In den allerersten Wochen hat man noch ausreichend Ware bekommen. Am Anfang war der Weg von Genua in die Schweiz noch offen, und es herrschte reger Verkehr. Während des ganzen Krieges gab es ein paar Schiffe, die unter der Schweizer Flagge gefahren sind. Es wurde jedoch immer mühsamer, die Bewilligungen zu bekommen in Genua auszuladen und sicherzustellen, dass das Handelsgut wirklich in die Schweiz gebracht wird. So wurde es zusehens schwieriger Lebensmittel zu importieren.

Mit der Rationierung, während der man nur noch mit Marken einkaufen konnte – zum Beispiel eine Marke für 500 g Butter im Monat – hat man 1939 schon begonnen. Bis Kriegsende wurde sie immer mehr verschärft und ausser Kartoffeln auf sämtliche Lebensmittel, Waschmittel, Kleidung und Schuhe erweitert. Dann gab es zwei, drei fleischlose Tage, und ab 1940 konnte man unter der Devise, ‹Altes Brot ist nicht hart, kein Brot ist hart›, nur noch drei Tage altes Brot kaufen. Trotz alledem brachte es Mutter irgendwie fertig, für den Sonntag, mit rationierten Lebensmitteln, einen Kuchen herzuzaubern.

Man muss sich vor Augen halten, dass die Schweiz total von Kriegsmächten umgeben war. Aus Angst vor einer Lebensmittelknappheit wurde 1940 die Anbauschlacht eingeführt. Sie sollte die Selbstversorgung in der Schweiz steigern. Dazu wurden im ganzen Land Wiesen, Parkanlagen und Sportplätze zu Kartoffel- und Gemüsefeldern umfunktioniert; so auch der Park vor der Tonhalle in St. Gallen. Wer Boden hatte, wurde aufgefordert, einen Garten anzulegen. Wer keinen hatte, dem wurde ein ‹Pflanzblätz› zugeteilt. Mutter und ich haben hinter dem Haus einen Gemüsegarten angelegt und bearbeitet. *Alle Siech* haben wir probiert, aber unser Boden ist hart und lehmig und eignet sich nicht für Gemüseanbau.

Die Nahrungsmittel wurden auf verschiedenste Art konserviert. Schon vor dem Krieg hatten wir unser eigenes Sauerkraut eingemacht, nicht mit den Füssen gestampft, aber fest in die graublauen Steinguttöpfe gedrückt. Auch Eier haben wir mithilfe von Wasserglas in solchen Töpfen haltbar gemacht. Die hielten dann fünf bis sechs Monate. Obst und Gemüse hat man in Einmachgläsern sterilisiert. Äpfel hatten wir ein paar eigene, aber die Kartoffeln mussten wir kaufen. Dafür brauchte man keine Marken.

Dann ist die Kartoffelkäferplage ausgebrochen. Mit den ganzen Schulklassen gingen wir auf die Felder hinaus, um die Pflanzen nach diesen Koloradokäfern abzusuchen, auch am schulfreien Mittwochnachmittag, denn sie vermehrten sich rasant und frassen in kurzer Zeit ganze Landflächen kahl.

Wie die meisten Frauen hat auch meine Mutter selbst genäht und gestrickt. Schon deswegen, weil man nicht so einen Haufen Textilien kaufen konnte wie heutzutage. Das Sparen war für sie nichts Neues. Geschickt trennte sie Vaters alte Pullover auf und strickte aus der Wolle neue für mich. Auch seine andere Kleidung trug ich, selbst wenn sie mir anfänglich zu gross war. Dummerweise bin ich zu schnell gewachsen, sodass ich sie nicht ganz austragen konnte, auch die Schuhe nicht, denn Vater hatte kleinere Füsse. Mutter wendete ihre abgetragenen Kleider und Mäntel. Das heisst, sie trennte sie auf und nähte sie, mit der Innenseite nach aussen, wieder zusammen.

All das kann man sich heute gar nicht mehr vorstellen. Da gab es ein paar Läden in St. Gallen, zum Beispiel drei Schuhläden, und die hatten praktisch keine Kundschaft. Schuhe hat es wohl gegeben, aber die konnte man nicht kaufen, erstens, weil die Leute kein Geld hatten und zweitens, weil man Marken dafür brauchte. So war man dankbar, wenn man gebrauchte auftrieb.

Vor dem Krieg hatten wir noch eigenes Holz zum Heizen, denn das Gartenstück vor dem Haus war vor der grossen Reduktion – wegen der Verbreiterung der Tannenstrasse – viel grösser, und dort standen drei stämmige Buchen, die gefällt werden mussten. Natürlich haben wir das Holz behalten, besonders die Stämme. Onkel Albert war noch vor dem Krieg von Oberderdingen gekommen und hatte das Holz mit einer Handsäge versägt und dann gespalten. Es hat während des Jahres immer Perioden gegeben, wo es in der Landwirtschaft nicht so viel zu tun gab, sodass er Zeit hatte, ab und zu vierzehn Tage zu uns zu kommen.

Während des Krieges haben wir mit Kohle, Holz und Torf geheizt und jedes Jahr haben wir eine Zuteilung davon erhalten. Ja, ja, damals hat man noch viel mit Torf geheizt. Vor dem Krieg haben wir manchmal den grossen Herd angefeuert, um die Küche zu erwärmen und zum Beispiel das Weihnachtsessen zu kochen. Während des Kriegs nicht – aus lauter Sparsamkeit. Da haben wir ewig gefroren.

Einen Rucksack mit Sanitätsmaterial für den Notfall, bei dem wir rasch aus dem Haus hätten müssen, hatten wir vorher schon. Und nun, während des Krieges, lag ein Rucksack bereit mit Sanitätsmaterial, ein paar Kleidungsstücken sowie etwas Geld.

Weiters gab es während des Kriegs praktisch kein Benzin, sodass man Autos zum Teil auf Holzvergaser umgerüstet hat. Dafür musste eine spezielle Anlage eingebaut werden. Vorne oder im Heck gab es dann ein oder zwei Metallkessel gefüllt mit Holz, wie zwei grosse

Flaschen, vielleicht 50 cm dick und 1 ½ m hoch, und darunter hat man Feuer gemacht. So hat man das Holz quasi vergast und den Motor mit diesem Gas betrieben.

Im Laufe des Krieges wurden öffentliche Luftschutzkeller zur Verfügung gestellt, für den Fall, dass St. Gallen bombardiert würde. So wurden die Hausbesitzer aufgefordert, Kellerräume für die Bewohner auszubauen. Bei unserem Haus hatten wir Sandsäcke vor allen Kellerfenstern. Im Vorkeller stellten wir eine Reihe von Pfählen auf und dicke Balken oben drüber, um die Decke zu stützen.

In der ganzen Schweiz wurden alle Strassentafeln entfernt. Es gab keine Wegweiser, damit der Feind – im Fall, dass er einmarschieren sollt – kein leichtes Spiel hat. Da war man oft mit einer Strassenkarte unterwegs. Nur so konnte man feststellen: ‹Aha, hier kommt die Kreuzung bei der ich rechts abbiegen muss, um nach Soundso zukommen›. Diese Landeskarten haben wir wie Augäpfel gehütet, damit sie nicht in feindliche Hände geraten. Die waren schwer geschützt.

Als dann 1943 die Kampfflieger auf ihrem Weg nach Deutschland auch immer wieder über die Schweiz flogen, wurde die Verdunkelung angeordnet, damit das Land nicht irrtümlich zum Ziel eines Bombenangriffs wird. Die Strassenlaternen wurden nicht angemacht, sodass es draussen stockfinster war. Besonders unbequem wurde es, wenn man mit dem Velo unterwegs war und es vor dem Eindunkeln nicht nach Hause geschafft hatte. Ohne die Lampe einzuschalten, musste man das Vehikel dann nach Hause schieben. Die Bevölkerung wurde angewiesen, nachts sämtliche Lichtquellen, wie Fenster und Türen mit Läden und Vorhängen zu verdunkeln. Auch die Lampen selber mussten mit Stoff verhängt werden. Es gab sogar schwarz angestrichene Glühbirnen, die nur ganz unten, für einen kleinen Lichtstrahl, eine freigelassene Stelle im Anstrich hatten. Kein Schimmer durfte nach draussen dringen. Es blieb einem nichts anderes übrig, als früh ins Bett zu gehen.

DIE KANTI UND DER KTV

EIN KING OF SWING

«Man merkt an den kürzer werdenden Nächten, dass es schon Ende April ist», murmle ich, als ich morgens um 6 Uhr – im Hause ist noch alles still – halb verschlafen im Pyjama in die Küche komme. Alex sitzt bereits am Tisch und schreibt wie jeden Morgen in sein Tagebuch. Der Geruch von brennendem Holz aus dem Ofen vermischt sich mit dem des Kaffees.

«Du warst sicher schon draussen auf deiner Frühmorgenrunde, und ich vermute oben auf ‹Peter und Paul›», sage ich gähnend, als ich die Weissdornblätter auf dem Tisch sehe.

«Richtig, und vielleicht kommst du das nächste Mal mit.» Alex lacht, als ich mein Gesicht verziehe.

Er klappt das Tagebuch zu. «Ich habe eine andere Idee, die dir sicher besser gefällt: Ein Spaziergang in die Stadt – heute ist Markttag – und auf dem Weg dorthin erzähle ich dir was ich noch von meinen Kantonsschuljahren weiss.

Der Vorschlag gefällt mir, und schon bald sind wir unterwegs.

«Also mit fünfzehn, mitten Krieg, kamst du an die Kanti?», fädle ich seinen Bericht ein.

«Richtig, an die Oberrealschule. Das war eine Abteilung des Gymnasiums ohne Latein oder sonstigen alten Sprachen, aber mit sehr viel mehr Mathematik und Physik als in den anderen Abteilungen.»

«Diese Ausbildungsrichtung hast du gewählt, weil du schon wusstest, was du werden willst.»

«Genau, nämlich Elektroingenieur. Nun kam es aber anders als gedacht. An der Sekundarschule war ich einfach in jedem Fach der Star gewesen. Jetzt blies plötzlich ein anderer Wind. Die St. Galler

Kantonsschule war die einzige im ganzen Kanton, auch für das Rheintal. Aus diesem Einzugsgebiet hatten wir ein paar ganz gescheite Typen – einen aus Sargans, einen aus Heerbrugg und einen aus Wil – Spitzenleute. Ich habe immer wieder Anläufe genommen. In Mathe war ich nie schlecht, aber zwischendrin hat es gerade noch genügt. Und da hätte ich zünftig dahinter müssen, auch daheim, aber das habe ich zu wenig gemacht. Meine gute Freundschaft mit Werner Steiger hielt an, obwohl er die Schule gewechselt hatte. Unermüdlich bauten wir irgendwelche Apparate, unter anderem Amateurfunkgeräte und Radios, die ich mit der Zeit auch verkaufte. Mit fünfzehn, sechzehn, siebzehn traf ich mich ein bis zweimal die Woche hier im Haus mit zwei Kindheitsfreunden, um Musik zu machen – Gallus Bentele auf der Violine, Herman Kobler auf dem Cello und ich auf dem Klavier. Viel Swing. Am Schluss wurde immer ‹God save the Queen› gespielt, *God shave the Queen*, wie wir es nannten.»

«So, so», sage ich, «jetzt kommt es ans Licht.»

«Mit etwa siebzehn installierte ich einen Piratensender in unserem Dachboden und schickte den damals sehr beliebten Swing hinaus auf Sendung – Duke Ellington, Benny Goodman, Glen Miller und so weiter. Meine Sendung hatte ein Markenzeichen: Eine meiner Platten, ‹Take the A train›, hatte einen Sprung. So wussten meine Freunde – Sasu ist auf Sendung.»

«Ein *King of Swing*! – das hätte ich nie bei dir vermutet», entfährt es mir verblüfft.

Das gewinnt Alex ein Grinsen ab: «Gell, *never judge a book by its cover.*»

PHILOSOPHIE
UND DIE SÜSSE WONNE DER BESEN

Wir nähern uns dem unteren Ende der Müller-Friedberg-Strasse, und der Verkehrslärm nimmt zu. Alex nutzt die letzen paar Meter bis zum Marktplatz um noch ein paar Anekdoten aus jener Zeit hinzuzufügen.

«Dann kam mein Interesse am Geistigen und den Wissenschaften. Es war ein regelrechter Segen, dass es unser Deutschprofessor Schärer, ein super Typ, genannt Schäggli, ein richtiger Literat und Philosoph, verstand, unser Interesse für die grossen Klassiker zu wecken, die ich infolge halbe Nächte lang las – hauptsächlich Goethe. In seinen Schriften fand ich viele philosophische und mystische Aussagen, die mein geistiges Interesse anregten. Da war die Rede von göttlicher Ordnung in der Natur, von Gott gesetzten Strukturen die nicht nur mit dem Verstand erfasst, sondern unmittelbar geschaut, erlebt und empfunden werden können.

Immer stärker meldete sich, ebenfalls um diese Zeit, ein unstillbarer Hunger nach Wissen und Erkenntnis, und ich fing an, mich für die moderne Physik, aber eben auch für die geistigen Wissenschaften zu interessieren. So wälzte ich Ausgaben wissenschaftlicher Erneuerungen, sowie philosophische Literatur von zum Beispiel Fichte, Schopenhauer oder Kant, weil die Philosophie den Geheimnissen des Lebens auf der Spur ist.»

«Wie kamst du denn im Krieg zu solchen Büchern?»

«Unter jenen Kameraden, die dieses Interesse teilten, wurde reger Büchertausch betrieben und über den Sinn des Lebens und der Religionen diskutiert. Dann kam der KTV ins Spiel.»

«Der KTV?» Ich schaue Alex forschend an, «den hast du schon ein paarmal kurz erwähnt.»

«Vor über hundert Jahren», fährt er fort, «hat ein Kanti-Schüler, Albert Rothenberger, unter dem Motto ‹Mens sana in corpore sano› den Kantonsschulturnverein St. Gallen, kurz KTV, gegründet, aus dem dann später eine Studentenverbindung wurde. Dieser Verbindung trat ich in der 3. Klasse bei und bekam den Vulgo ‹Sasu›. In den letzten zwei Schuljahren war meine Aufmerksamkeit fast mehr bei dieser Verbindung als beim Lernen, denn ich wurde überraschend zu deren Präsident gewählt.

Dieses ehrenvolle Amt hielt ich dann bis zur Matura 1946.» Alex' Stimme drückt Bedeutsamkeit aus. «Das hat mich fasziniert, aber, wie gesagt, auch vom Lernen abgelenkt. Meine Aktivitäten wurden in dieser Zeit praktisch von der Verbindung bestimmt, den zweiwöchentlichen Sitzungen, die ich ja vorbereiten musste, dem Turnen, den Ausflügen, dem Betreuen der im Jahr danach neu angeworbenen Mitglieder, also der Fuxen. Dann wurden die ersten Bälle nach dem Krieg abgehalten. Dazu gehörte die schon legendär gewordene Abendunterhaltung 1946, für die wir Tänze

einstudieren mussten. Aber, oh die süsse Wonne, unsere Couleurdamen im Arm halten zu dürfen.»

«So, wie auf den Aufnahmen in einem deiner Fotoalben, wo du
und ein paar andere Burschen mit Mädchen in wunderschönen
Ballkleidern abgebildet seid.»

«Richtig, die sind an der besagten Abendunterhaltung aufgenommen worden. Da haben wir einen Reigen ‹Wein, Weib und
Gesang› aufgeführt.»

«Wo haben die Mädchen direkt nach dem Krieg denn so opu-
lente Kleider herbekommen», staune ich.

«Da wirst du Irmeli bei Gelegenheit fragen müssen, die Frau
von Frosch. Sie war sein Besen und ist eines der Mädchen auf dem
Bild.»

«Was?», rufe ich entsetzt, «Sein Besen?»

«Ja», lacht Alex, «so, oder auch Couleurdame, nennt man in den
Verbindungen die Mädchen, die die Studenten zu Tänzen begleiten. Dr. Otto Scheitlin, ein Altherr mit dem Vulgo Geigei – übrigens, Altherr oder AH wird man als nicht mehr aktiver KTVer
bereits nach der Matura – ermahnte die KTVer immer, die Besen
respektvoll zu behandelt. Wir mussten sie persönlich nachhause
stossen, wie man in einer Verbindung sagt. Wenn ich einen Besen
aus der Nachbarschaft hatte, war das Heimbringen einfach. Das
konnte aber auch anders laufen. Einmal im Winter waren wir auf
einem Fest. Das war ein Maturaball oder etwas Ähnliches, und
ich hatte einen Besen von St. Georgen. Toko, der in ihrer Nähe,
nämlich im Riethüsli wohnte, hatte einen Besen von Rotmonten,
also oberhalb von mir. Es wäre viel einfacher gewesen, die Besen
auszutauschen, aber das durfte man nicht. Unsere Wege zurück
nach Hause kreuzten sich auf dem Blumenbergplatz, mitten in der
Stadt, und wir mussten herzlich über die Situation lachen.»

LUNO, KLÄFF UND TOKO

Obwohl es noch frühmorgens ist, tummelt sich schon eine beträchtliche Anzahl Einkäufer um die Stände. Nach dem Gemüseeinkauf gehts zum Brotstand. Von Weitem fallen Alex dort drei Personen auf, die in ein lebhaftes Gespräch verwickelt sind. Einer davon redet heftig gestikulierend auf die beiden anderen ein.

«Hoi Kläff, hoi Luno, hoi Rita», sagt Alex laut, «auch so zeitig unterwegs?»

Die drei drehen sich zu uns. Ihre Gesichter hellen sich auf, und Alex wird herzlich begrüsst.

«Ja, hoi, Sasu», sagt der von Alex mit Luno Angesprochene, «schon eine Weile nicht gesehen.»

Es ist echte Freude und alte Vertrautheit zwischen den drei Männern zu spüren. Alex stellt uns gegenseitig vor: «Das ist meine Partnerin, Christine und das sind Rita B., ein fleissiger Besen, der Regierungsrat Ernst Rüesch vulgo Luno und Eugen Knopfli vulgo Kläff – beides Farbenbrüder des KTV», erklärt Alex.

Eine frische Brise bläst um die Ecke und Luno zieht sich seine Kappe tiefer über die Ohren: «Apropos KTV, du warst schon lange bei keinen Anlässen mehr, Sasu. Vielleicht haben wir bei der bevorstehenden Maifahrt mehr Glück.»

«Meine Neugier ist geweckt», sage ich erfreut, «Alex hat nichts von der bevorstehenden Maifahrt gesagt. Überhaupt hat meine KTV Kenntnis grosse Lücken.»

Luno legt eine Hand auf Alex' Arm: «Ich glaube, da musst du etwas nachholen.»

«Ich schlage vor», meint Rita, „wir nehmen die beiden mit auf einen Kaffee ins Restaurant Merkur, wo wir ohnehin mit Toko abgemacht haben. Christine braucht eine Einweihung. Eventuell stösst auch Chrigel dazu.

«Wunderbar!», begrüsst Alex die Idee.

Dann, im Restaurant, erhebt sich ein grosser, schlanker Herr mit vollem Haar und grauen Schläfen von seinem Stuhl, kommt uns strahlend entgegen und schüttelt jedem die Hand – Hugo Stäger vulgo Toko. «Das ist jetzt aber eine schöne Überraschung, Sasu», sagt er erfreut, «Und das ist wohl Christine, von der du mir bereits erzählt hast?»

«So ist es mein Lieber», gibt Alex zurück, während er mir den Mantel abnimmt. Von unserem Tisch am Fenster hat man einen guten Blick über den Marktplatz und den Platz am Bohl. Die flinke Bedienung ist schon da und nimmt unsere Bestellung entgegen.

«Also, Christine, wenn du über die Strasse schaust», beginnt Luno, «siehst du das Gebäude, wo sich früher das Hotel Hecht befand. Der Platz davor ist für uns KTVer denkwürdig, gleich wirst du hören warum.»

Einhalt gebietend hält Kläff die Hand hoch: «Zuerst muss Christine wissen, welche Umstände uns damals zusammengeführt haben.» Konzentriert fährt er sich über die Stirn. «Die Rheintaler hatten damals keine Kantonsschule und mussten dafür nach St. Gallen fahren», beginnt er. «Das betraf auch mich, denn ich komme aus St. Margrethen. Also fuhren wir im Frühjahr 1942 mit dem Zug, Holzklasse wohlgemerkt, in diese grosse Stadt, um die Kanti zu besuchen. Von der Sekundarschule waren wir es noch gewohnt, barfuss und in kurzen Hosen in die Schule zu gehen.

In der ersten Klasse, der 1ga, waren wir etwa zur Hälfte Buben vom Land. Die andere Hälfte waren junge Herren aus der Stadt. Unter diesen jungen Herren war Alex Schneider. Er ist mir gleich aufgefallen, denn er war ein flotter, freundlicher Typ und der Grösste von uns. Er war keineswegs barfuss, sondern trug mitten im Krieg schöne Schuhe und einen eleganten Kittel.»

Ein Lächeln zuckt um Alex' Lippen: «Kunststück», sagt er, «das waren die alten Sachen meines Vaters.»

Unbeirrt fährt Kläff fort. «Mit Alex gab es nie Probleme, er nahm jeden von uns, wie er war. Wir Buben waren eine Bande von

Schülern, die einmal recht taten, andere Male jedoch pöbelten. Aber Alex war immer der ausgleichende Pol in der ganzen Klasse.

Meldegg

Wie du ja weisst, war 1942 eine unruhige Zeit. Der Zweite Weltkrieg brachte mancherlei Störungen in den Schulbetrieb. Viele junge Lehrer mussten in den Militärdienst, häufig gab es Luftalarm, und wir flüchteten in den Keller. Die Schule richtete mit der Zeit sogar ihren eigenen Fliegerbeobachtungsstand auf dem Dach ein.

Manche Klassen waren gezwungen eine Frühmatura zu machen, weil die Burschen einrücken mussten, und die 17- bis 18-jährigen Schüler verbrachten ihre Ferien nicht in den Bergen oder am See, sondern im Landdienst oder im Militärdienst.»

«Tatsächlich?», entfährt es mir konsterniert, und ich werfe Alex einen fragenden Blick zu.

Dieser nickt bestätigend und schildert nun bildhaft sein eigenes damaliges Erlebnis.

130

FLIEGERBEOBACHTER UND BOMBENANGRIFFE

«In den Sommerferien der letzten zwei, drei Kriegsjahre», beginnt er, «mussten die älteren Schüler entweder auf den Bauernhöfen helfen oder militärischen Hilfsdienst machen. Dieser einunddreissigtägige Militäreinsatz diente zur Ablösung der regulären Soldaten für die Winter und Sommerurlaube. Da einerseits die Landwirtschaft zu einer erhöhten Produktion aufgerufen worden war, andererseits die Bauern und Knechte Kriegsdienst leisten mussten, kam die Idee des Landdienstes auf. Dieser war eine notwendige und löbliche Sache, aber ich wusste, dass er für mich zu streng wäre. Damals hat man noch alles von Hand gemacht, und von Kameraden, die sich für den Landdienst gemeldet hatten, wusste ich, dass sie im Sommer so richtig dran gekommen waren.

«Mussten die Mädchen diesen Dienst auch machen?», möchte ich wissen.

«Ja, aber die hatten es besser. Sie durften den Bäuerinnen in Haus und Garten helfen. Ich entschied mich also für die andere Variante des Hilfsdienstes, nämlich für den Fliegerbeobachtungsdienst. Es wurde Propaganda dafür gemacht, denn, um die Bevölkerung bei der Gefahr von Luftangriffen zu alarmieren und die Jagdflugzeuge sowie Fliegerabwehrbatterien einsetzen zu können, war eine laufende Übersicht über den eigenen Luftraum notwendig.

Zusammen mit einer grösseren Menge Schülern aus den höheren Klassen der Kanti bekam ich einen zweitägigen Einführungskurs in der Kaserne St. Gallen. Daraufhin wurden zwei aus meiner Klasse, der Hans Bock und ich, auf den Fliegerbeobachtungs- und Meldeposten Meldegg, oberhalb Au beordert. Dieser Punkt bot gute Sicht über das Rheintal und die angrenzenden Schweizer Berge hinüber nach Österreich, bis weit über den Bodensee ans deutsche Ufer. Wir waren zehn Männer auf diesem Posten: wir zwei 17-Jährigen aus der Kanti und acht Männer aus dem Militär. Gewohnt und gegessen haben wir in einem Gasthaus ein Stück weiter unten. Wir haben sogar einen Franken Sold pro Tag bekommen und natürlich die Verpflegung sowie die Unterkunft. Wir haben noch recht gut gegessen. Das war schon etwas Besonderes, im Krieg zwischendurch so richtig futtern zu können.»

«Da kann ich dir beipflichten», sagt Toko nickend.

«Das war zu der Zeit, als zuerst die Engländer und dann die Alliierten in riesigen Bombergeschwadern über die Schweiz hinwegflogen», erzählt Alex weiter, «um Friedrichshafen und andere süddeutsche Städte zu bombardieren. Es ging in erster Linie darum, unseren Luftraum rund um die Uhr zu überwachen, wobei man unter Sicht- und Horchmeldung unterschied. Am Tag wurden dazu Beobachtungsfeldstecher benutzt. In der Nacht mussten wir uns auf unser Gehör verlassen. Diese schweren Maschinen hörte man schon auf grosse Distanz. Oft starteten sie in Italien oder Afrika. Wenn sie dann über den Arlberg hereindonnerten, ging bald darauf oberhalb von Bludenz der Alarm los, dann ertönten die

Sirenen in Feldkirch. Wir meldeten dies sofort per Telefon weiter, woraufhin die Sirenen auch in unserer Gegend aufheulten.»

Meine Betroffenheit über das Vernommene wächst mit jedem Satz, und ich merke, dass ich unversehens meine Hand vor den Mund gelegt habe.

«Kurz darauf beobachteten wir, wie Friedrichshafen bombardiert wurde. Die Deutschen versuchten die Flieger mit Flugabwehrkanonen, genannt Flak, zu beschiessen. Die Bomber flogen aber zu hoch, sodass die Granaten ein Stück darunter explodierten. Einmal war der ganze Himmel über dem Bodensee voller Flieger, das war schon verrückt. Richtung München sahen wir rote Schwaden in den Himmel steigen. In St. Gallen sind keine Bomben gefallen, aber irrtümlicherweise in Zürich und Schaffhausen. Allerdings flogen viele angeschossene Bomber der Alliierten in die Schweiz, einige ans Rheinufer, andere zum Altenrhein um zu landen und ihre Bomben abzuladen. Du kannst dir vorstellen, wie eindrücklich und bewegend das für uns alle war.»

«Oh, das kann ich», sage ich bestürzt. Mir ist zumute als hätte ich das Ganze miterlebt. «Schon dein Bericht über die Rationierung und die anderen Kriegsmassnahmen haben mich in Staunen versetzt. Ich hatte keine Ahnung, dass die Schweiz dermassen vom Krieg in Mitleidenschaft gezogen wurde.»

«Das wissen viele nicht», kommentiert Luno. «Im Ausland meint man oft, die Schweiz habe den Krieg nicht miterlebt.»

Kurz entstehen um den Tisch lebhafte Diskussionen darüber, dann, mit einer einleitenden Handbewegung, bringt sich Kläff wieder ein: «Alex war ein guter Schüler, aber er stach nicht hervor. Leger schaffte er es in der vorderen Hälfte zu sein, und ich beneidete ihn darum. Aber in einem Fach war er schlechter als ich und zwar im Turnen. Trotzdem trat er, als wir in die 3. Klasse kamen, mit mir und ein paar weiteren Kameraden, der Verbindung des Kantonsschüler-Turnvereins bei, dem KTV, und da hatten wir sehr, sehr viele schöne Stunden.»

LEBENSLUST
IN DER VERBINDUNG

«Wenn man einer Verbindung beitritt», fährt Kläff fort, «bekommt man einen sogenannten Vulgo, geschrieben ^{v}/o, auch genannt Cerevis. Die charakteristischen Züge eines jungen Fuxes werden in diesem Vulgo festgehalten. Alex bekam also den Vulgo Sasu. Der kam von einem französischen Schlager, ‹Je suis Zazou›, das heisst leicht und locker. So ist Sasu aufgetreten, ganz leger. Und wie du schon gehört hast, wurde ich Kläff getauft. Der Grund dafür ist mir völlig schleierhaft.» Sagt es, stülpt sich einen pikierten Gesichtsausdruck über und schaut, Bestätigung heischend, in die Runde.

Helles Gelächter!

«Diese Taufe für alle neuen Fuxe», spricht Kläff unbeirrt weiter, «war ein ganz wüstes Fest, mit viel Bier. Alle fünf sind wir hinterher sehr gut getränkt nachhause gegangen.

«Während meiner Schulzeit», setzt Luno die Schilderung fort, «sind alle Verbindungsstudenten einmal im Monat, an einem Samstag, in der jeweiligen Kleidung ihrer Verbindung – der Mütze, Handschuhen und dem Säbel oder Handstock – in die Schule gegangen. Der Altherrenverband hat die Kosten des Hutes und des Bandes bezahlt. Es hiess: ‹Farbe tragen, Farbe bekennen›. Am Samstag sind die Couleurs der Verbindungen an der Garderobenwand gehangen und am Mittwoch die Karabiner der Kadetten, denn am Mittwochnachmittag sind wir Kadetten im Schiessstand Ochsenweid schiessen gegangen.»

Da winkt Alex in Richtung Türe und ruft: «Chrigel, hier sind wir!»

Ich folge seinem Blick und sehe einen sympathischen, nicht sehr grossen Mann mit lächelnden Augen die Gaststätte betreten.

«Das ist Reinhard Müller», beeilt er sich mir zu erklären. Nachdem sich alle über das gegenseitige Wohlergehen erkundigt haben, stellt Alex mich ihm vor. Mit festem Händedruck und geradem, klarem Blick werde ich begrüsst. Dann holt er einen Stuhl vom leeren Nebentisch und setzt sich neben Alex.

«Als mein Mitschüler und Fuxmajor im KTV kannst sicher auch du Christine etwas über unsere gemeinsamen Jugendjahre berichten», sagt Alex auffordernd.

Chrigel nickt bejahend in meine Richtung. «Inmitten meiner lieben Kameraden kommen mir tatsächlich schöne Erinnerungen an die damalige Zeit, die uns unweigerlich zusammengeschweisst hat. Sicher hat man dir schon vorgeschwärmt, wie fidel wir damals im KTV unterwegs waren.»

«Wir sind gerade dabei», sagt Toko.

«Aber auch die Schulzeiten sind für mich unvergesslich», erzählt Chrigel. «Mag sein, dass uns die Kriegsnot alles viel intensiver erleben liess. Sie hat uns auf alle Fälle zu einer eng verbundenen Gemeinschaft verknüpft, die sich ihre jugendliche Lebensfreude trotz allem durch nichts nehmen liess. Besonders Sasu hat mit seinem Enthusiasmus für neue Ideen in unserer Klasse immer wieder für aktiven Geist gesorgt.»

«Ich fühle mich geschmeichelt», sagt Alex, legt Chrigel kollegial die Hand auf die Schulter und gibt der Bedienung ein Zeichen, eine zusätzliche Tasse Kaffee zu bringen. «Etwas zum Vulgo», greift er das Thema wieder auf: «Zu meiner Zeit als Präsident sind fünf Chargierte zusammen gesessen und haben Vorschläge gebracht. Daraufhin habe ich mit Chrigel die Vulgonamen entschieden.»

«Du sagst es – und Luno habt ihr mich getauft wegen meines runden Grinds», sagt Ernst grinsend und reicht mir auf meine Bitte hin den Zucker herüber.

«Du konntest dich aber mit Bier von einem Vulgo frei kaufen, der dir nicht passte», schiebt Toko heiter ein, «falls sie dich Schwänzli oder Dubel genannt haben. Warum ich den Vulgo Toko bekommen habe, verrät euch mein Taufspruch:

‹Dieser Bursche keck und munter,
von kräft'gem Wuchs und breiter Schulter,
ne Skikanone erster Klasse,
ist unser neuer Fux; mit Rasse

durchquert er all die weissen Felder,
in Kristi, Telli auch die Wälder,
er saust hinunter alle Hügel,
als ob er hätt' des Adlers Flügel.
Drum soll es auch sein Vulgo sagen
wieviel der neue Fux tut wagen.
Weil leicht er gleitet so wie so,
sei er fortan unser Toko.›

Lachend klatschen wir ob Tokos beschwingter Rezitation.

Luno ist ganz in Fahrt gekommen. «Sasu war ein hervorragender Präsident. Er hielt eine strenge dreiteilige Sitzung ein. Zuerst gab es den geschäftlichen Teil, was gerade so lief. Da wurde etwa abgemacht, wo der nächste Maibummel stattfinden soll, oder die Vorbereitungen für die Abendunterhaltung. Darauf folgte der wissenschaftliche Teil. Hier gab es Vorträge der Fuxen, und oft kamen auch Altherren als Referenten.»

Das Restaurant beginnt sich an diesem Markttag immer mehr zu füllen, sodass der Lärmpegel steigt.

«Nicht zu vergessen ist der dritte Teil, wirft Toko etwas lauter ein, „der sogenannte ‹Kommers›. Das ist der gemütliche Teil, der Bierstaat. Da wurde gesungen und gesoffen. Wenn die Fuxen den Aufstand probten und überall drein schwätzten, kam wie der Blitz ein Peitschenschlag des Fuxmajors.»

Offensichtlich kommen Luno schöne Erinnerungen, denn er schmunzelt vor sich hin. «Danach, wenn im Sommer schönes Wetter war und wir vermuteten, dass uns einer eine Flasche spendiert, oder ein hübscher Besen besonders verehrt wurde, gingen wir meistens noch ein wenig ständeln.
Ein gern gesungenes Lied war ‹Trautes Schätzchen›.»
Leise stimmt er an:

‹Trautes Schätzchen,
trag nicht Leid,
blicke nicht so trübe,
dass du nicht die einz'ge Maid,
die ich herzlich liebe.
Schau, Studenten machen's so,
lieben mehr als eine,
bin ich nicht mehr Studio,
lieb ich dich alleine.›

«Oh, das weckt Erinnerungen», ruft Rita. «Wenn die Studenten zu mir singen kamen, war es mir nicht erlaubt, sie hereinzulassen. Ich durfte höchstens zum Fenster hinausschauen. Mein Vater war ein echter Patriarch und hat mich wie in einem Glaskasten gehalten.»

«Wie wir überhaupt zu den Besen kamen, ist erstrecht lustig», erinnert sich Kläff mit amüsierter Miene. «Die Schülerinnen von

der Mittelschule Talhof sind nach dem Unterricht oft über den Marktplatz zum Bahnhof gelaufen. So haben wir uns vor den Gasthof Hecht gestellt, sind zu den Mädchen hingegangen und haben gefragt: ‹Darf ich dich zu einem Ball einladen?› Aber viele Burschen hatten nicht den Mumm die Frauen anzusprechen. So befahl unser Fuxmajor Chrigel: ‹Die dritte die kommt, musst du anhauen!›. Wie hast denn du das als Besen erlebt, Rita?»

«Genau so. Wenn ein Studentenball geplant war, hat man davon erfahren. Wir Mädchen sind dann, wie Kläff sagte, vom Talhof über den Marktplatz und weiter zum Bahnhof spaziert, auch wenn wir gar nicht dorthin mussten – auf der einen Seite die Burschen und auf der anderen die Mädchen, in der Hoffnung gefragt zu werden, ob wir Besen sein wollen. Genauso sprach es sich herum, wenn ein Fackelzug bevorstand. Auch diese liessen wir uns Mädchen nicht entgehen, besonders so grosse Anlässe wie der Empfang des Bundespräsidenten.»

«Ja!», entfährt es Alex begeistert, «dieses Ereignis hat wohl keiner der dabei war vergessen. Dr. Karl Kobelt $^v/_o$ Igel, Bundesrat und Vorsteher des Militärdepartements, war einer unserer berühmtesten KTVer. Am 15. Dezember 1945, wurde er von uns und anderen Kantiverbindungen in einem festlichen Fackelzug am Bahnhof abgeholt und zum Klosterhof begleitet, wo ihm die besten Glückwünsche überbracht wurden. Der Kantus ‹Burschen heraus› und die Landeshymne schallten laut und feierlich über den Klosterhof. Ansprachen wurden abgehalten, und auch ich durfte im Namen des KTV eine Rede vortragen.»

«Was für ein Schauspiel das war», schwärmt Rita. «Ich sehe es noch vor mir. Die vielen strammen Burschen der verschiedenen Verbindungen im Vollwichs ihrer Paradeuniform, dazu ihre Fahnen. Die Säbel blitzten auf im Fackelschein. Es schneite leicht, und wenn die Schneeflocken auf die Flammen trafen, zischte und knisterte es wie Dutzende von Sternspritzern am Christbaum.» Kurzfristig wird es still am Tisch als alle in ihren Erinnerungen schwelgen.

Dann entsinnt sich Kläff: «Ihr St. Galler hattet es damals zweifellos einfacher als wir Auswärtigen. Wenn wir eine Unterhaltung hatten, die bis um 3 Uhr ging, blieb uns Rheintalern nichts anderes übrig, als auf den ersten Zug am nächsten Morgen zu warten, um heimfahren zu können. Zuerst mussten wir aber unsere Besen nachhause bringen, und dann traf man sich bei Sasu daheim zu einem Kaffee. Seine Mutter ist dann immer aufgestanden. Sie war eine sehr nette Dame und hatte gar nichts dagegen, wenn fünf, sechs Burschen dort warteten, bis sie heimfahren konnten.»

Toko nickt. «Ja, ich sehe sie auch noch vor mir – eine mittelgrosse, weisshaarige, schlanke, freundliche Person. Sie hat uns jedes Mal in der Stube empfangen, wenn wir kamen. Auch wenn man zu jener Zeit nicht viel hatte, irgendetwas hat sie immer für uns bereitgestellt.»

ALEX WILL NICHT LEUTNANT WERDEN

Nun wirft mir Kläff über seinen Brillenrand einen vielsagenden Blick zu: «Noch etwas anderes fällt mir ein, das dich interessieren wird, Christine. Nach der Kanti waren der Sasu und ich im Militär im gleichen Artilleriebataillon. Die Studenten in unserem Freundeskreis haben sich verpflichtet gefühlt dem Staat, der ihnen etwas gibt, etwas zurückzugeben. So haben wir allesamt den Leutnant gemacht, ausser dem Sasu. Das ging gegen sein Lebensprinzip – schon damals. Er hat seinem Konzept Nachdruck verschafft und gesagt: ‹Ich bleibe Soldat. Er war immer schon ein bisschen anders als wir.»

Die beiden lächeln sich verstehend an. «Ich war, wie gesagt, in der gleichen Abteilung wie der Funker Schneider, und der Funker Schneider ist dann schlussendlich im ganzen Bataillon berühmt geworden, weil er alle Funkgeräte reparieren konnte. Damals war so ein Gerät natürlich etwas Wahnsinniges. Das waren Apparate

mit lauter Röhren und dergleichen, an denen man immer wieder *ume dökterle* musste, damit sie laufen. Und wenn die Feldleitung nass geworden ist, hat gar nichts mehr funktioniert. In dem Sinne war Sasu ein Spezialist, sodass, wenn irgendjemand ein Problem mit seinem Funkgerät hatte, er zum Soldat Schneider ging.

Ich kam dann in das Bataillon ‹Stabskompanie Core›, als Feuerleitoffizier. Das ist der Mann, der die Flugbahnberechnungen macht. In der Artillerie wird geschossen, ohne das Ziel zu sehen. Der Kommandoposten, fünf Kilometer vom Geschütz entfernt, befiehlt den Zielpunkt, und der Feuerleitoffizier muss die Flugbahn berechnen. Darum war die Übermittlung, also Telefon und Funk, ausserordentlich wichtig. X-mal habe ich den Sasu um Rat gebeten und xmal mit ihm diskutiert wenn ich irgendwie nicht draus kam. Er kam immer draus.»

Das überrascht mich nicht›, denk ich erfreut und zwinkere Alex zu.

Luno schaut auf seine Armbanduhr: «*Jesses*, jetzt muss ich aber heim, Margrit wartet auf die Einkäufe.» Er steht auf und verabschiedet sich. «Ich würde mich freuen, euch beide nächstes Wochenende wiederzusehen», beeilt er sich Alex und mir zu sagen und stürmt davon.

«Wir kommen gewiss, und grüss mir die Margrit», ruft ihm Alex hinterher.

NEUJAHRSNACHT
MIT BEBENDEN HERZEN

Wieder zu Hause holt Alex die viele Schätze enthaltende Hängemappe. Nach einigem Suchen reicht er mir ein paar Blätter: «Peter
Bührer $^v/_o$ Klio hat ein Gedicht geschrieben, aus dem du siehst,
wie wir Burschen damals die Frauen verehrten, und wie schüchtern und behutsam wir mit ihnen umgegangen sind. Das erwähnte
Rösli aus St. Georgen, hatte eine Silvesterfeier organisiert und ein
paar von uns KTVern eingeladen. Wir schwelgten im Glück eingeladen worden zu sein, bebten jedoch innerlich vor Aufregung
und Scheu.»

Ich nehme Alex die Blätter ab und spüre beim Lesen schon bald
das Glücksgefühle aber auch die tiefe Empfindsamkeit dieser jungen Menschen:

Silvesterabend 1945

Der Winter war gezogen ins Land,
es klirrt das Eis am Wegesrand,
es braust der Wind gar fürchterlich
und schiebt die Wolken im Fluge vor sich.

Ein Zimmer dennoch erstrahlt von Licht.
Umwallt von Locken, den gold'nen, so dicht,
ein Mägdelein, oh holde Pracht,
möchte erheitern die düstere Nacht.

Wir nennen es Röslein, das blühende Kind,
wie sie sinnet und laufet und machet und springt!
Freundin Ursel soll die Herren einladen,
und Sasu die Kunde an mich weitertragen.

Ich hänge am Hörer und hauche hinein,
«oh Überraschung! – die Sache wird fein».
Gespenstisch die schwarzen Schatten der Nacht,
als Klio sich auf die Socken macht.
Geduldig wartet die Ursel schon lange,
bei des Unions Mauern – es wird ihr schon bange.
Dann ein Pusten, ein Keuchen, ein Schatten so scheu,
s'ist Sasu verspätet, so ungetreu.

Platten schleppt er, ein Tänzchen zu spielen.
Wir helfen ihm tragen, die kostbaren vielen.
Nach St. Georgen geht's, das Tobel hinauf,
gar lustig ist's, nur fast ohne Schnauf.

Begleitet vom Füllhorn der süssen Last
die staunenden Augen begreifen es fast:
Durchs Fenster nun leuchten eines Christbaums Kerzen,
sein herrlicher Schein sich senkt in die Herzen.

Es ist so beschaulich, es wird uns ganz traulich.
Wir folgen ihm gern, dem leuchtenden Stern.
Nun halten wir an und öffnen die Kehlen,
und singen wie jauchzendes, himmlisches Sehnen.

Die perlenden Töne dringen herfür,
und siehe da, sich öffnet die Tür.
Zwei Mägdlein, so hold, so engelgleich
stehn bei der Tanne im lichten Bereich.

Röslein und Lisbeth empfangen uns alle,
geleiten uns freundlich ins Haus, in die Halle.
Und weiche Polster nicken uns zu,
wo schüchtern wir sitzen, das Herz ohne Ruh'.

Dem musischen Rauschen
der Musik wir bald lauschen.
Es drehen sich Burschen und Maiden
in wirbelndem Reigen.

Bald in der Stube,
bald in der Höh',
bald draussen, bald drinnen,
aber immer juchhe!

Sie nippen am Weinchen
und wippen die Beinchen.
Sie sagen sich Liebes, der eine zu vieles,
der anderen zu wenig, dafür aber selig.

Musik, die feine, webt zarte Träume.
Und höher und weiter auf der Freudenleiter
brausen die Wogen himmelan, nach oben.
Mancher hält an – das ewig Weibliche zieht uns hinan.

Es nahet schon die Mitternacht,
da haben die Mägdlein was ausgedacht.
In dunkler Nacht tapsen wir scheu.
Wohin soll es geh'n? S'ist alles so neu.

Nächtliche Kühle umhüllt uns bald,
es seufzt der Schnee, wann machen wir Halt?
Mit einmal, ein kleines, ein niedliches Häuschen,
beherbergt wohl nur listige Mäuschen.

Doch Wunder, oh Wunder; unzähligen Kelchen
entströhmet ein Duften, ein Odem, ein Schwelgen.
In Blüten und Blättern, welch' Harmonie!

In Farben und Formen, welch' Symphonie!
Ganz leise sagen wir's euch ins Ohr,
es sind die Eulen der Athene, du Tor!
Für die hungrigen Magen
ist gesorgt ohne Zagen.

Kuchen, süsse Orangen und Nüsse,
ersetzen nicht erhoffte Küsse.
Doch erfreuen sie Gaumen
und lassen uns träumen.

Und als wir getanzt in blumiger Pracht,
gehn wir hinaus in die luftige Nacht,
wo die Glocken der Kirch' in den Lüften erzittern,
und winken zurück dem Jahre, dem bittern.

Wieder zurück im Hause angekommen,
da wird ein Glas Tokayer genommen.
Wie Feuer rieselt's durch die Gfrörni
zu dem sentimental jörni!

Den frierenden Armen
hilft nur ein Umarmen.
Im wärmenden Schein
leuchtet der Wein.

So fliessen die Stunden dahin, dahin;
wohin, wohin?
Schon grauet der Morgen, die Herzen sich sorgen;
die Zeit ist gekommen, zu schnell verronnen.
Wir suchen die Mäntel und treten hinaus,
ein kühler Wind umfächert das Haus,

Die Sterne am Himmel scheinen gar helle,
warum, oh Mond, bist du nicht zur Stelle?

Schnell hat sich gefunden ein jegliches Pärchen,
wir gleiten hinunter grad wie im Märchen.
Kalt der Schnee, der lieget hienieden,
heiss die Herzen, die höher fliegen.

Ein Halt, und – getragen von jubelnden Kehlen –
entspringt ein Kantus den betörten Seelen.
Ein Händeschütteln, lebt wohl ihr Lieben!
Es träumt die Landschaft wieder im Frieden.

«Aus diesem Gedicht und den heutigen Begegnungen geht hervor, wie wichtig euch jungen Burschen die Verbindung war», sage ich.

«Und immer noch ist», erwidert Alex feierlich und steigt die Treppe hoch zu seinem Büro.

Diese Feierlichkeit überträgt sich auf mich, und fast ehrfurchtsvoll rufe ihm nach: «Hättest du mich auch als Besen gewählt?»

«Aber natürlich, Liebling», höre ich seine kräftige Stimme von oben.

Bald versinke ich in Gedanken nicht nur tief in den Polsterstuhl, sondern auch in eine Träumerei. Von allem, was ich bis jetzt gehört habe, war es damals zwar eine harte, aber auch romantische Zeit. Ein Lächeln huscht über mein Gesicht ob der Vorstellung, Alex' Besen gewesen zu sein.

ALEX' BESEN – EIN TAGTRAUM

Es ist Mittwoch, der 2. Januar 1946, das neue Jahr hat seinen Lauf genommen und so auch der Unterricht nach den Weihnachtsferien bei uns an der Mittelschule Talhof. Ich bin spät dran, doch glücklicherweise hat die Glocke zum Stundenbeginn noch nicht geläutet. Im Klassenzimmer hocken meine Freundinnen auf zwei Tischen, die Köpfe zusammengesteckt. Geschwind setze ich mich dazu. Nicht was wir zu Weihnachten bekommen hatten ist Gespräch, sondern die anstehenden Bälle.

«Wie ihr ja wisst», berichtet Marianne, «waren während des Kriegs alle Unterhaltungen gestrichen, auch die Maturabälle und Abendunterhaltungen der Studentenverbindungen. Jetzt werden sie wieder aus der Versenkung geholt. Für Februar sind etliche Feste mit Tanz geplant, und zum Tanzen brauchen die Studenten bekanntlich Mädchen.»

«Besen», schiebe ich ein.

«Richtig», kichert Liselotte. «Mein Vater, ein KTVer, hat erzählt, wie die Studenten vor dem Krieg ihre Besen ausgesucht haben. Wenn sie nicht bereits eine Freundin hatten, gingen sie grüppchenweise in die Stadt und sprachen dort Mädchen an. Und es ist zu erwarten, dass dieser Brauch wieder zum Leben erweckt wird.»

«Dann ist es vermutlich am strategischsten», meint Rosa lapidar, «wenn wir nach dem Unterricht immer geschlossen von der Schule durch die Stadt laufen.»

Die Schulglocke kündigt den Stundenbeginn an und unterbricht unser Planen.

«Der Piz kommt», ruft Susi, die es mit Verzug grad noch in die Klasse schafft. Lehrer Bizozzero betritt freundlich lächelnd in seinem weissen Kittel den Raum.

«Egal, wo die Einzelnen sind», flüstert Rosa, «um vier warten wir aufeinander auf dem Schulhof.»

Um 16.10 Uhr, nach meinem Klavierunterricht, stürme ich zum Haupteingang. Die Mädchen sind schon losgezogen, und ich sehe sie *über die Torstrasse Richtung Innenstadt laufen. Mit offenem Mantel und fliegendem Pferdeschwanz versuche ich sie einzuholen. Am Bohl, auf Höhe des Waaghauses angekommen, sehe ich weiter vorne auf dem Marktplatz das Schauspiel, bei dem ich gehofft hatte dabei zu sein. Drei Studenten mit Verbindungsmützen lösen sich aus einem Burschengrüppchen, gehen auf meine Freundinnen zu und sprechen sie an.*

«Verdammt, verpasst!», schimpfe ich halblaut mit mir selbst, verlangsame meinen Schritt und knöpfe meinen Mantel zu. Vor meinem Spiegelbild in einem Schaufenster streiche ich mir ein paar Haarsträhnen aus dem Gesicht. Da widerspiegelt sich hinter dem meinen ein zweites Antlitz. Erschrocken drehe ich mich um.

«Entschuldige, dass ich dich erschreckt habe. Ich bin der Sasu», sagt verschmitzt und sich leicht verneigend ein grosser, dunkelblonder Bursche, ebenfalls mit Verbindungsmütze und einem dreifarbigen Band über der Brust. «Du bist mir in der Stadt schon ein paarmal aufgefallen, und nun habe ich auf dich gewartet.»

«Ach ja?», stottere ich.

«Ich würde mich freuen, wenn du meine Couleurdame für unsere KTV Abendunterhaltung im Februar sein würdest.»

Dass das Erhoffte, jedoch schon verpasst Geglaubte, nun doch noch eintritt verschlägt mir die Sprache, und ich nicke bloss.

Sasu nimmt eine Visitenkarte, ein Stück Papier und einen Stift aus seiner Rocktasche.

«Hier meine Karte. Wenn du mir deinen Namen und deine Adresse verrätst, werde ich dir schreiben und alle notwendigen Informationen zukommen lassen.»

Ich habe meine Stimme wieder gefunden, nehme lächelnd die Karte und strecke ihm meine Hand entgegen.

«Ich heisse Christine und freue mich sehr, dass du mich zu deiner Tanzpartnerin auserkoren hast. Und ja, gute Idee, mir alles Wissenswerte zu schreiben. Das kann ich dann meinen Eltern zeigen.» Ich gebe ihm meine Adresse und verabschiede mich. ‹Sympathisch›, denke ich mir auf dem Heimweg, ‹sehr sympathisch.›

Zwei Tag später, noch bevor ich zur Schule gehe, bringt der Postbote einen Brief an mich adressiert, mit dem Vermerk über der linken Ecke: ‹Eile, eile lieber Pöstler, denn schnellstens muss mein Besen diese Nachricht lesen.›

Mit einem Grinsen quer über dem Gesicht reisse ich den Umschlag auf und lese:

Mittwoch, 2. 1. 1946

Liebe Christine

Es freut mich sehr, Dich getroffen und als meine Couleurdame für die kommende KTV Veranstaltung gewonnen zu haben. Wie schon angekündigt, findet am Samstag, dem 16. Februar um 18 Uhr, im Schützengarten das 60-Jahr-Jubiläum unserer Verbindung sowie die Wiederaufnahme der traditionellen Abendunterhaltung statt.
Nun habe ich nach unserem Treffen etwas Überraschendes erfahren und informiere auch Dich umgehend darüber.
Die beiden Damen Wanda und Hertha Bentele, der renommierten Tanzschule Bentele, haben dem Festkomitee vorgeschlagen, mit ein paar unserer Burschen und deren Tanzpartnern einen Reigen zum Strauss Walzer ‹Wein, Weib und Gesang› einzustudieren, um ihn dann am Fest aufzuführen. Der Vorschlag wurde angenommen. Fünf meiner Farbenbrüder und ihre Couleurdamen haben sich sofort dafür angemeldet, so auch ich, unter der Bedingung, dass du mitmachst. Ich warte morgen, Mittwoch, nach der Schule auf dich, am selben Ort wie letztes Mal, und du kannst mir deine Entscheidung mitteilen.
Da die Veranstaltung schon in sechs Wochen stattfindet, bleibt der Gruppe nicht mehr viel Zeit für die Proben. Diese wurden nun für jeden Dienstag und Donnerstag um 17 Uhr im Tanzstudio Bentele an der Zwinglistrasse 7 festgelegt.
Für die sechs Mädchen wird es zeitlich eng, denn die Reigenkleider müssen vorher noch angefertigt werden. Darüber kannst du mit Irmeli

sprechen, eine der Reigentänzerinnen und Schneiderin. Die Kosten der Kleider werden vom KTV übernommen. Wir Burschen haben es einfacher. Wir tragen eine weisse Hose, ein weisses Hemd und das schmale dreifarbige Band.

Bis morgen also, herzlich
Sasu

Ich laufe in die Küche zu Mutter, der ich von Sasu erzählt hatte und muss mich vor Aufregung setzen. Sie wäscht sich ihre mehligen Hände, nimmt mir den Brief ab und liest.

«Wie schön», sagt sie mit zufriedener Miene. «Ich habe schon mit Papa darüber geredet, dass es dafür wahrscheinlich besondere Schuhe braucht.»

«Juhuuu!», entfährt es mir, und ich falle ihr um den Hals. Dann mache mich eiligst auf den Schulweg.

Der Gedanke, Sasu heute nach der Schule wiederzusehen, lässt Röte in meine Wangen steigen. Natürlich werde ich zusagen.

Schon am darauf folgenden Tag, dem ersten Probetag, treffen zwölf strahlende, erwartungsvolle jung Menschen in der Tanzschule ein. Die beiden Bentele Schwestern stellen sich vor, klatschen dann geschäftig in die Hände und kündigen so den Beginn des Unterrichts an. Eine der Damen bedient den Plattenspieler und legt die Nadel auf die Walzerplatte. Dann, geduldig, doch mit strenger Hand studieren die beiden reizenden Lehrerinnen den Reigen mit uns ein.

Bald zeigt sich, dass Sasu und ich beim Tanzen wunderbar harmonieren. Voller Freude und Elan dreht er mich im Walzerschritt und drückt mich ein bisschen fester an sich als nötig. An meiner Wange spüre ich den Ansatz seiner Bartstoppeln. Meine Hände schwitzen.

Das Ende der offiziellen Probe ist für Alex aber noch nicht der tatsächliche Schluss. Er hält eine mitgebrachte Platte hoch, legt sie auf den Plattenspieler und ruft, «und jetzt Swing», packt mich und wirbelt

150

mich im Saal herum. Von uns beiden angesteckt, tanzen die anderen quietschfidel mit.

Bevor wir nachhause gehen ruft Irmeli die Mädchen zu sich: «Ich mache eine Lehre als Damenschneiderin in einem Modeatelier und wurde von den Bentele Damen gefragt, ob ich die sechs Ballkleider schneidern würde. Das musste ich mit meiner Lehrmeisterin besprechen, die das nicht nur eine tolle Idee findet, sondern mir auch das Geschäft dafür zur Verfügung stellt. Meine Freundin Ida wird mir beim Nähen helfen, und wenn noch eine oder zwei von euch kommen könnten die Knöpfe und Pailletten anzunähen sowie da und dort eine Naht von Hand zu machen, wäre ich froh.»

«Da mache ich liebend gerne mit», melde ich mich schnell, denn ich will die Reigenmädchen besser kennenlernen.

«Ich auch», ruft Marie. «Hin und wieder helfe ich unserer Störschneiderin. Somit habe ich ein wenig Erfahrung.»

«Eine Sache müssen wir jedoch gemeinsam machen», informiert uns Irmeli weiter, «nämlich den Stoff aussuchen gehen. Mir schwebt puderrosa Taft für das Unterkleid vor und darüber ein transparentes Überkleid in der gleichen Farbe. Ob wir so bald nach dem Krieg das Gewünschte finden, werden wir ja sehen. Danach muss ich im Atelier von jeder die Masse nehmen. Ich wäre froh, wenn wir uns morgen alle um 15 Uhr bei Malinsky treffen könnten. Das ist ein Stoff- und Merceriegeschäft in der Neugasse mit einem verhältnismässig guten Angebot an aussergewöhnlichen Materialien.»

Am nächsten Tag, nach der zufriedenstellenden Auswahl der Stoffe und dem Zubehör – wir finden tatsächlich puderrosa Taft und Chiffon – bringen wir alles in die Schneiderei. Was für ein Anblick, so ein Atelier. In der Mitte drei grosse Tische, in einer Reihe mehrere schwarze Tretnähmaschinen an denen Frauen fleissig nähen, tief von der Decke hängende grosse Lampen, Bügeltische mit sowohl elektrischen Bügeleisen, als auch altmodische Flacheisen auf Plättöfen, halbfertige Kleidungsstücke über lebensgrossen Mannequins, riesige Schären, Schalen mit Kreiden, Heft- und Nähfäden auf grossen Rollen, Dosen voller *bunter Stecknadeln, Körbe mit Massbändern und an den Wänden Regale mit Stoffen aller Art und Farben.*

«Das Modell hat Irmeli selbst entworfen», sagt ihre Meisterin stolz, während sie ein Tablett mit Kaffeetassen und einer dampfenden und himmlischen Duft verbreitenden Kaffeekanne auf ein Tischchen stellt. Hinter ihr kommt ein junges Mädchen mit einer Schüssel voll Berliner.

Unter viel Gelächter geht dann das Abmessen los, danach werden die Anprobezeiten vereinbart. Mit Marie und mir wird abgemacht, wann wir am besten helfen kommen. Was für ein Aufwand, aber auch eine freudige Erregung!

Der mit Spannung erwartete Tag ist gekommen. Die Vorfreude unserer Gruppe auf das Fest ist gross, heisst es ja, seit Langem so richtig feiern zu können. Wir sind schon um fünf Uhr im Schützengarten, und der vierhundert Besucher fassende Saal brummt vor Organisatoren, Mitwirkenden und Helfern.

Unsere zwei exquisit gekleideten Tanzlehrerinnen sind auch bereits da. Würdevoll tragen sie ihre schönen Seidenroben – die eine fliederfarben, die andere smaragdgrün. Ihre herbstbraunen Locken werden von edelsteinbesetzten Haarspangen gehalten. Eingehüllt im Duft von ‹Femme›, einem französischen Parfum, von dem ich nur träumen kann, umarmen sie uns Mädchen überschwänglich und beruhigen die nervösen unter uns. Da gehöre auch ich dazu, denn ich bin noch nie vor Publikum aufgetreten.

Die Burschen und Fuxen sind im Festvichs gekommen, also einem prächtigen, schwarzen Rock mit dreifarbigen Knopfschlaufen, weissen Handschuhen, dem schmalen dreifarbigen Band und der Mütze. Dann taucht Sasu mit seiner sonnigen Fröhlichkeit neben mir auf. Er, Huron und Frosch sind im Vollwichs gekommen. Das sind zusätzlich eng anliegende weisse Hosen, eine breite Schärpe und Reitstiefel.

«Flott seid ihr!», sage ich bewundernd. Dann drehe ich mich zu Alex und flüstere ihm ins Ohr, «aber der Schönste bist du.»

Er lächelt stolz, nickt dankend und erwidert leise: «Du auch.»

Ein Schauer der Freude durchfährt mich. Unsere Reigenkleider sind wirklich wunderschön geworden. Für die Frisuren haben die Mädchen einander geholfen. Wir tauschten Spangen und Bänder aus und steckten uns gegenseitig die Haare hoch. Passendes Schuhwerk zu finden war für uns alle gleich schwierig, denn nach dem Krieg waren Abendschuhe kaum aufzutreiben. Doch Mutter fand, wie zu den meisten Problemen, eine Lösung. Sie holte ihre in Seidenpapier gewickelten und in einer stabilen Schachtel auf dem Kleiderschrank verstauten Hochzeitpumps herunter und bat Papa ein weiteres Loch in die Fersenriemchen zu stechen. So konnten sie meinen etwas grösseren Füssen angepasst werden.

«Hast du schon gesehen, dass ein Barren und ein Reck auf der Bühne stehen, wo wir tanzen sollen?», frage ich Sasu überrascht.

«Ja, ja», erklärt er, «da der KTV ja eigentlich ein Turnverein ist, gehört die turnerische Darbietung unumgänglich zum Programm. Hinterher werden die Geräte aber flugs entfernt, und die Bühne für unseren Auftritt bereit gemacht.» Er streckt den Arm aus und deutet auf eine Türe: «Und dort, im kleinen Raum hinter der Bühne machen wir Tänzer uns parat dafür.»

Links neben der Bühne richtet sich nun eine Kapelle ein, und Sasu macht eine aufregende Entdeckung. «Schau mal», ruft er, «die haben neben den herkömmlichen Instrumenten auch ein Saxophon, eine Posaune, eine Klarinette und sogar eine Trompete. Das ist ja eine richtige Jazzkapelle! Das heisst, heute Abend gibt es Swing.» Sagt es und drückt mir vor Freude ein Küsschen auf die Wange. Das Blut schiesst mir in den Kopf.

Der Saal füllt sich langsam mit den Besuchern. Nebst den Verbindungsmitgliedern kommen auch deren Angehörige: die Herren im Smoking, die Damen in langen Ballkleidern in allen Farben und Designs.

«Schau schnell dort hinüber», sagt Sasu und zeigt zum Eingang. «Da kommt gerade eine eingeladene Delegation von allen anderen Verbindungen aus St. Gallen in ihren Couleurs. Was für eine Farbenpracht!»

Dann wird es am Eingang etwas lauter und begleitet vom Altherrn Dr. Scheitlin, einem Lehrer den ich aus dem Talhof kenne sowie weiteren Herren, betritt, unter stürmischem Applaus, Bundespräsident Kobelt den Raum.

«Das ist unser Igel», erklärt Sasu strahlend, «ein Farbenbruder. Dass er heuer Bundespräsident ist, macht uns besonders stolz.»

«Und die anderen Männer?»

«Alles gewichtige KTV-Altherren.»

Der offizielle Teil beginnt. Der Altherrenpräsident hält als Tafelmajor eine Ansprache, worin er alle begrüsst. Dann stösst mich Sasu an.

«Ich muss gehen», sagt er leise. «Wir KTVer haben jetzt einen kleinen Auftritt. Danach treffe dich hinter der Bühne.»

Auf einem Podium gruppieren sich nun Burschen und Fuxen, und nach Sasus «Des zum Gelöbnis auf silbernen Schwingen, lasset den Farbenkantus erklingen» ertönt laut und freudig: ‹Lenk' ich meine Schritte wieder.›

Dann verkündet der Brandfux Illo laut: «Zwei Fuxen sollen, auf flinken Sohlen, Igel in unsere Mitte holen.» Worauf er und der zweite Brandfux, Luno, vom Podium steigen und den Bundespräsidenten hinaufbegleiten. Dieser spricht ein paar Worte über die Bedeutsamkeit des KTV, seiner vaterländischen Gesinnung, und dass er weder konfessionell, noch standesmässig, noch parteipolitisch gefärbt ist. Er schliesst seinen kurzen Vortrag mit den Worten: «Diese Tatsache ermöglicht eine staatsbürgerliche Grundschulung in echt eidgenössischem Geiste, die für das praktische Leben von unschätzbarem Werte ist.»

Nach dem anerkennenden Beifall für den Ehrengast sind die Turner an der Reihe, Zeichen für mich, hinter die Bühne zu gehen. Die anderen Tänzer finden sich auch ein, und Sasu, Frosch und Huron ziehen sich wie der Blitz in ihre Reigenkleidung um. Leise gruppieren wir uns und warten auf das Startzeichen. Nach dem begeisterten Applaus für die Turner und dem flinken Abräumen der Geräte ist es soweit: Die ersten Klänge unseres Walzers ertönen von der Kapelle und meine Aufregung macht der Freude Platz.

Die Türe wird geöffnet und Sasu führt uns im Reigenschritt auf die Bühne. Anmutig schweben wir über den Boden, schaukeln und drehen

uns im Takt. Die schönen Kleider wiegen sich mit jeder unserer Bewegungen – die Pailletten glitzern im Licht. Aber der schönste Schmuck sind unsere glänzenden Augen und unsere ansteckende, jugendliche Freude.

Das Klatschen startet schon bevor die Musik zu Ende ist, Ansporn für Sasu weiterzutanzen. Mit sprühendem Blick zwinkert er mir zu, führt uns im Reigenschritt die Bühnentreppe hinunter, schlängelt tanzend zwischen allen Tischreihen hindurch und dirigiert uns unter triumphalem Beifallssturm in die Halle hinaus. Sasu gibt wahrlich seinen Charme zum Besten.

Dann, nach einem kühlen, entspannenden Glas Sekt, verändert sich die musikalische Atmosphäre vom klassischen Walzerklang zum populären Swing. Alex hat den ersten Ton der Trompete vernommen und ist wie elektrisiert. «‹In the Mood›, ruft er aufgeregt, zieht mich auf die Tanzfläche und wirbelt mich schwungvoll, doch immer noch elegant über das Parkett. Andere tun es uns gleich, und im Nu sieht man Tanzbeine schwingen und Röcke fliegen. Zeitentrückt drehen wir uns den ganzen Abend lang im Ryhmus der Musik, doch als es Mitternacht

schlägt, muss ich, wie Aschenputtel, nachhause. Ich habe es meinen El-
tern versprochen.

Schon weil es wegen der verschneiten Strasse, trotz Winterstiefel,
rutschig ist – Mutters Pumps stecken wohlweislich in meiner Tasche –
hält Sasu auf dem Heimweg meine Hand. In der anderen trägt er den
Strauss roter Rosen, welcher jeder Reigentänzerin überreicht wurde.
Bis wir vor meinem Haus angekommen sind, hat er mir den Brauch des
Katerbummels erklärt, bei dem die Burschen ihre Besen am Tag nach
einem Fest spazieren führen. Als er mich fragen will, ob er mich mor-
gen abholen darf, öffnet meine Mutter die Haustüre. Er gibt mir das
Bouquet zurück und fügt mit fragendem Ton hinzu: «Bis morgen also?»

Da breche ich eine Rosenknospe aus dem Strauss und stecke sie in
das Knopfloch seines Mantelaufschlags. Dann schaue ich in seine er-
wartungsvollen Augen und flüstere: «Ich freu mich jetzt schon drauf.»

ഇൻൻ

MIT PICKEL, HANFSEIL
UND GENAGELTEN SCHUHEN

Alex ist vertieft in ein Buch. Ich stöbere wieder in einem seiner Fotoalben.

«Du hast dir immer sehr viel Arbeit gemacht mit dem Beschriften der Fotos und den Reimen», unterbreche ich seine Lektüre. «Je wichtiger das Ereignis, desto grosser und schöner die Überschrift.»

Zerstreut schaut Alex auf: «Welche Überschrift liest du denn gerade?»

«Eine ergötzliche Skitour nach Grialetsch, Ostern 1948.»
«Ja», ruft er begeistert aus, «das war tatsächlich eine ergötzliche Frühlingstour mit der ‹JO›, der Jugendorganisation des ‹Schweizer Alpen-Clubs›, kurz ‹SAC›.

Da werde ich fast wehmütig. Das Dischmatal ist ein wunderschönes Tal, und einen Schnee gab es, einfach traumhaft!»

Ich lese laut:

«‹Vor dem Aufstieg in Davos,
ging die Sache ganz famos.
Denn auf Wagen, später Schlitten,
unsere Grialetscher vorwärts glitten.›

Ihr sitzt ja tatsächlich zu siebt mit euren Skiausrüstungen auf einem pferdegezogenen Holzkarren mitten auf dem Davoser Bahnhofplatz – und im nächsten Bild auf einem hölzernen Schlitten».

«Klar», sagt Alex, «das war damals gang und gäbe. So kam man vom Bahnhof ein Stück weit in die Skigebiete. Bei diesem Tourenwochenende waren auch Rösli, der Besen aus St. Georgen, und ihre Freundin, Liselotte dabei. Sie setzten sich auf dem

Pferdeschlitten ganz hinten auf eine kleine Bank. Dann ging es ein Stück aufwärts und die Pferde mussten plötzlich stark anziehen. Das gab einen Ruck, und die beiden Mädchen purzelten samt Bänklein hinten hinunter. Das Gelächter kannst du dir vorstellen. Am Ende des Pferdepfades ging es dann zu Fuss auf Fellen weiter, hinauf zur Grialetschhütte.»

«Tatsächlich – hier sieht man euch auf Skiern im Gänsemarsch mit Sack und Pack aufsteigen und darunter dein Reim:

‹Mühsam ging es dann hingegen,
auf den ungebahnten Wegen.
Und die Säcke, welch ein Graus,
ragen über unsere Köpfe gar hinaus.
Endlich, sieben Stunden drauf,
nahm uns diese Hütte auf.›

Schweizer Alpen-Club tönt nach Bergsport. Du warst also neben dem Turnen und Tanzen auch am Klettern interessiert?» Es ist wie du sagst, erwidert Alex. «Der Jugendorganisation konnte man im Alter zwischen vierzehn bis zweiundzwanzig beitreten. Und einige meiner Kameraden waren lange vor mir Mitglieder dort. Begeistert lauschte ich deren Erzählungen über die Abenteuer, die sie am Wochenende in den Bergen erlebt hatten: im Sommer oft waghalsige Klettereien, im Winter fabelhafte Skitouren. Gerne hätte ich diese Erlebnisse schon früher an eigener Haut erfahren, aber ich konnte das Risiko nicht eingehen, drei Dinge zugleich unter einen Hut zu bringen: die Kanti, den KTV und den SAC. Im Winter 1945/46, noch vor dem Schulabschluss, wagte ich den Schritt aber doch, denn ich hatte in den Clubnachrichten eines Kollegen gelesen, dass für die Winterschulferien ein Skilager auf Miraniga geplant war.

Da stand unter anderem: ‹Ausbildung im Skifahren für Anfänger und Fortgeschrittene, Touren, Orientierung im Gelände,

Einführung in die Kenntnis alpiner Gefahren und zu Hilfeleistung bei Unglücksfällen.›

Ich wusste: Da muss ich dabei sein! So wurde ich mit achtzehn Mitglied der JO. Damit begann wieder eine äusserst prägende Zeit für mich. War das eine Kameradschaft!», erinnert sich Alex schwärmerisch.

«Eine besonders dicke Freundschaft entwickelte ich mit Walter Schmid, auch Blimp genannt, und Peter Graf. Blimp und ich verstanden uns so gut, dass man uns manchmal für Brüder hielt. Und dann die Frauen!», Alex verharrt eine Weile schmunzelnd in Erinnerungen. «An der Kanti war ich in einer reinen Burschenklasse, und im KTV waren wir auch nur Männer.»

«Aus deinem Gesichtsausdruck zu schliessen ging es da lustig zu und her.»

«Ja, das war das eine, doch es war schon ein echtes Privileg für uns Burschen und Mädchen, im Alpen-Club sein zu dürfen.

Aussergewöhnliche Männer nahmen sich dort nicht nur Zeit und Mühe uns ins Klettern, Skifahren, Tourengehen und Bergrettungswesen einzuführen, sondern uns auch an Wochenenden und ganzen Wochen auf Touren oder Lagern mit Erfahrung und fester, verlässlicher Hand zu begleiten.» Unser Obmann Kurt Zürcher erklärte es uns so:

‹Die JO des SAC wurde gegründet, damit ein vernünftiges Bergsteigen im Sommer und Winter unter kundiger Führung betrieben werden kann. Da soll gelernt werden, was möglich und unmöglich ist. Es wird Gelegenheit geboten, sich in die kunstgerechte Technik einführen zu lassen und eine gute Kameradschaft zu pflegen.›

«Einführen in die kunstgerechte Technik, wie spannend. Wie wurde das denn umgesetzt?»

Für einen Moment schaut Alex sinnend in die vergangenen schönen Tage zurück, dann atmet er tief durch und streicht sich über die Stirn: «Für die Ungeübten wurden immer wieder Kletter- und Skikurse angeboten, etwa mit Sämi Pulver, einem ausgezeichneten Bergsteiger. Eine tolle Sache natürlich, denn ich war weder im einen noch im anderen eine Kanone. Zuerst lernten wir Klettergrundsätze und Seiltechniken und bestiegen, mit damals genagelten Kletterschuhen, leichtes Gelände, wie den Altmann-Süd, die Scherenspitze-Ost oder die Schafbergköpfe. Später machten wir Touren in schwierigerem Fels, wie die Frümsel-Ostwand und lernten das Abseilen. Bald zeigte ich ein natürliches Geschick fürs Klettern. Unter den Kameraden gab es ein paar geniale Bergsteiger, die mich unter ihre Fittiche nahmen, allen voran Werner Schefer. Da machte das Bergerlebnis und das Dazugehören besonderen Spass.»

SAGENUMWOBENES CLUBHEIM
AM FÄLENSEE

Um mir seine Jugenderlebnisse näherzubringen, denkt sich Alex eine Wanderung zum SAC-Clubheim aus. Eine besondere Note wird diesem Ausflug durch Heidi Müller-Kunkler, einer JO-Kameradin verliehen, die uns dorthin begleitet. Nostalgie ist angesagt, so soll es mit dem Zug, statt mit dem Auto, zuerst nach Weissbad gehen, dann mit dem Bus nach Brülisau und von dort auf Schusters Rappen zur Bollenwees. Der Wetterdienst hatte einen schönen warmen Tag angekündigt, und so finden wir uns schon sehr früh am Bahnhof der Appenzeller Bahn ein. Heidi, eine grosse, schlanke Frau in etwa Alex' Alter kommt uns vergnügt mit noch jugendlichem Schritt entgegen.

«Das freut mich jetzt aber ausserordentlich, Sasu, dass ich dich und Christine heute in die Berge begleiten darf.»

«Ihr habt also vor, mir das St. Galler SAC-Clubheim zu zeigen», frage ich, «und mir über eure Zeit bei der JO zu erzählen, unter anderem über das Schilager Miraniga. Alex hat davon geschwärmt, fand aber leider die dazugehörende Schnitzelbank nicht.»

«Richtig», sagt Heidi. «Und Schnitzelbank sowie Fotobuch habe ich mitgebracht. Aber kommt, lasst uns einsteigen.»

Im Zugabteil Platz genommen gibt sie mir schon eine Einführung: «Das Clubheim ist eine Berghütte im Alpstein. Mitten in einem grossen Wandergebiet und in der Nähe von Kletterbergen liegt sie auf 1500 m am idyllischen Fälensee.»

«Durch die Clubnachrichten, die jeden Monat an die Clubmitglieder versandt wurden», fährt Alex fort, «erfuhren wir, welche Aktivitäten in der nächsten Zeit geplant waren. Das konnten Klettertouren direkt vor der Haustüre des Clubheims auf die umliegenden Berge sein, wie die Kreuzberge, den Roslenfirst oder den Hundstein. Grössere Projekte wie Sommertourenlager oder Skilager wurden weiter weg, auf anderen SAC oder sonstigen Hütten veranstaltet. An vielen Wochenenden trafen wir uns nun dort im Sommer zum Klettern und im Winter zum Skifahren. Allerdings ist es ein langer, anstrengender Weg dort hinauf. Auch damals fuhren wir mit dem *Bähnli* bis ins Weissbad und von dort mit dem Postauto nach Brülisau. Dann hiess es eineinhalb bis zwei Stunden aufsteigen, wie du jetzt selber erleben wirst – im Winter etwas länger.»

Heidi hält mir ein Säckchen Bonbons hin. «Damals ging die Arbeitswoche noch bis Samstagmittag, gell Alex. Dann musste man schauen, dass man es in St. Gallen auf den 13.30 Uhr Zug schafft. Um circa 15 Uhr kam man dann in Brülisau an. Der steile Teil, der Stutz, war um diese Zeit noch hell beim Aufstieg. Einige hatten das Pech, am Samstag bis 16 Uhr arbeiten zu müssen. Dann war es 23 Uhr oder sogar 1 Uhr morgens, bis sie in der Hütte ankamen.»

«Ja», erinnert sich Alex, «und als Anfänger kam einem der Anstieg durch die Last auf dem Rücken noch schwerer vor, aber mit jedem Mal wurde er leichter, ja fast mühelos, sogar mit doppeltem Gewicht. So trainierten wir unsere Körperkraft, denn auf die waren wir angewiesen, um die zum Teil sehr hoch liegenden Hütten, ohne gut ausgebaute Wege oder Bergbahnen, erreichen zu können. Das Clubheim war und ist heute noch nicht bewirtet, und so mussten wir selber Feuer machen, um zu heizen und zu kochen. Wir Jungen machten uns oft Spaghetti. Dazu nahm man eine Pfanne, warf Zwiebeln hinein, ein wenig Butter, zwei Büchsen Tomatenpüree und zwei Bullionwürfel, und wenn wir es hatten, auch ein wenig Gehacktes. Das gab dann die Sauce. Dazu, wie gesagt, Spaghetti, ein Pfund pro Person. Heute ist mir das unvorstellbar, aber wir haben das gegessen! Hinterher waren wir dann pumpensatt. Abends wurde oft gesungen, etwa Berglieder wie ‹Luegid vo Berg und Tal›. Oder wir sassen draussen auf der Terrassenmauer, rauchten in diesen wunderbaren Sommernächten grossartig eine Zigarette, sprachen von der Mannestugend, philosophierten, schauten zu den kristallklaren Sternbildern hinauf und rezitierten weise Zitate, etwa von Goethe: ‹Nur der verdient die Gunst der Frauen, der kräftig sie zu schätzen weiss.› Am Sonntag mussten wir dann sehr früh aufstehen, um eine Tour zu machen.»

Die beiden schauen sich ob den Erinnerungen schmunzelnd an und Heidi fährt fort. «Manche Familien, so auch die meine, verbrachten dort oben ihre Ferien. Eine Übernachtung kostete 50 Rappen. Allerdings mussten wir alles, was wir zum Essen brauchten, hinaufschleppen. Schweres Gepäck wurde mit den Saumtieren hinaufgebracht. Die Ware wurde per Post bis nach Brülisau geschickt und dort auf den Maulesel gepackt. Der Transport mit Mulis war nicht ungewöhnlich. Auch zum Plattenbödeli, zum Gasthaus Bollenwees sowie zur Fälenalp wurde alles von Saumtieren transportiert. Man ging ja bis in die 70er-Jahre noch über alle Pässe mit diesen Tieren. Auch gab es kein fliessendes Wasser, sondern eine Pumpe. Das mag jetzt alles sehr kompliziert und aufwendig tönen, wenn wir aber dann auf der Hütte angekommen waren, fühlten wir uns wie in einem fernen Wunderland. Im Gasthaus Bollenwees, circa zehn Gehminuten unterhalb des Clubheims, konnte man Milch, Butter und Käse kaufen, oder gleich dort essen. Die riesigen Omeletten mit Konfitüre waren einfach himmlisch.»

«Da bekomme ich ja richtig Hunger», werfe ich ein, «und ich bin schon gespannt, ob es die heute noch gibt.»

Nachdem wir die Zug- und Busfahrt hinter uns gebracht haben, geht es zu Fuss weiter. Bis zum Pfannenstil ist die Strasse gemütlich eben, doch dann ändert sich die Szene. Der Weg im Brüeltobel führt steil aufwärts. In der Hoffnung, sie mögen mir den Aufstieg erleichtern, nehme ich meine Wanderstöcke aus dem Rucksack, die ich eigentlich für unwegsames Gelände eingepackt hatte. Trotz des mühsamen Aufwärtsschleppens war ich von meinem Umfeld verzaubert. Es war mir aufgefallen, dass seit Alex mich in die Naturwelt eingeführt hat, ich in den Bergen und Wäldern etwas Besonderes wahrnehme, etwas schwer Definierbares. Es ist nicht das Schauen, sondern das Empfinden, das mein ganzes Wesen durchdringt; so auch heute. Die Sonne hat es noch nicht ganz über die Bergkette zu unserer Linken geschafft, der Wald liegt noch im Schatten, nur die Baumkronen sind hell. Rechts neben unserem Weg rauscht und gurgelt der wilde Brühlbach, der seinen Weg durch herabgestürzte, von Moos überwachsene Felsbrocken bahnt. Weit oben hört man den Ruf eines Raubvogels.

Meine beiden viel älteren Begleiter, die durch das jahrelange Wandern schlank und fit geblieben sind, laufen mir plaudernd und lachend voraus. Andere Wanderer überholen mich ebenfalls problemlos. Ich hingegen komme trotz Stöcken nur langsam voran. Nach über einer Stunde des Hinauflaborierens kommt ein noch steileres Stück, das mir fast senkrecht und schier unüberwindbar scheint.

Da höre ich von oben in heiterem Ton: «Komm, meine Liebe, dieses letzte Stück ist das steilste. Dann hast du es überstanden. Wir sind beim Gasthaus ‹Plattenbödeli› angekommen. Hier gibt es Stärkung für müde Wanderer.»

Tatsächlich, das gastliche Haus wird nun durch die Bäume sichtbar – ein wahres Himmelsgeschenk. Die Gastterrasse ist gut besetzt mit fröhlichen, plaudernden Menschen; ein aufmunternder Anblick. Heidi und Alex schreiten mir voraus zu einem Tisch, neben dem ich mich alsbald erleichtert auf einen Stuhl niederlasse. Nur schon der Duft des Kaffees gibt mir neuen Auftrieb. Das Getränk selbst und ein ofenwarmes *Gipfeli* stärken meinen Willen für den Weitermarsch, der, so wird mir erneut versichert, nicht mehr so stotzig ist.

Weiter geht es dem lieblichen Sämtisersee entlang, der tannenumsäumt wie ein grosser Wassertropfen inmitten von Bergwiesen still da liegt. Von hier führen verschiedene Wege in unterschiedliche Richtungen. Unser Pfad windet sich wieder etwas aufwärts zu einer Ebene, die zum Gasthof ‹Bollenwees› führt, wo wir

vorhaben, eine Nacht zu bleiben. Dann zweigen wir jedoch rechts ab und folgen dem Weg zum Clubheim hinauf, das auf einem Felsen, oberhalb des Gasthauses thront. Die Bergkulisse rundum ist atemberaubend. Oben angekommen, schreite ich ehrfürchtig über die Terrasse und berühre die steinerne Hauswand.

«Das ist es also, das buchstäblich sagenumwobene Clubheim, die Quelle eures jugendlichen Glücks. Man sieht ihm all diese Wunder nicht an, so still steht es da mit seinen geschlossenen Türen und Fenstern.»

«Und doch sehe ich alles wieder und höre uns lachen, wenn ich die Augen schliesse», sagt Heidi gedankenversunken.

Alex zeigt in den Kranz der uns umgebenden Berge. «Von hier aus hat man eine wunderbare Sicht auf einen grossen Teil des Alpsteins, von der ‹Stauberen Kanzel› und den ‹Hohen Häusern› über die ‹Saxer Lücke› hinüber zu den ‹Kreuzbergen›.»

«Nicht zu vergessen das ‹Kirchli› unterhalb des Staubern Wanderweges, direkt unter den ‹Üsseren Hüsern›», schiebt Heidi ein und zeigt auf eine Felsformation die frappant einer Kirche gleicht, mit Turm und Schiff. «Abends warteten wir immer auf den Sonnenuntergang, weil genau dann drei lange, senkrechte Schatten erschienen, die aussahen wie Figuren, die im Begriff sind, in die Kirche einzutreten.»

«Ja, richtig, jetzt erinnere ich mich. Da ist unter den Beobachtern immer eine feierliche Stimmung ausgebrochen», sagt Alex, verharrt eine Weile in Erinnerungen und zeigt dann wieder in die Berge. «Rechts davon sieht man den ‹Roslenfirst› und dann hinunter zum ‹Fälensee›. Neben dem rechten Seeufer erheben sich schroff die ‹Widderalpstöcke› mit dem ‹Hundstein› auf über 2000 m.

An diesen Felswänden habe ich oft mit meinen Kameraden das Klettern geübt. Unter ihnen gab es glänzende Alpinisten – um nur ein paar zu nennen, den Werner Schefer, den Reinhard Müller, den Mik Schärer und nicht zu vergessen den Ernst Brülisauer. Er hat als Kletterer die ganze Welt bereist und auch Siebentausender erklommen. Einige Jahre war er Hüttenwart hier oben und hat später meine Schüler und mich einige Male auf Klettertouren geführt, unter anderem in die Dolomiten.

Ab und zu gingen wir Jungen zu zweit in die Berge, dann übernahm der Geübtere die Leitung. So kam es, dass Werner Schefer mir vorschlug, mit ihm auf die Südplatte der Widderalpstöcke zu steigen. Alles lief wie geplant und wir kamen gut voran. Ganz oben, unter dem letzten Stück, gibt es eine Art felsige Wulst, nicht

einen Überhang, sondern eine Wulst, auf der man gut sitzen kann. Da habe ich nochmals neu gesichert. Zu meiner Zeit hat es kaum befestigte Haken in den Felswänden gegeben, und so habe ich immer geschaut, dass ich irgendetwas wie eine Felsnase finde. Da zog Werner ein gutes Stück über mir am Seil, Zeichen für mich, mehr Seil nachzugeben, aber das Seil gab nicht nach. Da kam plötzlich etwas Schwarzes von oben herunter und über mich hinweg. ‹Mein Gott›, dachte ich, ‹jetzt ist er abgestürzt.› In Sekundenschnelle durchfuhr mich das Grauen, denn ich erinnerte mich an das Schicksal eines erst kürzlich Abgestürzten. Dieser war kein guter Kletterer gewesen. Er hatte den Tritt verfehlt, war nach hinten gekippt und dann ins Seil gefallen. Dieses riss, und er verschwand in der Tiefe. Dann realisierte ich, dass dieses schwarze Etwas ein Adler war, den Werner aufgescheucht hatte, als er auf dem Gipfel ankam. Ihr könnt euch vorstellen, wie froh und erleichtert ich war.»

«Mir schaudert bei der Vorstellung», sage ich. «Es tönt ein bisschen wie in den Luis Trenker Filmen.»

«Damit liegst du gar nicht so daneben. Unsere Technik war damals die gleiche, wie die von Luis Trenker. Die modernen Klettermethoden gab es noch nicht, und vor allem nicht die heutigen Sicherungsmöglichkeiten. Haken haben wir schon damals geschlagen, und auf vielbegangenen Routen hatte es oft Haken von den Vorgängern drin, die man kontrollieren musste, ob sie noch halten. Jetzt sind diese Strecken mit eingemauerten Bohrhaken abgesichert. Die halten buchstäblich felsenfest. Auch hat man früher das Seil über die Schulter genommen, um den Kameraden zu sichern. Heute sichert man am eingemauerten Haken mit einem Karabiner. Der Vorsteigende kann den Nachsteigenden wohl noch über die Schulter sichern, doch mit nur Schultersicherung kann man den Partner nicht halten, wenn dieser abstürzt.»

«Laut deiner Schilderung kann man sich aber genauso wenig auf die Kletterseile verlassen», füge ich hinzu.

«Das waren damals noch Hanfseile. Heute, mit den modernen Nylonseilen, passiert so etwas nicht.»

«Jemand wie ich, der diese Begeisterung nicht teilt, sieht in der Gipfelstürmerei nur Gefahren.»

«Ich kann dich schon verstehen», sagt Alex. «Doch ein leidenschaftlicher Kletterer, vor allem gut ausgebildet, wie wir es waren, ignoriert die Gefahren nicht und geht gewissenhaft und sorgfältig vor. Aber ein gewisses Restrisiko spielt in den Bergen immer mit, das liegt in der Natur der Sache. Den Wert eines unbegreiflich gefahrvoll scheinenden Bergaufstiegs für das weitere Leben eines Burschen kann wahrscheinlich nur ein Kletterer erfassen. Es regt sich in ihm der Pionier, zu Aussergewöhnlichem fähig. Die Freude am Ganzen ist aber vorrangig. Curt O. Meyer, der erste Hüttenobmann, schrieb einmal einen schönen Artikel über das Abseilen in ein Clubheft. Darin hiess es treffend:

‹Es mag zu den schönsten Augenblicken eines Bergsteigererlebens zählen, wenn man gut trainiert und wohl ausgeruht die

Einladung zu einer saftigen Klettertour erhält. Wie Sprungfedern möchte man emporschnellen und alle Wände angehen vor unbändiger Lebenslust›.»

Später, im Gasthof ‹Bollenwees›, einer urchigen Beiz mit rotweiss karrierten Tischtüchern, finde ich keine Omeletten auf der Speisekarte, doch ein freundliches Wort mit dem gefälligen Wirt behebt diese Misere. Um der Nostalgie Nachdruck zu verschaffen bestellen sich auch Heidi und Alex diesen Leckerbissen.

Während wir auf unseren Abendschmaus warten zieht Heidi das erwähnte Album sowie die Schnitzelbank aus ihrem Rucksack und wirft Alex einen verschwörerischen Blick zu.

«Ich erinnere mich noch gut an das Skilager in Miraniga. Der SAC hat schon etwas geboten und hat das auch finanziell unterstützt. Fünfzig Franken bezahlten wir für die ganze Woche, inklusive Bahnfahrt, Essen und allem Drum und Dran. Wir waren sogar unfallversichert. In allen Lagern ging es sehr einfach zu und her. Die Hütten waren nicht bewirtet, und meistens stand nur ein Holzherd, ein einfaches Regal mit Geschirr, ein Tisch und Stühle drin und natürlich die Schlaflager – also Schikanen gab es keine. So kam auch immer ein Ehepaar mit, Wanners, die für uns kochten. Den Tee haben sie in grossen Tansen gemacht. Zum Frühstück bekamen wir Kakao, Brot, Butter und Konfi und zum Znacht etwa Hörnli und Gehacktes. Als Picknick gab es einfach Brot und eine Büchse Fleischkäse oder Sardinen. Das hatten wir im Rucksack und haben es unterwegs auf den Ski- oder Bergtouren gegessen. Dann gab es auch immer einen grossen Sack Studentenfutter, also Dörrobst, Mandeln, Weinbeeren und so Zeug.»

«Ja, ja», entsinnt Alex sich, «die Zeiten waren nicht rosig, und obwohl wir Jungen den Genüssen des Lebens keineswegs abgeneigt waren, hatten wir gelernt, mit dem Geringsten zufrieden zu sein, wenn es nicht anders ging.»

«Als du das erste Mal mit nach Miraniga kamst, Alex, reisten wir am Samstag nach Neujahr ab, und eine Woche später fuhren wir wieder heim. Mit dem Zug gings bis nach Waltensburg im Vorderrheintal, und von dort mussten wir viele Stunden nach Miraniga bei Obersaxen hinauflaufen. Die Lagerleitung hatte dieses eine Mal noch der Talhoflehrer Oskar Bizzozero, genannt Piz.»

«Richtig», bestätigt Alex. «Danach übernahm Kurt Zürcher die Leitung, obwohl er eine Kriegsverletzung hatte. Eine Handgranate hatte ihm ein Auge und eine Ohrmuschel zerstört.

«Aber», wirft Heidi schnell ein, «was dieser Mann mit diesem einen Auge gesehen hat, war sagenhaft. Jede Bergspitze hat er gekannt; er ist nie an einem schönen Blümlein nur vorbeigelaufen. Er hat uns immer auf alles aufmerksam gemacht. Aber bei ihm konnte es auch militärisch zu und her gehen. Wenn einer nicht spurte, wurde er heimgeschickt. Das kam schon auch vor.»

«Da mein Freund Blimp ebenfalls mitkam», erinnert sich Alex, «wusste ich, dass eine unterhaltsame Woche schon vorprogrammiert war.»

«Du warst aber auch kein Kind der Traurigkeit», kontert Heidi. Nur schon an diese Zeit zu denken, erfüllt mich mit Fröhlichkeit. Ihr beide wart ein herrliches Paar. Man musste schon lachen, wenn man euch nur anschaute. Ihr dachtet euch die lustigsten Schnitzelbänke aus und wart so fleissig, dass die Verse gar nicht mehr aufhörten; über jeden etwas. Hör dir das an, Christine:

‹Über die **löbliche Leitung und die Teilnehmer**
des Skilagers
M i r a n i g a

Das da hat stattgefunden im Jänner des Jahres
neunzehnhundertsechsundvierzig.
Vorgesungen in blühendem Alter
von Susi, Sasu und von Walter.

Hüt isch grosse Ball ihr Chinder,
d'Buebe trülled d'Maitli gschwinder.
Hüt wird's sicher halbi zwo.
Dafür sorged mir denn scho.
Jupelidi und jupelida,
d'Schnitzelbank, die goht jetz a.

De Zürcher hät nöd bloss e chli,
Pünkt bi üsne Maiteli.
Erschtens scho als Örgelima
und will er alles flicke cha.
Jupelidi und jupelida,
es lebe hoch der Örgelima.›

Für das Essen war zwar das Ehepaar Wanner zuständig, aber wir mussten auch helfen. Das Gemüse wurde draussen am Brunnen bei Minustemperaturen gewaschen. Am Schluss waren unsere Finger zu Eiszapfen gefroren.

‹Em Oscar Wanner und sinner Frau,
hämmer viel z'verdanke au.
Sie sind, wenn mer so törf säge,
de Trost vo üsne arme Mäge.
Jupelida und jupelidi,
de Frass isch immer zünftig gsi.

D'Rita und d'Marlies händ, wie schön,
e neus Herdöpfelwäschsystem.

Zweimal schwenke, anastah,
und scho hät's kei Dreck meh dra.
Jupelidi und jupelida,
und i bi ganz uschuldig dra.›

Sich selber musste man auch draussen waschen, und die Burschen und Leiter mussten sich auch draussen rasieren», erinnert sich Heidi. «Eines Morgens – ich weiss nicht mehr wie viele Minusgrade es hatte, aber schon etliche – kam Kurt mit einem *Aluminiumbeckeli* voll heissem Wasser aus der Hütte, und wie er es brauchen wollte, war es gefroren. So kalt war es, sicher minus 20 Grad.»

Alex blättert im Album. «Ah, da bin ich neben der Marlis. Das war auch eine Anfängerin. Einmal sind wir bös übereinander gepurzelt im Tiefschnee. Und als wir uns wieder aufgerappelt hatten, sahen wir aus wie zwei Schneemänner.»

Heidi verzieht ihr Gesicht. «Ich gehörte ebenfalls zu den schlechten Skifahrern. Ich stürzte dauernd. Man darf aber das damalige Material nicht vergessen. Die Ski waren aus Holz, und unsere Bergschuhe hatten eine Rille im Absatz für die Bindung. Aber immerhin konnten wir Skifahren. Mit den Skiern auf den Schultern oder auf montierten Fellen mussten wir dann auf die Hügel steigen. Da gab es keinen Lift. Auch die Pisten mussten wir zuerst glatttrampeln. Wir Mädchen trugen früher oft noch Röcke in den Bergen – und in den Skilagern manchmal Knickerbocker. Nichtsdestoweniger waren wir kokett. Es gab damals eine Sonnencreme die hiess ‹Hamol›. Und wenn man sich die aufs Gesicht schmierte, und sich zum Bräunen hinlegte, sagten wir dem ‹Hamol Stellung›. So steht es hier:

‹Sotigi wo d'Maitli kenne,
tüend d'Brigitt als gnau eim nenne.
Tuet sich mit viel Züg ischmiere,
wemmer uf en Piz marschiere.
Jupelidi und jupelida,
und wie sie herzig luege cha. (mhmhmh)

De Engeli isch de Ärmscht vo de Chnabe,
muess d'Susi usem Schnee usgrabe.
Das alles hät dä Vorteil bloss,
er wird denn grad nie arbeitslos.
Jupelidi und jupelida,
deför git sie em Schoggolaa.

De Kurt und d'Ruth die gend fürwahr
es ganz e härzigs Liebespaar.
Gott Amor hät'ne, oh verreckt,
en chline Pfil is Härzli gsteckt.
Jupelidi und jupelida,
so jung und doch scho eini ha.›

Abesause wär scho recht,
weme donne en Chrischti fertig brächt.
Ernst i gib der en guete Rot,
frog de Lämmler, wie das goht.
Jupelidi und jupelida,
si Partneri isch d'Amalia.›

Die Abende waren köstlich», schwelgt Heidi. «Es war so fröhlich;
wir hatten eigentlich nie eine Missstimmung. Das kam natürlich
auch von der Leitung. Kurt konnte so toll erzählen, dass wir mit
Freude zuhörten. So echt schilderte er uns seine Streiche an der
Kanti, dass wir uns vor Lachen nicht mehr halten konnten. Am
Abend spielte er seine Handorgel zum Tanz auf. Alkohol gab es
natürlich keinen, und das machte schon viel aus. Die Leiter hatten
vielleicht mal ein Glas Wein, aber unter uns Jungen gab es nie
einen Tropfen Alkohol.»

Alex lauscht Heidis Worten und schmunzelt als nun auch seine eigenen Erinnerungen schärfer hervortreten. «Natürlich liebäugelten wir Burschen mit der Idee, dem weiblichen Geschlecht näherzukommen. Wir warteten oft ungeduldig, bis Kurt sein Akkordeon lebendig werden liess, und bei den ersten Tönen holten wir die Mädchen zum Tanzen – auch Willi, der sich bei einem Sturz verletzt hatte:

‹Zobed gseht me Claire ganz still,
im Dunkle tanze mit dem Will.
Jupelidi und jupelida,
wien-en Invalid doch tanze cha.

«Und, oh, die Pfandspiele!», ruft Heidi aus. «Oft musste dann die Verliererin dem Gewinner ein Küsschen geben. Oder zwei wurden aufgefordert auf einem schmalen Hocker oben zu tanzen. Die Tanzpartner mussten sich dabei ganz schön festhalten, damit sie nicht hinunterfielen. Da hat man schon gesehen, wer wen gern hatte:

‹De Benjamin, dä hät, was wötsch,
bim Pfand de schönschte Teil verwötscht.
De Brigitt es Stricheli, de Susi en Kuss,
das isch för en en Hochgenuss.
Jupelida und jupelidi,
die andere sind die Bschissne gsi.›

Heidis Augen weiten sich amüsiert: «Ja, wir hatten es lustig und gemütlich. Aber es gab auch Disziplin, und um eine bestimmte Zeit, so um halb Zwölf oder Mitternacht, war dann einfach Feierabend, und wir gingen widerspruchslos ins Bett. In diesen Massenlagern hatten wir damals keine Duvets, nur Decken oder Schlafsäcke. Aber kalt war uns nicht. Während des Tages hatten wir Bewegung, und wenn so viele nebeneinanderliegen, wird einem sowieso warm.»

Eine weitere Anekdote ankündigend hebt Heidi ihre Brauen. «Der Sasu und der Blimp hatten immer wieder zündende Einfälle. Am letzten Tag, als es wieder nach Hause ging, hiess es: ‹Den ersten Hang müsst ihr absteigen, weiter unten werdet ihr abgeholt. Die Burschen müssen ihre Koffer selber hinuntertragen, die Mädchen nicht.› Den beiden war das aber zu blöd. So setzten sie sich auf ihre Koffer, fanden, ‹das sind doch wunderbare Schlitten›, und sausten hinunter – aber nicht sehr weit. Alex geriet in eine Schieflage, rutschte vom Koffer, der Deckel schnappte auf, und in Sekunden lag der ganze Inhalt überall auf der Piste verstreut. Wir bogen uns vor Lachen.»

Da öffnet sich mit Schwung die Küchentüre und der Wirt und seine Frau tragen einen riesigen Berg Omeletten, eine Schale Erdbeerkonfitüre sowie Staubzucker und Zimt herein. «Wohl bekomms», rufen sie beide mit strahlenden Gesichtern.

«Himmlisch!», entfährt es mir, «mein Magen hat schon angefangen zu knurren.»

Anblick und Duft der Mehlspeise lässt uns das Wasser im Mund zusammen laufen, und wir lassen uns nicht lange bitten, zuzupacken.

«Das waren unsere Anfänge», sagt Heidi zwischen zwei Bissen, sich Alex zuwendend. «Doch was Christine genauso interessieren wird ist, dass wir mit der Zeit, als wir bessere Kletterer wurden, auch auf schwierigere Touren mitgehen durften und höhere Berge erklommen, sogar Viertausender. Der Piz Palü, ein Berg der Berninagruppe, war einer unserer hohen Ziele.»

«Zwar», berichtigt Alex, «fehlen dem Piz Palü hundert Meter, um sich einen Viertausender nennen zu dürfen, er gehört jedoch unter den Bergsteigern zu den beliebten Riesen der Alpen.»

«Auf solchen Besteigungen hatten wir immer ausgezeichnete Bergführer dabei. Auf den Piz Palü führte uns August Michaud.»

«Erschwerend kam hinzu», ergänzt Alex die Schilderung, «dass es damals noch keine Seilbahn zur SAC Diavolezzahütte gab. Sämtliches Gepäck sowie das Essen für die ganze Gruppe musste hinaufgetragen werden.»

«Vor allem von den Burschen», fügt Heidi hinzu. Ich sehe die Prozession heute noch vor mir. Die Pickelspitzen ragten oben aus den Rucksäcken heraus, und die puschlaver Ringbrote die wir gekauft hatten, wurden über diese Spitzen gestülpt. Was für ein Bild!», ruft sie vergnügt aus. «Oben angekommen mussten wir zudem noch selber kochen. Die Hütte stand in etwa an der Stelle der heutigen Diavolezza Station. Von dort sah man hinüber auf den Cambrena, den Palü, die Bellavista – auf die ganze Berninagruppe. Bevor wir den Palü bestiegen, machten wir noch andere Ausflüge.

Am Vorabend der Besteigung mussten wir um halb sieben ins Bett und am Morgen um halb zwei aufstehen. Dann gab es Frühstück, und um halb drei war Abmarsch. Ausgerüstet mit Steigeisen, Pickel und Laternen ging es, grüppchenweise mit Gletscherseilen abgesichert, zuerst mühsam hinunter zum mit Spalten übersähten Persgletscher und dann erst hinauf. Anders kamst du gar nicht auf den Palü. Doch die Belohnung wartete bereits auf uns. Der Freudenjubel unter uns Kameraden und das Glücksgefühl das mich überkam als wir um halb acht, durch tiefen Schnee, über den letzten Grat dem Gipfel entgegen stapften, vergesse ich mein Leben lang nicht.»

«Und ich möchte behaupten», sagt Alex bestätigend, «dass genau solche gemeinsamen Erlebnisse die Verbundenheit der Gruppe stärkten, und dass diese Erfahrungen nicht nur unauslöschliche Erinnerungen schufen, sondern unser Leben entscheidend beeinflusst haben.»

IM SCHNEESTURM AUF DEM LANGGLETSCHER

Wieder zu Hause steigt Alex in den Dachboden und hält mir kurz darauf das aufgeschlagene Clubheft von August 1948 hin. «Ebenfalls zu meiner Zeit im SAC gehört diese sehr eindrückliche Episode. Es ist der Tourenbericht von Kurt Zürcher über ein sehr abenteuerliches Lager.»

‹Das Sommerlager auf der Fafleralp war gut besucht. Leider verunmöglichten die schweren Schneefälle fast alle hochfliegenden Pläne. Trotzdem waren wir fleissig unterwegs, wenn wir auch die Gipfel nur beinahe erreichten. Der Aufstieg zur Hollandiahütte war eine regelrechte Winterexpedition in metertiefem Neuschnee. Das Lager verlief trotz aller Ungunst schön und zufriedenstellend.›

178

«Spannend, aber kurz», sage ich enttäuscht. Dann, auf meine Bitte hin, erfahre ich ein paar Abende später den ganzen Ablauf dieses aufregenden Lagers. Mit einer Decke über den Beinen mache ich es mir gemütlich und lausche gespannt Alex' Bericht. Zweifelsohne hat ihn dieses Geschehen sehr beeindruckt, denn er erinnert sich an jedes Detail:

«Kurt Zürchers Ausschreibung kündigte ein Sommerlager auf der Fafleralp von Samstag, dem 10. Juli, bis Montag, dem 19. Juli 1948, an», beginnt er zu erzählen. «Als Unterkunft war das Ferienhäuschen des Bergführers Otto Roth organisiert worden, und für die Reise mit dem ersten Zug von St. Gallen über Bern und Spiez nach Goppenstein wurden wir angewiesen eine Unterwegsverpflegung sowie ein *Znüni* mitzunehmen.

Dann war es soweit: Der Tag der Reise stand bevor. Am Vorabend reichte mir Mutter die Aluminiumdose mit der Reiseverpflegung. ‹Da ist jetzt Brot, Speck, Käse, Schokolade, ein paar Äpfel und etwas von meinem selbst gemachten Dörrobst drin›, sagte sie. ‹Die Thermosflasche mit dem Tee richte ich dir morgen früh.›

‹Danke›, antwortete ich geistesabwesend, ganz damit beschäftigt, welcher Rucksack von der Grösse her für dieses Vorhaben passen könnte.

Mutter bestaunte nebst der wind- und wasserdichten Jacke den bereit gemachten Kleiderhaufen. ‹Es ist doch Juli. Brauchst du wirklich so viel warmes Zeug?›

‹Ja, gell›, sagte ich scherzend, ‹schon komisch im Sommer eine warme Hose, zwei gestrickte Pullover, zwei Wollkappen, drei Paar dicke Socken, Schal und Fäustlinge mitzunehmen. Aber du kennst das ja jetzt. Wenn man im Sommer in die Berge geht, muss man immer auch mit Schlechtwettereinbrüchen rechnen.›

Nickend nahm sie die Mai Clubnachrichten vom Tisch und flog darüber. ‹Hier steht, dass etwas Gepäck vorausspediert werden kann.›

‹Das habe ich gemacht›, sagte ich, ‹und ich hoffe, dass mein Schlafsack, Bergschuhe und Steigeisen bis morgen Abend ankommen, denn ich war ein bisschen spät dran mit dem Absenden. Andererseits hat das bis jetzt immer geklappt. Eine tolle Einrichtung, der Transport mit diesen Saumtieren.›

Das Telefon klingelte im Flur. Mutter ging es abnehmen: ‹Schneider›, hörte ich sie antworten, ‹Grüss dich Waldemar ... Ja, einen Moment, ich rufe ihn.›

Ich stand bereits neben ihr und nahm ihr den Hörer ab: ‹Hoi, Waldemar, was gibts?›

‹Hoi Sasu›, tönte es am anderen Ende, ‹ich schaff es nicht, morgen schon mitzukommen. Ich hab einen Securitas Dienst und komm erst am Sonntag nach. Kannst du das bitte Kurt ausrichten?›

‹Mach ich, und ich kümmere mich solange doppelt um die Mädchen in der Gruppe›, versprach ich ihm.

Lautes Lachen dröhnte durch den Draht. ‹Das fällt dir sicher furchtbar schwer›, kam neckend zurück.

‹Also bis Sonntag dann›, sagte ich grinsend.

Samstag frühmorgens, das Wetter war herrlich, trafen wir Bergfreunde in Wanderkleidung voller Erwartung und Abenteuerlust am St. Galler Bahnhof ein. Die Stimmung wuchs mit jedem der dazu stiess. Es hatten sich einundzwanzig Teilnehmer, darunter neun Frauen gemeldet, die meisten mit Lagererfahrung. Die Aussichten auf eine sowohl sportliche, als auch lustige Woche waren glänzend.

Kurt Zürcher und Hans Wirth waren wieder einmal die uns schon sehr vertrauten Tourenleiter, und Kurt hatte wie immer seine treue Lagerbegleiterin dabei: die Handorgel. Im Zugsabteil zählte Hans seine Schäfchen und las laut ihre Namen, woraufhin man das obligate *hier* vernahm. ‹Und ich hoffe›, fügte er hinzu ‹ihr tragt alle bequeme Schuhe, denn von Goppenstein bis zur Fafleralp steht uns ein langer Marsch bevor.›

Ein paar von der Gruppe waren schon auf dem Aletschgletscher gewesen und schwärmten von der atemberaubenden Schönheit des Konkordiaplatzes, dem Endstück des Gletschers, das wir von der Hollandiahütte aus erblicken würden. Kurts Gesichtsausdruck wurde andächtig.

‹Die Weite der Landschaft dort oben übertrifft über alle Massen das, was uns vertraut ist, und man bekommt das Gefühl, Teil von etwas Grossartigem zu sein.›

Durch das Erzählen wurden wir bereits auf der Fahrt in den uns familiären Bann der Berge gezogen, denn wir alle hatten längst ihre gewaltige Kraft und Magie erlebt. Und jene, die bereits auf hochalpinen Hütten waren, wussten, dass es dort oben besondere Augenblicke gibt, unvergessliche Momente, die man nicht in Worte fassen kann.

Nach einigen Stunden Zugfahrt, mit Umstieg in Bern, veränderte sich die Landschaft total. Gefesselt betrachtete ich vom Zugfenster aus das wuchtige Panorama der Berner Alpenkette, die in einer geraden Linie, wie aus dem Boden geschossen, plötzlich auftauchte. Die drei Majestäten Eiger, Mönch und Jungfrau zeigten sich in ihrer ganzen Pracht. Ab Goppenstein ging es zu Fuss weiter, und gleich zu Anfang war es ein steiles Ansteigen bis Ferden. Doch die Anstrengung hatte sich gelohnt, denn ein überwältigender Anblick bot sich dort. Das ganze lange Lötschental, zwischen den Walliser und den Berner Alpen, präsentierte sich uns hier mit seinen stolzen Gipfeln, und vom Ende des Tales her, wo sich die beiden Bergketten am Gebirgspass Lötschenlücke treffen, leuchtete uns weiss und alles beherrschend der Langgletscher entgegen. Wie ein riesiger, gefrorener Bergbach nimmt er seinen Anfang hoch oben in der Lötschenlücke, die ihn mit dem Aletschgletscher verbindet, und zieht sich bis ins Tal zur Fafleralp herunter.

Beeindruckt zogen wir weiter dem Talgrund entlang. Der hügelige Wanderweg schlängelte sich über saftige grüne Weiden zwischen tannen- und lärchenbewachsenen Hängen. Hin und wieder führte der Weg durch kleine Dörfchen mit ihren dunklen, eng aneinander gebauten Walliser Holzhäusern. Manch eines der Kornspeicher – Hütten auf Stelzen mit eingebauten Steinplatten gegen Mäuse und andere Nagetiere – balancierte, aus Mangel an ebenem Boden, prekär auf einem hohen Felsblock. Da und dort trafen wir auf Bauernkinder, die damit beschäftigt waren, die Weiden um ihren Hof von Steinen zu säubern und diese auf einen Haufen zu stapeln. Andere sammelten von den Hängen heruntergeblasene Äste als wertvolles Brennholz und trugen sie in Scheunen.

Immer wieder stiessen wir auf die Lonza, die einmal friedlich, dann wieder ausgelassen und mit lautem Rauschen über ihr steiniges, ungebändigtes Bett durch das Tal heraussprudelt. Und über all dem die schneebedeckten Gipfel, die hier und dort das wattige Bett der Wolken durchbohrten und uns lockten.

Ungewöhnlich aber waren die Schneeflecken in den Senken. Hatte es etwa mitten im Sommer geschneit? Kurt, dem das ebenfalls aufgefallen war, stiess Hans an und machte eine vielsagende Kopfbewegung in Richtung Schnee.

Nach vielen Stunden Marschierens wurde es steiler und waldiger, und wir näherten uns der Fafleralp. Auf einem Felsvorsprung schlug ein Murmeltier schrill Alarm. Der Langgletscher dünkte uns zum Greifen nahe.

‹Der kommt ja fast bis zu den Hütten herunter›, rief Karl, und wir freuten uns schon auf die bevorstehende Wanderung dort hinauf.

Allerdings drängte sich uns auch eine unerfreuliche Erkenntnis auf je näher wir unserem Ziel kamen: Der Himmel wurde immer grauer und die Temperatur sank. Kurt hob die Nase, schnupperte kurz und runzelte die Stirn.

Er witterte eine aufkommende Schlechtwetterfront: ‹Es riecht nach Schnee. Das gefällt mir gar nicht.›

Hungrig und etwas durchkühlt kamen wir in unserer Unterkunft an: dem Ferienhaus unseres Bergführers, Otto Roth.

‹Wir werden vielleicht etwas wenig Platz haben, kündigte Kurt an, ‹aber das macht im Sommer nichts.›

Schnell machten wir unsere tatsächlich etwas engen Schlafplätze ausfindig und trafen uns kurz darauf in der Wohnstube wieder, um Feuer zu machen und Tee zu kochen. Dann eilten wir hinüber zum ‹Hotel Fafleralp›, wo wir zum Abendessen erwartet wurden. Die grösseren Räumlichkeiten dort boten sich wunderbar für Abendunterhaltungen wie Jassen, Schachspielen oder Tanzen an.

Es waren verschiedene Bergtouren für die ganze Woche geplant, doch schon beim Abendessen wurde umdisponiert. Kurt legte seinen Löffel neben den leeren Teller und wischte sich mit dem Handrücken über den Mund: ‹Bereits im Zug habe ich gespürt, dass die meisten von euch erwartungsvoll ungeduldig sind, als Erstes die auf über 3000 m gelegene Hollandiahütte zu erstürmen. Das wird mit diesem Wetterumsturz sehr wahrscheinlich nicht möglich sein, denn da gilt es schon bei gutem Wetter einen siebenstündigen steilen, anspruchsvollen Anstieg und einen Höhenunterschied von 1400 Metern zu meistern. Nach der Übernachtung dort oben wäre, wie ihr ja wisst, für den folgenden Tag sogar eine weitere Tour über das fast 4000 m hohe Mittaghorn hinüber auf die Äbni Flue geplant. Wenn es nun aber anfängt zu schneien, müssen wir diese Zweitagestour streichen.›

Enttäuschtes Murren ging durch die Gruppe.

‹Warten wir doch einfach ab wie es morgen früh aussieht›, beschwichtigte Hans.

Am nächsten Morgen, Sonntag, wurden unsere Befürchtungen bestätigt. Das Morgengrauen liess eine weisse Landschaft erkennen, und es schneite. Während des Frühstücks gesellte sich Otto zu uns, der erwartete Bergführer aus Wiler, ein sympathischer, vertrauenerweckender Typ mittleren Alters.

‹Es kommt in Hochtälern immer wieder vor, dass es mitten im Sommer schneit, aber das kann morgen schon anders sein. Dann reichen ein paar Stunden Sonne aus, um alles wieder sommerlich werden zu lassen›, meinte er tröstlich. ‹Auf eurer Wanderung hierher seid ihr durch einen schönen Wald gekommen mit verschiedenen Alpenwegen. Dort könnt ihr mit ein wenig Schnee gut wandern, und morgen schauen wir weiter.›

Die ersehnte Sonne kam aber auch am Montag und am Dienstag nicht. Es blieb grau, durchzogen von kurzen Schneegestöbern, und wir besuchten das Tal. Natürlich waren wir einerseits enttäuscht, denn so hatten wir uns diese Woche nicht vorgestellt, andererseits hatten wir die Hoffnung noch nicht ganz aufgegeben, denn unser jugendlicher Enthusiasmus wollte sich nicht unterkriegen lassen. Nach dem Abendessen und ein paar Denk- und Vorschlagsrunden meinten Koni und Rolf, ‹Wir könnten unsere Ski und Felle kommen lassen, dann hält uns kein Schnee zurück›. Ein paar fanden das eine tolle Idee; ich auch.

‹Das könnte ein echtes Erlebnis werden›, warf ich ein. ‹Diese Gegend bietet sich ja nicht nur für Sommerwanderungen an, hier sind wir in einem herrlichen Skitourengebiet.›

Kurt blickte Hans fragend an. Der nickte etwas zögerlich: ‹Wenn ihr das machen wollt, müsst ihr noch heute Abend nach Hause telefonieren. Denn sonst kommt das Zeug nie rechtzeitig hier an.›

Gesagt, getan und fünf von uns riefen daheim an, man möge uns Ski und Felle schicken.

Um 1 Uhr früh, auf meinem Gang zum Lokus, spähte ich durchs Fenster. Es spannte sich ein mit Wolkenfetzen durchzogener Himmel über die Berge, doch da und dort blitzten Sterne auf: Ohmen für gutes Wetter. Am Mittwochmorgen gab es tatsächlich eine Wetterbesserung, sodass wir in Richtung Petersgrat wanderten. Ganz hinauf auf den Grat kamen wir nicht, denn auch dort oben lag zu viel Schnee.

Abends erschien Otto sichtlich erleichtert: ‹Eine höhere Macht hat Einsehen mit uns und schickt uns morgen Ausflugswetter.›

Den ganzen nächsten Vormittag war es tatsächlich sonnig geblieben, was eine schöne Tour auf die Burstspitzen ermöglichte. Als aber mittags graue Wolken aufzogen, entschieden wir umzukehren.

Zurück in unserer Unterkunft erhielten wir die freudige Nachricht, dass unsere Skiausrüstungen mithilfe von Saumtieren gebracht worden waren.

Euphorisch belagerten wir unsere Leiter, denn das Wetter war heute ja schön gewesen: ‹Also, wie sieht es aus mit morgen?›, bestürmten wir die beiden. ‹Sollen wir es auf die Hollandiahütte wagen?›

Kurt wiegte unsicher den Kopf und drehte sich dann zu Otto.

‹Was meinst du, hält das Wetter?›

‹Ha›, stiess dieser aus, ‹die Hand kann ich dafür nicht ins Feuer legen. Ihr habt die Wetterkapriolen des Tales ja gesehen. Die Entscheidung liegt bei euch. Aber wenn ihr entschliesst zu gehen, dann führe ich euch natürlich, denn ich kenne den Langgletscher wie meine Westentasche.›

‹Gehn wir!›, wurden Stimmen aus der Gruppe laut.

‹Ja, wagen wir's›, stimmten andere zu, ‹wir haben nur noch zwei Tage, um dieses Bergwunder zu erleben. Am Sonntag gehts ja für einige von uns wieder nach Hause.›

Auch die Mädchen wollten alle mit.

Kurt nahm einen tiefen Atemzug: ‹Ich kenne Otto als aussergewöhnlichen Bergführer. Mit ihm wage ich dieses Abenteuer. Denn genau das ist es, ein Unterfangen, das auch Risiken birgt, denn ein frisch verschneiter Gletscher ist besonders gefährlich, weil man die Gletscherspalten nicht sieht.›

‹Und jene von euch›, bringt sich Hans ein, ‹die bei der Piz Palü Besteigung dabei waren, werden sich erinnern, dass wir über ein ganz schmales Gletscherbrücklein aufgestiegen waren, das wir erst beim Abstieg bemerkten. Unser Bergführer wusste genau wo er laufen musste.›

Otto nickte zustimmend: ‹Es ist euch ja bekannt, dass ich hier heimisch bin, und ich führe seit vielen Jahren Bergliebhaber auf die Gletscher. Ich kenne ihre Tücken und weiss auch, wo sich im

Moment die Spalten und Schneebrücken auf dem Langgletscher befinden, die, wie Kurt schon sagte, frisch verschneit und nicht erkennbar, ein besonderes Risiko darstellen. Da läuft einer drüber und ist plötzlich weg.›

‹Und›, rief Kurt, um sich im aufgekommenen Stimmengewirr Gehör zu verschaffen, ‹wenn wir gehen, würde das für die Burschen bedeuten, oben auf den Rucksäcken eine zusätzliche Last mitschleppen zu müssen: ein kleines Bündel Holz. Normalerweise wird das Heizmaterial für die Hochgebirgshütten erst im Herbst parat gemacht und hinaufgesäumt. Doch mit so einem Wintereinbruch im Juli hat sicher niemand gerechnet, sodass wenig Holz oben sein wird. Auch hiesse das, wegen des erschwerten Aufstiegs, für morgen eine Tagwache um 4 Uhr, und heute Abend früh ins Bett.›

‹Jaaa›, schallte es freudig durch die Reihen, ‹danke Kurt!› Zu diesem Zeitpunkt erregte der Gedanke, früh aufstehen zu müssen, unsere Gemüter kaum – es herrschte Hochstimmung. Am nächsten Morgen hörte man jedoch einige murren: ‹Es ist ja noch mitten in der Nacht!›

Doch bald war jeglicher Unmut verflogen, Aufregung machte sich breit, und pünktlich um 5 Uhr standen wir alle vor der Hütte, bekleidet mit unseren wärmsten Sachen, bereit für den Abmarsch. Keiner ahnte, was für ein tollkühnes Wagnis wir eingegangen waren.

Bei gutem Wetter wäre es bereits hell geworden, aber da bis tief herunter eine graue Wolkenschicht über uns hing, war es noch dunkel. Während wir uns in Dreiergruppen die Gletscherseile um die Taille banden, gab uns Otto noch letzte Anweisungen: ‹Ihr folgt mir also exakt im Gänsemarsch, dann bringe ich euch sicher hinauf.›

Wir zogen los. Nicht weit hinter unserer Behausung betraten wir den schneebedeckten Langgletscher. Otto führte uns in bedächtigem Bergführerschritt aufwärts, hinter ihm die Skiträger, gefolgt vom Tross der Läufer und zuhinterst Kurt. Das freudige

Geplauder verstummte bald. Aufmerksam und schweigend stapften wir empor, in unseren Rucksäcken die Marschverpflegung,
warme Reservekleidung sowie den aufgeteilten Proviant für das
Abendessen, das wir uns im Hotel besorgt hatten: Bratwürste und
Brot. Otto hatte noch für jeden Burschen ein Bündel Holz organisiert. Nichts war zu hören ausser dem Schleifen der Ski, dem
Klick-Klack der Stöcke und den knirschenden Schritten der Läufer. Immer wieder spähten unsere Führer mit Argwohn gegen den
Himmel, und ihre ernsten Blicke trafen sich. Wortlos stiegen wir
voran – immer höher.

Dann kam das Befürchtete: Aus den Wolken begannen Flo-
cken zu wirbeln, und aus dem Flockentanz wurde bald ein dichter Schneefall. Es schneite und schneite, sodass das Gehen immer
schwieriger wurde. Die Hoffnung der Skiträger auf ein leichteres
Vorwärtskommen für die anderen auf den Skispuren zerschlug
sich bald. Die Füsse der Läufer sanken immer tiefer ein – stets in
den Fussstapfen des Vordermannes – und bald war es nicht mehr
ein Steigen, sondern ein Emporkämpfen, Meter für Meter.

Da die Bergkulisse sich in Nebel und Schneetreiben verhüllte
und rundum nichts mehr zu erkennen war, wurde dieses mit Freude erwartete Erlebnis zu einem echten Albtraum. Der Aufstieg
schien kein Ende zu nehmen. Wir gönnten uns Verschnaufpausen
und Stärkung aus dem Rucksack, aber an ein Hinsitzen und Ausruhen war nicht zu denken. Renate und ein paar andere Mädchen
waren den Tränen nahe, denn sie befürchteten, dass wir die Hütte
nie finden würden. Unsere wollenen Mützen und Fäustlinge waren durchnässt und gefroren und so auch unsere Schuhe. Konis
Erkennungszeichen, ein grauer, breitrandiger Hut, war von einer
weissen Haube bedeckt. Mir, sonst immer zu einem Spässchen
bereit, waren die dummen Sprüche vergangen. Das sind die Momente, in denen Bergsteigen eine zähe Angelegenheit sein kann,
und man sich wundert, was zum Teufel einen denn so magisch
hinaufzieht.

Plötzlich wurde die Stille von einem rollenden Krachen durchbrochen. Das Adrenalin schoss mir durch die Adern, und unsere unruhigen, fragenden Blicke suchten Otto.

‹Das sind herunterstürzende Gletschermassen, die sich von den steilen Hängen des Beichgrates lösen›, erklärte er ohne dramatischen Unterton. Beschwichtigt stapften wir weiter. Nach vielen Stunden kräftezehrenden Aufwärtsringens durch immer tieferen Schnee, hörten wir Otto rufen: ‹Wenn es nicht schneien würde, könntet ihr rechts oben jetzt das Schinhorn sehen.›

‹Dann ist die Lötschenlücke nicht mehr weit›, rief Bruno zurück.

‹Und auch die Hollandiahütte nicht›, dachte ich aufatmend und träumte von einer warmen Stube. Eine Weile mussten wir uns den Widrigkeiten noch stellen, doch dann war es soweit: Müde, durchfroren und abgekämpft erreichten wir auf einem 3240 m hohen Bergvorsprung die völlig eingeschneite SAC-Hütte. Für uns Burschen hiess dies, uns nochmals anstrengen zu müssen, um die Türe freizubuddeln.

Die grosse, sonst so gastliche Hütte war leer und kalt, kein Hüttenwart anwesend, und doch hatten wir das Gefühl in einem Palast angekommen zu sein. Trotz Erschöpfung konnten wir noch nicht ausruhen, denn zuerst hiess es Feuer machen.

Flugs zündeten wir ein paar Petroleumlampen an. Beim Versuch, uns von den Gletscherseilen zu befreien, merkten wir, dass dies gar nicht möglich war, denn die Hanfseile waren durch die Nässe aufgequollen und gefroren. Im Handumdrehen machte unsere vor Kälte erstarrte Laune dem jugendlichen Humor Platz, besonders bei den Burschenseilgrüppchen, die eine Frau in der Mitte hatten, denn der Toilettenbesuch war auf diese Weise äusserst schwierig. Was für ein Gelächter!

Sogar aneinandergeknüpft brachten wir es fertig, trockenes Holz vom spärlichen Hüttenvorrat in den Ofen zu werfen – unsere mitgebrachten Bündel waren zu nass um zu brennen – zwei grosse Kessel auf das Feuer zu stellen und etliche Male mit Schnee zu füllen. Nur so hatten wir Wasser für Essen und Tee. Das heisse Getränk weckte nun vollends unsere Lebensgeister, und es wurde sogar gemütlich in der Hütte. So wie die trübselige Laune geschmolzen war tauten auch bald die Seile auf. Nun folgte emsige Betriebsamkeit am Herd.

‹Die Bratpfannen sind bereit, bringt eure Bratwürste!›, rief kurz darauf Hildi, ‹und eure Brote könnt ihr zum Auftauen auf die warme Herdplatte legen.›

Viel Zeit für Unterhaltung und Spässchen blieb vor dem Essen nicht, denn wir mussten unsere nassen Sachen zum Trocknen aufhängen. Da die Herdstange dafür nicht reichte, spannten wir über unseren Köpfen ein Gletscherseil quer durch den Raum. Um den Herd stauten sich unsere zu Eisklötzen erstarrten Schuhe. Überall kleine Pfützen. Ein paar holten die kalten Decken von den Schlaflagern und legten sie zum Aufwärmen über die Sitzbänke in der Stube.

Bald durchzog der Duft von gebratenen Würsten und geröstetem Brot den Raum und unser Abendbrot dünkte uns wie ein himmlischer Schmaus.

Edith kam mit dem Hüttenbuch anmarschiert: ‹Denkt daran, euch einzutragen. Übrigens ist es vor einem Monat einer kleinen Gruppe von Schülern aus Genf und ihren Begleitern auch so ergangen wie uns. Im Eintrag steht: *Ein grosses Dankeschön unseren beiden Bergführern, die, kaum hier angekommen, sich um unsere Buben kümmerten, welche aufgrund des tiefen Schnees und des Sturms völlig erschöpft waren. Was für eine Freude, eine einladende Hütte zu finden, wenn man mit den entfesselten Elementen kämpft.*›

Unsere drei Führer waren sich einig, dass, auch wenn es aufhören sollte zu schneien, eine Fortsetzung der Tour zur Äbni Flue am nächsten Tag ein Ding der Unmöglichkeit war. Otto knüpfte seine nun aufgetauten Schuhbänder auf: ‹Ich bin froh, wenn ich euch morgen alle wieder heil hinunter bringe.›

Bis in die Knochen müde, suchten wir unsere Schlafplätze auf. Die Matratzen waren klamm. Viel geschlafen habe ich nicht in dieser Nacht, denn die Anspannung durch unser Erlebnis ebbte nur langsam ab. Auch war mir kalt, und ich war froh um meine trockene Reservekleidung, hauptsächlich um die dicken Socken und die zweite Wollkappe. Oft sind sie nicht besonders erholsam, die Nächte auf Hütten im Hochgebirge, und meistens enden sie genau dann, wenn man es endlich geschafft hat einzuschlafen.

Der Morgen präsentierte uns eine weisse Wand vor den Fenstern und die Hütte tief im Schnee eingebettet. Der erhoffte Blick auf den Aletschgletscher war uns nicht vergönnt, und die vielgepriesene Schönheit des Konkordiaplatzes konnten wir uns nur vorstellen.

Der Abstieg ins Tal gestaltete sich nicht ganz so schwierig wie der Aufstieg. Für Otto galt, uns den bestmöglichen Weg über die geschlossene Schneedecke zu bahnen. Es war ein Hinuntertasten, auch für uns Skiträger. Hinunterfahren war unmöglich. An den sanften Mulden konnte man Gletscherspalten erahnen und wir waren alle froh um Otto, der das Gelände kannte und um die Gletscherseile, die uns, aneinandergebunden, das Gefühl der Sicherheit gaben.

Wieder heil in unserem Domizil angekommen und vom heissen Tee durchwärmt, wurde uns bewusst, dass uns ein ungewöhnlich starkes Bergerlebnis beschieden worden war, das wir so nicht aufgesucht, aber jetzt, da wir es bewältigt hatten, auch nicht abgelehnt oder verwünscht hätten. In diesem Tourenlager hatten wir nicht das Glück die grossartige Bergwelt des Lötschentals so zu erleben wie erhofft, aber wir empfanden die Befriedigung einer selbst gestellten Herausforderung nicht nur gewachsen zu sein, sondern sie mit unseren Kameraden bravourös gemeistert zu haben.»

∽◌◔

KARGE STUDENTENJAHRE

«Herman Hesse war genial», sage ich voller Bewunderung aus meiner Leseecke, als Alex das Wohnzimmer betritt.

«Das war er tatsächlich. Was liest du denn gerade?»

«Den ‹Peter Camenzind›, hör dir das mal an:

> ‹In einem neuen Bukskinanzug und mit einer kleinen Kiste voll Bücher und sonstiger Habe kam ich angefahren, bereit mir ein Stück Welt zu erobern … Drei wundervolle Jahre wohnte ich in derselben weithinblickenden, windigen Mansarde, lernte, dichtete, sehnte mich und fühlte alle Schönheit der Erde mich mit warmer Nähe umgeben. Nicht jeden Tag hatte ich etwas Warmes zu essen, aber jeden Tag und jede Nacht und jede Stunde sang und lachte und weinte mir das Herz, einer starken Freude voll, und hielt das liebe Leben heiß und sehnlich an sich gedrückt.›

«Und weiter hinten kommt eine Stelle, wo er heult und schreit wegen eines Liebeskummers. Ein wenig wie *deine* Zürcher Studentenjahre, nicht wahr?»

Alex streicht mir mit seiner Hand amüsiert über den Kopf: «Nicht gerade so romantisch – und auch nicht so dramatisch, was den Liebeskummer betrifft. Meine Angebetete, Hanna, hat mir tatsächlich Herzeleid bereitet. In die war ich sehr verliebt, und sie hatte mir zu verstehen gegeben, sie auch in mich. Wie du dir vorstellen kannst, war alles sehr unschuldig, und unser Verliebtsein ging nicht über ein Küsschen und Hänchenhalten hinaus. Doch dann zog sie sich plötzlich zurück. Sie hatte hochfliegende Pläne und wollte etwas Besseres als mich – einen Arzt. Sie wollte die Frau eines Arztes werden.»

«Das nenne ich Hochmut», sage ich entrüstet und schüttle vor Unverständnis den Kopf. «Du hattest vor, Ingenieur in Elektrotechnik zu werden, das ist doch etwas. Auf jeden Fall bist du nach der Kanti an die Eidgenössische Technische Hochschule in Zürich gegangen, eine der renommiertesten Schulen auf der ganzen Welt und hast in Hochfrequenz diplomiert.»

‹So ist es.›

Das bringt meine Gedanken von Alex' Herzenskummer auf seine anderen Herausforderungen, und der damaliger Umbruch steht mir plötzlich vor Augen: «Das muss schon ein einschneidendes Ereignis gewesen sein, dieses Studium, denn früher ist man ja nicht jeden Tag zwischen Zürich und St. Gallen hin und her gefahren.

«Auf keinen Fall. Studierende mussten sich ein Zimmer nehmen», erwidert Alex. «Doch bevor ich an die ETH kam, musste ich am 9. Juli 1947 einrücken. Ich wurde nach Bern geschickt, in die kriegstechnische Abteilung, zur Schulung der Elektroniker und Funker. Wir waren nur vierzehn Leute in der Rekrutenschule, aber alles Fachleute. Dadurch bin ich vierzehn Tage zu spät an die ETH gekommen. Das habe ich aber wettgemacht, indem ich für diesen Vorlesungsverlust vorgearbeitet habe.

Ich legte den ‹Peter Camenzind› zur Seite und lehnte mich aufmerksam zurück.

«Am Sonntagabend fuhren immer alle Studenten aus meiner Umgebung mit dem 20 Uhr Zug nach Zürich. So haben wir fast einen ganzen Wagen belegt und hatten es lustig. In Zürich ging dann jeder in seine Logis, und am Samstag fuhren wir wieder heim.»

«Wie war das denn damals, hat man das Studium selber bezahlen müssen?»

«Ja, die Studiengebühren waren aber nicht sehr hoch für die Schweizer.»

«Die Zeiten waren hart», kommentiere ich, «und eine Pension oder Rente für deine Mutter gab es ja damals noch nicht. Konntet ihr euch das denn leisten?»

«Doch, doch, Mutter und ich hatten ja pro Jahr die schon erwähnten circa 5'000 Franken von den Bankzinsen und den Mieteinnahmen zum Leben. Das entspricht heute etwa 40'000 Franken. Damit sind wir schon ausgekommen. Ein bisschen etwas vom Vermögen mussten wir leider abbauen. Damals lebte man überdies viel genügsamer. Ich hatte oberhalb der ETH, in der Susenbergstrasse 56, eine billige Studentenmansarde unter dem Dach. Früher hausten die Dienstboten in solchen Kammern, erreichbar über steile Treppen und nicht beheizbar. Ich musste meine Zimmertüre offenlassen, damit die Wärme von unten heraufsteigen konnte. Man stellte mir zwar einen kleinen Ölofen zur Verfügung, aber ach, das war immer ein Zeug. Bis es so richtig warm geworden ist, war es Zeit, ins Bett zu gehen, und dann wurde es zu heiss. Warmes Wasser gab es auch keines. Damit habe ich mir einiges erspart. Aber während des Studiums hat man halt nichts verdient, musste auswärts essen, und brauchte auch Geld für sonstige Notwendigkeiten. Im Studentenheim konnte man relativ günstig essen. Ich glaube, dort kostete es Fr. 1.40. Dann gab es alkoholfreie Restaurants, geleitet von einem Frauenverein. Eines davon war grad gegenüber. Dort wurden zwei Menus angeboten, eines für

Fr. 1.10, das hat man so die Woche durch genommen und eines für Fr. 1.80, das hat man sich ab und zu mal geleistet. Da konnte es vorkommen, dass dir eine mütterliche Serviererin ein extra grosses Stück Brot brachte. Drum ist es immer gut, wenn man nett mit der Bedienung ist, gell», fügt er schmunzelnd hinzu.

Die Schule selber war natürlich hervorragend. Da gab es einen Experimentalphysiker, den Paul Schärer. Was der uns gezeigt hat war phänomenal. Oder Professor Saxer, ein ganz genialer Mathematiker. Fünfhundert waren wir in seinen Vorlesungen, stell dir das vor.

Ich erlebte eine schöne und interessante Zeit an der ETH, doch gegen Ende des Studiums passierte etwas Fürchterliches.»

Gespannt mustere ich Alex' Gesicht, das einen ernsten Ausdruck angenommen hat.

«Als ich nach einem Wochenende zuhause wieder nach Zürich gefahren war, erfuhr ich, dass Paul S., ein Studienkollege und genialer Mathematiker, in den Bergen abgestürzt war. Da ging es mir eine ganze Weile miserabel, denn ich hatte ihn sehr geschätzt, als Mensch und als Teampartner. Ein paar Wochen zuvor hatten wir angefangen zusammen die Semesterarbeit vorzubereiten; er als Theoretiker und ich als Praktiker.

Nun musste ich die Arbeit alleine vorbereiten und präsentieren, doch ohne Paul kam ich nicht so recht vorwärts. Unsere Aufgabe war, eine Untersuchung für Multivibratoren zu machen, und nun sass ich alleine im Labor, hatte keine Ansprechperson, und Inspirationen stellten sich auch keine ein. Am Schluss brachte ich es doch noch zeitlich fertig, für beide Teile, den mathematischen und den praktischen, ein bisschen etwas Gescheites abzugeben. Auf grosse Begeisterung stiess ich damit aber nicht.»

«Am Ende hast du aber doch mit einem fulminanten Abschluss brilliert, nicht wahr?»

«Schon, ja. Ich kann sagen, ich war ein fleissiger Student. Besondes für das Schlussdiplom habe ich es wirklich ins Extreme getrieben. Zwei Tage lang davor liess ich keinen anderen Gedanken in meinen Kopf. Ich durfte nichts mehr Neues dazu lernen, nur die Zusammenfassung und wichtigsten Punkte vom eigentlichen Stoff in der Tasche haben und ab und zu einen Blick darauf werfen. Ich durfte weder Zeitung noch Buch lesen, mit niemandem reden und vor allem nicht andere fragen: ‹Was habt ihr denn in der Prüfung gehabt?› Nichts. Keine Kontakte, rein gar nichts.»

«Was hast du dann gemacht? Nur noch geschlafen?»

«Gegessen, geschlafen, spaziert und zwischendurch die Notizen gelesen, aber nicht verkrampft.

Bei der Diplomarbeit durften wir zu zweit arbeiten. Zum Glück hatte ich wieder einen begnadeten Mathematiker als Partner bekommen; wiederum war er der Theoretiker und ich der Praktiker. Nachdem wir unsere Aufgabe bekommen hatten, fing er an zu rechen – kein Problem. Allerdings wusste er nicht wie man das Ding zusammenstellt. «Das ist doch ganz klar», sagte ich, habe zusammen mit dem Assistenten, die Teile besorgt und das Einseitenbandmodulationsding zusammengebaut – und es hat funktioniert! Somit hat er die Berechnungen gemacht, und ich habe sie umgesetzt. Ich konnte nicht nachvollziehen was er gerechnet hat, das war so kompliziert, aber das Resultat unserer beider Bemühungen war beinahe ein Kunstwerk.» Alex lacht: «Dafür haben wir eine 5½ bekommen. Da waren wir sogar ein wenig empört, dass wir für unsere Leistung keine 6 erhielten.»

«Du hast also die ETH, wie man so schön sagt, mit fliegenden Fahnen absolviert.»

«Ja, das kann man so sagen. Von den 150 Absolventen war ich unter den drei Besten», fügt er mit verhaltenem Stolz hinzu.

«Dann hattest du das heiss ersehnte Papier ‹Diplom Ingenieur ETH› in der Tasche und hast danach nicht das Sahnehäubchen darauf gesetzt, nämlich den Doktor gemacht? Das wäre doch ein Pappenstiel für dich gewesen.»

«Das wollte ich anfänglich tatsächlich, aber du, *loos amol*, ich dachte: ‹Jetzt hat man mir eine Stelle bei Schindler in St. Gallen angeboten, mit einem unerhört guten Gehalt, 620 Franken im Monat, und wohnen kann ich zu Hause bei der Mutter. Die BBC und alle anderen bezahlen viel weniger, im Maximum 550 Franken, und zusätzlich müsste ich auswärts eine Unterkunft bezahlen. Jetzt arbeite ich ein paar Monate dort, und später kann ich immer noch zurück nach Zürich›. Und dann bin ich hängengeblieben. Dazu muss ich sagen, dass die Phil-Einer, jene die Sprachen, Geschichte oder Philosophie an der Uni studierten, meistens doktoriert haben, die ETH Absolventen, also die Phil-Zweier, die Naturwissenschaftler, aber selten.»

DIE GEHEIMNISVOLLE HÄNGEMAPPE

Ich öffne die Hängemappe, die Alex im Verlauf des Geschichtenerzählens schon ein paarmal hinzugezogen hat – neugierig, welche weiteren Schätze sie wohl enthalte. Der Inhalt war, wie bereits angekündigt, ein Sammelsurium von allen möglichen Dokumenten, Briefen, Gedichten – die neuesten oben auf. Bis weit zurück hat er Korrespondenz aufbewahrt, die ihm etwas bedeutet. Ich stöbere – dann stosse ich auf ein Gedicht:

> ‹An Hanna   2. 5. 1951
> Und wenn ich auch vergeblich warte,
> auf einen Gruss von Dir, …›

«Bist du sicher, dass ich das lesen darf», vergewissere ich mich bei Alex und lege das Gedicht vor ihn auf den Schreibtisch, wo er gerade die heutige Post öffnet.

«Ja, das darfst du», sagt er. «Manches in dieser Mappe war einmal sehr privat, aber das ist alles schon lange her.»

«Mag sein, aber das Gedicht an diese Frau berührt mich auch heute noch:

‹Und, wenn ich auch vergeblich warte,
auf einen Gruss von Dir,
so send ich Dir doch diese Karte,
klopf bald an Deine Tür.
So sieht man es aufs Neue,
dass grösser ist der Männer Treue!›

Sie war es, in die du so verliebt warst, nicht wahr?»

«Ja.»

Ich warte, aber da kommt nicht mehr: «Und, was hast du gemeint mit ‹Klopf bald an deine Tür›?»

Alex legt den Brieföffner nieder. «Das kann ich dir nicht in einem Satz beantworten.»

«Schön», sage ich, «wie du weisst, bin ich immer für Geschichten bereit. Hast du nach dem Mittagessen Lust und Zeit dafür?»

«Ich glaube, da komme ich nicht drum herum», erwidert er, und ein Lächeln umspielt seine Lippen.

«Wie du im Gedicht gesehen hast, war es Anfang Mai 1951», beginnt Alex, nachdem ich das Geschirr weggeräumt habe. «Blimp hatte mich überraschend in meiner Studentenbude angerufen. Er habe Kurt, einem gemeinsamen Bergkameraden, kurzfristig zugesagt, mit ihm ein Auto in der Autofabrik Renault in Billancourt bei Paris abzuholen. Übrigens habe Kurt die hübsche Ruth aus der JO geheiratet – sie komme ebenfalls mit. Hingefahren werde mit dem Zug, am Samstag, den 12. Mai. Weil die Fahrt auf das lange Pfingstwochenende falle, wollen sie noch drei Tage dranhängen, um Paris zu besichtigen. Das komme jetzt ziemlich überraschend, sagte er, aber er dachte, ich hätte vielleicht Spass daran mitzukommen.»

«Und du hast zugesagt.»

«Ja, ich musste nicht lang überlegen. Diese paar Tage weg vom Alltag kamen genau zum richtigen Zeitpunkt, ich brauchte Abstand. Und eines war sicher, wo und wann immer Blimp sich beteiligte, war das Vergnügen garantiert. Obwohl Krieg herrschte, als wir in der JO zusammen manchen Gipfel stürmten oder im Winter auf Skiern schneebedeckte Hänge hinuntersausten, waren es für uns herrlich freie Jahre, und diese gemeinsame Zeit hat eine tiefe Verbundenheit zwischen uns geschaffen. Was haben wir fabuliert, philosophiert und gelacht. Doch das Studium hatte eine unvermeidbare örtliche Distanz zwischen uns geschoben, und ich freute mich darauf, mit meinen Freunden ein paar fidele Tage zu verbringen.»

«In meinen Vorbereitungen auf Paris musste ich, allem voran, eine wichtige Sache erledigen, nämlich Hanna informieren. Obwohl sie auf Abstand gegangen war, wollte ich sie in Paris treffen. Ich schrieb ihr mein Ankunftsdatum und den Spruch, den du gerade gelesen hast. Dann überprüfte ich noch einmal ihre momentane Pariser Adresse und warf die Karte voller Hoffnung und verhaltener Vorfreude in den Briefkasten.»

Die nachmittägliche Sonne hat ein Loch in den aufgetürmten Wolken gefunden, wirft leuchtende Strahlen durch unser Stubenfenster und zieht einen goldenen Schleier über die Einrichtung.

Alex ist ganz in die Vergangenheit gerutscht. Es musste etwas Besonderes passiert sein in Paris. Seine Erzählung wird zum langen Monolog, und ich hüte mich, ihn mit Fragen zu unterbrechen, damit nichts von den Details und den Gefühlen, die da immer noch mitschwingen, verlorengehen.

FRÜHLINGSZAUBER
IN PARIS

«Der Tag der Abreise, dem ich wegen Hanna mit gemischten Gefühlen entgegengesehen hatte, war gekommen. Blimp und ich bestiegen den Zug gemeinsam in Zürich. Kurt und Ruth wollten erst in Basel zu uns stossen, wo wir ohnehin umsteigen mussten. Nachdem wir zum französischen Bahnhof ‹Bâle SNCF› hinübergelaufen waren, hielten wir Ausschau nach den beiden.

‹Hoi Sasu, hoi Blimp›, hörten wir rufen und entdeckten hinter uns Kurts blonden Schopf. Immer noch so drahtig wie früher lief er lachend und mit einer Zeitung wedelnd auf uns zu. Eine grosse Reisetasche schleppend folgte ihm die zierliche Ruth, die mich auch jetzt wieder an Elisabeth Taylor erinnerte. Es gab eine ausgelassene Begrüssung.

Dann schlug ich Alarm: ‹Die Lokomotive wird gerade angeworfen. Dieser Krach! Und schaut mal in den Himmel – überall Russpartikel. Lasst uns schnell einsteigen, sonst sehen wir bald aus wie Kaminfeger.›

‹Dass man hier immer noch nicht auf Strom umgestiegen ist›, brummte Kurt.

Wir erklommen die hohen Holztreppen und suchten, Blimp allen voran, ein leeres Abteil.

‹Hierher›, rief er, gab uns ein Zeichen mit der Hand und verschwand durch eine Türe. Bald sassen wir gemütlich beisammen, und Blimp zog eine Weinflasche aus dem Koffer mit dem Kommentar: ‹Wir haben doppelten Grund zu feiern, unser Treffen und unser Hotel.›

‹Was meinst du damit?›, fragte Ruth aufhorchend.

‹Ich habe zwei günstige Zimmer für uns Bettelstudenten aufgetrieben und reserviert. Ihr werdet nicht glauben wo: im Luxuskasten, ‹Hotel Ambassador›. Die Zimmer sind allerdings sehr klein und ganz oben unter dem Dach. Aber das enge Zusammenrücken ist ja nichts Neues für uns. Wir haben es ja oft genug in den Berg- und Skitourenlagern geübt.›

‹Jaaa!›, ertönte es laut und einstimmig.›

‹Je enger, desto lustiger›, warf Ruth augenzwinkernd ein.

Blimp reichte die gefüllten Becher herum, wir stiessen mit den verschiedensten Trinksprüchen an und brachten uns gegenseitig auf den neuesten Stand der Dinge.

‹Meinen Grund nach Paris zu fahren kennt ihr schon›, sagte Blimp: ‹Mit dir, Kurt, das Auto abzuholen, und so viel von der Stadt zu sehen, wie sich in drei Tagen schaffen lässt.›

‹Und *ich* dachte›, fügt Kurt hinzu, ‹wir könnten die Gelegenheit nutzen, zusammen die Kunstwerke im ‹Louvre› unter die Lupe zu nehmen. Dass du, Sasu, Interesse daran haben könntest, habe ich darum vermutet, weil du vor zwei Jahren eine Kunstreise mit deinem Farbenbruder Illo nach Rom und Neapel unternommen hast. Wie ist das bei dir Blimp? Könnte der ‹Louvre› zu deiner Idee eines Paris-Wochenendes passen?›

‹Oh, ihr zwei Schöngeister›, kam etwas trocken zurück, ‹warum nicht.›

‹Was mich betrifft, so wollte ich bei einem Parisbesuch natürlich dabei sein.›, kommentierte Ruth. ‹Diese Stadt hat ja auch Frauen viel zu bieten. ‹Aber du, Sasu›, sie hatte sich mir zugewandt, ‹was hat denn dich bewogen, so kurz vor deinem ETH-Abschluss ein paar Tage auszureissen?›

‹Eigentlich habe ich zwei Gründe›, antwortete ich. ‹Es ist mir im Studium gerade alles ein wenig zu viel geworden. Und ein paar Tage Pause kann ich mir erlauben.›

‹Und der zweite Grund?›, bohrte Ruth weiter, schob sich ein paar braune Locken aus der Stirn und machte eine gespannte Mine.

Ich zögerte mit meiner Antwort: ‹Der zweite Grund ist eigentlich der erste.›

‹Was?› Blimp schaute herüber vom Fenster, wo er gerade die vier Becher auf dem Tischchen aufs Neue füllte.

‹Ihr kennt meine Herzensgeschichte mit Hanna›, antwortete ich. ‹Seit Monaten geht es nun auf und ab. Ich verehre sie sehr, aber sie lässt mich nicht ganz an sich heran, aber auch nicht ganz los.›

‹Das würde ich nicht verehren nennen, sondern, bis über beide Ohren verschossen, mein lieber Freund›, sagte Blimp mit gefühlvoller Stimme, ‹und übrigens habe ich die Allüren dieser Dame schon durchschaut. Was hat sie denn mit Paris zu tun?›

‹Sie wohnt für ein paar Wochen bei einer Tante dort, um ihr Französisch aufzupolieren.›

‹Und nun willst du sie besuchen?›, riefen Kurt und Ruth fast gleichzeitig.

Ich nickte, fühlte mich aber ertappt: ‹Übrigens fahre ich nicht mit euch im Auto zurück. Ich habe ein Retourbillett gekauft und bleibe ein paar Tage länger.›

‹Nimm einen kräftigen Schluck von dem›, Blimp reichte mir den vollen Becher, ‹sie verdient dich nicht.›

‹Ich habe eher das Gefühl, sie meint es umgekehrt. Schliesslich kommt sie aus gutem Hause und hat hohe Ansprüche›, sagte ich etwas kleinlaut.

‹Also bitte›, konterte Kurt, ‹auch du kommst aus gutem Hause und hast Zukunft.›

‹Und weisst du, was du noch hast?›, rief Blimp aufgebracht. ‹Muss ich dich denn wirklich daran erinnern? Charme! Du brauchst doch diesen Quatsch nicht. Wo bleibt dein Selbstvertrauen bei den Frauen?›

‹Charme hin oder her, ihr wisst aber auch, dass ich das weibliche Geschlecht achte, und viel von der Treue halte, der Männertreue.›

‹Ja, ja, aber nun genug mit diesen ernsthaften Gesprächen›, Blimp fuhr mit dem Arm durch die Luft, als wolle er etwas wegwerfen. ‹Schliesslich sind wir unterwegs nach Paris, und übrigens, wenn ich mit euch in den ‹Louvre› soll, müsst ihr mit mir ins ‹Moulin Rouge›.›

Dieser Handel wurde mit Lachen und Klatschen quittiert.

Dann senkte Kurt seinen Kopf, und schaute mich von unten herauf an: ‹Bevor es zu lustig wird, muss ich mir aber noch etwas von der Seele reden, oder besser gesagt dir beichten, Sasu – es herrscht gerade die richtige Stimmung.›

‹Oh, oh›, kam von Blimp und mir.

‹Kannst du dich an Lilo erinnern, die du damals bitten wolltest dein Besen auf dem Maturaball zu sein.

‹Jaaa?›, entfuhr es mir, nichts Gutes ahnend.

‹Also, damals war *ich* derjenige, der über beide Ohren verliebt war, nämlich in diese Lilo, und ich wusste, ich muss dir zuvorkommen mit fragen.›

‹Aaah, nun verstehe ich ihren plötzlichen Sinneswandel und die kalte Schulter. Es sei dir verziehen›, sagte ich mit einem Hauch von Grosszügigkeit.

‹Wenn wir grad beim Beichten sind, Sasu›, Blimp warf mir einen gekünstelten Augenaufschlag durch seine Hornbrille zu.

‹Auch du, Brutus, du!›, rief ich theatralisch.

‹Du wirst dich noch an unser gemeinsames Skilager vor fünf Jahren im Graubünden erinnern.›

‹Mit Hochgenuss›, sagte ich, und es kamen mir Bilder von Purzelbäumen im Pulverschnee, gebrochenen Skispitzen und unvergesslichen Lagerabenden mit Tanz und gewieften Pfandspielen zwischen Mädchen und Buben, wo wir unsere ersten köstlichen Küsse erbeuteten.

‹Und du weisst noch, dass du dir im Geheimen, mit ziemlichem Aufwand, in einem Nebenschuppen eine Sauna gebaut hast.›

‹Natürlich›, antwortete ich verwundert.

‹Aaaalso›, sagte Blimp langgezogen und machte eine Pause, ‹so geheim war das gar nicht. Die Susi ...›

Ich hob meine Augenbrauen in böser Vorahnung: ‹Du meinst wohl die freche Susi?›

‹Genau, die freche Susi hatte irgendwie Wind bekommen von deinem Plan, wollte dich suchen und dich in deinem Versteck aufscheuchen. Um Kontrolle über die Situation zu haben und Schlimmstes zu verhindern, erklärte ich mich einverstanden, sie zum Schuppen zu führen. Sie machte aber nur mit, wenn ihre zwei Freundinnen, Brigitt und Heidi, auch mitkommen durften. So habe ich den Mädchen dein Versteck verraten und sie durch den Türspalt güggseln lassen. Ein bisschen etwas Erhofftes mussten sie gesehen haben, bevor ich die Türe wieder schloss, denn sie haben angefangen fürchterlich zu kichern.›

‹Oh, là, là›, kam schmunzelnd von Ruth.

‹Schande, Schande›, rief ich aus, Entsetzen vortäuschend, ‹das sind also meine Freunde.›

‹Und du›, kam schnell von Kurt, ‹hast du nichts zu beichten?›

‹Nicht, dass ich wüsste›, schnaufte ich mit aufgesetzter Entrüstung.

‹Es ist noch nicht aller Tage Abend›, meinte der etwas lebenserfahrenere Blimp. ‹Warte bis nach deinem Parisaufenthalt, dann hast du vielleicht auch etwas zu beichten.›

Die anderen beiden nickten beipflichtend.

Wir hatten bereits eine grosse Strecke hinter uns, und Paris war nicht mehr weit. Das stete Rütteln des Zuges wirkte hypnotisch, und auch das viele Erzählen hatte uns ein wenig müde gemacht, sodass wir ein Weilchen still wurden. In meinem Kopf rasten die Gedanken aber voraus.

‹Es rattern die Wagen, es pocht auch mein Herz,
wem soll ich denn klagen stillnagenden Schmerz?
Die Bäume sie fliehen, es fiebert mein Sinn.
Gedanken sie ziehen zur Geliebten dahin.
Dörfer entschwinden; entfliehst Du wie sie?
Werd ich Dich je finden, oder hasch ich Dich nie?›

Der Zug kam im ‹Gare de l'Est› an. Blimp war schon auf den Bahnhofsplatz hinaus geeilt und verhandelte mit dem Chauffeur eines grossen, altmodischen, schwarzen Monsters von Taxi mit einem Trittbrett: ‹Hôtel Ambassador, Boulevard Haussmann›, hörten wir ihn sagen.

‹Très bien Monsieur›, antwortete dieser, stieg aus und öffnete galant die Wagentüren für uns.

Auf der Fahrt konnten wir unsere Köpfe nicht schnell genug drehen, um alles zu sehen: prächtige Monumente, gewaltige Brücken und belebte, von knorrigen alten Bäumen gesäumte Boulevards. Wir kurvten um die Oper und hielten vor einem imposanten Gebäude.

‹Hôtel Ambassador›, rief der Fahrer.

‹Magnifique›, stiess Ruth aus, ‹und du sagst, das können wir uns leisten, Blimp?›

‹Ja, ja›, bestätigte dieser, ‹wir wohnen ja praktisch im Dachboden.›

Wir konnten alle vier ein wenig französisch. Trotzdem waren wir froh, dass Blimp die Anmeldung übernahm. Er hatte ja schliesslich auch alles telefonisch eingefädelt. Der freundliche Herr im Empfang rief dem Fräulein an der Bar zu: ‹Sylvie, avez-vous une minute?›

‹Tout de suite›, gab sie zurück und kam auf uns zu.

‹Würden Sie bitte diese Herren zu den Zimmern 806 und 807 führen. Der Weg dorthin ist etwas verwinkelt und schwer zu finden.›

Zum Glück gab es einen Lift. Wir fuhren immerhin acht Stockwerke hoch.

‹Voilà Messieurs, hier sind Ihre Zimmer›, sagte die hübsche junge Dame mit kastanienbraunem, hochgestecktem Haar, sperrte auf und übergab Kurt und Blimp die Schlüssel. ‹Es ist etwas eng, aber sie haben eine wunderbare Aussicht›, sagte sie auf die Fenster weisend.

Blimp machte eine tiefe, galante Verbeugung und schwenkte einen imaginären Hut. ‹Merci, ma jolie Demoiselle›, entwich schmeichelnd seinen Lippen.

‹Pas de quoi›, antwortete sie kühl, lächelte über ihn hinweg und verliess auf ihren hochhackigen Schuhen elegant den Raum. Es blieb ein Duft von Veilchen.

‹Von wegen Charme, mein Lieber, du bist ja förmlich über deine eigenen Füsse gestolpert›, bemerkte ich mit einem Augenzwinkern.

‹Richtig, ich bin der, der sich bemüht hat, aber angelacht hat sie dich.›

Das Kommentar ignorierend, kümmerte ich mich um meinen Koffer. Mit lediglich zwei Betten, einem Kasten und zwei Stühlen war das Zimmer in der Tat sehr nüchtern eingerichtet. Luxus wurde hier oben keiner angeboten, doch die Ambiance des Hauses stimmte, und von unserem Zimmer aus hatte man wahrlich eine fabelhafte Aussicht über die Dächer von Paris – bis hinüber zum Eiffelturm.

Viel von unserem ersten Ferientag blieb nicht übrig, so bummelten wir vor dem Hotel den Boulevard Haussmann entlang und nahmen die ersten Eindrücke dieser Stadt auf. Zahllose Bistros mit riesigen Marquisen reihten sich an Boulangerien, Gemüse- und Fischständen sowie Boutiquen. Besonders auffallen waren für uns Kleinstädter die vielen Menschen. Einige liefen eilig irgendwo hin, andere sassen plaudernd oder rauchend in Cafés. Da und dort küssten sich Paare. Auf einem verstopften Verkehrsknotenpunkt stand ein Gendarm mit einer hohen runden Mütze, die eher aussah wie eine Hutschachtel. Wild mit einem weissen Schlagstock gestikulierend, versuchte er dem heillosen Verkehr Herr zu werden.

Der nächste Morgen präsentiere sich mit einem strahlend blauen Himmel. Als ich das Fenster öffnete, wehte mir die Morgenluft um die Nase, und ich war überzeugt, sie rieche echt pariserisch. Während der Nacht hatte es ein wenig geregnet, sodass die Strassen wie frisch gewaschen aussahen. Voller Tatendrang steckte ich den Stadtplan in die Manteltasche, eilte zum öffentlichen Telefon im Erdgeschoss, und machte mutig einen Versuch, meine

Herzensdame erst einmal telefonisch zu erreichen. ‹Elle n'est pas la›, sagte mit ernstem Ton eine ältere Frauenstimme am anderen Ende. Mein Französisch musste nicht brillant sein, um zu verstehen, dass Hanna nicht dort ist. Ich würgte meine warnende innere Stimme ab und sagte fahl: ‹Ich werde es später wieder versuchen.›

Dann begab ich mich, mit einem nagenden Wurm im Herzen, ins Restaurant, um die anderen zum Frühstück zu treffen. ‹Nur keine Missstimmung aufkommen lassen›, nahm ich mir vor. Möglicherweise ist die Tante Schuld an allem. Vielleicht richtet sie Hanna meine Grüsse gar nicht aus.

An der Bar klapperte eine Kaffeemaschine. Die attraktive Sylvie von gestern Abend war wieder da. Sie brachte uns Kaffee und einen Korb voll herrlich duftender Croissants.

Blimp hob die Tasse und schaute in die Runde: ‹Und, wie sieht es aus? Was sind die Pläne?›

‹Ich glaube, die Tante richtet Hanna meine Nachrichten nicht aus und lässt vielleicht sogar meine Post verschwinden›, sagte ich verzagt. Ratlos, wie ich weiter machen soll, starrte ich vor mich hin. Dann kam mir ein Geistesblitz. ‹Ich werde sofort persönlich hingehen und die Sache ein für alle Mal klären›, verkündete ich, und biss heldenhaft in ein Croissant.

‹Hier kommt ein Vorschlag›, warf Kurt nüchtern ein: ‹Wir begleiten dich, und je nach Ausgang der Geschichte bleibst du bei Hanna, und Ruth, Blimp und ich gehen auf Stadtbesichtigung. Oder ...›, Kurt hebt befürwortend einen Zeigefinger, ‹oder wir verbringen den Tag zu viert. Was meint ihr?›

‹Geniale Idee›, antwortete ich begeistert. Der Vorschlag munterte mich auf: ‹Einer für alle, alle für einen.›

Bald waren wir auf der Rue Victor Hugo. Meine drei Begleiter warteten an der Strassenecke, und ich ging alleine zur Höhle des Löwen. Auf mein Läuten wurde die Türe von einer älteren Dame geöffnet.

‹Bonjour Madame›, sagte ich, ‹je suis Sasu.›

‹Ah, mon cher›, sagte sie und kam einen Schritt näher. Mit beiden Händen fasste sie die meine, die ich ihr zum Gruss hingestreckt hatte, und sah mich mit einem Ausdruck des Bedauerns an. Viele Worte brauchte es nicht. Ich wollte wissen, ob sie mir versichern könne, dass wirklich Hanna hinter der Funkstille und den verschleierten Zurückweisungen stecke.

Sie nickte: ‹Je vous l'assure›, sagte sie gedämpft und drückte mir noch einmal empathisch die Hand. Die bislang unausgesprochene Botschaft kam an. Hanna wollte nichts mehr von mir wissen.

Gute Miene zum bösen Spiel machend, kehrte ich zu meinen Freunden zurück. Gut, dass sie mitgekommen waren. ‹Auf ins Abenteuer!›, rief ich von Weitem. Sie stellten keine Fragen; ich musste nichts erklären. An diesem Abend aber schrieb ich in mein Reisetagebuch:

> ‹Euch Göttern klag ich meine bedrückende Lage
> und bitte um Hilfe bevor ich verzage.
> Wohin mit den Tränen, dem schrecklichen Leid.
> Bewirkt Euren Zauber und sendet mir Freud.›

Alle vier hatten wir Paris noch nie gesehen, und so standen die üblichen Sehenswürdigkeiten auf unserer Liste wie der Eiffelturm, der Triumphbogen auf der Champs-Élysées und natürlich der Louvre. Abends schlenderten wir über Kopfsteinpflaster durch malerische Gassen mit ihren kleinen Teesalons oder nahmen einen Espresso in irgendeinem der unzähligen Cafés. Und überall das lockere Ambiente – herrlich.

Es war uns klar, dass Ruth Tuchfühlung mit der Pariser Mode machen wollte. Was ihren Geldbeutel betraf, so waren die ‹Galeries Lafayette› naheliegend, doch für das Auge lockten sie die bekannten Modeboutiquen auf der Rue du Faubourg. So begleitete Kurt sie ein paar Stunden auf einen Einkaufs- und Schaufensterbummel, während Blimp und ich, nicht weit davon entfernt, zum Pont

Alexandre spazierten, die schönste und aufwendigst dekorierte Brücke der Stadt. Hinterher trafen wir uns in einem zuvor abgemachten, für seine Küche bekannten Restaurant, um auch einen echt französischen Gaumengenuss zu erleben.

Am dritten Abend gings ins ‹Moulin Rouge›. Blimp hatte recht: Diesen Spektakel muss man gesehen haben wenn man in diese Stadt kommt. Die verschiedensten Künstler beeindrucken uns mit ihren Darbietungen, doch das Highlight waren natürlich die schönen Cancantänzerinnen. Mit viel, viel Haut, opulenten Kostümen, Federn und Strass unterstrichen sie aufreizend ihre Weiblichkeit.

Der Champagner tat das seine, und so waren Blimp und ich hinterher so aufgekratzt, dass wir nicht sofort ins Hotel zurückwollten. Während Kurt und Ruth entschieden schlafen zu gehen, bummelten Blimp und ich weiter durch die Strassen von Montmartre, und kamen zu einem Lokal, wo ein als Priester verkleideter Typ vor der Türe stand und uns animierte einzutreten. Drin zeigten weitere sogenannte Priester Projektionen von nackten Frauen und predigten dabei, wie sündhaft und verwerflich die Menschheit sei. Dann entschlossen wir, endlich schlafen zu gehen. Doch auf dem Weg ins Hotel kamen wir an einem weiteren Lokal vorbei, dem ‹Club Lapin›, dem wir nicht widerstehen konnten, denn es drang Gelächter auf die Strasse. Wo es lustig herging, wollten wir dabei sein.

‹Komm, das müssen wir uns anschauen›, rief Blimp. Die Besucher wurden in die Show eingebunden, und jeder musste etwas beitragen, darum das Gelächter. Was Blimp und ich aufgeführt haben, kann ich heute nicht mehr sagen, aber es kam super an, und wir bekamen beide ein Diplom *Lapin première classe*. Bei all dem Trubel war sogar mein Liebeskummer etwas in den Hintergrund gerutscht.

Am nächsten Tag, früh morgens, nahmen Blimp, Kurt und Ruth ein Taxi nach Billancourt, um das Auto zu holen und damit in die Schweiz zurückzufahren.

‹Vergesst nicht›, rief ich ihnen nach, als sie ins Taxi einstiegen, ‹im Juni wollten wir miteinander über den Gemmipass.›

Sie nickten lachend und winkten durch das Autofenster. Dann waren sie weg. Ich blieb allein in Paris. Wie lange – das wusste ich noch nicht. Unter anderem war es auch eine Frage der Finanzen.

Am Frühstückstisch breitete ich den Stadtplan aus und suchte das ‹Musée des arts et métiers›, ein technisches Museum das bekannt ist für seine Sammlung wissenschaftlicher Instrumente und Erfindungen, besonders für das Original des Foucaultschen Pendels. Sylvie brachte den Kaffee und die Croissants. Aus dem Augenwinkel nahm ich wahr, dass sie ihr bislang hochgestecktes Haar offen trug, und – ich schluckte trocken – ihr Rock kürzer war als sonst.

Als ob zum Stadtplan sprechend mit dem Finger auf der gesuchten Adresse fragte ich sie plötzlich heiser, wie ich denn am besten dort hinkomme.

‹Nach dem Frühstücksservice habe ich frei›, sagte sie fast lautlos, ‹ich könnte mitkommen, das ist besser als erklären.›

Perplex schaute ich nun doch von der Karte auf. Sie lächelte unbefangen.

‹Merci, avec plaisir›, brachte ich stockend hervor.

‹Bis um 10 Uhr also›, flüsterte sie und stöckelte, umhüllt von Veilchenduft, mit Nonchalance davon.

‹Sie können den Stadtplan wieder einstecken›, meinte sie scherzend und nun in flachen Schuhen, als wir wenig später Richtung Metro unterwegs waren. Natürlich kannte sie Paris, und es blieb nicht beim Technikmuseum. Sie hatte Freude daran, mir die Stadt und die Pariser Lebensart zu zeigen. Nun war ich froh um meine Französischkenntnisse. Der Eiffelturm kam noch einmal dran, diesmal zu Fuss bis hinauf, und eine Seinefahrt auf einem ‹bateaumouche› war für sie unumgänglich.

Um Geld zu sparen, gingen wir viel zu Fuss, aber es liess sich nicht vermeiden, ab und zu das Tram zu nehmen. Das war mir lieber als die überfüllten Metros, von wo aus man ohnehin nichts von der Umgebung sah. Wir sassen gern auf einer Bank im Schatten der Bäume des königlichen ‹Place des Vosges› oder sonst einem Park, mitten in einem grauen Meer von gurrenden, bettelnden Tauben.

Das quirlige Seineufer mit den vielen Ständen und fröhlichen Menschen zog uns immer wieder magisch an. An etlichen lauen Abenden besorgten wir uns Brot, Käse und eine Flasche Wein, setzten uns ans Ufer und machten, wie die Einheimischen, Picknick. Einmal hatten wir besonderes Glück, denn auf dem von vielen Liebespaaren besuchten Quai stiessen wir auf Zigeuner die Musik machten. Bald fingen Dutzende Pärchen an zu tanzen, und wir tanzten mit. Auf dem Fluss fuhren hell erleuchtete Schiffe an uns vorbei.

Wenn die Sonne unterging und der Himmel sich immer dunkler färbte, zeigte die Stadt ihre andere Seite. Durch die kleinen abendlichen Strassen zu schlendern und Teil des bunten Treibens der vergnügten Nachtschwärmer zu sein, war ansteckend und vertrieb alle inneren Schatten. Paris war mir völlig unter die Haut gegangen. Dieses *Savoirvivre* hatte etwas unvergleichlich Befreiendes, und ich lebte Aspekte von mir, die ich bislang nicht gekannt hatte. Ich fühlte mich so beschwert – so ganz. Aus den ursprünglich geplanten drei Tagen war eine Woche geworden. Zu Beginn hatte ich noch genug Geld, um ein paar interessante Dinge mit Sylvie zu unternehmen und ab und zu fein essen zu gehen. Aber, wie konnte es auch anders sein, das Geld hatte sich zu zweit viel schneller verflüchtigt, besonders, da ich Sylvie ein silbernes Armbändchen gekauft hatte, mit dem ich sie überraschen wollte.

Obwohl ich den Abschied hinausgezögert hatte, wurde mir nach einem genauen Lokalaugenschein meines Portemonnaies klar, dass ich diese schönen Tage zu Ende bringen musste. Nach der Regelung der Hotelrechnung reichte das Geld noch für einen Tag. Es war auch gut so. Ich musste ja *gopfverteli* wieder zurück zum Studium. Zum Glück hatte ich das Retourbillett schon zuhause besorgt. Bei unserem letzten abendlichen Bummel überreichte ich der freudig überraschten Sylvie mein Geschenk, dann entschlossen wir, noch einmal zu ‹Chez Ives› zu gehen, unserer Lieblingsbrasserie, wo die Wände, wie in einer Galerie ganz mit Bildern bepflastert waren. Auf dem Trottoir drängten sich die mit Kerzen stimmungsvoll geschmückten Tische, und beschriftete Tafeln kündeten frische Muscheln an. Aus dem Radio trällerte Edith Piaff ‹Les amoureux de Paris›. Wir setzten uns mitten unter die fröhlichen Menschen und bestellten uns das, was ich mir noch leisten konnte. Danach hatte ich keinen Rappen mehr.

Am Frühstückstisch des nächsten Tages schob mir Sylvie mit verweinten Augen ein Säckchen mit belegten Brötchen für die Fahrt zu. Dankend drückte ich ihr noch einmal die Hand, dann schrieb ich eine Ansichtskarte an Blimp mit Grüssen an Kurt und Ruth sowie der Nachricht:

> ‹Ich beichte. Paris war für mich eine
> wunderbare Lehrerin, eine grosse Weise.
> Die Männertreue ist dem Lebenszauber
> erlegen. Et non, je ne regrette rien.
> Sasu.›»

Alex ist am Ende seiner Anekdote angekommen und sitzt sinnend da. Auch ich brauche einen kurzen Moment, bis ich wieder im Hier und Jetzt bin, so sehr war ich mit ihm in seinen Pariser Lebensabschnitt eingetaucht.

«Danke», sage ich berührt, «Aber etwas fehlt am Ende. Nämlich, ob du Sylvie je wieder gesehen hast. Du hast sie als sehr liebenswert beschrieben. Mit ihr hattest du deine erste, echte Beziehung mit einer Frau. Durch sie bis du über deinen eigenen Schatten gesprungen und hast dich vom starren Grundsatz der Männertreue befreit, der dir grossen Kummer eingebrockt hatte. Dafür bist du reich beschenkt worden, auf eine ganz andere Art als du gehofft hattest.»

Alex nickt und kommt nun aus seiner Rückschau wieder ganz

in die Gegenwart. «Ja, sie war ein süsses Mädchen, und wir haben einander gemocht, aber Kontakt hatten wir keinen mehr. Sie wusste, dass ich nur ein paar Tage in Paris sein würde und dann wieder heimkehren musste. Es war uns beiden von Anfang an klar, dass es eine Ferienbekanntschaft sein würde.»

ഗ

3. VATER SEIN DAGEGEN SEHR

FERIENHAUS FÜR EINE GROSSE FAMILIE

«Zum Geburtstag viel Glück, zum Geburtstag viel Glück ...», hören wir Susanne bei der Wohnungstüre laut singen.

«Wie schön», sagt Alex erfreut und geht ihr entgegen. «Du hast dran gedacht.»

«Natürlich, wie könnte ich den 9. Mai vergessen», ruft sie aus, umarmt ihn und überreicht ihm eine Karte sowie eine Flasche Wein. «Ich bin nur ein Vorbote deiner restlichen Kinder. Wir haben miteinander telefoniert, und ich soll dich fragen, ob du nicht Freude hättest, diesen Geburtstag ausgiebig zu feiern und zwar erst am letzten Maiwochenende, im Schluch» – und an mich gewandt – «die Bezeichung des Quartiers in Gais, wo unser Ferienhaus steht, ein dreihundert Jahre altes Bauernhaus.»

«Wunderbare Idee», antwortet Alex. «Das trifft sich gut, denn ich wollte ohnehin hinauf gehen die vielen Äste von Peters Baumschnitt zu Holzscheiten und *Büscheli* verarbeiten. Er hat vor zwei Wochen den alten Zwetschgenbaum gefällt, der keine Früchte mehr brachte.»

Am besagten Wochenende zieht es Alex schon am Freitagabend nach Gais, und die Dämmerung setzt ein, als wir, weit unterhalb des Hauses, das Auto auf dem kleinen Parkplatz abstellen. Er schnallt sich den grossen mit Lebensmitteln vollgepackten Rucksack auf den Rücken, öffnet den Durchgang eines elektrischen Weidezauns, und wir betreten den Wiesenweg an der Gäbrisflanke. Mit bedächtigem Bergsteigerschritt beginn er den steilen Hang zu erklimmen. In der Finsternis des angrenzenden Tannenwaldes alle möglichen Gefahren witternd, halte ich mich knapp hinter ihm. Rundum ist es still. Doch dann zerreisst ein eigenartiges Bellen direkt über unseren Köpfen die hereinbrechende Nacht. Ich packe Alex hinten an der Jacke.

«Es ist nur ein Reh», sagt er beschwichtigend. «Wahrscheinlich hat es mehr Angst vor uns, als du vor ihm.»

Nach einem weiteren Wegstück entlang des Waldrandes tauchen hell erleuchtete Fenster auf, die uns den Weg weisen und den Anschein machen, als wollten sie die fortschreitende Dunkelheit zurückdrängen.

«Aha», sagt Alex, «Peter hat auch entschieden, früher zu kommen. Jetzt wirst du meinen Numerologen-Sohn kennenlernen.»

Zwischen den Schatten des Waldes kann ich nun die Silhouette des alten Hauses mit seiner dunkelbraunen Holzfassade erkennen. Es erscheint mir riesig.

Angekommen, öffnet Alex die schwere Haustüre und ruft: «Peter, wir sind auch schon da!» Er bückt sich als er die Küche betritt, um sich den Kopf nicht an den niederen Deckenbalken anzuschlagen und lässt seinen schweren Rucksack zu Boden gleiten.

Peter, ein sonnengebräunter, etwa dreissigjähriger Naturbursche mit kurzgeschorenen Haaren kniet vor einer geöffneten schwarzen

Ofentüre an der Küchenwand – der Kachelofen selbst steht in der Stube dahinter – und stochert mit einem langen eisernen Stab in der Glut herum. Vergnügt kommt er uns entgegen, um uns zu begrüssen und führt uns in die warme, getäfelte Stube. «Ich habe ein Feuer gemacht», erklärt er mir, «denn hier oben kann es nachts auch im Mai empfindlich kalt werden».

WIE NUMEROLOGISCH
AUS E EIN A WURDE

«Alex hat mir erzählt, du seist Numerologe», überfalle ich ihn vor Neugier platzend, als wir auf der Eckbank zusammensitzen. «Magst du mir erklären, was das ist?»

Peter nickt: «Ich könnte eine halbe Stunde lang etwas über jede Zahl sagen, mache das jetzt aber am besten anhand eines Beispiels. Nehmen wir Alex. Sein Geburtsdatum ist der 9. 5. 1927. Ich muss vorausschicken, dass die Zahlen Tendenzen anzeigen und nicht fixe Zuschreibungen von Charakteren, sonst wären ja alle Menschen mit denselben Zahlen gleich.

Fangen wir mit der 9 an. Sie ist eine der wichtigsten Kommunikations- und Ausdruckszahlen. Sie bedeutet ‹nach aussen in Erscheinung treten, Wissen vermitteln, Vorträge halten›. Es ist eine typisch männliche Zahl – der Verstand, die Logik, das Intellektuelle. Die 9 ist auch Ausdehnung, innere und äussere Bewegungsfreiheit, reisen, frei wie ein Vogel sein.

Mit der 5 geht es immer darum, etwas zu bewegen, beeinflussen, managen, leiten. Man ist Bezugsperson, Vorbild und jemand, der gerne Verantwortung trägt. Man macht Nägel mit Köpfen.

Die Zahl 2 ist eine typische Kopfzahl. Sie bedeutet Geistprinzip, Spiritualität, tiefgründiges, intensives Denken, aber auch grübeln und zweifeln.

Eine der glanzvollsten Zahlenkräfte ist die 7. Sie verleiht Charisma, Ausstrahlung, Licht, Macht, Einfluss, Wirkkraft – vor allem auf das Umsetzen des Praktischen, sich in Szene setzen, im Rampenlicht stehen, König sein. Sie heisst Erhabenheit, Würde, Selbstvertrauen haben. Die 7 wird der Sonne zugeordnet.

Alex' Geburtsdatum ergibt die Quersumme 33, eine Meisterzahl. Sie steht für einen Philanthropen, der sich für die Menschheit einsetzt, bevor er sich selbst hilft. Die 33 ist nicht einfach zu leben, denn damit steht man dauernd unter Strom, vor allem im Geistbereich. Im Sprechen, besonders im öffentlichen Reden, spielt sie eine bedeutende Rolle. Die 3 ist eine der arbeitsintensivsten Zahlenkräfte überhaupt. Wenn irgendwo Starre und Beschränkung entsteht, gibt die 33 mächtig Antrieb, um da wieder herauszukommen. Sie ist eine typische Willens- und Schöpferzahl – eine geballte Ladung. Es geht immer darum, etwas Nützliches in der Welt zu bewirken.

«Ich bin sprachlos», sage ich fasziniert und schaue Alex an. «Das trifft wirklich alles auf dich zu. Was sagst denn du dazu?»

Alex hebt die Schultern und ruft heiter aus: «Wenn Peter das sagt, wird es schon stimmen. Er ist der Experte.»

«Da bin ich ja neugierig, was du zu *meinen* Zahlen sagst», wende ich mich wieder zu Peter.

«Nenne mir dein Geburtsdatum und alle deine Namen.»

Nachdem er die Information hat, fängt Peter an, im Kopf eine Quersumme zu errechnen.

«Oh», meint er kurz darauf, «mit diesen Zahlen war dein Leben bis jetzt kein Honigschlecken.»

«So ist es. Sieht man so etwas denn?», frage ich verblüfft, und innere Bilder von schwierigen Lebenssituation tauchen auf.

«Ja. Und normalerweise gebe ich den Leuten nicht folgenden Rat, denn man bringt seine Zahlen mit auf die Welt, um gewisse Aufgaben zu erledigen. Aber dir mache ich den Vorschlag, etwas an den Zahlen zu verändern, denn du hast sicher schon viele deiner Aufgaben gemeistert und darfst eine Erleichterung erhalten.»

«Wie ändere ich denn meine Zahlen», sage ich erstaunt und neugierig.

«Indem du deinen Namen änderst.»

Ich fange an zu überlegen, wie ich das anstellen soll, denn ‹Christine› gefällt mir besser als mein zweiter Vorname ‹Hermine›. Dann habe ich eine Idee: «Würde es passen, wenn ich nur einen einzigen Buchstaben ändern würde, um mich Christina statt Christine zu nennen?»

Peter muss nicht lange rechnen. Er kennt die Zahlenwerte im Schlaf: «Das passt sogar sehr gut. ‹Christina› ist die 98. Diese Zahl fördert im Leben das Leichte, Lockere, Spielerische. Also, willkommen im Schluch, Christina.»

MAGISCHE HÜTTENNACHT

Ich fühle mich um ein Jahrhundert zurückversetzt. Die Schlafräume in den beiden oberen Stockwerken sind über eine Treppe mit wärmedämmender Türklappe erreichbar. Im grossen Schlafzimmer steht ein altes Doppelbett mit hohem Kopf- und Fussbrett und harten Rosshaarmatratzen. In einer Ecke entdecke ich ein viereckiges Loch im Boden.

«Was ist das denn?», frage ich Alex verdutzt.

«Das Heizloch. Es befindet sich über dem Kachelofen in der Stube und lässt warme Luft in das Zimmer aufsteigen.»

«Die waren nicht blöd vor dreihundert Jahren», schmunzle ich bewundernd. Die Fensterzeile, die von Wand zu Wand reicht, hat eingesetzte Schiebeteile, und es genügt, diese ein wenig aufzuschieben, um die frische, würzige Bergluft hereinzulassen. Nichts ist zu hören ausser den Kuhglocken. Unter der dicken Federdecke, hochgezogen bis zum Kinn, überkommt mich Geborgenheit und das Gefühl des Zuhauseseins. «Wie wunderbar es hier oben ist, Alex. Ich will noch ein Dankgebet sprechen», sage ich leise. «Wenn du magst, kannst du nach dem Amen noch ein bisschen reden.» Dann wende ich mich dem Gebet zu, spüre aber, wie mich der Schlaf einhüllt.

«Du hast noch nicht Amen gesagt», höre ich nach einer Weile weit weg.

Schlaftrunken antworte ich, «das kommt morgen früh.»

Am Samstag – rund um dieses alte Haus, sowie im Garten, gibt es immer etwas zu tun – geht Alex seiner Lieblingsbeschäftigung nach, dem Holzspalten und *Büschäle*. Von den vielen gestutzten Bäumen und Sträuchern auf dem grossen Grund entstehen dann jeweils haufenweise Holzscheite, die gekonnt in Scheiterbeigen an zwei Hauswänden sowie in einem Schuppen aufgeschichtet werden. Die dünnen Äste wirft er nicht etwa weg, sondern verarbeitet sie kunstgerecht zu *Büscheli* für den Kachelofen.

Ich, für meinen Teil, mache mich in der Küche zu schaffen und bereite uns ein Mittagsmahl zu. Als nach dem Essen alles wieder aufgeräumt ist, lege ich mich vor dem Haus genüsslich in den Liegestuhl und mache mich mit der umliegenden Landschaft vertraut.

Unter uns liegt das idyllisch in die Berglandschaft eingebettete Dorf Gais. Wie ein heller Faden schlängelt sich die Hauptstrasse durch die Häuser und zieht sich gegen Osten den Hang hinauf in Richtung Stoss. Jenseits des Dorfes, hinter dem Hügelzug des Rietlerwaldes, erkenne ich wieder den Alpstein mit dem spitz zulaufenden ‹Hohen Kasten› auf der östlichen Seite der Berggruppe und dem wuchtigen ‹Säntis› am westlichen Ende meines Sichtfeldes. Was für ein imposanter Anblick! Rundum ist es friedlich und still. Einzig das Zwitschern der Vögel, das Summen der Bienen und Alex' regelmässiges Holzhacken ist zu hören. Eine harzig duftende Frühlingsbrise weht vom Wald herüber.

MÖBEL FLOGEN DURCH DIE LUFT

Abends hat Peter wieder den Kachelofen eingeheizt, und wir sitzen in der warmen, gemütlichen Stube, als wir Schritte im Eingangsbereich vernehmen. Kurz darauf öffnet ein grosser, etwa vierzigjähriger, dunkelhaariger Mann mit einem freundlichen Gesicht die Stubentüre und ruft: «Überraschung!»

«Ja, Daniel», entfährt es Alex erfreut, und er geht seinem ältesten Sohn entgegen, um ihn zu umarmen. «Das ist wirklich eine Überraschung. Wir haben dich erst morgen erwartet, zusammen mit den anderen.»

«Ich bin bereits heute Morgen aus Genf gekommen, weil ich in St. Gallen zu tun hatte. Und da ich morgen Abend, schon bald nach dem Fest, den Zug wieder nach Hause nehme, wollte ich den heutigen Abend mit euch verbringen», stellt er klar, und setzt sich zu uns auf die Eckbank. Alex macht uns gegenseitig bekannt.

«Dieses Wochenende lerne ich die Familie kennen, und mit dem alten Bauernhaus hier oben habe ich mich auch schon angefreundet. Es ist traumhaft», schwärme ich. «Ich wundere mich allerdings, wieso ihr ein Ferienhaus an einem Ort gekauft habt, der von zu Hause mit dem Zug in nur dreissig Minuten erreichbar ist.»

«Der Grund waren die Kinder», klärt mich Alex auf. «Es war praktisch, nicht weit fahren zu müssen. Da blieb uns der restliche Tag, um etwas zu unternehmen, denn es musste immer etwas los sein, besonders bei Daniel – schon als kleiner Bub. Wenn Ursula und ich einen Tagesausflug mit ihm gemacht hatten, und er abends auf dem Heimweg eine Burg weit oben erspäht hatte, kam ich nicht drum herum, mit ihm noch dort hinauf zu klettern. Als Susanne, Cornelia und Peter dazu kamen brauchten wir eine Bleibe, wo man mit einer grossen Familie nicht nur in den Ferien, sondern auch am Wochenende hinkonnte. Zuerst mieteten wir dafür ein altes Bauernhaus im Appenzell, und als dann ein fünftes Kind dazu kam, der Martin, brauchten wir noch mehr Platz und begannen, nach einem grösseren Objekt Ausschau zu halten. 1971 erfuhren wir vom Verkauf dieses Hauses. Es steht, wie du ja gesehen hast, auf einem kleinen Plateau an der Bergflanke zum Gäbris. Vorne, am Rande des Grundstücks, geht ein steiler Hang hinunter und hinten einer ebenso steil hinauf. Jahre zuvor war das ganze Haus durch Wasserdruck vom hinteren Hang etwas nach vorne verschoben worden. Eigenartigerweise waren die Wände gerade geblieben, aber die Böden zwischen den Stockwerken hatten sich auf der Vorderseite gesenkt und waren schräg, und so konnten wir es zu einem guten Preis erstehen. Es hat uns sofort gefallen, da es genügend Platz für uns alle bot. Das war besonders an Regentagen wichtig. Neben den Wohnräumen befindet sich ein grosses Tenn, der frühere Stall, der sich nicht nur als Schuppen, sondern auch wunderbar als Spiel- und Bastelort für die Kinder anbot. Wir holten den Schreiner Frehner und andere Handwerker vom Dorf, zogen Strom und Wasser ins Haus, und mit vereinten Kräften wurde umfassend renoviert. Neue Böden wurden gelegt, die Küche bekam einen Elektroherd sowie fliessendes Wasser, statt einer Pumpe, und im Erdgeschoss wurde ein WC sowie eine Dusche eingebaut. Auf der Rückseite, also der Schattenseite, brauchte es neue Fenster, denn die alten waren morsch. Auf der Sonnenseite konnten die ursprünglichen, typisch eng aneinander gereihten Appenzellerfenster bleiben.»

«Modernisiert im eigentlichen Sinne haben wir nicht», erklärt Peter, «denn alle, auch wir Kinder, liebten den Charme des alten Hauses. Mutter hatte die Idee, hier oben Seminare und Meditationstage abzuhalten. So wurde, im Zuge der Renovierung, der Dachboden in einen grossen Schlaf- und Meditationsraum verwandelt.»

«Soweit so gut», erzählt Alex weiter. «Dann kam der Möbeltransport. Da es praktisch die Einrichtung eines ganzen zweiten Haushaltes brauchte, hat Ursula, um zu sparen, diese aus dem Gaiser Brockenhaus beschafft. Wie es vielfach im Appenzell der

Fall ist, gibt es keine eigentliche Fahrstrasse zum Haus, nur einen steilen Fussweg – du hast ihn gestern erlebt. Von weit unten im Dorf führt er durch fremden Grund und Boden hier herauf. Zwar besteht ein Wegrecht und ein kleines Fahrrecht, etwa für einen kleinen Raupentransporter, um jedoch grössere Lasten zu transportieren, brauchten wir jeweils die Bewilligung des Grundbesitzers, einem Bauern.

Nun gibt es aber noch einen anderen landwirtschaftlichen Weg, nämlich hinter dem Haus, der zum höher gelegenen Bauern Hofstetter hinaufführt – ebenfalls sehr steil. Zu diesem besagten Hof geht jedoch auch, von der anderen Seite her, eine öffentliche, geteerte Strasse. Also hatten wir die Idee, lieber von oben herunter, als von unten herauf mit dem Möbelhaufen. So erbaten wir die Fahrbewilligung vom Bauern Hofstetter, der uns sogar anbot, die Ware mit seinem Traktor und Anhänger zu transportieren. Dann war es soweit. Der Traktor tuckerte mit der schweren Ladung langsam den Hang herunter, und alles lief wunderbar. Wir, die Familie und Freunde, die zum Helfen gekommen waren, standen unten hinter dem Haus und bewunderten den Mut und die Künste des bäuerlichen Chauffeurs, der sich uns langsam von oben näherte. Dann, in der Kurve, genau auf einem felsigen Buckel im Weg, passierte es. Unten stockte uns Zuschauern der Atem, als wir hilflos mitansehen mussten, wie der Anhänger immer mehr in eine bedrohliche Schieflage geriet, bis er gänzlich kippte. Der ganze Inhalt wurde hinauskatapultiert, flog durch die Luft, landete verstreut auf der steilen Wiese darunter und kullerte in alle Himmelsrichtungen weiter den Hang hinunter. Wie erstarrt beobachteten wir das Schauspiel und beteten, dass durch den Zug des Anhängers nicht auch der Traktor kippen möge. Doch dieser war gottlob samt Chauffeur aufrecht stehen geblieben. Im leeren Zustand konnte sogar der Anhänger wieder aufgerichtet werden. Nachdem wir uns vom Schock erholt hatten, ging es ans Einsammeln des Hausrates. So viel war gar nicht kaputtgegangen.

Nachdem alles unter Dach und Fach war und der Schreck überstanden, wurden bei der abendlichen Grillparty die verschiedenen aufregenden Details dieser verrückten Episode immer wieder hervorgehoben, und wir mussten herzlich darüber lachen.

Obwohl es anfänglich oft Grund zu Ärger gab – die Gemeinde verlangte bald nach dem Einzug den Bau einer neuen Kanalisation, die Quellwasserleitung hinauf zu einem Reservoir wurde regelmässig von Kühen zertrampelt, Mäuse frassen unsere Kartoffeln in Garten und Keller, Wasserleitungen im Haus froren im Winter, es gab bösen Krach mit dem Bauern, wenn wir den elektrischen Kuhzaun versehentlich nicht richtig schlossen – verbrachten wir zahllose schöne Stunden hier oben. Das viele Laufen, nur schon vom Gaiser Bahnhof zum Haus hinauf, tat den Kindern, die zwischendurch zu einer streitsamen Brut werden konnten, richtig gut.»

«Es war ein idealer Ausgangspunkt für Streifzüge auf den ‹Gäbris›, zum ‹Sommersberg›, zum ‹Seealpsee› oder zur ‹Meglisalp› – oder gar hinauf zum ‹Hohen Kasten›», erinnert sich Daniel.

«Mutter setzte ihren Herzenswunsch um, Meditationswochenenden mit Freunden und Bekannten abzuhalten», erzählt Peter, «dann war das Haus voll. Da wurde zusammen gekocht, gegessen und gelacht.»

«Manchmal flog Ursula alleine mit den Kindern aus», sagt Alex, «und ich blieb im Haus um Hefte zu korrigieren, Vorträge vorzubereiten oder einfach zu lesen. Von Gais aus kommt man mit dem öffentlichen Verkehr schnell überall hin, sodass ich von dort auch zu Sitzungen oder Veranstaltungen fahren konnte. Ein optimaler Ort.»

NOSTALGISCHER GEBURTSTAG
MIT SEKT UND ÖRGELI

Am folgenden Tag, einem herrlichen Maisonntag, trifft nach und nach die restliche Familie ein, und es ertönen freudige Begrüssungen unter den fünf Geschwistern, die sich schon eine Weile nicht gesehen haben. Ich erkläre, dass ich aus numerologischen Gründen ab jetzt, Christina heisse, was ohne grosse Erklärungen angenommen wird. Dann gibt es Gratulationen und Geschenke für das Geburtstagskind, das von seinen Söhnen manchmal mit Papa, aber meistens mit Alex angesprochen wird. Bald sitzt die Familie um den grossen Tisch bei Sekt und Geburtstagskuchen. Martin und Susannes Partner Hugo, der sein Schweizer Örgeli mitgebracht hat, machen sich im Tenn an den Grillutensilien zu schaffen und tragen den Grillofen vor das Haus. Dann hört man das Brechen von Kleinholz. Allmählich sieht man Rauchschwaden vor dem Fenster in den Himmel steigen.

«Eine tolle Familie hast du», sage ich anerkennend.

«Das kann man sagen», meint Alex, «es war indessen nicht immer einfach, bis sie zu dem geworden ist.»

Die Geschwister nicken sich schmunzelnd zu.

«Ich glaube, es waren die abenteuerlichen Bergtouren mit dir, Papi», sagt Cornelia, «besonders im Alpstein, die mich am meisten geprägt haben. Du hast uns mit deiner Begeisterung für das Abenteuer angesteckt, aber auch Respekt, Vorsicht und Achtung vor der Natur beigebracht.»

«Diese Abenteuerlust habe ich schon bemerkt», sage ich. «Mir fällt eine Wanderung ein, bei der Alex nicht den schön gepflegten Wanderweg, sondern – sehr zu meiner Verunsicherung – quer durch den Wald laufen wollte. Vorgegebenes scheint ihm nicht zu passen, und er bahnt sich seine Wege lieber selber.»

Das bringt Cornelia zum Lachen: «Dem kann ich nur beipflichten. Einmal sind wir zur ‹Marwees› hochgestiegen. Anstatt dem gewöhnlichen Zickzackpfad zu folgen, hat er ihn verlassen und ist mit uns Kindern einer steilen Geröllrinne gefolgt. Mutter hat den normalen Weg genommen. Wir mussten unseren Weg selber suchen, achtsam auf herunterrollende Steine sein, uns hochkämpfen und Hindernisse überwinden. Mich hat diese Tour abseits vom Gewohnten fasziniert. Mama hat ihm hinterher allerdings einen riesigen Rüffel erteilt.»

«Weisst du, an was ich mich am meisten erinnere, Christina?», bringt sich Susanne ein, «an die einmaligen dreiwöchigen Frühlingswanderungen mit unserem Vater. Wir pilgerten jeweils zu Fuss von Ort zu Ort. In einem einzigen Rucksack trug er die Habseligkeiten von sich und zwei bis drei Kindern mit. Vorher wurde alles auf der Waage auf superleicht geprüft.»

«Irgendwohin fahren ist nicht zu vergleichen mit laufen», schaltet sich Alex ein. «Ich hatte schon als Kind und dann im SAC die Erfahrung gemacht, was es bedeutet, auf Schusters Rappen unterwegs zu sein. Man ist an allem näher dran und erlebt alles viel intensiver.»

«Die grosse Provencewanderung, ich glaube es war 1973, habe ich noch glasklar im Kopf», spricht Susanne weiter. «Sie begann in der Gegend von Avignon und endete an der Côte d'Azur. Schon die ganze Wanderroute hatte unauslöschliche Eindrücke hinterlassen, und am Schluss verzauberte mich in St. Rafael noch das Meer mit seinen hohen Wellen, dem meilenlangen Strand und den vielen jungen Menschen, die sich dort tummelten. Ich schwamm weit hinaus, um einen grossen Felsen herum, und sprach auf der anderen Seite einen jungen Franzosen an. Den Kontakt mit fremden Kulturen habe ich immer schon spannend gefunden, und so habe ich in meinem spärlichen Schulfranzösisch – er war ja auch herzig – mit ihm geplaudert. Da hat mich meine Familie drei Stunden lang nicht mehr gesehen.»

«Wir haben dich überall gesucht», kommentiert Cornelia etwas trocken, «und haben schon das Schlimmste befürchtet.»

Die Türe geht auf, und Martin bringt Düfte von brennendem Holz und Kohle in die Stube. «Die Glut ist bald soweit», informiert er uns. «In fünf Minuten können wir das Fleisch auflegen.»

«Du kommst genau richtig», spreche ich ihn an, «um uns auch von *deinen* Abenteuern mit der Familie zu erzählen.»

«Als letztes Kind, zu klein, um bei Wanderungen mitzumachen, blieb ich mit Mama zu Hause, wenn Papa auf die ausgedehnten Touren mit den anderen ging. Woran ich mich aber erinnere, ist das Tohuwabohu, das bei so vielen Kindern im Haus geherrscht hat. Alle durften ja auch ihre Freunde bringen, sogar zum Essen. Am Mittagstisch haben wir quer durcheinander gequatscht, und ich als der Kleinste kam kaum zu Wort.

Um halb eins, wenn Vater die Nachrichten hören wollte, war es nur bis zum Ende des Bipbipbip still, dann ging es wieder los – alle kamen wieder mit ihren Geschichten. Das Wandern hat mich überhaupt nicht interessiert, und das habe ich einmal zünftig demonstriert. Alex war wieder einmal mit uns Bande auf irgendwelchen Hügeln unterwegs. Mich – ich war etwa zehn – hatte die Lauferei elend angeödet, und so habe ich mich immer weiter nach hinten manövriert, bis ich am Schwanzende des Gänsemarsches war. Als ich dachte, niemand beobachtet mich, haute ich ab, lief auf die Strasse und fuhr von dort per Autostopp nach Hause.»

«Hattest du nicht Angst um ihn, als dir auffiel, dass er nicht mehr da ist?», frage ich, die meine drei Kinder wie eine Glucke aufgezogen hatte, Alex befremdet.

«Nein, das musste er nicht», kommt Martin ihm defensiv zuvor, «er hat uns schon früh zur Selbstständigkeit erzogen und konnte sich somit darauf verlassen, dass ich meinen Weg nach Hause finde.»

Susanne bringt eine grosse Kaffeekanne aus der Küche. «Was mir aber von der besagten Provencewanderung mehr als alles andere in Erinnerung blieb, ist der vierzig kilometerlange Fussmarsch, weil alle Unterkünfte besetzt waren.»

Alex hält ihr seine Kaffeetasse entgegen: «Ja, die Provence hat mich total vereinnahmt – schon das erste Mal als ich mit den Schülern auf der Maturareise dort war», schwärmt er. «Jenseits des Pont St. Esprit, wo die Provence beginnt, konnten wir das sich ständig verändernde Panorama beobachten. Die nördlichen Gebiete sind uns zwar als eher ärmlich aufgefallen und können nicht mit dem Luxus der Badeorte an der Côte d'Azur verglichen werden. Dort findet man aber einen Reichtum anderer Art. Die platanengesäumten Strassen, die Äcker voller Sonnenblumen oder auch die Olivenplantagen nicht weit von Carpentras, übten bei jedem Besuch aufs Neue ihre Faszination auf mich aus. Ich wünschte mir, nicht einfach an den blühenden Lavendelfeldern im Luberon vorbeifahren zu müssen, sondern mitten hineinwandern zu können.

Susanne schneidet sich ein Stück Kuchen ab: «Und überall Feigenbäume in freier Natur, die einen Duft verbreiten, der einem Feigenliebhaber wie Alex nicht entgeht».

«Auch das Klima dort, die Wärme», schwärmt dieser weiter, und dass es in dieser Region selten regnet, waren Faktoren, die mich zu Schulreisen und später zu Wanderungen mit der Familie dorthin lockten. Als Cornelia, Susanne und Peter gross genug waren – Daniel war schon aus dem Haus – setzte ich diesen langgehegten Wunsch um. So kam es 1973 zu der langen Wanderung, die Susanne angesprochen hat, und die auch ich sicher nie vergessen werde, obwohl sie über dreissig Jahre zurückliegt.»

VIERZIG SEHR LANGE KILOMETER

«Es war während der Frühlingsferien im April, wo es in Südfrankreich schon sehr warm sein kann, und ich war mit den dreien unterwegs. Mit dem Zug waren wir nach Fontaine de Vaucluse gefahren. Dort startete die Wanderroute die ich zusammengestellt hatte, und führte über Gordes, Roussillon mit seinen Ockerfelsen, Apt und Manosque, hinüber zur atemberaubenden Schlucht Gorge de Verdun und dann hinunter ans Meer.

Der spektakuläre Wanderweg ‹Le Grand Tour du Luberon›, den wir vor Jahren ein Stück weit mit einer Maturaklasse gelaufen waren, hatte mich so beeindruckt, dass ich ihn unbedingt auch in diese Frankreichwanderung integrieren wollte. Also konsultierte ich meinen schon bewährten Hotelführer und fand das Hotel ‹Le Luberon› in Apt, wo wir zu viert für nur 50 Francs übernachteten.

Am nächsten Morgen nahmen wir den Bus zur Anhöhe von St. Saturnin, einem beschaulichen Städtchen, und starteten die vielversprechende Wanderung. Als Endziel hatte ich Céreste gewählt, weil es dort laut Hotelführer drei Hotels geben sollte.

In St. Saturnin hatten wir einen fantastischen Ausblick ins Umland, und das Wetter schien uns freundlich gesinnt. Bis um die Mittagszeit wanderten wir vergnügt auf einmal waldigen, dann wieder felsigen Pfaden, streiften durch malerische Dörfer, kauften in einer Épicerie unser Mittagessen und setzten uns mit dem Picknick ans Ufer eines munteren Baches. Der Tag schien perfekt. Doch dann, in Rustrel, machte uns das Wetter einen Strich durch die Rechnung: Es fing an zu tröpfeln und dann zu regnen. Und obwohl wir Regenschutz dabei hatten, war es eine Dummheit, den Marsch fortzusetzen, denn es wurde auch ziemlich kalt. Auf der Strecke kamen wir nach Viens, wo wir damals mit den Schülern im grossen Gastgarten des Restaurants ‹Le petit Jardin› zu Mittag gegessen hatten. Der überraschte Wirt, der mich erkannte, begrüsste mich herzlich. Neben einem heissen Ofen und mit dampfendem Tee wärmten wir uns auf und konnten sogar unsere verkrochene Wanderlust wieder aus ihrem Versteck locken – ausser der sechzehnjährigen, pubertierenden Susanne. Sie bockte und verkündete, sie laufe keinen Schritt weiter. Dann erspähte sie durch das Fenster etwas im Hinterhof: Der Wirt war dabei, Leergut auf seinen Lastwagen zu laden. Das brachte Susanne auf eine Idee: ‹Ich werde den Mann fragen, ob er nach Céreste fährt, und wenn ja, ob ich mitfahren darf›, stiess sie mit Bestimmtheit aus. Ich wusste, ich konnte sie nicht von der Idee abbringen und entgegnete: ‹Aber nur weil ich den Mann kenne, und wenn Peter mitgeht.› Er war erst elf, aber gross und stark.

Daraufhin sprach ich mit dem Wirt, der sofort einverstanden war, die beiden mitzunehmen. Allerdings fahre er wohl in Richtung Céreste, müsse aber kurz davor abzweigen. Er versicherte mir, er werde ihnen beim Aussteigen den richtigen Weg weisen.

Dann zeigte ich den beiden die Route auf der Karte und steckte diese in Susannes Jackentasche. Treffpunkt in Céreste konnte ich keinen angeben, da ich den Ort nicht kannte, aber es müsse eine nicht zu übersehende Bar mitten im Städtchen sein, bläute ich ihnen ein. Bald sassen sie aufgeregt und glücklich im trockenen Fahrerhaus des Lastwagens und fuhren davon.

Ich lege mir eine Hand auf die Brust: «Mein Mutterherz bleibt stehen», sage ich entsetzt.

Mit Bedauern in der Stimme schaltet sich Susanne ein: «Ich habe meinen Eltern unüberlegt so manchen Streich gespielt.» Dann legt sie Alex einen Arm um die Schultern: «Zurückblickend weiss ich, dass ich dir nicht nur bei dieser Wanderung, sondern auch viele andere Male, einiges Kopfzerbrechen bereitet habe.»

Alex lächelt sie versöhnlich an, trinkt einen Schluck Kaffee und nimmt den Faden erneut auf. «Cornelia und ich trampelten also alleine in diesem Hundewetter, nun halb Regen, halb Schnee, auf dem Wanderweg unserem Ziel entgegen. Spektakulär war dieser lang erhoffte und minutiös geplante Wanderabschnitt wohl, aber im gegenteiligen Sinn, er war buchstäblich ins Wasser gefallen.»

«Als Bub sah ich das damals anders», erinnert sich Peter. «Für mich war das ein tolles Erlebnis. Wir waren ja nicht gewohnt in Autos zu fahren und schon gar nicht, so hoch oben in einem Lastwagen zu sitzen. Aus dieser Perspektive die Landschaft und das Schneegestöber zu betrachten, war für mich Elfjährigen affengeil.»

«In Céreste angekommen», erzählt Alex weiter, «suchten wir alle drei Bars nach den beiden ab. Wir hatten damit gerechnet, dass sie lange vor uns eingetroffen waren, aber niemand hatte sie gesehen. Wir warteten zwei Stunden und gingen immer wieder die Strasse auf und ab. ‹Jetzt müssen wir zur Polizei›, sagte ich dann, aber der Gendarm wusste auch nicht was tun. Wir sollen nochmals Ausschau halten, und wenn die beiden nicht auftauchen, sollen wir wieder zum Posten kommen. Als wir aus der Präfektur traten, kamen sie uns entgegen. Sie erklärten, sie wollten nach der

Lastwagenfahrt den restlichen Marsch nicht auf der asphaltierten Strasse, sondern auf dem Wanderweg machen und hätten sich dabei verlaufen. Während wir auf die beiden warteten, erfuhren wir in einer Bar, dass die drei im Hotelführer angegeben Hotels nicht mehr existierten. Die einzige ihnen bekannte Unterkunft sei die ‹Auberge de l'Hermitage› im sechs Kilometer entfernten ‹La Begude›. Man rief dort für uns an, um uns anzukündigen. Da es keine Taxis im Ort gab, mussten wir todmüde, hungrig und bis in die Schuhe triefend nass, auch noch die sechs Kilometer zu Fuss bewältigen – an diesem Tag also etwa vierzig Kilometer. Von unserer morgendlichen Hurra-Stimmung war nichts mehr zu spüren. Als wir in der Auberge, besser gesagt Bruchbude ankamen, rief der Besitzer aus: ‹Ja, warum habt ihr nicht gesagt, dass ihr zu Fuss seid, ich hätte euch abgeholt.›»

«Zum Trost für diese Strapaze schmeckte mir das Essen, ein provenzalischer Haseneintopf, unvergesslich gut», weiss Susanne noch. «Doch nach all dem elenden Stress mussten wir in dieser Absteige auch noch zu dritt, wie in einer Hängematte, in einem typisch französischen Bett schlafen.»

Kopfschüttelnd lasse ich die Szenen an mir vorbeiziehen: «Im heutigen Zeitalter der Autos, Handys und dem Internet kann man sich so etwas gar nicht vorstellen.»

«Überhaupt die ganze Art wie wir gereist sind würden die Jungen heute nicht mehr auf sich nehmen», gibt Cornelia bestätigend zurück. «Am folgenden Tag sind wir mit dem Postauto zu unserer nächsten Unterkunft, dem 1 Stern-Hotel ‹Panorama› in Manosque gefahren. Dorthin hatten wir vor der Reise einen Koffer mit sauberer Kleidung geschickt. Wir waren zu viert und hatten unterwegs nur einen kleinen Rucksack für das Nötigste. Die gebrauchten Kleidungsstücke haben wir dann in den Koffer gepackt und nach Hause spediert.»

«Es war auch höchste Zeit für saubere Sachen», sagt Susanne und rümpft die Nase. «Die bis dahin getragenen waren in einem desolaten Zustand: verschwitzt und ganz rot vom Herumtollen auf den Sandhügeln in Roussillon. Der Regen und die lange Lauferei haben ihnen dann den Rest gegeben. Unterwegs konnten wir das Zeug klarerweise nicht waschen, nur abends zum Trocknen aufhängen.»

«Mit einer so grossen Familie musste ich alles einfach halten, nicht nur die Art des Reisens, sondern auch das Gepäck und die Übernachtungen», sagt Alex. «Es waren immer 1, 2 oder 3 Sterne Hotels.»

«Auch das Essen war einfach», erinnert sich Peter. «Dafür sind wir unterwegs in einen Laden gegangen und haben Brot, Käse, Oliven und Tomaten gekauft. Danach sind wir zum Ausruhen auf irgendwelche liegenden Hölzer im Wald, auf Bretter hinter einem Schuppen, oder, wenn es nicht gerade nass war, ganz einfach auf den Boden gelegen.»

Ganz in die Vergangenheit gerutscht, sind wir überrascht, als von draussen Örgelimusik ins Haus dringt – Hugo stimmt sich auf eine private *Stobete* ein.

«Die ersten Steaks sind fertig. Das grösste ist für den Chef!», ruft Martin.

Alex grinst, denn er weiss, er ist gemeint. Er fährt sich mit der Hand über den Nacken und verkündet: «Das kommt gerade recht. Die Erzählerei hat mich richtig hungrig gemacht.»

ഐരു

4. BERUFLICHER UMBRUCH MIT HÜRDEN

VOM HOCHFREQUENZ-INGENIEUR ZUM LEHRER

Nach dem Fest wollen abends alle wieder heimfahren, denn die meisten müssen am Montag zur Arbeit. Alex hat es nicht eilig und will noch bleiben. Je nach Wetter hat er vor, am nächsten Tag zum Gäbris hinaufzulaufen.

Wir sitzen in der wieder ruhig gewordenen Stube; die alte Wanduhr scheint lauter zu ticken.

«Heute habe ich viel über dein Leben gehört», breche ich die Stille, «aber eine Frage stellt sich mir: Deine berufliche Laufbahn begann als Ingenieur bei der Firma Schindler. Ein paar Jahre darauf wurdest du Lehrer an der Kantonsschule. Wie kam es denn zu diesem aussergewöhnlichen Sprung?»

«Das war so: Nach dem Studium wurde mir bei der Firma Schindler, die damals elektronische Antriebe für Elektromotoren herstellte, eine sehr gut bezahlte Stelle als Ingenieur angeboten. Aber da die Elektronikabteilung neu und unerfahren war, gab es immer ein Gestürm. Da kam es vor, dass ich an einem Ferientag angerufen wurde, ich müsse sofort ins Jura, oder sonst irgendwohin zu einer Firma. Wenn ich grad hier oben im Schluch war, musste ich zuerst heim, um das Notwendige zu holen. Dann ging es auf den nächsten Zug nach Biel, La Chauxde-Fonds oder sogar Lion, um am folgenden Morgen in der Firma zu sein, die die Reparatur brauchte. Auf dem Retourweg versuchte ich es aber gemütlicher zu nehmen und schob meistens eine Wanderung ein.

Wenn ich zur ‹Cablerie de Cortaillod› musste, gab es einen Lichtblick. Nicht weit davon entfernt befindet sich ‹Petit Cortaillod›, ein hübsches Örtchen am Neuenburger See mit einem Hotel, wo sie wunderbare *Filets de Perche* machten. Da habe ich gerne übernachtet.

Mein Bergkamerad Werner Schefer, der Ingenieur bei der EMPA war, der Eidgenössischen Materialprüfungs- und Forschungsanstalt, musste sich immer wieder anhören, dass ich die Nase voll hatte, und ermöglichte mir nach vier Jahren, zur Empa umzusatteln.

Bei der Empa war ich eineinhalb Jahre, bis zum Sommer 1959, dann bin ich davongelaufen. Die Arbeit war mir zu öd und eintönig. Ich war bestrebt, mich parapsychologisch weiterzubilden und brauchte dazu mehr freie Zeit. Ich ging zum Direktor und bat um einen Monat unbezahlten Urlaub. Er meinte aber: ‹Ja, Sie, das geht nicht, dass unsere Mitarbeiter zwischendrin länger fort sind›, und so weiter.

Ich war einer, der ohnehin schon einen halben Tag weniger arbeitete, als die anderen. Das hatte schon eine grossmütige

Sonderbewilligung gebraucht: ‹Ja, das ist also schon etwas, das wir normalerweise, üblicherweise nicht machen ja, ausnahmsweise...› und weiss Gott was noch, zum Teufel noch mal.» Ganz erregt klopf Alex auf den Tisch. «Heute ist es auch für einen Mann möglich 60% oder 80% zu arbeiten. Aber damals: ‹Das geht doch nicht, dass Sie zu gewissen Zeiten nicht da sind! Das geht doch einfach nicht in einem Betrieb›.»

Mit einer Vorahnung schaue ich Alex an: «Dann hast du gesagt, ‹Ich kündige›.»

«Gesagt habe ich nicht viel. Ich ging in mein Büro im obersten Stock – die Direktion war im Parterre – holte die Schreibmaschine hervor, schrieb ‹Kündigung›, steckte diese in ein Couvert und brachte sie hinunter zur Sekretärin in der Direktion. Dann ging ich heim. Es war ohnehin grad Mittag und Zeit zum Heimgehen. Am Nachmittag kam der Direkor.» Alex imitiert den schnaufenden Chef: ‹Ja, Sie, also, das ist dann schon ... Haben Sie sich das richtig überlegt?›, posaunte er. ‹Ja, das habe ich!›, gab ich zurück. Ich wollte nicht mehr», sagt Alex lachend. «An und für sich hätte ich ja eine ziemlich lange Kündigungsfrist gehabt und sagte deshalb: ‹Ich komme im Herbst nochmals für vierzehn Tage und schreibe eine Arbeit über elektrostatische Aufladungen in den Textilien›. Letztlich haben sie mich laufenlassen. Als ich im Herbst kam, hatten sie sogar Schwierigkeiten, mich irgendwo unterzubringen. Sie hatten nicht mehr mit mir gerechnet. Ich habe dann die versprochene Arbeit geschrieben. Da war der Chef total begeistert: ‹Das ist ja wunderbar. Schade, dass Sie das nicht vorher gesagt haben. Sie hätten ja eine Dissertation daraus machen können. Das ist ja eine riesige Arbeit die Sie da gemacht haben. Fantastisch!›. Man hat dann ein Büchlein davon gedruckt und an die Leute verteilt. Dieses Büchlein existiert sogar noch. Es hat Beachtung gefunden. Da hatte die ganze leidige Geschichte sogar noch einen positiven Ausgang.»

«Ich glaube, dazu würde unser Hausnumerologe Peter sagen, ‹da hat die Quersumme 33 – Befreiung aus Starre und Beschränkung –

zugeschlagen›», kommentiere ich augenzwinkernd. «Nun warst du frei, aber auch arbeitslos.»

«Ja, den ganzen Sommer lang. Dann bin ich eines Tages in der Stadt einem Studienkollegen begegnet, der Ingenieur bei Bühler Uzwil war. Die regionale Industrie brauchte dringend gut ausgebildete Ingenieure, und so war 1955 das Abendtechnikum gegründet worden. Gesponsert wurde es, zusammen mit anderen Firmen, hauptsächlich von der Firma Bühler, und dieser Studienkollege war der Rektor dieses Abendtechnikums. ‹Wir brauchen dringend Mathematiklehrer, komm zu uns!›, sagte er. Als ich Zweifel äusserte, dafür geeignet zu sein, rief er: ‹Du *musst* kommen, wir brauchen dich unbedingt›. Dann habe ich mit zwei Abenden angefangen, was sich bald zu vier Abenden gesteigert hat, und ich hatte sogar Spass daran.»

«Und das hat gereicht zum Leben?», frage ich verwundert.

«Fürstlich war der Lohn wohl nicht. Ich habe nur 10 Franken pro Lektion bekommen, 40 pro Abend.»

«So wenig!», entfährt es mir. «Wie lange hast du das gemacht?»

«Es ist bald besser geworden, denn es wurden mir immer mehr Unterrichtsstunden zugeschoben, und ich wurde auch gebeten, an der Gewerbeschule zu unterrichten. Dort war der Unterricht nicht einfach, denn die Schüler waren nicht so motiviert wie die Abendtechniker. Das habe ich ungefähr ein Jahr gemacht, bis ich eines Tages in der Kantine mit dem Prorektor der Kantonsschule zusammentraf. Der meinte: ‹*Loset Sie, das isch doch en Witz was Sie do mached. Mir sueched bi üs Mathematiker, wo normal Unterricht gend, und Sie gend Schuel am Obedtechnikum und a de Gwerbschuel und so witer. Wötted Sie nöd zu üs cho?*›

Und ich sagte: «Ha, fff, sch, hmm...»

«Was meintest du mit diesem Gestöhne?», frage ich überrascht.

«Dachtest du, du könnest das nicht?»

«Ja, ja, ich dachte, *das isch... das sind doch ...*, aber er hat mich bestärkt mit der Überzeugung: ‹*mir sötted doch Lüt astelle, wo a chli*

Erfahrig hand, und nöd eifach gad vo de Uni chömmed und villicht innere Privatschuel e chli Unterricht ge hand und denn zu üs chömed. Sie hand schliesslich Industrie gha, das isch doch sehr viel wert>.

Bald darauf hat mich der Rektor von der Kanti, Herr Kind, persönlich an der Gewerbeschule besucht, um zu sehen, wie ich unterrichte. Es war Wochenbeginn, und die Montagmorgenklassen waren die Schlimmsten. Da waren die Schüler immer müde, weil sie am Wochenende gesoffen und gefestet hatten und sich dann in der Schule ausgeruht haben. So war es fast unmöglich, sie zu unterrichten. An diesem besagten Montag war es nicht anders. Das war mir extrem peinlich. Der Rektor hat jedoch gemerkt, dass ich trotz allem um die Schüler bemüht war, und hat mich gebeten, an der Kanti eine Probelektion zu geben, was ich tat.

Nun gab es aber einen zweiten Bewerber, und der hat die Stelle bekommen, weil er eine Lehrerausbildung hatte. Mit dem hat es aber nicht funktioniert, warum weiss ich nicht. Auf alle Fälle ist er nach einem Jahr gegangen, und ich bekam einen Anruf: ‹Die Stelle wäre wieder frei, sind Sie nach wie vor daran interessiert?›»

«Da hast du aber einen guten Eindruck hinterlassen, wenn man nach einem ganzen Jahr immer noch von dir überzeugt war», sage ich anerkennend.

«Ja schon, und natürlich war ich interessiert. Die ersten drei Jahre habe ich dann halb Mathe und halb Physik gegeben.»

«In diesem Fall war es sogar gut, dass du am Abendtechnikum und an der Gewerbeschule Erfahrung im Unterrichten machen konntest.»

«Sehr gut sogar», bestätigt Alex, «und an der Gewerbeschule habe ich gelernt mit schwierigen Schülern umzugehen.»

«Waren die Schüler an der Kanti nicht die schwierigsten?»

«Nein, nein, gar nicht. Sie waren nicht so bestrebt wie die Abendtechniker, aber lang nicht so träge wie die Gewerbeschüler. Die musste man einfach nehmen, wie sie waren.»

WIDERSTAND UND LANGE HAARE

Am nächsten Morgen erinnere ich mich an den Brief in meiner Handtasche: «Mit dem Rummel gestern habe ich ganz vergessen, dir den hier zu geben, er war vorgestern in der Post.»

Alex nimmt das Schreiben entgegen, sieht den Absender, und Überraschung macht sich auf seinem Gesicht breit. Er öffnet das Couvert und entnimmt eine Geburtstagskarte sowie einen Brief. Der Inhalt bewegt ihn offensichtlich. Dann reicht er mir wortlos das Schreiben.

Sehr geehrter Hr. Professor Schneider

Gerne nehme ich Ihren Geburtstag, von dem ich zufällig erfahren habe, zum Anlass, Ihnen ein paar Gedanken zukommen zu lassen.

Wenn ich mich in die Kanti-Zeit zurückversetze, gibt es ein paar Personen, die besonders hervorstehen – eine davon sind Sie. Sie waren mit Stil und natürlicher Autorität, eine Lehrperson, wie man sie sich wünscht. Es gibt nicht sehr viele solcher Menschen. Ich sehe Sie noch genau vor mir, als einen älteren würdevollen Herrn, der mein Leben massgeblich beeinflusst hat.

Man muss sich in die Jahre zwischen 1968 und 1972 zurückversetzen um die Schwierigkeiten der Schüler, sowie der Lehrpersonen zu erfassen. Es war die Zeit der Studentenunruhen in Paris, des Widersetzens, des Vietnamkriegs, der Rockmusik, der langen Haare, der Hippies und Drogen. Man hat die Autoritäten stark angezweifelt, was zu Konflikten geführt hat – auch an unserem Gymnasium. Doch Sie waren die Ruhe in sich selbst und haben sich durch gar nichts aus der Fassung bringen lassen. Es hat nie in irgendeiner Stunde irgendetwas gegeben, wo man Sie angefeindet hätte, oder wo man nicht einverstanden gewesen wäre mit dem was Sie sagten oder taten.

Für mich und die meisten meiner Schulkollegen war Physik, Chemie und Mathematik eine schwierige Materie, und wir sind diesen Fächern mit einer gewissen Skepsis gegenübergestanden. Das sind exakte Wissenschaften. Da kann man nicht ausweichen. Was bei Ihnen jedoch rasch auffiel war, dass Sie nicht nur ein strenggläubiger Naturwissenschaftler sind, sondern hinter all dem auch eine schöne philosophische Grundhaltung haben, die wunderbar Ihren Unterrichtsstil ergänzte.

So sagten Sie zum Beispiel: ‹Wir beschreiben alles im dreidimensionalen Raum. Wer sagt uns hingegen, dass es nicht einen vierdimensionalen Raum gibt, einen fünf- oder sechsdimensionalen? Und da könnte ein Lebewesen sein, das wir gar nicht sehen›. Das Interessante ist, dass heute die Mathematik auch in diesen Räumen rechnet. Eigentlich hat man das schon damals gemacht, allerdings nicht im offiziellen Schulunterricht, und wir fünfzehn- sechzehnjährigen Schüler hatten keine Ahnung davon. In diesem Sinne haben Sie, Herr Schneider, diese Thematik zwar nur leicht angetönt, damit jedoch in uns die Wissbegier geweckt, sodass wir uns sagten, hinter dem alltäglichen Unterrichtsstoff muss noch mehr stecken.

Das hat zu Folgendem geführt: Am Anfang, im ersten und zweiten Jahr, war ich durchschnittlich, zum Teil nicht einmal gut. Dann, auf Ihre Anregung hin, habe ich mir Literatur besorgt, habe mich ein wenig in die Materie gekniet, wurde immer besser und am Schluss hatte ich eine recht gute Note.

Obwohl Sie eine gewisse Distanz hielten, ohne diese wirklich zu zeigen, waren Sie auch nach dem Unterricht ansprechbar, und man hatte das Gefühl, von Ihnen voll angenommen zu sein. So habe ich manchmal nach der Stunde noch ein wenig mit Ihnen diskutiert. Damals dachte ich: ‹Ich mache einmal etwas Spezielles, etwas Verrücktes›. Ich hatte lange Haare und war auch ziemlich wild, doch Sie, Hr. Schneider, hat das nicht irritiert. Sie sagten: ‹Ja, Sie werden es schon schaffen. Allerdings werden Sie einen ganz normalen, gutbürgerlichen Beruf ausüben›.

Ich bin dem Schicksal sehr dankbar, Sie als Lehrer gehabt zu haben. Sie haben nicht nur einen tiefen Eindruck hinterlassen, sondern meinem Leben Richtung gegeben.

Meine allerbesten Wünsche für noch viele gute Jahre.

Roland B., Matura 1972

Auch ich bin sehr berührt von diesen Zeilen: «Das ist ein echtes Zeugnis dafür, wie sehr man dich als Lehrer geschätzt hat. Gestern sind für mich nach deinen Erzählungen über dein Lehrerdasein ein paar Dinge offengeblieben, aber da war so ein Wirbel, dass ich dich nicht fragen konnte.»

Alex geht zum Fenster, um das Wetter in Augenschein zu nehmen. «Was genau möchtest du denn wissen?»

«Ob es dir an der Schule besser gefallen hat als in der Industrie. Ob du den Herausforderungen gewachsen warst? Wie du zum Professortitel gekommen bist – diese Dinge», sage ich und stelle mich neben ihn vor das geöffnete Fenster. «Übrigens – hat dieser Briefschreiber tatsächlich einen normalen, gutbürgerlichen Beruf ergriffen?»

«Wenn du Apotheker als solches erachtest, dann ja», meint Alex lachend.

«Es wird ein herrlicher Tag», ruft er nun enthusiastisch und nimmt einen tiefen Atemzug in der frischen Höhenluft. «Lass uns schon gehen, mich halten keine zehn Pferde mehr im Haus. Wir können unterwegs weiter reden.»

Wir ziehen unsere Bergschuhe an, denn der Pfad hinter dem Haus auf den Gäbris ist steil und etwas unwegsam.

«Zuerst mal über den Professor», greift Alex während des Aufstiegs das Gespräch wieder auf. «Es besteht die Praxis, Hauptlehrern, die während zwei Jahren mit Erfolg an einer Mittelschule, in wissenschaftlichen Fächern unterrichtet haben, den Professor Titel zu verleihen. Also erhielt ich diesen im Februar 1963, nachdem ich als Hauptlehrer zwei Jahre lang Physik und Mathematik unterrichtet hatte. Und ja, an der Schule hat es mir definitiv besser gefallen als in der Industrie. Ich konnte es gut mit den jungen Menschen.»

DYNAMISCHE PÄDAGOGIK UND GLETSCHERABENTEUER

«Was das Unterrichten betrifft», sagt Alex, nachdem wir über einen umgestürzten, quer über dem Weg liegenden Baum geklettert sind, «so ist es in der Physik leider so, dass nicht sehr viel Material vorhanden ist, um schöne logische Schritte von einer Sache in die nächste machen zu können. Man muss danach trachten, dass der

Schüler nicht ins Routinedenken verfällt, also nicht wie der Computer denkt, sondern ihn trainieren, Gedankensprünge zu machen, damit er es fertigbringt, wirklich ‹menschlich› zu denken.»

«Jetzt hast du mich verloren», wende ich perplex ein. «Denken wir denn nicht automatisch menschlich?»

«Nein, meistens sind wir Routinedenker. Es ist keine höhere menschliche Charakteristik Zahlen multiplizieren zu können, es fertigzubringen, Daten zu speichern und abzurufen oder zu wissen, wann die Bahn fährt. Doch leider brauchen wir unser Gehirn praktisch für nichts anderes, als solche Tätigkeiten. Das, was uns als Mensch auszeichnet ist, die sprunghafte Logik anwenden zu können, Zusammenhänge zu erkennen, Schlussfolgerungen zu ziehen, schöpferische Einfälle zu haben. Diese Dinge erreicht man übrigens am besten in der Stille.

Physik ist nicht jedermanns Sache, aber ich glaube Wege gefunden zu haben, das Interesse der Schüler trotzdem zu wecken, indem ich Vorstellungen aus der modernen theoretischen Physik in den Unterricht eingewoben habe, wie etwa die Spekulationen, dass unser Universum nicht nur drei Raum- und eine Zeitdimension aufweist, sondern zehn- oder elfdimensional sein könnte.

Was besonderes Interesse weckte, war das Freifach Parapsychologie, das ich eingeführt habe. Und, weil ich solchen Erfolg damit hatte, organisierte ich zusätzliche Projektwochen zu diesem Thema. Dreimal habe ich sie im Tessin zusammen mit Matthias Güldenstein abgehalten, der auch die Hypnose einflocht.

Um etwas Spannung in den Schulalltag zu bringen, bin ich auch in die Berge und auf Berghütten mit den Schülern, wie etwa in die Dolomiten mit Ernst Brülisauer als Bergführer. Oder, angeseilt über Gletscher, zum Beispiel auf den Piz d'Err im Graubünden. Einmal, unterwegs von der Wiesbadener Hütte zum Silvrettahorn, marschierten wir im Gänsemarsch, kurz angeseilt, über den Ochsentaler Gletscher. Mein Physikassistent, Ernst Hubmann, war auch dabei. Im Gegensatz zu den Schülern war er schwer, und

als er über eine bestimmte Stelle lief, ist die Schneedecke eingebrochen, und er ist in ein Gletscherloch gefallen – gottlob nur bis
zu den Schultern. Da hat es sich gezeigt, wie wichtig es ist, nur
angeseilt über einen Gletscher zu laufen.»

«Es tönt als ob du mit dem Berufswechsel die richtige Entscheidung getroffen hättest.»

«Ja, ich war glücklich als Lehrer. Auch hatte ich nun den nöti-
gen Spielraum, meinem anderen Interesse nachzugehen, der Parapsychologie.»

«Ist diese Arbeit, wie in der Empa, mit der Zeit nicht eintönig
geworden?»

«Eintönig? – nein nie, im Gegenteil, es gab immer etwas Neues und Schönes. Es hat ja immer wieder neue Leute gegeben, mit
neuen Problemen und neuen Ideen. Auch Herausforderungen gab
es immer wieder neue, schulische und menschliche.»

Über den Tannenspitzen ragt der Dachgiebel des ‹Gasthof
Gäbris› empor. Wir machen eine Verschnaufpause.

AKTION ROTES HERZ

«Einmal nahmen die menschlichen Herausforderungen über-
hand», setzt Alex seinen Bericht auf unserem Weitermarsch fort,
«nämlich zum Jahreswechsel 1969/70. Es gab einen Eklat, der nicht
nur die Schule, sondern auch die Stadt und die ganze Schweiz er-
schütterte. Die 68er Bewegung, geprägt von Revolten gegen das
System, war nach St. Gallen gekommen.»

«Redest du von der ‹Aktion Rotes Herz›, von der ich schon gehört habe?»

«So ist es», erwidert Alex ernst. Wir sind inzwischen auf der
Gastterrasse angekommen und setzen uns an einen Tisch, der vol-
le Aussicht auf den Alpstein gewährt. Im naheliegenden Wald ertönt der lachende Ruf eines Grünspechts.

Und so höre ich die tragische Geschichte des Liebespaares, das – eingebettet in die soziale Revolution der 68er, in welcher sich die Jungen gegen althergebrachte Strukturen, starre Autorität und die rigide Sexualmoral auflehnten – wegen ihrer Beziehung, kurz vor der Matura, die Schule verlassen musste.

«Wie entsetzlich!», rufe ich aus. «Ohne Matura – die waren ja ruiniert.»

«So hat es anfänglich ausgesehen», stimmt mir Alex teilnahmsvoll zu. «Zum Glück konnten beide später die Matura an anderen Schulen nachholen.»

ଛୀଓଷ

UNVERGESSLICHE MATURAREISEN

REISEBEGLEITER DURCH ZUFALL

Wieder in St. Gallen, findet Alex ein geheimnisvolles Päckchen ohne Absender im Briefkasten. Gespannt schneidet er die Verpackung auf und entnimmt ihr eine Geburtstagskarte von Hanny K., einer ehemaligen Schülerin, sowie etwas Buchartiges in Geburtstagspapier gewickelt. Hanny wünscht ihm alles Gute und schreibt, sie sei über dieses Matura-Reisealbum gestolpert und dachte, er könnte Freude daran haben. Alex trägt das Album hinüber zur Couch, setzt sich, blättert darin und bekommt einen wehmütigen Gesichtsausdruck.

«Das bringt wohl schöne Erinnerungen?», frage ich.

Alex nickt: «Das tut es.»

Ich setze mich neben ihn und warte gespannt darauf, dass er mir vorliest.

Um diesem Ausschnitt seines Lehrerdaseins den richtigen Rahmen zu geben, meint er jedoch, mich ein wenig mehr in das Gesamtbild einweihen zu müssen: «Wie ich dir schon erzählt habe, wurde ich 1960 Hilfslehrer und ein Jahr später Hauptlehrer für Physik und Mathematik. Ich habe verschiedene Klassen übernommen, auch eine 6g Klasse, die eineinhalb Jahre später ihre Maturareise unternahm. Bei meinem Antritt machte man die Maturareisen zum letzten Mal erst nach den Maturaprüfungen. Man hat dann gefunden, das sei nicht günstig, man habe die Schüler nach der Prüfung nicht mehr unter Kontrolle und hat die Reisen ein Jahr vor die Matura verlegt. Im Laufe meiner Lehrerzeit war ich achtzehnmal in der Provence, so sehr hatte mich das Land vereinnahmt.

Der spätere Rektor Kellenberger hat in einem Schulbericht geschrieben:

‹Zu den Kapitalereignissen des Mittelschuljahres gehören die Abschlussprüfungen, nach deren Absolvierung die geprüften Schüler zu neuen Horizonten vorstossen, um sich oft nach kurzer Zeit wieder ein wenig in die alte Geborgenheit zurückzusehnen.›

Dieses Vorstossen zu neuen Horizonten erlebte ich tatsächlich 1961, auf der ersten Maturareise. Die Schüler hatten das Gefühl: ‹Jetzt haben wir die Prüfung bestanden›, und waren in einer unglaublichen Hochstimmung. Da war was los. Ich kann nicht mehr erzählen, was sie so alles geboten haben, an den Abenden und auch sonst. Einmal tranken sie zu viel, sodass ich meine liebe Mühe hatte, sie zu besänftigen, damit sie einigermassen ruhig waren im Hotel. Das Lustige aber war, wie ich überhaupt dazu kam.

Während meines ersten Jahres an der Kantonsschule gab ich auch immer noch Unterricht in Elektrotechnik am Abendtechnikum. Am Ende dieses Schuljahres sagte ich mir, das kann ich nicht mehr machen, ich muss mich ganz meiner Arbeit an der Kanti widmen.

Nachdem ich meinen Entschluss dort bekannt gegeben hatte, wollten mich die Technikschüler, nach einem Exkursionstag in Zürich, am Abend ausführen. ‹Zum Abschied bringen wir Sie irgendwohin›, sagten sie und führten mich ins ‹Hotel Terrasse›, neben dem Bellevue. Da habe ich zum ersten Mal einen Striptease gesehen. Ich wusste gar nicht, was das ist und amüsierte mich köstlich. Der Nachteil jedoch war folgender: Wir waren mit Privatautos unterwegs. Die älteren Schüler hatten entweder eigene Autos oder fuhren das vom Vater – das waren alles schon gestandene Männer. Dann war es natürlich circa drei Uhr morgens, als wir nach Hause kamen. Daheim fand ich eine Nachricht von Ursula auf dem Boden bei der Wohnungstüre: ‹Der Hr. Rektor Kind hat angerufen und gefragt, ob du morgen um 12 Uhr mit der

Klasse 7gd in die Provence fährst. Morgen früh, um 7.30, sollst du ihn im Rektorat anrufen, ob das klappt.›

‹Was für ein glücklicher Zufall!›, jubelte ich innerlich, obwohl hundemüde und konnte natürlich kaum noch schlafen.

Am nächsten Morgen telefonierte ich mit dem Rektor, der mich sogleich mit einem Wortschwall überschüttete: ‹Der Herr Tschirky hat keinen zweiten Lehrer als Begleiter dabei – das ist ja furchtbar Herr Kollega. Das geht doch einfach nicht. Es müssen zwei Lehrer mitgehen – ich wünsche das. Im Übrigen ist das ja Ihre Klasse, und drum wäre ich sehr froh, wenn Sie jetzt, trotz so kurzer Notiz, mitgingen. Was mir genauso wenig gefällt ist, dass Hr. Tschirky mittags um 12 Uhr hier abfährt. Wir haben die Bestimmung, dass frühestens abends um 18 Uhr abgefahren und dann die Nacht durchgefahren wird. Aber das ist nun halt in Gottes Namen so.› ‹Gut Hr. Rektor, ich komme mit!›, sagte ich eglückt verpflichtet. Dann machte ich mich ans Kofferpacken, und um 12 Uhr war ich am Bahnhof, wo mich der Kollege Ivo Tschirky, der Altphilologe war und sechsunddreissig Sprachen beherrschte, freudig begrüsste. Mit dem Zug gings erst mal nach Genf und von dort mit dem Car weiter in die Provence.

Das war schon ein Erlebnis nachts durch die stille, unbekannte Landschaft und die Städtchen mit ihren verschlossenen Fensterläden zu fahren, um dann die Morgennebel steigen zu sehen. Sogar frühmorgens Kaffee und Croissants in einem bereits offenen Restaurant zu bekommen, dünkte uns aufregend.

Dieses Album hier hat Hanny 1964 gemacht. Es zeigt also nicht meine erste Provence Reise, ist aber ein prima Leitfaden für meine Erzählung.»

GEDANKENFLUG IN DIE PROVENCE

Andächtig beginnt Alex noch einmal von vorne im kunstvoll beschrifteten und bebilderten Album zu blättern.

MATURAREISE 1964

Do., 1. Oktober

- 7 h Fahrt mit Bus ab Genf
- Frühstück in Montélimar

«Besucht wurden meistens die Hauptattraktionen, mit kleinen Variationen», erinnert er sich: «Pont St. Esprit, Vaison la Romaine, Orange, Avignon, Pontdu-Gard, Nimes, Abbaye de Senanque, Gordes, Arles, Les Baux, Eygalieres, Aigues Mortes und St. Marie de la Mèr.

Da ich achtzehnmal Maturareisen in die Provence geführt habe, kommen mir jetzt natürlich Erinnerungen aus ganz unterschiedlichen Jahren.

Bei der ersten sogenannten ‹Musikerreise›, 1961, hatten vier Schüler Instrumente dabei. Kollege Tschirky hat in der letzten Lateinstunde extra noch singen geübt, also Gesangsstunden gemacht, damit auf der Reise etwas läuft. Bei ‹What shall we do with the drunken sailor› hat der ganze Bus laut und fröhlich mitgesungen. Während des Singens habe ich auf die Gegend hinaus geschaut und bin mit der Zeit eingedöst.

Im Halbschlaf hörte ich dann das Spielen.

Zwischendurch wurden immer wieder Pausen gemacht, etwa um zu picknicken oder wegen eines Feigenbaums.

Eine zweite solche Musikerreise gab es 1969. Auch da waren ein paar Schüler mit verschiedenen Instrumenten dabei, und es wurde in diversen Formationen gespielt. Da hat es dann geheissen, ‹vor dem Essen gibt es ein Intermezzo›.

Auch Schnitzelbänke wurden während der Fahrt vorgetragen. Ja, damals wurde noch viel gesungen und gespielt. Später brachten die Schüler Tonbänder mit, die im Bus abgespielt wurden. Damit war die Magie vorbei – es war nie mehr das Gleiche.

- Pont St. Esprit und Pont du Gard

Bei der Brücke Pont St. Esprit, einer ungewöhnlichen Struktur, fängt die Provence an. Das merkte man schon am leuchtenden Blau des Himmels.

Die Kollegen Tschirky, Streuli, Merz oder andere haben jeweils die Kunstführungen an den historischen Plätzen gemacht, wie etwa beim Pont du Gard, bei der Abbe de Senanque, in Orange, Arles und so weiter. Mir hingegen lag daran, zusätzlich ein wenig Abenteuer in die Sache zu bringen.

Auf einer der Reisen kam mir beim Pont du Gard, dem berühmten römischen Aquädukt, die Idee zu genau so einem Abenteuer, denn im Kofferraum des Cars hatte ich ein Faltboot entdeckt. Ich studierte die Landkarte und suchte eine Strasse, die, weiter aufwärts, zum Fluss führt. Meine Idee war – wenn der Wasserstand niedrig ist – einen Teil der Schüler schwimmend den Gardon hinuntertreiben zu lassen. Die weniger guten Schwimmer könnten wir in das Faltboot laden und damit den Fluss überqueren. Letztlich könnten jene, die da gar nicht mitmachen wollen, mit dem Car rundum fahren. Ich fand so eine Strasse, doch um diesen Plan umzusetzen, mussten wir mit dem Car ganz nah ans Wasser fahren. Das war gar nicht so einfach aufgrund des schlechten Strassenbelags, und der Chauffeur hatte gar keinen Spass. ‹Oh, mein Gott, wo schickt ihr mich denn jetzt hin?›, rief er aus. Schlussendlich stellte sich jedoch heraus, dass der Fluss zu viel Wasser führte. Ich war, obwohl abenteuerlich, doch auch vorsichtig und entschied, dass es zu heikel ist, die Schüler den Fluss hinuntertreiben zu lassen. Wir beschlossen also, dass alle im Boot den Fluss überqueren und am anderen Ufer einen Wanderweg ansteuern, den ich auf der Karte geortet hatte. Ein paar wenige sehr gute Schwimmer wollten trotz allem hinüberschwimmen.

Das Gepäck blieb im Car, und das Reisegeld, das ich sonst immer in der Hemdtasche trug, steckte ich in meine Reisetasche, denn ich könnte kentern und nass werden. Persönlich hätte ich das nicht so schlimm gefunden, aber das damals lumpige französische Papiergeld – ein paar Tausend Francs – auf diese Art aufzuweichen wäre doch etwas unpraktisch gewesen.

Dann übersetzten wir. Was für ein Hurra und ein Theater. Der Chauffeur, der bei solchen Ausflügen immer beim Car blieb, hörte uns grölen, machte eine Ausnahme und kam, um uns zuzuschauen. Er war keine fünfzig Meter vom Fahrzeug entfernt, nur um den Rank. Plötzlich fiel den letzten der Gruppe ein, dass sie etwas im Car vergessen hatten, und baten den Chauffeur um den Schlüssel. Als sie um die Wegbiegung rannten, sahen sie, wie ein paar Typen damit beschäftigt waren, den Car auszuräumen. Als die Diebe bemerkten, dass unsere Leute auf sie zustürmen, verstoben sie. Sie hatten es sehr geschickt angestellt, waren in das Fahrzeug eingebrochen und hatten das ganze Gepäck, unter anderem meine Tasche mit dem gesamten Reisegeld, aus den Fenstern geschmissen, um es dann draußen einzusammeln. Wir hatten riesiges Glück; nichts war abhandengekommen.»

- Wasserschloss in Tarascon,
  eine der schönsten Festungen Frankreichs
- ‹Moulin de Daudet›, Mittagessen mit „ving bong" und Kick!

«Was ist gemeint mit *ving bong* und *Kick*?», frage ich.

«Es war genau wie ich gesagt habe. Die Schüler waren über achtzehn, zum Teil schon neunzehn und durften selber Wein kaufen gehen, was sie auch taten.

Ving bong ist provenzalisch für *guter Wein*. Da gab es ein paar tüchtige Becherer, was den Mädchen nicht unbedingt gefiel.»

- Ankunft in Arles: Bezug des ‹Hotel Savoy›

«Auf der 1962er Reise waren wir kaum im Hotel in Arles angekommen, als wir die Scherben fliegen hörten. Einer der Schüler, der Joss, war aufs WC gegangen. Als er nicht mehr herauskonnte, weil er die Türe nicht aufbrachte, geriet er in Panik und schlug die Glastüre ein.

- Besichtigung des Amphitheaters ‹Les Arènes›,
  des Klosters ‹St-Trophime›, der Kirche ‹Ste. Anne›
- Besuch des Klosters ‹Abbaye de Montmajour›

„Das Land ist übersät von mittelalterliche Schlössern und Kathedralen sowie Städten voll alter Sehenswürdigkeiten, viele noch aus der gallorömischen Zeit. Kollege Ivo Tschirky war ein begeisterter Geschichtslehrer und brachte uns mit Feuer und Flamme die historischen Details näher. Unvergesslich blieben seine wiederholten Ausrufe: ‹Wir sehen hier ein Wunderwerk, das in der ganzen Welt einmalig ist.›

- Nachtessen im Restaurant ‹Le Cheval Blanc›

Nach dem Nachtessen je nach Wahl:

1. Rhône-Ufer-Bummel

2. Tanz im Hotel Savoy

3. Freier Ausgang in Arles

In dieser Nacht brach plötzlich ein gewaltiges Unwetter über uns herein mit Glockengeläute und Sirenengeheul. Es war mein lang gehegter Wunsch, einmal einen Kugelblitz zu sehen, und dieses kolossale Gewitter schien mir die geeignete Gelegenheit dazu. Mächtige Blitze und Donnerschläge folgten sich unablässig, sodass die Schüler die strenge Anweisung erhielten, im Hotel zu bleiben. Ich aber begab mich ins Freie, um das ersehnte Schauspiel zu erleben.

‹De Sasu isch fasch i de Geged versoffe,
wel er isch in Gaggo gloffe.
Er ninnt kein Schirm, das findt er blöd,
Und wil er so der Blitz nöd gseht.›

Leider war mir dies nicht vergönnt, und ich musste unverrichteter
Dinge, dafür klatschnass ins Hotel zurückkehren. Auf der Weiterfahrt gab es im Bus darüber diese Schnitzelbank auf mich.

Fr., 2. Oktober

- St. Gilles du Gard: Besichtigung der Kathedrale und der Krypta

- Aigues-Mortes: Rundgang über die Stadtmauer

- Unterwegs Mittagessen, mit gestohlenen Trauben
  zum Dessert!

1969 habe ich mit der Klasse, nach dem Besuch der Abbey de Senanque, im Wald hinter dem Kloster gepicknickt. Da kamen die Schüler mit einem Haufen Pilzen daher. Das meiste waren schöne Röhrlinge.

Als Pilzkenner wusste ich welche geniessbar sind und schickte ein paar Schüler zum Kloster hinunter, um die Padres um eine Bratpfanne und etwas Butter zu bitten. Tatsächlich kamen sie mit einer riesigen Pfanne und Butter daher. An das Salz hatte niemand gedacht, so suchten wir Kräuter. Alles Mögliche kam da zusammen, sogar Lavendel. Dann haben wir das Ganze auf offenem Feuer gebraten. Es dünkte alle ein himmlischer Schmaus.

Wenn Kollege Fritz Merz, Professor für Griechisch, mit von der Partie war hatten wir manchmal Schwierigkeiten miteinander, weil ich den Bus anhalten liess, damit die Schüler sich Trauben aus den Weingärten holen konnten. Er war der Meinung, man müsse den Bauern fragen. Aber es ging ja nicht nur um die Trauben, sondern um die Aufregung, diese zu stehlen.

- Saintes-Maries-de-la-Mer:
  Besichtigung der Kirche und der heiligen Sarah
- Gelegenheit zum Baden und Reiten durchs Meer – einfach toll!

Schon bei der Anfahrt nach St. Marie de la Mer sahen wir die Pferde am Straßenrand. Pferde überall! Auch der Duft von Pferd hing in der Luft. Das Licht war magisch. Da haben wir allesamt etwas Sauglattes gemacht: einen Ausritt mit den Camargue-Rössern, provenzalisch *lu chivau*.

Danach sind wir schwimmen gegangen. Für viele von uns, auch für mich, war es das erste Mal am Meer.

Einmal habe ich eine Exkursion ganz alleine gemacht, ohne Schüler. Stellenweise ist es so flach, dass Meer und Land fast unmerklich ineinander übergehen. Bei Ebbe führen Fusspfade über den Meeresboden zu verschiedenen Küstenorten. So bin ich auf einem Pfad, den man auf der Karte im Meer erkennen konnte, von St. Marie zu einem anderen Ort an der Küste, gelaufen. Ich hatte mich genau über die Flutzeiten informiert. Das war etwas Unbeschreibliches. Diese Camargue und die ganze Provence haben mich unheimlich fasziniert.

Sa., 3. Oktober
Abfahrt von Arles nach Eygalières.

1962, also ein Jahr später, kam ich wieder zu einer Maturareise, weil diese vorgezogen worden waren. Da habe ich mir etwas Originelles für die Schüler ausgedacht: Ursula hatte in der ‹Annabell› gelesen, dass ein Mr. Roque in Eygalières alle möglichen abenteuerlichen Sachen mit Pferden unternehme. Da schrieb ich ihm, und er antwortete sofort.

Es wurde abgemacht, mit der Klasse reiten zu gehen – er würde uns begleiten. Mr. Roque informierte mich auch, dass es im Dörfchen ein kleines Restaurant gebe, indem nicht viel laufe. Er versprach, mit den Besitzern abzumachen, etwas für uns für den *Znacht* zu kochen – besser gesagt, er und seine Frau würden das Essen selber zubereiten. Dieses unscheinbare Örtchen Eygalières,

das man in keinem Reiseführer fand, hat mit seinem ursprünglichen Charakter, dem verschlafenen Lebensstil, den alten, zum Teil verfallenen Häusern und einem Pferdestall mitten im Dorf, einen ganz besonderen Reiz auf uns ausgeübt.

Kaum einer der Schüler konnte reiten, und doch stiegen wir alle auf Rösser und gingen auf eine zweieinhalbstündige Reittour. Nichts ist passiert, keiner stürzte ab.

Abends wurde uns ein wahres Festmahl serviert. Ich sage dir – es war wie zu alten Zeiten, einfach fantastisch. Mr. Roque kannte offensichtlich die Preise im Gastgewerbe nicht. Für sieben Schweizer Franken pro Person haben wir ein Nachtessen von etwa zehn Gängen bekommen. Im darauffolgenden Jahr ist das schon nicht mehr gegangen.

Zuerst kam er mit einer riesigen Suppenschüssel in den Speisesaal und hielt ganz zeremoniell eine Rede: ‹Ich habe euch eine Suppe gekocht, worin sich alle Gewürze der Provence befindet›. Dann folgten alle möglichen Gerichte. Als der Fleischgang an der Reihe war, arrangierte er das Geflügel – frisch aus dem Ofen – auf einem riesigen Präsentierteller und ging damit um den Tisch, um es allen zu zeigen. Anblick und Duft liessen uns das Wasser im Mund zusammenlaufen. Dann erst wurde es tranchiert und serviert. In grossen Schüsseln kamen danach die Beilagen sowie das Gemüse aus dem eigenen Garten. Doch bevor es auf den Tisch gestellt wurde, machte auch das die Runde und wurde allen gezeigt. Wir sollten, so wie die Franzosen, nicht nur mit dem Mund, sondern auch mit den Augen essen. Zwischendrin, wie konnte es in Frankreich anders sein, gab es Salat. Der war allerdings so stark mit Knoblauch versetzt, dass mein Kollege, Oeuvret, sonst ein gemütlicher Jurassier, ganz erregt ausrief: ‹Mon dieu, das ist ja eine Katastrophe! Da stinken wir ja auf hundert Meter!› Da jedoch alle den gleichen Salat bekamen, fiel niemandem etwas auf. Also, ein Essen war das, der Wahnsinn – und Wein à *discrétion*.

Der Wirt hat einen grossen Harras hingestellt, und als dieser leer war, sagte Kollege Oeuvret: ‹So, jetzt müssen wir dem Wirt sagen, er darf nicht mehr einschenken, sonst gibt es ein Malheur. Diese Achtzehn-, Neunzehnjährigen trinken zu viel.›

Tatsächlich haben zwei etwas zu tief ins Glas geschaut. Der Christoph M. kam so richtig in Fahrt, war ganz aufgedreht und hat zur Belustigung aller, geredet und erzählt.

Mr. Roque liess die Schüler dann in den Stallungen über den Pferden im Stroh schlafen. Kollege Oeuvret und ich waren in einem Hotelzimmer nebenan untergebracht.

Zu Eygalières: Als ich den Ort vor ein paar Jahren auf einer nostalgischen Reise besuchte, war ich entsetzt. Das Dorf hatte sich dramatisch verändert. Die Häuser waren modernisiert, der Pferdestall verschwunden, anstelle der Gasthöfe mit ihren hausgemachten Speisen waren Bars getreten. Und es wimmelte von Touristen. *Sic transit gloria mundi* – Gloria hat sich aus dem Staub gemacht!

Besichtigung von Glanum – ‹Les Antiques›

- Ein Drittel der Klasse ritt auf Mr. Roques Pferden nach
  Glanum, die anderen vertrauten sich erneut dem
  Chauffeur Monsieur Quinchard an

Picknick, Treffpunkt: ein See

- Verwegene Suchaktion des Sees per Car:
  Dreck, Wasser, Steine, Rad, Schaufel
- Monsieur Quinchard blieb ruhig und schaufelte weiter.
  Ein Hoch dem Chauffeur!
- Mit viel gutem Willen und nebenbei einem kleinen Wütchen
  auf Sasu fand man schliesslich den See.
- Wut und Essen verschwunden
- Baden im See, wer da will

Beim ersten Reitausflug, 1962, hat alles wunderbar geklappt mit dem Reiten. Auf der 1964er Reise ging damit jedoch einiges daneben, so wie es das Album beschreibt.

In diesem Jahr gingen wir nicht auf einen geschlossenen Ausritt, sondern teilten die Klasse in Gruppen auf, die etappenweise die Pferde übernahmen. Am besagten Tag war geplant, am Vormittag das antike römische Glanum, sowie am Nachmittag Les Baux, eine mittelalterliche Felsenstadt, zu besuchen.

Ich ritt mit der ersten Gruppe nach Glanum, wo wir die andere Hälfte der Klasse trafen, die im Car schon angekommen war.

Von dort ritten wir weiter zu einem Picknickplatz an einem See, dem ‹Lac de Peiroou›, der als Treffpunkt abgemacht war, um gemeinsam das Mittagessen einzunehmen. Bedauerlicherweise fand der Chauffeur den See nicht und versank bei der Suche fast im Sand. Offenbar hatte ich ihm schlechte Anweisungen gegeben, sodass wir Reiter, die etwas später beim vereinbarten Ort ankamen, eine immer noch leicht verärgerte Car-Gruppe antrafen. Zu unserem Leidwesen waren sie durch den Verdruss so hungrig geworden, dass sie sich mit dem Löwenanteil des mittransportierten Picknicks getröstet hatten.

Zu allem Übel hatten wir in diesem Jahr auch ein paar launische Rösser. Die meisten Schüler hatten keinerlei Reiterfahrung, und das merkten die Biester sofort. Hanny, die Albumkünstlerin, hatte einen elenden Gaul, der machte, was er wollte. Plötzlich legte er sich hin und wälzte sich am Boden. Sie konnte gerade noch rechtzeitig ihr Bein unter ihm wegziehen.

Zum Baden im See konnte ich nun keinen mehr animieren. Ich hingegen liess mir diesen Spass nicht nehmen und tauchte in die kühlen Fluten.

- Neue Aufteilung: Die zweite Gruppe reitet,

  Treffpunkt – Les Baux.

  Gemeinsame Besichtigung der Ruinenstadt.

- Reiterwechsel: Die dritte Gruppe darf reiten, die anderen

  fahren zurück zum Pferdestall und warten auf die Reiter.

  Von dort gehts zu unserer nächsten Unterkunft:

  ‹Mas de la Rouvette›.

- Gemütlicher Abend mit der Hausband Brun del Re & Co.

Wie es hier steht, gab es nun eine neue Aufteilung. Die zweite Gruppe ritt nach Les Baux, wo wir alle die Felsenstadt besuchten. Daraufhin ritt die dritte Gruppe von Les Baux zurück zum Stall, wo wir Car-Fahrer schon auf sie warteten. Diese letzte Etappe war für einige Reiter alles andere als lustig. Marianne S. und Christoph L., die auch noch nie auf Pferden gesessen waren, kamen total erledigt zurück.

‹Die Strecke war endlos›, rief Marianne, als sie mehr tot als lebendig bei den Stallungen ankam. ‹Ich habe Schreckensmomente ausgestanden und befürchte, den Rest meiner Existenz auf O-Beinen herumlaufen zu müssen›. Was zum Glück nicht eintrat, doch hatte sie hinterher einen grässlichen Muskelkater.

Der Ritt über die ‹Alpilles› war am Anfang recht gemächlich», erzählte Christoph später. «Aber dann, auf einer geraden Strecke, am Nordfuss der Gebirgskette, fielen die Pferde, die uns sofort als Anfänger erkannt hatten, in einen Galopp und wir konnten sie nicht zum Gehorchen bewegen, weder mit den Zügeln, noch mit den Beinen.»

Diese Erlebnisse taten dem Spass an der Reise indessen keinerlei Abbruch. Abends, bei Essen, Lachen und Unterhaltung mit unserer Hausband, war jegliche Missstimmung vergessen. Unsere jungen Reiter taten sich nun sogar mit ihren hinter sich gebrachten Gefahren heldenhaft hervor.

So., 4. Oktober

- Letzter Tag in Frankreich.
- Geweckt wurden wir von einem Sheriff mit Gitarre!
- Abfahrt nach Avignon: Palais des Papes.
  Besonders eindrucksvoll ist die Maria mit dem Blitzableiter.
- Weiterfahrt nach Carpentras: Gallischrömischer
  Triumphbogen und das Judenportal.
- Fahrt nach Vaisonla-Romaine: Aufstieg zum Schloss,
  Besichtigung der römischen Siedlung und des Theaters.
- Orange: Besuch der berühmten Szenenmauer des Theaters.

- Mas de la Rouvette: Gemütlicher Abschlussabend.

Wie du mitbekommen hast, waren unsere Unterkünfte nicht feudal, zum Teil waren es Massenlager. Am Ende dieser Provencereisen wohnten wir etliche Male in der Herberge ‹Mas de la Rouvette›, am Rand des Dorfes Rocheford-du-Gard, zwischen Avignon und Pont-du-Gard.

Urgemütlich war es und so abgelegen, dass wir mit unserer Musik und Heiterkeit niemanden störten.

Vor dem Essen gab es meistens ein musikalisches Intermezzo und während des Essens Wein, vielleicht ein paar Tröpfchen mehr als sonst. Es musste ja immer wieder angestossen werden, auf alle möglichen Dinge: auf Frankreich, auf unsere Reise und auch auf uns Lehrer.

1969 fand der letzte Abend im ‹Hôtel du Siècle›, im hübschen Städtchen Malaucène, unweit des ‹Mont Ventoux› statt. Nach dem Abendessen waren die Schüler total überdreht und, trotz eines vollen Tages, noch immer nicht müde. So stieg ich mit ihnen ganz spät auf den Kalvarienhügel mitten in der Stadt. Nach dem Überwinden des steilen Anstiegs landeten wir auf einer Ebene mit einem Baumgarten und einem kleinen offenen Platz. Eingebettet in die umgebende Mauer standen die letzten Stationen des Kreuzweges, und inmitten der Pinien und Zypressen ragten drei grosse, hölzerne Kreuze in den nächtlichen Himmel. Der helle Mondschein gewährte gute Sicht auf die umliegende bergige Gegend, und der Blick hinunter auf die Dächer der beleuchteten Stadt war idyllisch.

Um diese Zeit hatten wir die sakrale Stätte ganz für uns alleine, und so setzten wir uns im Kreis auf den Boden des Platzes. Da wurden aus ein paar Rucksäcken klandestin mitgebrachte Weinflaschen hervorgezaubert und herumgereicht. Natürlich wurde nach ein paar Schlucken die fröhliche Stimmung noch ausgelassener.

Regula, eine sonst eher stille Schülerin, setzte sich übermütig in einen Gärtner-Schubkarren. Beat packte den Karren und rannte samt Regula damit im Garten herum. Hergegangen ist es wie vor dem Himmelstor. Da es Anfang Oktober war lagen überall dürre Äste auf dem Boden. Es ging nicht lange, da hatte jemand die Idee, ein Lagerfeuer damit zu machen. Muntere Flammen züngelten bald knisternd empor und goldene Funken stoben in alle Richtungen.

Mit der Zeit wurde es ruhiger, und wir betrachteten die Gestirne am sternenklaren Himmel. Einige wurden vom Wein, dem Feuer und der lauen provenzalischen Nacht romantisch gestimmt. Jürg verschwand mit einem der Mädchen hinter der Mauer einer Kreuzwegstation, und auf der Friedhofsmauer gab es da und dort ein Tête-à-Tête.

Mo., 5. Oktober

- Abschied von Mas de la Rouvette.

- Fahrt nach Orange, Besichtigung des Triumphbogens.

- Valence, Einkäufe für zuhause (Wein, Nougat).

- Fahrt nach Genf, Abschied von Monsieur Quinchard.

- Heimreise ab Genf 19.58 h.

Am Ende dieser Tage wollte ich nicht immer gleich nach Hause. Oft schickte ich die Klassen mit dem zweiten Lehrer heim und blieb noch ein wenig. Einerseits war ich meistens total auf der *Schnörre* und andererseits wollte ich diese wunderbare Zeit in Ruhe nachklingen zu lassen. Ich besuchte noch einmal die Orte, die mir am meisten gefallen hatten, und dabei ging es mir nicht um die Besichtigung historischer Stätten. In die charmanten Örtchen mit ihren stillen engen Gassen und quirligen Plätzen voller bunter Läden und Bars, die zum Verweilen einluden, wollte ich eintauchen. Ansteckend waren auch die Freude und das Gefühl der Zusammengehörigkeit unter den Männern beim Pétanque Spiel. Gerne trank ich einen zweiten Pastis unter schattigen Kastanienbäumen, um noch ein wenig länger die beschauliche Atmosphäre in mich aufzunehmen.»

«Diese Provence Reisen waren wohl Sternstunden in deinem Leben?»

Ja, tatsächlich», seufzt Alex unwillkürlich, «das waren sie. *Partir c'est mourir un peu.*»

ဆဝ

NOSTALGISCHE MATURAFEIER

Die schönen Geschichten und Alex' Beliebtheit als Lehrer beeindrucken mich dermassen, dass ich überzeugt bin, ein Treffen mit seinen ehemaligen Schülern wäre angesagt – eine nostalgische Maturafeier. Ich muss nicht lang überlegen und fange an, im Geheimen nach Schülern zu suchen. Dabei stosse ich auf Petra B., Matura 1961, die mir ihre Klassenliste schickt. Dann ergeben sich die anderen Adressen, und nach ein paar Telefonaten und E-Mails erreicht mich bald eine stattliche Anzahl von Zusagen eingeladener Schüler. Ausserdem erhoffe ich mir noch drei Ehrengäste, seine beiden Physik-Assistenten Ernst Hubmann und Ernst Brülisauer der Bergsteiger, sowie Matthias Güldenstein. Seine Assistenten sagen zu; Ernst Hubmann hat sogar die Idee einer kleinen Einlage. Matthias ist noch nicht sicher. Da Alex für eine Woche nach Budapest fährt, um bei der ungarischen parapsychologischen Gesellschaft Vorträge zu halten, erweist sich der Tag seiner Rückkehr, Samstag, der 15. Juni, als passend für das grosse geheime Ereignis. Seine Abwesenheit gibt mir Zeit, alles für das Fest vorzubereiten.

Obwohl Alex für seine Rückreise den Schlafwagen nimmt, kommt er gerädert morgens um 11 Uhr in St. Gallen an, und ich höre ihn etwas langsamer, als sonst die Treppen zu unserer Wohnung im ersten Stock hochsteigen. Nach einem kleinen Imbiss, währendem ich mich erkundige wie alles gelaufen ist, habe ich es eilig ihn ins Schlafzimmer zu verfrachten, und nehme ihm den Koffer ab: «Den räume ich gern für dich aus. Geh dich hinlegen, am besten nicht auf der Couch hier unten, sondern oben im Schlafzimmer. Dort hast du wirklich Ruhe.»

«Gute Idee», brummt er, steigt ins obere Stockwerk und legt sich angekleidet auf das Bett.

Es ist höchste Zeit, Peter und Martin, die im Garten in den Startlöchern warten, vom Fenster aus ein Zeichen zu geben. Wie der Blitz stellen die beiden das gemietete Partyzelt, sowie Tische und Bänke im Garten auf und meine drei Töchter beeilen sich, die im Keller versteckten Getränke und Esswaren hinauszutragen.

Mit jeder Minute, die das Fest näher bringt, werde ich nervöser: ‹Wird nun alles so klappen wie geplant?› Doch ich tröste mich mit dem Gedanken, dass ich ja alles akribisch vorbereitet habe.

Kurz vor zwei Uhr erscheint Ernst Hubmann, der seit Jahren mit Alex auch privat befreundet ist, und sich gut im Haus auskennt. Er weiss, Alex darf ihn nicht hören und ruft mich leise von der Wohnungstüre aus. Ich führe ihn in die Waschküche im Keller, wo er es sich bis zu seinem Auftritt auf einem Gartensessel bequem macht.

Dann lasse ich die Wohnungstüre einen Spalt offen, damit ich die Eingeladenen kommen höre. Punkt 14 Uhr erscheinen die ersten drei. Es sind Altherren aus verschiedenen Verbindungen mit ihren Mützen und farbigen Bändern quer über der Brust, einer davon ein KTVer, unser Apotheker Hans S. Auf meine Bitte hin postieren sie sich wie Wachen vor unserer Wohnung und instruieren alle Nachkommenden, im Treppenhaus zu warten und keinen Lärm zu veranstalten. Bald ist dieses pump voll mit festlich gekleideten Besuchern.

Nun ist es Zeit Alex zu holen. Ich stecke den Kopf durch den Türspalt zum Schlafzimmer. Er ist halb wach und schaut mich fragend an.

«Da ist ein Mann an der Türe, der mit dir reden will», sage ich mit unschuldiger Miene, «nur mit dir.»

Verwundert steht Alex auf, streicht sich über die zerzausten Haare und kommt mit mir in den unteren Stock. Er öffnet die Wohnungstüre, bleibt beim Anblick des Schülertrupps wie hypnotisiert stehen und wirft die rechte Hand auf die Brust, die andere über den Mund. Er weiss nicht um was es geht; in seinem Blick auf mich funkelt jedoch ein Verdacht.

«Du?», stösst er fragend aus.

Immer noch scheinheilig ziehe ich die Schultern hoch.

Da erheben die drei Altherren feierlich ihre Stimmen und lassen schallend das ‹Gaudiamus igutur› erklingen. Bald widerhallt das ganze Treppenhaus in dieser allen bekannten Studentenhymne. Gänsehaut läuft mir über die Arme.

Gaudeamus igitur
Iuvenes dum sumus.
Gaudeamus igitur
Iuvenes dum sumus.
Post iucundam iuventutem
Post molestam senectutem
Nos habebit humus,
Nos habebit humus.
Vivat academia!
Vivant professores!
Vivat academia!
Vivant professores!
Vivat membrum quodlibet,
Vivant membra quaelibet;
Semper sint in flore
Semper sint in flore.

Ein Applaussturm bricht los in Richtung Alex, und er kann seine Freudentränen kaum unterdrücken.

«Wir gehen in den Garten hinter dem Haus», rufe ich den Besuchern zu und mache eine dementsprechende Geste. Alex und ich sind die Letzten in der Prozession. Was ihn erwartet, weiss er nicht, doch in seiner Vorahnung drückt er mir verstohlen ein Küsschen auf die Wange.

Auf dem Pfad zum Garten erspäht er die mit Efeu geschmückte Wegweisertafel mit der Kreide-Aufschrift ‹Nostalgisches Maturafest›. Einen kurzen Moment lang steht er da wie ein Kind vor dem Weihnachtsbaum. ‹Jetzt hab ich dich durchschaut›, sagt mir sein Blick.

«Erfunden habe ich die Idee nicht, nur wieder aufgegriffen», erkläre ich vergnügt, ob seinem Staunen. «Von deiner Tochter Susanne weiss ich, dass du früher öfters Maturandenfeste mit deinen Schülern gemacht hast», Es ist ein exquisiter Junitag. Auf dem azurblauen Himmel sind nur hier und dort kleine weisse Wolken zu sehen. Der Garten ist in kurzer Zeit festlich geschmückt worden. Am östlichen Ende, wo ihn eine Mauer vom Strassenlärm abschirmt, erhebt sich auf dem kurzgeschnittenen Rasen ein grünweiss gestreiftes Festzelt, gross genug, um zwei Tische zu beherbergen: einen fürs Buffet und einen für die Getränke. Davor sind unter freiem Himmel sechs mit bunten Papiertischtüchern bedeckte und mit Efeu und Blumen geschmückte Partytische sowie Bänke aufgestellt worden. Rundherum, wo der Rasen an die mit Rosen und Lavendel bewachsenen Rabatte grenzt, haben meine Helfer für gemütliches Plaudern, Gartenstühle und Tischchen platziert – so viele, wie sie auftreiben konnten. Zwei uralte weisse, gusseiserne Gartensessel mit verspielten Lehnen und Beinen stechen hervor. Gedacht als Ehren-Sessel für Alex und mich sind sie aus dem Keller gehievt und an das obere Ende eines Tisches gestellt worden. Nicht nur sollen sie Anerkennung vermitteln, sie geben diesem Fest auch eine Note von verblasster Eleganz. Meine Augen frohlocken.

«Bitte bedient euch!», rufe ich und weise auf den mit Salaten, Käseplatten, Broten, Häppchen, Kuchen und Obst bedeckten Tisch im Zelt. Doch die Gäste scharen sich um Alex, und die herzlichen Begrüssungen scheinen kein Ende zu nehmen, da er doch einige seiner ehemaligen Schüler nicht sofort erkennt. Immerhin liegt die Matura bei einigen fünfunddreissig Jahre zurück. Mir wird gedankt für die Möglichkeit, ihren Sasu, wie sie ihn unter sich nennen, auf so schöne Art wiederzusehen. Auch wird betont, dass wir uns alle mit ‹du› ansprechen. Der rote Faden des geliebten Lehrers, der sich durch die ganzen Lehrerjahre gezogen hat, ist immer noch nicht gerissen und webt sich spürbar durch die Party.

Meine, sowie Alex' Töchter Cornelia und Susanne, stehen hinter dem Getränketisch, parat die Gläser mit Sekt zu befüllen, und bald hört man rundherum das klingende Anstossen. Dann gruppieren sich die ehemaligen Klassenkameraden an den Tischen.

Es ist an der Zeit, Ernst zu holen, der in der Waschküche seines Auftrittes harrt, und ich gehe so unauffällig wie möglich zur hinteren Kellertüre. Zeremoniös mit gewichtigen Schritten und einer ledernen Aktentasche unter dem Arm – und unter grossem Beifall der Schüler, die den alten, schon etwas buckligen Physikassistenten erkannt haben – folgt mir Ernst zum Partyzelt, wo er die Tasche auf den Tisch stellt. Er schaut mit bedeutungstriefendem Blick in die Runde, steckt eine Hand in die Tasche. Wie ein Zauberkünstler, der jeden Moment ein Kaninchen hervorzaubert, zieht er einen Bernsteinstab heraus und legt ihn demonstrativ, wie ein Operationswerkzeug, auf den Tisch. Ein zweites Mal steckt er seine Hand in die Tasche, zieht ein Katzenfell heraus und legt es neben den Stab. Nun geht ein erkennendes ‹Aaaah› durch die Zuschauer. Dann holt er einen dritten Gegenstand hervor – ein dickes Buch, auf dem in schwarzen Lettern ‹Physik› geschrieben steht. Unerfreutes Raunen geht durch die Besucherreihen. Ernst öffnet das Buch, räuspert sich und fängt mit lauter Stimme an zu lesen:

«Schnitzelbank von Mengia Gianiel, die uns leider schon sehr jung verlassen musste.

‹Über die Triebe

Es gibt der Triebe wirklich viele,
bekanntlich auch den Trieb zum Spiele.
Nun will mir aber scheinen,
kleine Jungen spielen im Allgemeinen.
Doch nein – denn wie Figura zeiget,
auch Sasu sehr zum Spiele neiget.›

Ernst hebt den Bernsteinstab hoch und präsentiert ihn in der Runde. Helles Gelächter!

‹Gerieben wird, ganz im Versteck,
auf dass das Küglein nichts entdeck’,
ein Stab an einem Katzenfell.
Das Küglein wird berührt dann schnell.›

Unter Gejohle zeigt Ernst das Katzenfell und ein Foto von Alex in dieser Tätigkeit.

‹Und wenn es weicht vom Stab zurück,
der ganze Sasu strahlt vor Glück!
Und bitte, man bedenke schon,
das Küglein wusste nichts davon!

Vom Isebahnli schweig’ ich heut’.
Von Trieben sei die Red’ erneut.
Den Badedrang – oh wie gescheit –
nennt man ein Kind der heut’gen Zeit.

Auch Sasu ist dazu getrieben,
Wasser und auch Bad zu lieben.
Vor allem doch – ihr müsst gestehn –
erfreut er sich an kleinen Seen.›

«Und hier der wasserfreudige Alex!», ruft Ernst.

‹Etwas and'res nun, ich bitte,
denn es ist bei mir so Sitte,
dass etwas Nettes ich am Schluss
zum anderen noch sagen muss:

An Sasus Güte zweifelt nicht!
Sonst seht einmal in sein Gesicht:
liebenswürdig, nett und heiter.
Oh, Sasu, bitte, mach so weiter!›

Da ertönt eine Frauenstimme: «Hoch lebe unser gütiger, geduldiger ...»

«Gemütlicher», wirft jemand ein.

«Abenteuerlicher», kommt von irgendwoher.

«Witziger», tönt es aus einer anderen Ecke.

«Sasuuu!!!», stimmen alle ein.

«Hoch soll er leben, hoch soll er leben, dreimal hoch!», ertönt es nun vom Haus herüber, wo ein Spätankömmling um die Ecke schreitet: Alex' langjähriger Freund Matthias Güldenstein.

«Matthias", rufe ich erfreut, und gehe ihm entgegen. «Hast du es doch geschafft? Das freut mich ausserordentlich.»

«Sicher», erwidert Matthias, «dafür habe ich einiges verschoben. Ein triftiger Grund, weshalb ich gekommen bin», fügt Matthias hinzu, nachdem sich die beiden Freunde umarmt haben, «ist, dass ich zu den Besuchern sprechen möchte. Als du mich angerufen hast, damit ich dir von den Schulprojektwochen erzähle, hat mich das so stark an die kurze, aber intensive gemeinsame Lehrerzeit mit Alex erinnert, dass ich unbedingt meine Eindrücke mit seinen ehemaligen Schülern teilen – mit denjenigen, die dabei waren, sogar Erinnerungen auffrischen möchte.»

Ich führe Matthias zum Festzelt und klopfe auf ein Glas. «Darf ich um eure Aufmerksamkeit bitten», sage ich zu den Gästen, die ganz in Gesprächen über die alten Zeiten vertieft sind. Viele haben sich schon ewig nicht mehr gesehen, viele kennen sich gar nicht. «Drei Klassen haben Matthias Güldenstein in den parapsychologischen Projektwochen kennengelernt, die Alex damals im Tessin abgehalten hat», setze ich fort. «Er möchte gerne ein paar Worte darüber sagen.»

«Man sagt, Gegensätze ziehen sich an», beginnt Matthias, «und im Tierkreis liegen sich Stier und Skorpion gegenüber. Alex ist ein Stier mit Skorpion im Aszendenten, ich bin ein Skorpion mit Stier im Aszendent. Dies mag mit ein Grund sein, dass wir uns immer gut verstanden haben, obwohl Alex gerne zu Fuss in der Natur unterwegs ist, während ich eher zum Stubenhockertum neige. Wir haben aber auch viele Gemeinsamkeiten: Das Interesse für die Parapsychologie, die Neigung zum Unterrichten, denn ich bin Primarschullehrer, und sich von weiblichen Reizen bezaubern zu lassen.»

Gelächter bricht unter den Gästen aus, und Alex wirft sich, als ob verschämt, die Hände vors Gesicht.

«Verraten!», ruft er.

«Kennengelernt habe ich Alex vor fünfzehn Jahren», erklärt Matthias weiter, «im Rahmen unserer parapsychologischen Tätigkeiten. Eine enge Zusammenarbeit hat 1983 begonnen, als wir miteinander den Kongress ‹Basler Psi Tage› gründeten. Da hat sich schnell eines seiner Talente gezeigt. Er besitzt die besondere Kunst, in seinen lockeren, natürlichen Reden das Dargebotene in einen grösseren Zusammenhang zu stellen, zu relativieren und dabei auch das Interesse und die Neugier für alles scheinbar ‹Übernatürliche› zu wecken.»

Die Zuhörer nicken zustimmend.

«Ein weiteres Kapitel schöner Erinnerungen kreist um unsere gemeinsamen Projektwochen über Parapsychologie mit Schulklassen im Tessin», setzt Matthias seinen Bericht fort. «Da war es mir vergönnt, die Leichtigkeit zu beobachten, mit der es Alex gelang, seine Schülerinnen und Schüler im Zaum zu halten und für die besprochenen Themen zu begeistern. Er brauchte nicht viele Worte; sie haben immer gemacht, was er gesagt hat. Und bei den Experimenten haben sie gerne mitgemacht. Disziplin war keine Frage – er besitzt eine absolut natürliche Autorität. Am Abend sagte er einfach, ‹So, ich gehe jetzt schlafen. Ihr schaut, dass ihr nicht zu lange macht, um 10 Uhr löscht ihr das Licht›. Für mich ist es immer ein Kennzeichen guter Pädagogen, dass man in ihrem Unterricht vordergründig nichts von ihrer ‹Erziehertätigkeit› wahrnimmt. Alles scheint wie selbstverständlich abzulaufen. Erst wenn man erlebt hat, wie anders und schief das gehen kann, erkennt man, was da alles dahintersteckt. Alex gelang es, das Vertrauen seiner Studierenden zu gewinnen, indem er ihnen sein Vertrauen schenkte. Diese wunderbaren Experimentierwochen mit aufgestellten Schülerinnen und Schülern in der prächtigen Tessiner Umgebung von Bergen, Kastanienwäldern und Seeblicken sind bleibende Erinnerungen, für die ich dir, Alex, sehr dankbar bin», beendet Matthias seine Rede.

«Das mit der Disziplin ist schon eine interessante Sache», kommentiert Alfons E., Matura 1961, der mit seinem Teller an unseren Tisch kommt. «Du warst kein Tyrann, Sasu, aber bei dir war das gar keine Frage. Wir hatten dich alle gern, auch jene, die in Physik nicht so gut waren. Wenn du die Klasse betratst, wurde es mäuschenstill. Und das ist Autorität im besten Sinn.»

«Wir Schüler haben dich immer geschätzt», sagt Christoph M., Matura 1963, «als einerseits gemütvoll, doch ein bisschen zurückhaltend – andererseits hattest du so einen Blick, als ob du durch einen durchschauen könntest.»

Peter K. und Hans W., Matura 1965, stehen auf und wenden sich an die Gäste: «Wir sprechen hier sicher für die meisten von euch, wenn wir unsere Erfahrungen mit Sasu wiedergeben. Hans und ich sind im Jahre 1962 an die Kanti gekommen und hatten das grosse Glück, dass er ein Jahr zuvor dort Lehrer geworden war.»

«Ja, und uns Jungen schien er schon ein bisschen mittelalterlich, als er kam», schallt es von irgendwoher.

«Vierunddreissig!», ruft Alex entrüstet.

Lautes Lachen von den nun selber nicht mehr ganz jungen Schülern.

«Ich bin damals jeden Tag mit dem Zug eine Stunde vom Rheintal hergefahren», sagt Hans W., «und zwar im Anzug und Krawatte. Zuerst musste ich vier Kilometer mit dem Velo zum Bahnhof radeln, und um 6.09 Uhr ist der Zug gefahren. Im Dorf war ich einer von ganz wenigen, der ans Gymi ging, und die Leute hatten eine gewisse Skepsis. Der Pfarrer im Dorf hingegen war ein intellektueller Typ und hat mich Gottsei-Dank sehr gefördert. Ich hatte mit Physik keine Schwierigkeiten, und bei jeder zweiten Klausur hat Sasu zu mir gesagt: ‹Gehen Sie ins Kantiheim. Sie müssen nicht mitmachen, weil Sie sowieso eine 6 schreiben würden.›»

«Mich hat er mit einer Prüfungsnote 7 belohnt», schiebt Wolf G. ein, «denn nur so könne er mir im Vergleich zur Klasse gerecht werden.»

«Auffallend war seine *ruhige Art* im Unterricht», fährt Hans W. fort. «Und das können sicher die späteren Jahrgänge bestätigen: Er hat kein lautes Wort gesprochen.»

«Genau so war es», hört man mehrere Stimmen.

Hans wendet sich an Alex: «Auch hast du nicht wahnsinnig viel Energie aufs Erklären verwendet. Du sagtest: ‹Dies sind die Zusammenhänge und hier haben Sie die Formeln.› Aussergewöhnlich war, dass wir die Theoriehefte in den Klausuren verwenden durften. ‹Formeln auswendig lernen ist keine Wissenschaft›, sagtest du, ‹Ihr könnt die Hefte verwenden.› Du hast die Aufgaben so gestellt, dass man mithilfe der Hefte zeigen konnte, ob man den Stoff begriffen hat oder nicht. Entweder hat man es können oder man hat es nicht können. Es ist nie ums Auswendiglernen gegangen, sondern du hast geschaut, dass alle den Schnitt erreichen. Was wir Schüler ganz besonders geschätzt haben ist, dass du uns nicht als Objekte, sondern als Gegenüber behandelt hast – jeden Schüler, ob er nun Physik mochte oder gar nichts davon verstand. Ich habe die Zeit an der Kanti als sehr positiv in Erinnerung. Wir erhielten eine überdurchschnittlich gute Vorbereitung auf das Hochschulstudium.»

Die Tische widerhallen vom Fingerknöchelkonzert das jetzt folgt, und ich lese Alex' Verlegenheit in seinen Augen. Vor Freude über all die schönen Worte drückt er meine Hand.

Jürg K., Matura 1970, füllt Alex' Weinglas: «Hier Sasu, ich glaube, der grosse, jedoch so bescheidene Mann braucht jetzt einen züftigen Schluck.»

Alex nickt lächelnd, und die beiden lassen die Gläser tönen. «Ich war damals mehr an den Sprachen interessiert», kommentiert Jürg, «und die Physik habe ich nur teilweise verstanden obwohl du das alles prima erklärt hast, systematisch, klar aufgebaut und exakt durch gerechnet. Ich erinnere mich noch genau, wie ich am Ende einer Klausurarbeit aus Faust zitierte: ‹Mir wird von alledem so dumm, als ging' mir ein Mühlrad im Kopfe herum!›, worauf du, wahrscheinlich neben die höchstens knapp genügende Note, ebenfalls aus Faust, geschrieben hast: ‹Original, fahr' hin in deiner Pracht!›»

Nun erhellen die aufsteigenden Erinnerungen Alex' Gesicht: «Richtig, richtig», sagt er bestätigend und legt seine Hand auf Jürgs Arm.

Dann erhebt er sich: «Komm», sagt er zu mir, «lass uns abwechselnd an die anderen Tische sitzen, damit ich mit allen reden kann.»

«Du hast die soziale Ader», spricht Walo B., Matura 1965, ihn an. «Bei mir ist es extrem auf und ab gegangen. Einmal hatte ich einen 5er, einmal einen 1er, sodass ich mich fast nicht heimtraute. Da sagtest du: ‹Jetzt komm Walo, das wird schon.›, und das hat mir Mut gemacht. Du warst kein Blender, wie ein anderer Lehrer, ein Parallelnaturwissenschaftler. Das war ein pädagogischer Trottel. Wenn er in die Klasse kam, hatte er zwei Stapel Hefte und verkündigte: ‹Die Spreu hat sich vom Weizen getrennt. In diesem Heftestapel sind die Löli, und in diesem die Guten.› Damit hat er einem grad den Tag versaut. Du, Sasu, hast den Schwächeren nie den Mut genommen und schon am Anfang das Todesurteil über sie verhängt. Trotz meiner Schwäche in diesem Fach hast du mir Freude an den Naturwissenschaften und auch an der Philosophie, vermittelt. Du hast uns die physikalischen Paradoxien gezeigt und darauf hingewiesen, dass die Naturwissenschaften gar nicht so genau sind, wie man meint. Deine Stunden waren ein Gewinn, auch wenn es keine guten Noten gegeben hat. Aber du hast uns einen Meter weiter getragen in der Erkenntnis, oder ins Einfühlen in ein neues Gebiet.»

Aus der Richtung des Zeltes hört man nun das Stimmen von Gitarren, und bevor Alex Walo antworten kann, verkünden die zwei Musikanten: «Das ist für Sasu», blicken sich abstimmend an und beginnen zu spielen. Nach ein paar kurzen einführenden Tönen lassen die kräftigen Stimmen der beiden Tenöre ‹Oh my darling Clementine› erklingen, jedoch nicht im Originaltext.

Niklaus G., Matura 1963, klopft dem etwas schockierten Alex auf die Schulter: «Diese Verse stammen von dir.»

Alex beisst sich auf die Unterlippe und schaut betont schuldbewusst drein.

«Du kanntest all die beliebten Studentenlieder und hast besonders mit diesem, den Englischlehrer auf unserer Maturareise ein bisschen aus der Fassung gebracht. Ein extra Bonus für dich.»

Alex streicht sich ob seinen vergangenen Schandtaten grinsend über den Kopf.

Es folgen Lieder aus den 60ern.

Ich hatte zwar die Einladungen telefonisch oder per E-Mail gemacht, die Adressaten aber nicht gesehen. Die Frage, wer die beiden Musiker sind, steht mir auf die Stirn geschrieben.

«Das sind Guido B. und Max L., von denen ich dir erzählt habe, dass sie uns auf der 64er Provencereise so köstlich im Car und an den Abenden unterhalten haben», erklärt Alex.

«Habe ich das Wort Provence Reise gehört?», fragt ein Mann hinter uns, und gesellt sich mit seiner Partnerin zu uns an den Tisch.

«Ich bin der Beat B. Unsere Klasse hat die Matura im Herbst 1970 gemacht, und die Maturareise mit dir, Sasu, Anfang Oktober 1969. Sie war der Höhepunkt unserer Kantizeit. Du konntest uns dermassen für die Provence begeistern, dass wir nach bestandener Matura, im Oktober 1970, eine zweite, private Provence-Reise machten und viele der mit dir besuchten Orte noch einmal aufsuchten, auch Malaucène mit dem Kalvarienhügel.»

«Das wundert mich nicht», stellt Alex lebhaft fest, seine Faszination für das Land demonstrierend. «Wenn man die Provence einmal erlebt hat, ruft sie einen immer wieder.»

«Dem kann ich nur zustimmen.» Eine kleine Dunkelhaarige hat sich zu uns gesellt und hält Alex ihr Glas zum Anstossen hin: «Ich bin Regula D. – diejenige, mit der Beat im Schubkarren herumgerast ist.»

«Tatsächlich!», ruft Alex sie erkennend und stösst erfreut mit ihr an, «Ein Prost auf unsere unvergesslichen Provence Erlebnisse.»

«Sechs Jahre später war es unsere Klasse, die diese schöne Reise machen durfte», sagt eine hübsche Brünette und setzt sich uns gegenüber. «Kannst du dich an mich erinnern Sasu? Ich bin Suzanne W., Matura 1976.»

«Riiichtig», sagt Alex gedehnt, und wischt sich eine imaginäre Spinnwebe von der Stirn.

Suzanne spricht abwechselnd zu Alex und zu den anderen Gästen am Tisch. «Ich war eine ziemliche Niete in Physik, aber wenn du, Sasu, anfingst, von so ungeheuren Dingen wie den schwarzen Löchern und Antimaterie, vom Urknall und sich ausdehnendem Weltall, zu erzählen, ja, und auch von Elektrönchen, die nicht wirklich als feste Teilchen oder Wellen existieren und sogar in sich zusammenfallen wenn man sie beobachtet, war auch mein Interesse geweckt. Ich erinnere mich bis heute an jene spannenden Stunden. Du warst für uns eine Persönlichkeit, und wir kannten dich nur in Anzug und Krawatte. An der Maturareise 1975 staunten wir hingegen sehr. Der grosse hagere Sasu kam locker gewandet, mit nackten Füssen in Sandalen und einem Hütchen auf dem Kopf. Aber auch in jener Woche hast du freundliche Distanz behalten – nie hättest du dich angebiedert. Leicht belustigt hast du mitverfolgt, wie einige unserer Klassenkameraden dem Alkohol zu sehr frönten und anderntags mit den Folgen zu kämpfen hatten.»

«Wenn man in einer Verbindung ist», schmunzelt Alex, «hat man diesbezüglich eigene Erfahrungen gemacht.»

Aromatischer Kaffeeduft durchzieht den Garten, und meine Gehilfinnen kreisen um die Tische mit Kannen und Tassen und der Aufforderung, sich doch ein feines Stück Kuchen im Zelt auszusuchen.

«Soll ich dir eine Schwarzwäldertorte holen?», frage ich Alex, bekomme aber keine Antwort, denn hinter ihm hört er ein Räuspern und dreht sich um. Unbemerkt hat sich ihm ein verspäteter Besucher genähert, ein Schüler, mit dem er sich über die Jahre auch persönlich angefreundet hat: Alex E., Matura 1965. Die letzten Gesprächsfetzen über den Alkoholgenuss hat dieser noch aufgefangen.

«Ein wenig Alkohol durfte auch unsere Klasse an der München-Exkursion geniessen, gell Sasu.»

«Schön, dass du den weiten Weg von Basel nicht gescheut hast!», ruft Alex erfreut aus.

«Deine Gesellschaft ist mir heute genauso ein Vergnügen wie damals im Frühling 1964, als wir eine Schulreise nach München machten», gibt Alex E. heiter zurück. «Offiziell ging es ins Deutsche Museum, spezialisiert auf Technik. Das Hofbräuhaus, inklusive der grossen Humpen und den Weisswürsten, hat aber wie selbstverständlich auch zu dieser Schulreise gehört. Und da zeigtest du dich, als einer der wohl auf Ordnung schaut, mit dem man aber durchaus ein Festchen feiern kann. Das konnte man nicht von jedem Lehrer sagen. Da haben wir dich ein bisschen privat kennengelernt. Du hast mit uns Bier getrunken, und wir haben gesehen, dass du nicht nur Physik geben, sondern auch herzlich lachen kannst. Das hat uns sehr imponiert. Als es langsam Zeit wurde ins Hotel zu gehen, haben wir Burschen eine halbe Stunde herausgeschunden und mit deinem Einverständnis noch ein Bier getrunken. Du hast auf den letzten gewartet und bist mit uns ins Hotel zurückgekehrt. Wir waren achtzehn Jahre alt, und du hast uns auf dieser Studienreise mit Respekt und als Erwachsene behandelt und nicht als Schüler die man herumkommandiert. Und als Physiklehrer hast du uns nicht einfach nur Schulstoff beigebracht, sondern uns alle durch dein enorm breites Wissen von Philosophie bis hinein in die Para-Wissenschaften beeindruckt. Wir nannten dich den Philo-Physiker.»

Es werden nochmals Getränkeflaschen auf die Tische gestellt und die Salzgebäck- und Erdnussschalen aufgefüllt.

«Meistens geht die Popularität des Lehrers parallel mit dem Fach», fährt Alex E. fort. «Wenn man das Fach mag, hat man den Lehrer auch gern, oder umgekehrt. Dir, lieber Sasu, hat man aufgrund deines edlen Charmes trotz schlechter Noten nichts nachgetragen. Wir wurden geprägt von den Lehrern an der Kanti. In der 5. Klasse hatte ich die Idee, wie du, Elektroingenieur zu studieren. Du hast mich aber davon abgebracht und gesagt: ‹Nein, das würde ich nicht machen, eher Physik.› Du hattest die kritische Distanz, um zu beurteilen, wo einer gut ist. Schlussendlich habe ich dann Biochemie studiert, denn in den 60er-Jahren ist die Molekularbiologie aufgekommen, die unser Chemielehrer von der ETH mitgebracht hatte. In der Physik ging man immer noch viel weiter zurück, zu Newton, Galileo und andere. In der Biologie kam mit der DNS jetzt etwas Neues. Da hatte man das Gefühl, das Leben damit erklären zu können.»

«Yesterday, all my troubles seemed so far away ...», ertönt es jetzt aus der Musikantenecke, und alle stimmen mit ein.

«Meine Freundin Ursula T. und ich durften zu dir nach Hause kommen,» sagt Regula D. «Es ging um die Berufswahl. ‹Ich soll Medizin studieren›, hast du gesagt. Und Ursula hast du empfohlen, ins Pädagogische zu gehen, in den Lehrberuf. Deinen Rat, den wir sehr schätzten, haben wir beide befolgt und haben es nie bereut.»

«Ich bin ein zweites Mal zu dir heimgegangen», berichtet Ursel weiter, «und du nahmst dir mindestens eine Stunde Zeit für mich. Nicht, um Physikaufgaben als Vorbereitung für die Klausur am nächsten Tag zu besprechen, sondern einfach, um über Gott und die Welt zu reden. Und von da an machte ich gute Noten. Verrückt oder!», betont sie, und schaut in die Runde. «Jetzt können wir es zugeben», sagt Regula ein bisschen verlegen, «wir glaubten, du hast uns telepathisch beeinflusst, damit wir uns leichter tun.»

«Es sind jetzt viele schöne Worte über Sasu den Physiklehrer gefallen», meldet sich Suzanne W., «die Parapsychologie darf jedoch nicht unerwähnt bleiben. Praktisch alle in unserer Klasse waren fasziniert davon. Unvergesslich bleibt der Besuch bei dir zu Hause, als du ein englisches Medium eingeladen hattest, der seine Fähigkeiten auch zur Schriftanalyse benutzte. Als dieser aus unseren Handschriften so viel Wahres herauslas, waren wir sprachlos.»

Ich bin froh, genug Party-Leckerbissen und Getränke besorgt zu haben, denn die gute Stimmung der Gäste und der lange Sommertag versprechen noch viele muntere Plauderstunden. Es werden Fotoalben herumgereicht, und man hört Anekdoten und Gelächter.

Nun erhebt sich Andreas A., ergreift das Wort und bittet um Ruhe: «Dieser Ehrendoktor, lieber Sasu, ist dir schon einmal, 1974, von unserer Klasse, 7gc, überreicht worden», sagt er und hält eine lange Papyrusrolle in die Höhe.

Alex öffnet erstaunt den Mund, dreht sich zu mir und flüstert: «Das Original liegt in meinem Büro.»

«Es ist an dieser Stelle aber angebracht, dir dieses Ehrenvotum, noch einmal auszusprechen.»

Die Anwesenden werfen sich fragende Blicke zu. Andreas löst eine blaue Kordel samt deren roten Siegel, hält das in kunstvollen Lettern geschriebene Zeugnis in die Höhe, dreht es für alle sichtbar im Kreis und liest es laut vor, während Alex und ich genüsslich lauschen:

Magistro doctrinae de rerum natura scholae provinciae San Gallensis Alex Schneider

Für seine nicht immer geglückten Versuche,
die Schüler in die allein seligmachende Denkweise physikalisch-
mathematischer Logik
und Folgerichtigkeit einzuführen.
Dafür, dass er sich im Laufe seiner Beamtenkarriere
zu einem Förderer von mechanischen und elektronischen
Spielzeugen durchgemausert hat, an deren Betätigung
und Manipulation er sich und seine Schüler
stundenlang ergötzen kann.
Dafür, dass er mit einem geisterhaften Lächeln,
alternierend mit eisigkalten Sasu-Blicken von seinem
Katheder aus, die Schüler mit unmissverständcher
Deutlichkeit fühlen lässt, in welch armseligen
und unscheinbaren Sphären sie sich
neben einem solch überdimensionalen
Formelgiganten bewegen.
Für seine Heiland-Sandalen, mit denen er auch
in neblig trüben Tagen eine sommerliche Frische
in seine Schulstube zu zaubern vermag.
Für seine einzigartige Fähigkeit,
in einem Atemzug die Türklinke zu drücken
und einen Wortschwall in untadeligem Deutsch über die
so geschockten Hörer auszugiessen, sie damit von der ersten
Sekunde an in seinen magischen Bann ziehend.
Für sein vor Glück und Würde triefendes Wesen, weches ihn
jedoch keineswegs daran hindert, sich dank besserem Wissen

den althergebrachten Naturgesetzen lächelnd zu entziehen,
um sich weder um Zeit noch Raum scherend, in
Einsteins Welt der Antimaterie ganz heimisch zu lustwandeln.
Dafür, dass er zwar die Unvollkommenheit des Automotors
und die Sinnlosigkeit der Massenbeleuchtung erkannt,
aber keine Alternative dazu gefunden, höchstens die
utopische Infrarotbrille in den Sternen entdeckt hat.
Für seine gediegenen Reden von der guten alte Zeit,
in der die Schüler noch wirklich Schüler waren
und sich — nach Wissen lechzend — mit ganzer Seele
in die wissenschaftliche Materie vertieften:
Ein herzliches Dankeschön!
Möge ihm das Glück beschieden sein, noch vielen
Generationen sein Wissen zu überliefern und
als wertvolles Gut auf den Lebensweg mitzugeben.
In Anerkennung seiner grossen Verdienste und
in tiefer Untertänigkeit und Dankbarkeit überreichen
wir ihm diese Urkunde und ernennen ihn zugleich
zum Ehrenmitglied unserer Klasse.

Zu St. Gallen, den 29. August 1974 Klasse 7gc

Noch während des dröhnenden Beifalls und Gelächters meldet sich mit kräftiger Stimme Albert K., Alex' Farbenbruder Dior: «Jetzt muss ich zu Sasus Verteidigung eilen, und zwar im Hinblick auf die ‹Alternative zum Verbrennungsmotor›, den er als eines der grössten Desaster bezeichnete, die je über die Menschheit gekommen sind. Ich habe 1979 maturiert, und da war dieses Thema nach wie vor populär. Seine Kritik an der Energieverschwendung eines benzinbetriebenen Fahrzeugs und seine Faszination für den Wankelmotor, war Weitblick vom feinsten. Für seine Zeit war er und ist sicher heute noch, ein weit voraussehender, unabhängiger Denker und Pädagoge.»

Obwohl Alex den Text der Urkunde kannte, hat er während des Vortragens sowie Diors Worten aufmerksam den Kopf gesenkt und die Augen geschlossen. Nun erhebt er sich – ein Leuchten der Freude auf seinem Gesicht: «Viele Worte mache ich nicht, es sind schon genug Reden gehalten worden», betont er. «Hervorheben möchte ich allerdings, dass es mir die ganzen Jahre eine grosse Freude gewesen ist, Lehrer zu sein. Wilhelm von Humboldt, Bildungsreformer, hatte recht, als er sagte: ‹Im Grunde sind es die Verbindungen mit Menschen, die dem Leben seinen Wert geben.›»

Nun erhebt sich Regula D., richtet sich an Alex und weist mit der Hand in die Runde: «Wir hier sind nur kleine Tropfen von den Hunderten, die zu dir in die Schule gegangen sind. Man hat einfach gewusst wer der Sasu ist, im ganzen Schulhaus, alle Generationen hindurch. Und alle, die dich kennengelernt haben, werden den Sasu immer in Erinnerung behalten.»

ℰℭ

5. DER PARAPSYCHOLOGE

NÉNÉS UNHEIMLICHES GEBURTSTAGSFEST

«Am 29. Juni ist Néné von Muralts fünfundsiebzigster Geburtstag und wir sind eingeladen», verkündet Alex eines Morgens. «Wir sind zu dritt, Dr. Hans-Peter Studer, kurz Hampi, kommt auch mit.

«Nun wirst du Néné, die Grand Dame der Schweizer Parapsychologischen Gesellschaft Zürich kennenlernen», sagt Hampi später während der Autofahrt. «Sie ist die einzige noch Lebende von den vierzig Gründungsmitgliedern. Leute von Rang und Namen waren damals dabei. Zwei der bekanntesten waren der Psychiater Dr. Hans Naegeli und ein katholischer Geistlicher, Professor der Philosophie, Gebhard Frei. Néné hat nicht verraten, wer heute Abend alles kommt, aber sicher einige Mitglieder. Eines ist sicher: Es wird interessant werden.»

«Eine richtige Einweihung für mich», sage ich beeindruckt. «Und, wenn sich die Gelegenheit hier auf der Fahrt schon anbietet, würde ich gerne von dir, Hampi, hören, wie du, als Wirtschaftswissenschaftler, bei der SPG gelandet bist.»

«Alex und ich gehen weit zurück», antwortet er. «Ich war, wie du ja weisst, schon sein Schüler an der Kantonsschule, wo er uns in die Parapsychologie eingeführt hat.»

«Ja, ich habe davon gehört. Es hat mich aber immer gewundert, dass man das an einem Gymnasium zugelassen hat.»

«Lass mich das klären. Ich habe die Matura 1976 gemacht. Alex war sowohl mein Physik- als auch mein Klassenlehrer. Nicht nur bot er zu jener Zeit Parapsychologie als Freifach an, das bei den Schülern auf grosses Interesse stiess, er streute zudem, auf die eine oder andere Art, immer wieder Parapsychologisches in den Unterricht. Damit konnte er viele von uns begeistern. Alex hat Raum und Möglichkeiten geschaffen für Aussergewöhnliches. Er räumte mir ein, auf drei Physikstunden verteilt, über das Bermudadreieck mit den verschwundenen Schiffen und Flugzeugen zu erzählen. Erich von Däniken und Charles Berlitz haben mich damals sehr interessiert. All die archäologischen Funde und erstaunlichen Zusammenhänge faszinierten mich. Wenn es Schüler gab, die mehr darüber hören wollten, hat er hin und wieder an Abenden etwas Zusätzliches organisiert. Einmal – das war meine erste solche Begegnung – sind ein paar aus unserer Klasse mit einem Medium, einem Engländer, zusammengekommen. Er verfügte über psychometrische Fähigkeiten. Das heisst, er nahm einen persönlichen Gegenstand von jemandem in die Hand, zum Beispiel eine Uhr oder eine Brille, und erhielt daraus intuitive Eindrücke und Eingebungen. Das Interessante war, dass er allen von uns etwas Persönliches mitteilte zu dem, was im Moment aktuell war, und auch etwas über unsere Zukunft. Zu einer Schulkollegin sagte er, sie habe zurzeit zwei Freunde und könne sich nicht so richtig zwischen den beiden entscheiden. Wir in der Klasse wussten das gar nicht. Sie lief hochrot an, denn es war tatsächlich so.»

«Stellt Euch vor», sage ich, «wenn wir Menschen alle hellsichtig wären, könnten wir einander nichts mehr vormachen.»

«Allerdings», gibt Alex amüsiert zurück.

«Es sind noch zwei spannende Dinge an dieser Sitzung passiert», erzählt Hampi weiter. «Einer meiner Mitschüler wurde vom Medium gefragt, ob er je eine Augenverletzung hatte. Er verneinte, aber etwa ein Jahr später verlor er bei einem schweren Autounfall beinahe ein Auge. Dem Alois B., genannt Wisi, teilte er mit: ‹Es tut mir leid, ich kann dir nichts über deine Zukunft sagen, ich sehe nichts.› Da habe ich für mich gedacht, ‹ja vielleicht sieht er nichts, weil nichts ist›. Vier Jahre später, im Herbst 1980, verunglückte Wisi tödlich, als sein Jeep kippte. Als mich eine Klassenkollegin mit dieser Hiobsbotschaft anrief, war ich nicht überrascht – ich hatte es geahnt. Nun steigerte sich mein Interesse für jene Dinge, für die du, Alex, uns die Türen geöffnet hattest, insbesondere für die Frage, was der Tod ist, und ob es ihn überhaupt gibt. Mit der Zeit wurde dieses Interesse gleichsam zu meinem wichtigsten Hobby.»

Im Rückspiegel bemerke ich mit Schrecken, dass auf dem Hintersitz, neben Hampi, die Vase mit dem Geburtstagsbouquet in eine Schieflage gerutscht ist.

«Um Himmels willen», rufe ich, «stell bitte die Blumen wieder gerade hin, sonst haben wir da hinten eine Überschwemmung.»

«Und ich eine nasse Hose», gibt Hampi lachend zurück und stellt, unter unseren humorvollen Kommentaren, den Strauss wieder gerade hin.

«In der Zwischenzeit», fährt er fort, «war ich Student an der HSG, der Hochschule St. Gallen, wo du, Alex, Vorlesungen hieltst. Wie du dich erinnern wirst, begegnete ich dir dort 1986 eines Tages, und wir kamen ins Plaudern. ‹Die Organisatorin der parapsychologische Veranstaltungen in Rheineck gibt ihre Tätigkeit auf›, sagtest du, ‹so dachte ich an dich Hampi. Hättest du Lust und Zeit die Sache weiterzuführen?› Das Angebot war verlockend, bedeutete aber Arbeit. Als du versprachst, mir dabei zu helfen, sagte ich kurz entschlossen zu. Rund dreissig Jahre lang habe ich daraufhin die Sektion Ostschweiz der SPG geleitet, anfänglich in Heerbruck, dann in St. Gallen.»

«Das waren sicher spannende Zeiten?», werfe ich ein.

«Sehr spannend, Christina. Nebst anderen interessanten Referenten wie etwa Stefan von Jankovich, Pater Dr. Andreas Resch, Erich von Däniken und Rudolf Passian hat Alex viele der Vorträge selber gehalten. Sie waren für mich immer faszinierend und ein riesiger Fundus an neuem Wissen und Erkenntnissen, denn er ist – das kann ich nach so vielen Jahren gut beurteilen – die parapsychologische Koryphäe per se in der ganzen Schweiz.»

«Danke für die Blumen», lacht Alex. «Es gibt noch andere Experten auf diesem Gebiet.»

«Das Erstaunliche bei Alex ist», spricht Hampi unbeirrt weiter, «dass ihm der Intellekt nicht in die Quere kommt.»

«Ich fühle mich geschmeichelt», wirft Alex ein. «Leider passiert es wissenschaftlich ausgerichteten Menschen oft, dass sie sich in ihrer Rationalität und Skepsis, die mit der Wissenschaftlichkeit verbunden ist, völlig verrennen ...»

«... und keinen Zugang mehr zu irgendetwas Höherem haben», beendet Hampi echauffiert den Satz.

«Bei deinen parapsychologischen Vorträgen hast du aber immer auch gewarnt, nicht leichtsinnig und unbedarft an die Dinge heranzugehen. Du hast zum Beispiel dringend vom Tischchen-Rücken oder Buchstabenbrett abgeraten, mit dem Hinweis, man könne nicht wissen, welchen Einflüssen man sich dabei aussetze und im schlimmsten Fall sogar in der Psychiatrie landen könne. Es war daher für mich ein riesiger Glücksfall, dass ich mit dir, Alex, eine immer persönlichere Beziehung entwickeln konnte. Eine Generation verschoben, ist einer meiner ehemaligen Lehrer zu einem meiner besten Kollegen geworden.»

Mein Blick ist während des Fahrens nach vorne gerichtet, im Augenwinkel bemerke ich den freudigen Ausdruck auf Alex' Gesicht.

«Wir sind in Küsnacht», unterbreche ich die beiden, «ich brauche Euch als Lotsen.»

‹Von Muralt› steht auf dem Türschild des schönen Hauses inmitten eines parkartigen Gartens in Küsnacht. Alex drückt die Glocke und eine grosse, distinguierte Dame öffnet die Türe. Freude macht sich auf ihrem Gesicht breit, als sie Alex sieht.

«Grüsst euch», ruft sie und umarmt die beiden Männer. «So schön, dass ihr kommen konntet. Und das ist wohl Christina?»

Ich strecke ihr den mitgebrachten Strauss entgegen: «Richtig, und hier ein paar Blumen, die eigentlich Alex Ihnen geben sollte, aber er tut so etwas angeblich nicht gern.»

«Wie lieb von euch, danke. Ich bin aber nicht die ‹Ihnen›, sondern die Néné. Kommt herein.»

Es herrscht fröhliche Stimmung unter den etwa vierzig Leuten im grossen Wohnzimmer. Salon wäre eine bessere Bezeichnung für diesen schönen Raum mit seinen elegantgediegenen Möbeln, dem offenen Kamin und einem Fenster, das fast eine ganze Wand einnimmt, sodass man das Gefühl hat, der Garten mit seinen vielen Bäumen sei ein Teil davon.

Auf der Terrasse sind mehrere Tische aufgestellt worden, wunderbar gedeckt und dekoriert. Am äusseren Rand stehen ein paar aneinandergereihte, mit weissen Tüchern bedeckte Anrichtetische.

‹Néné versteht es zu feiern›, denke ich und freue mich auf ein festliches Mahl.

«Edi», ruft die Gastgeberin ihrem Partner zu, «könntest du bitte Alex, Christina und Dr. Studer den anderen vorstellen. Ich muss zur Türe, es läutet wieder.»

Mit kräftigem Händeschütteln begrüsst uns Edi, ein pensionierter Swiss Air Pilot und grosser stattlicher Typ.

«Zuerst müsst ihr euch etwas zum Trinken auswählen», sagt er und führt uns zum Apéro-Tisch.

Alex freut sich, alte Bekannte wieder zu sehen. Ich bin mit den Häppchen beschäftigt, die auf einem Tablett herumgereicht werden, als ich ihn rufen höre: «Christina, schau mal, wer ebenfalls gekommen ist, mein lieber Freund Dr. Ernst Senkowski.» Die beiden Männer umarmen sich.

‹Aha›, denke ich, ‹das ist also der berühmte Transkommunikationsforscher›, und ich bin überrascht, einen nicht sehr grossen, fast unscheinbaren Mann in etwa Alex' Alter zu sehen, mit schütterem Haar, aber lebendigen, sprechenden Augen und einem freundlichen, mit Lachfalten übersätem Gesicht.

«Von Ihnen habe ich schon gehört», sage ich und schüttle seine Hand. «Bei Gelegenheit hätte ich ein paar Fragen.»

«Setzt dich zu mir», sagt er, mich zwanglos duzend, «was möchtest du denn wissen?»

«Sie sind», sage ich, das *Du* nicht wagend, «als Hochschulprofessor für Physik, irgendwann über das Tonbandstimmenphänomen gestolpert – so wie Alex. Habt ihr euch denn bei Dr. Raudive, dem Tonbandstimmenforscher kennengelernt?»

«Nein, mit dem Alex habe ich ab 1970 fünfundzwanzig Jahr lang bei den Imago Mundi Kongressen in Innsbruck zusammengearbeitet. Meine Berührung mit dem Stimmenphänomen passierte 1974, durch eine Fernsehsendung mit Friedrich Jürgenson. Das hat mich beeindruckt und interessiert, nicht weil ich Verbindung zu den Toten suchte, sondern weil ich wissen wollte, ob es diese Stimmen wirklich gibt. Ende 1976 habe ich mich dann hingesetzt und ein paar Versuche gemacht, und auf Anhieb haben sich die Toten gemeldet. Auf Anhieb.»

«Richtig klar erkennbar?», will ich erstaunt wissen.

«Ja, ja, die waren schon klar genug.»

«Hast du die Toten als Bekannte von dir erkannt?»

«Nicht gleich. Die haben sich nur gemeldet als ‹Tote›. Tote können denken und dürfen sprechen. Und vierzehn Tage später hat sich dann mein 1959 verstorbener Vater mit seiner ostpreußischen Stimme gemeldet – ungerufen. Er hat mich mit den beiden Kosenamen angesprochen, die ich als Bub hatte, ‹Ernst-Ottchen, mein lieber Pumuckl›. Und so ist es auf dem Band. Das hat mich sehr beeindruckt. Als ein paar Wochen später, Anfang Februar 1977, eine mir unbekannte Stimme direkt aus dem Radiolautsprecher sprach und ein Familienereignis in Berlin beschrieb, das dort erst eine Stunde später stattfand, brach mein physikalisches Weltbild endgültig zusammen, und ich beschloss, das Phänomen gründlich zu untersuchen. Aber ich übertrieb es, und meine unvorsichtigen Versuche, Stimmen aus dem Tonbandrauschen zu hören, leiteten eine – wie ich später von Prof. Bender lernte – ‹mediumistische Psychose› ein, während derer ich rund um die Uhr innere Stimmen hörte, bis ich sie nach einigen belastenden Wochen zum Schweigen brachte. Transkontakte sind wie viele andere Psi-Experimente nicht ungefährlich. Das Gleiche gilt für den Umgang mit selbst gebastelten elektronischen Geräten. Der Interessierte muss daher in eigener Verantwortlichkeit entscheiden, ob er über ausreichende Kenntnisse verfügt, um Experimente durchzuführen. Gegebenenfalls sollte ein fachkundiger Berater hinzugezogen werden. Transkontakte können zu psychischen Belastungen führen, denen nicht jeder gewachsen ist. Seelisch labilen Personen ist daher vom Experimentieren generell abzuraten. Im Übrigen ist es praktisch unmöglich, letzte Gewissheit über die Identität von Transkommunikationspartnern zu erlangen. Jenseitige Mitteilungen müssen nicht notwendigerweise wahrer sein als irdische. Der Experimentator sollte sich seinen gesunden Menschenverstand bewahren und jede Abhängigkeit von jenseitigen Wesenheiten vermeiden. Die Verantwortung, die jeder von uns für sein eigenes Leben und das der anderen trägt, darf nicht beeinträchtigt werden.»

Néné klopft mit einem Löffel auf ein Glas, um sich Gehör zu verschaffen.

«Ich freue mich, dass so viele von den Eingeladenen, eine Mischung aus unseren Freunden und Mitgliedern der Schweizer Parapsychologischen Gesellschaft, nach der doch sehr kurzfristigen Einladung kommen konnten», beginnt die Gastgeberin. «Besonders freut mich, dass Professor Alex Schneider, ehemaliger Präsident unserer Vereinigung, sowie Dr. Ernst Senkowski die Zeit gefunden haben, uns zu besuchen, denn bevor wir uns in den Garten zu einem feinen Essen begeben, habe ich einen Überfall auf die beiden geplant.

Wie ihr ja wisst, ist die SPG mein Herzenskind, und für jene, denen das Thema neu ist, möchte ich zuerst selbst ein paar Worte darüber sagen und dann Alex und Ernst bitten, uns etwas über das Phänomen der Tonbandstimmen, besser gesagt über instrumentelle Transkommunikation zu erzählen.»

Dann blickt Néné in die Runde: «Bevor wir beginnen, schaut, dass ihr genug zu trinken und einen guten Sitzplatz gefunden habt. Die Raucher mögen auf die Terrasse gehen, um ihrer Leidenschaft zu frönen», bittet sie und fährt fort.

«Die SPG war 1952, als sie von Dr. Peter Ringger gegründet wurde, die einzige grössere Gesellschaft dieser Art in Europa. Ihre Bemühungen richteten sich auf das Ziel einer holistischen Sicht der Dinge, als Ergänzung zu unserem unvollständigen materialistischen Weltbild. Als Dr. Ringger aus gesundheitlichen Gründen vom Präsidium zurücktreten musste, wurde der Psychiater Dr. Hans Nägeli Präsident. Er war viel unterwegs auf Abklärung von Spukfällen oder zu den philippinischen Heilern und brachte aufregende Fotos über geistige Chirurgie von seinen Reisen zurück. Seine Berichte darüber, aber auch seine exorzistische Begabung beeindruckten uns sehr. Unter den vierzig enthusiastischen Gründungsmitgliedern – Eleonore Barth, unsere langjährige Sekretärin, sowie ich selbst, gehörten auch dazu – bleibt vor allem Pfarrer Gebhard Frei, Professor für Philosophie und Grenzwissenschaften unvergesslich. In seiner Kapazität als Religionswissenschaftler gilt er als Pionier der Erforschung von Para- sowie Tiefenpsychologie und hielt mit Carl Gustav Jung engen Kontakt. In seiner Güte und Menschlichkeit stand er uns besonders nahe. Es gab kaum ein Gebiet, das ihm unvertraut war, doch setzte er sich hauptsächlich für die Recherche des Weiterlebens nach dem Tod, echte Kontaktmöglichkeiten zwischen hier und drüben sowie für die Erforschung des Feinstofflichen ein.»

Draussen hört man das Knirschen von Reifen auf Schotter.

Der Servicewagen eines renommierten Cateringdienstes fährt in den Garten und ein paar Männer und Frauen steigen aus. Sie ziehen sich weisse Schürzen und Hauben über und beeilen sich Getränkekisten sowie mit Folie abgedeckte Vorspeiseteller auszuladen. Zwei davon werden durch die Hintertüre in die Küche gebracht.

«Die erste Zeit nach der Gründung war von echtem Pioniergeist und Ringen nach neuen Erkenntnissen getragen», übertönt Néné mit lauter Stimme die Geräuschkulisse. «Der Kern des Vereins war damals die Arbeitsgemeinschaft. Wir waren wie eine Familie, alle daran interessiert, die Ziele der SPG zu realisieren. Im intimen kleineren Rahmen unseres Stammlokals, dem ‹Hottingerstübli›, wo wir unter uns waren und jeder jeden kannte, wurde oft bis Mitternacht diskutiert, philosophiert, experimentiert und geforscht.»

«Wie war denn die Stimmung euch gegenüber?», frage ich. «Hat man euch nicht für verrückt gehalten?»

Néné hält inne und hat offensichtlich Erinnerungen hierzu, denn sie nickt leicht: «Tatsächlich wurden wir damals noch wenig ernst genommen und hatten keinen leichten Stand. Aber wir wollten niemanden bekehren und haben uns hauptsächlich in unseren Kreisen ausgetauscht.

Eine unserer ersten Arbeitsgruppen war die ‹Spukgruppe›, die es sich zur Aufgabe machte, Spukfälle mit wissenschaftlichen Methoden zu untersuchen. Als Übungsobjekt hatten wir uns ein bekanntes Spukhaus bei Glarus gemietet, wo mancher Skeptiker das Gruseln lernte.»

«Da hätte ich sicher nicht mitgemacht», kommt der Kommentar eines jungen Mädchens, mit schmalem Gesicht und grosser modischer Brille. «Das stellt mir nur schon beim Zuhören die Haare auf.»

«Das hat es uns zwischendurch auch», gibt Néné lachend zu. «In diesem Zusammenhang fällt mir eine von Dr. Nägelis Erlebnissen ein. Es ist mir besonders in Erinnerung geblieben, weil er, laut seinem späteren Bericht, den Spuk nicht nur untersucht, sondern an eigener Haut erlebt hat. Er war zu einer Burg in Deutschland gerufen worden, die seit Jahrzehnten, vielleicht Jahrhunderten von Spukerscheinungen heimgesucht wurde. Seine Spukabklärung blieb anfänglich ereignislos, aber das sollte sich bald ändern. Kurz nach drei Uhr nachts wurden er und das ganze Bett heftig geschüttelt. All seine Glieder waren gelähmt und seine Brust gedrückt, wie er es noch nie erlebt hatte. Er schrie laut auf, und dies nicht aus Furcht, sondern spontan, als ob ein Fremdwesen aus ihm herausschreien würde. Nach diesem selbsterlebten Spuk war nun seine persönliche Überzeugung eines transzendenten Einwirkens in unsere reale Welt erhärtet, und er lehnte eine nur animistische Auslegung von Spukphänomenen ab.»

«Entschuldige Néné», unterbreche ich sie, «ich bin ein parapsychologischer Grünschnabel. Kannst du das erklären?»

«Natürlich, gerne: In Universitätskreisen, dazu gehörte auch der Parapsychologe Prof. Hans Bender der Universität Freiburg, hatte sich die sogenannte animistische Theorie breitgemacht. Im Gegensatz zu unserem spiritistisch orientierten Konzept, das parapsychologisches Geschehen als Wirkung von Geistwesen aus dem Jenseits versteht, besagt diese Theorie, dass paranormale Phänomene, wie etwa Spuk oder Reinkarnationserinnerungen, auf die Seelenkräfte physisch lebender Personen zurückzuführen sind.»

Ich nicke Néné danken zu, und sie fährt fort.

«Weiter gab es eine Gruppe zum Thema ‹Hellsehen in Trance› mit dem Volltrancemedium Paula Schütz. Viele ihrer Durchsagen liessen sich verifizieren, so Angaben von Sitzungsteilnehmern über frühere Leben, die wertvolle historische, kulturelle und geografische Hinweise enthielten. Der bekannte amerikanische Reinkarnationsforscher, Professor Dr. Ian Stevenson, war während seines Aufenthaltes in der Schweiz Mitglied bei uns, überprüfte gewisse, von uns erforschte Fälle, und publizierte zwei davon als Beispiele überzeugender Beweise für Reinkarnation in einem seiner Bücher.»

«Tatsächlich? Dr. Ian Stevenson hat mit der SPG gearbeitet?», interessiert sich eine elegante Fünfzigerin mit hochgezogener rechter Augenbraue. «Ich habe zwei seiner mit meisterhafter Präzision geschriebenen Bücher gelesen und war anschliessend überzeugt von der Wiedergeburt. Im Übrigen kenne ich eure

Gesellschaft erst seit Kurzem und dachte, sie habe eher mit Medien zu tun.»

«Die folgten später, in den 70er-Jahren», klärt Néné die Fragerin auf. «Da hatten wir hauptsächlich englische Medien, die sehr gut im Jenseitskontakt ausgebildet waren. Wir hatten das Glück, das berühmte Zeichenmedium Coral Polge und ihren Mann, den legendären Heiler Tom Johanson, bei uns zu haben.»

«Der war phänomenal», kommentiert ein sonnengebräunter, sportlicher Typ. «Ich habe beobachten dürfen, wie er arbeitet. Den Heilerfolg an der Wirbelsäule meiner Partnerin würde ich als Wunder bezeichnen. Er hat sich intensiv mit Anna beschäftigt und gebetet, denn er war der Meinung, dass man vor dem Körper zuerst den Geist heilen muss.»

«Da hast du recht, Armin», erwidert Néné. «Tom war ein aussergewöhnlicher Heiler.

Gründungsmitglied Dr. Karl Müller», setzt sie mit ihrer Einleitung fort, «war ein Fachmann in allem was mit Medien, Medialität und deren Entwicklung zusammenhing. Er besass faszinierende Geisterfotos aus dem eigenen Forschungslabor und war Augenzeuge vieler Vollmaterialisationen des berühmten Materialisations-Mediums Einer Nielsen.»

Néné weist nun auf zwei Gäste. «Und *last but not least* möchte ich unsere beiden persönlichen Freunde, Kinderarzt Dr. Pierre Bovet, sowie den mehrfach ausgezeichneten Schriftsteller und Sterbeforscher Rudolf Passian hervorheben. Pierre, du hast erst kürzlich das Buch ‹Esoterik und Christentum im Dialog› herausgegeben. Ist denn für die katholische Kirche der Kontakt mit den Verstorbenen nicht Sünde?»

«Das muss ich mit den Worten von Pater Concetti beantworten, Theologe des Vatikans», erklärt Dr. Bovet. «Gemäss dem modernen Katechismus erlaubt Gott unseren lieben Verstorbenen uns Botschaften zu schicken, um uns in gewissen Augenblicken unseres Lebens zu leiten. Infolge neuer Entdeckungen im Bereich der Parapsychologie hat die Kirche entschieden, die Dialogexperimente mit den Verstorbenen nicht mehr zu verbieten, unter der Voraussetzung, dass sie mit einem ernsten religiösen und wissenschaftlichen Ziel geführt werden.»

Erfreute Stimmen werden unter den Gästen laut.

«Diese Neuigkeit bringe ich gerne meiner Mutter», sagt ein nervös wirkender Mittvierziger, der nach einer Rauchpause von der Terrasse hereingekommen ist und die letzten Sätze gehört hat. «Sie möchte Kontakt mit meinem kürzlich unerwartet verstorbenen Vater aufnehmen.» Seine Stirn hat sich in Falten gelegt. «Man hat ihr aber gesagt, sie müsse ihn in Ruhe lassen.»

Das löst erregte Diskussionen unter den Gästen aus, die ähnliche Erfahrungen gemacht haben.

Zwei junge Cateringangestellte kommen geräuschvoll aus der Küche, stellen frische Häppchen auf die Anrichte und tragen gebrauchtes Geschirr hinaus.

«Und du Rudolf», wendet sich Néné an Hr. Passian, nachdem es im Raum wieder ruhig geworden ist, «schreibst gerade an deinem sechsten Buch, ‹Der verhängnisvollste Irrtum unserer Zeit›. Kannst du uns kurz sagen, was der Irrtum ist?»

Etwas überrascht reibt sich Hr. Passian das Kinn. «Der Irrtum ist», sagt er, «zu glauben, dass es einen endgültigen Tod gibt. Es dürfte den Anwesenden nicht neu sein, dass der Tod des Körpers nicht das Ende der Persönlichkeit bedeutet. Was sie aber vielleicht nicht wissen ist, dass zum Sterbevorgang ein riesiges Forschungs- und Erfahrungsmaterial von rund 150 Jahren vorliegt, und dass bereits mehrere zigtausend Begegnungen und Spontankontakte mit Verstorbenen stattgefunden haben, die damit ein Weiterleben nach dem Tod bezeugen. Auch haben Millionen von Menschen durch ihre Erlebnisse in Todesnähe, das Vorhandensein einer anderen Welt erfahren.»

Nach einem kurzen Moment des allgemeinen Staunens, bedankt sich Néné bei Herrn Passian und erläutert weiter.

«1977 wurde die SPG 25 Jahre alt. Dr. Naegeli trat vom Präsidium zurück und Alex Schneider übernahm seinen Platz. Bis dahin hatte er ihn als Vize-Präsident tatkräftig unterstützt, während dieser zu den philippinischen Heilern reiste oder auf Abklärung von Spukfällen unterwegs war.

Bereits wenige Jahre nach der Gründung der Gesellschaft war Alex Mitglied geworden. Unsere Freundschaft ist also schon sehr alt. Als er sich damals bei uns vorstellte, kam er nicht in Anzug und Krawatte, sondern im sportlichen Tenue mit Bergschuhen, direkt von seinem Ferienhaus im Appenzell.

Viele Jahre später, ist dann, unter seiner sowie Dr. Studers Leitung, die Sektion Ostschweiz entstand. Aber» – ein Lächeln zieht über Nénés Gesicht – «es wurde nicht nur gearbeitet, wir haben auch Feste gefeiert, wo wir es sehr lustig hatten, und wo Alex zeigte, dass er nicht nur ein seriöser wissenschaftlicher Forscher und brillanter Redner ist, sondern ein ausgezeichneter Tänzer.»

Néné schaut auf ihre Uhr: «Aber eigentlich war es gar nicht meine Absicht so auszuholen, denn wie schon erwähnt, hatte ich gehofft, Alex und Ernst könnten uns ihre eindrücklichsten Erlebnisse im Bereich der Tonbandstimmen, besser gesagt der instrumentellen Transkommunikation erzählen.»

«Du benutzt mit Recht die Bezeichnung ‹Instrumentelle Transkommunikation›, liebe Néné», gibt Alex zurück, «denn die Kommunikation aus dem Jenseits beschränkt sich nicht auf Tonbandstimmen. Persönlich war das mein erstes Forschungsgebiet. Ernst, der Experte des grossen Gebietes der instrumentellen Transkommunikation, wird uns sicher gerne die weiteren Bereiche darstellen. In der Geschichte der paranormalen Erscheinungen gibt es eine Unmenge von Beispielen, wie es Geistwesen gelungen ist, sich bei den Lebenden bemerkbar und erkennbar zu machen. Eines der eindrücklichsten Vorfälle dieser Art, über den ich viele Vorträge gehalten habe, ist der folgende, weltweit Schlagzeilen verursachende Fall.»

DIE GESICHTER AUF DEM
KÜCHENBODEN IN BELMEZ

«Moment, Alex», Néné hält ihre Hand in die Höhe. «Über einen spannenden Fall will sicher auch Edi hören. Er ist draussen bei den Catering-Leuten. Ich hole ihn.»

«Es war im August 1971», beginnt Alex, nachdem Néné und Eddi sich gesetzt haben, «als Maria Gomez Pereira, in Belmez de la Moraleda, Spanien, zutiefst erschrocken beobachtete, wie auf dem Zementboden ihrer Küche das Abbild eines menschlichen Gesichts auftauchte. Die Hausbewohner massen ihm zuerst wenig Bedeutung bei. Weil jedoch viele neugierige Dörfler die Familie belästigten, wurde es ein paar Tage später – nachdem es sich auch mit scharfen Putzmitteln nicht beseitigen ließ – von Marias Sohn zerstört und die Stelle mit Zement glatt gestrichen. Einen Monat später, im September, begann sich am selben Platz vor dem Herd ein zweites Gesicht abzuzeichnen, das in seinen Zügen dem ersten ähnlich war und wie gemalt aussah. Diese erneute Erscheinung verursachte ein derartiges Aufsehen, das von da an ein nicht endender Besucherstrom das Haus passierte. Alter Hexenglaube liess die Dorfbevölkerung vermuten, dass Maria die Verursacherin sei. Nachdem man den Bürgermeister um Rat gebeten hatte, wurde diese neue Figur ausgeschnitten und hinter Glas an der Wand neben der Feuerstelle angebracht.

Der Parapsychologe Professor Germán Argumosa wurde gerufen, der parallel zu den Gesichtern sinnvolle Tonbandstimmen aufzeichnen konnte. Er kontaktierte Professor Bender in Freiburg, denn bereits ab 1970 hatte er mit ihm, sowie Pfarrer Leo Schmid, einem passionierten Verfechter des Phänomens, Dr. Raudive und mir auf dem Gebiet der Tonbandstimmen zusammengearbeitet. Zu diesem Fall konnte ich nicht mitkommen, doch sobald es den anderen möglich war, machten sie sich auf den Weg nach Belmez, und was sie vorfanden, war buchstäblich haarsträubend.»

In Nénés Wohnzimmer ist es grabesstill geworden, und Alex gehört die ungeteilte Aufmerksamkeit seiner Zuhörer. Er greift nach dem Glas Wasser vor ihm, trinkt einen Schluck und setzt seinen Bericht fort.

«Die mit empfindlichen Mikrofonen vor Ort durchgeführten Tonbandaufnahmen resultierten in Motiven gregorianischer Musik und einer Fülle von Geräuschen, wie unartikuliertes Schreien, aber auch voll verständlicher Stimmen, die vorwiegend negative Eindrücke vermittelten. Sie enthielten Äußerungen, die sich einer Bordell-Sphäre zuordnen liessen.

Mit Erlaubnis des Bürgermeisters hob der Baumeister der Gemeindeverwaltung ein Loch von 2,8 m Tiefe und einem Durchmesser von circa 75 cm aus. Tatsächlich stieß man auf zwei kopflose menschliche Skelette und weitere Knochen, die geborgen und rituell beigesetzt wurden. Historische Forschungen ergaben, dass das Spukhaus auf einem etwa eintausend Jahre alten Friedhof errichtet worden war. Abhilfe wurde mit all dem aber nicht geschaffen, Gesichter traten nach dem Auffüllen der Grube weiterhin auf. Die neue Botschaft auf den Tonaufnahmen hiess: ‹Die Hölle beginnt hier – wir sind Geister – grabt nur weiter, ihr werdet uns finden›.»

Grauen durchfährt mich. Undenkbare Vorstellung, dass so etwas in unserer Küche zuhause passieren könnte.

«Wenige Monate danach erschien, etwa 10 cm vom vorhergehenden entfernt, das dritte Antlitz, das man achtundvierzig Stunden später wieder ausschnitt und das Loch mit Beton füllte. Dieses und das zweite Gesicht trugen einen deutlichen Ausdruck des Entsetzens.

Ein halbes Jahr darauf, im April 1972, bildete sich innerhalb zehn Minuten vor den Augen Professor Argumosas und zweier Redakteure auf den Fliesen ein Gesicht, das in seinen Entwicklungsphasen fotografiert werden konnte. Am Nachmittag verschwand das Bild wieder. Nun deckte Professor Argumosa den Boden mit durchsichtiger Plastikfolie ab, wobei er die Ränder mit Siegellack an den Wänden befestigte. Wenige Stunden später entstand auf den Fliesen ein weibliches Gesicht, das im Werden genau beobachtet werden konnte. Der Vorgang wurde von weiteren Zeugen protokolliert. Zur zusätzlichen Sicherheit wurde von Professor Bender ein Bild hinter Glas versiegelt, das nachträglich ebenfalls Veränderungen zeigte, die nicht auf natürliche Alterung oder Feuchtigkeitseinflüsse zurückgeführt werden können.

Die Produktion von Bildern hielt auch im Jahre 1974 an. Die Familie war inzwischen in einen umgebauten Teil des Stalles gezogen und die Küche versiegelt worden. Plombierungen, eine des Bodens mit offiziellen Akten und eine der Wohnung mit notariellen Akten, gaben fortan keinen Anlass zum geringsten Verdacht eines Betruges.

Die vermutete psychische Mitwirkung von Maria konnte nicht bestätigt werden. Ihre Fragen wurden von den Tonbandstimmen zwar beantwortet, doch wider Erwarten endeten die Erscheinungen nicht mit ihrem Tod.»

Im Wohnzimmer war es immer noch mäuschenstill. Die meisten der Gäste hatten ja schon einiges Absonderliches durch die Parapsychologie erlebt, und doch liegt nun blankes Entsetzen auf einigen Gesichtern.

Als Alex sagt: «Darf ich nun an dich weiter geben, Ernst», interveniert Néné. «Lasst uns eine Verschnaufpause machen. Das war jetzt ziemlich happig. Ohnehin gibt es frischen Kaffee und Snacks.»

Diskutierende Grüppchen entstehen mit Tassen in Händen. Einige greifen zu ihren Zigaretten und gehen hinaus. Auch mir ist ein kräftiger Kaffee willkommen. Shakespeares Zitat, ‹Es gibt mehr Ding’ im Himmel und auf Erden, als Eure Schulweisheit sich träumt›, fällt mir ein.

COMPUTERPOST AUS DEM JENSEITS:
DU STIRBST MANFRED

«Ich kenne viele aussergewöhnliche Fälle ‹instrumenteller Transkommunikation›, kurz ITC», beginnt Dr. Senkowski etwas später seinen Bericht, «und es fällt mir direkt schwer, mich hier kurz zu halten. Was ich aber voraussagen möchte ist, dass diese außergewöhnlichen Stimmen auf Magnetbändern, aus Lautsprechern und an Telefonen, Computertexte, Bilder auf Videobändern, Fernsehern und Monitoren auf ein Fortleben nach dem Tode deuten. Die technischen Jenseitskontakte mithilfe des Tonbandes waren ja nur der Anfang. Nach dem Einzug der Computer in die Privathäuser wurde in den 1980er-Jahren auch dieses Medium benutzt. Unermüdlich stellten Transkommunikatoren wie etwa Adolf Homes und Fritz Malkhoff Kontakte über Radio, Telefon, Faxgerät, Fernseher und Computer her. Der erste, mir bekannte Empfänger von Computerbotschaften war der Statiker und Computerfachmann Manfred Boden. Auf seinem Commodore 64 erschien ab 1980 – ohne Internet – immer wieder die unheilvolle Nachricht, ‹Du stirbst Manfred, Unfall 16.8.1982›. Die Botschaft bewahrheitete sich nicht. Manfred starb Jahre später eines natürlichen Todes.»

‹Gott sei Dank›, überlege ich. ‹Das zeigt, dass nicht alle jenseitigen Nachrichten für bare Münze genommen werden dürfen. Unsere eigenen Meinungen und Entscheidungen müssen immer unser oberstes Gebot bleiben.›

«Doch davor, zwischen 1981 und 1983 wurde mit ihm regelrechter Telefonterror betrieben. Die ‹Stimmen›, die aus dem Hörer drangen, mischten sich penetrant in Gespräche ein. Sie gaben an, Energiewesen aus der siebten Dimension zu sein, und sprachen unter anderem Deutsch, Englisch, Französisch, Italienisch und Spanisch. Sie meldeten sich entweder während eines laufenden Gesprächs oder per Direktanruf zu Wort. Boden behauptete, von den Wesenheiten Antworten auf Fragen erhalten zu haben, bevor er diese laut stellen konnte. Meist hörte nur er die Stimmen, nicht aber seine Gesprächspartner am anderen Ende des Drahtes. ‹Wie kommt ihr in die Telefonleitung?›, fragte Boden die Stimmen. ‹Durch Energieübertragung›, lautete die Antwort. ‹Kommt ihr direkt in die Leitung?›, wollte Boden wissen. ‹Ja›, antworteten die Wesen, ‹die Post kann uns nicht hören.› Boden schnitt die Kontakte mit, protokollierte und archivierte sie.

«Darf ich kurz unterbrechen?», meldet sich ein junger Bursche mit rötlichen, mit Gel aufgestellten Haaren, offensichtlich zu Spässen aufgelegt.

Dr. Senkowski nickt ihm aufmunternd zu.

«Dazu fällt mir ein Doris Day Film ein, in welchem sie sich eine Telefonleitung mit Rock Hudson teilt.»

Alle lachen, auch Dr. Senkowski.

«So könnte es tatsächlich gewesen sein. Boden teilte seine Leitung jedoch mit niemandem. Die Telefonanlage wurde überprüft, ein technischer Defekt nicht festgestellt. Schließlich, als der psychische Druck unerträglich wurde, erstattete er Anzeige gegen Unbekannte.

1985 staunte die Welt, als der Rentner Klaus Schreiber es – mit Anleitung über Tonband von *drüben* – fertigbrachte, Verstorbene auf seinen Fernseher zu produzieren. Ein Jahr später wurde die Aufmerksamkeit auf die unglaublichen Experimente eines Luxemburger Ehepaares, Maggy und Jules Harsch-Fischbach und ihrem ‹Cercle d'Études sur la Transcommunication›, kurz C.E.T.L. gerichtet. Ich hatte das Privileg dort an mehreren ITC-Sitzungen teilzunehmen. 1986 war es dem Ehepaar, zusammen mit einem befreundeten Ingenieur, gelungen die ersten paranormalen Videoeinspielungen aufzuzeichnen. Die Bilder erschienen in einem kleinen, defekten Fernseher, der für einen normalen Empfang völlig unbrauchbar war. Bei Bildeinspielungen wurde das Fernsehgerät wie von unsichtbarer Hand eingeschaltet. Zuerst sah man Flimmern und Streifen, die sich dann zu Gestalten formten. Daraufhin entstand einige Sekunden lang ein Standbild, das mit der Video-kamera aufgenommen werden konnte.»

Durch das Fenster dringen Stimmen, und ich werfe einen raschen Blick in den Garten. Ein Mann ist damit beschäftigt, zwei lange Grillöfen anzuwerfen. Unter seiner lautstarken Anleitungen hieven zwei weitere einen grossen Metallbehälter aus dem Lieferwagen einer Metzgerei und tragen ihn zu den Öfen.

Dr. Senkowskis Stimme holt meine Aufmerksamkeit wieder in den Raum. «Über die nächsten Monate, ja Jahre, gelangen in Anwesenheit von prominenten Beobachtern wie etwa Dipl. Ing. George W. Meek, Prof. Dr. François Brune, Pater Dr. Andreas Resch, Dr. Theo Locher, Dr. Ralf Determeyer oder Physiker Burkhard Heim eine Unzahl von immer besser werdenden Einspielungen über Radio, Telefon, Computer und den Fernsehapparat.

Die Nachrichten der Jenseitigen waren zum Teil an uns Anwesende gerichtet, und wir staunten über ihre Kenntnis unserer privaten Angelegenheiten. Sie brachten aber auch wichtige Botschaften an die Menschheit. Ab 1988, nachdem es funktionierte, Bilder zusammen mit Ton zu empfangen, zeigte sich mehrmals Dr. Konstantin Raudive. Ich lese Ihnen eine seiner Mitteilungen vor:

> ‹Liebe Freunde, hier spricht Konstantin Raudive – auf Irrwege gerät der, der versucht, eine kausale Verbindung herzustellen – die gibt es nicht. Der Grundirrtum der bisher vorherrschenden reinen materialistischen Wissenschaft bei Ihnen besteht darin, dass Sie versuchen, das Gesetz von Ursache und Wirkung, das in Ihrem beschränkten Bereich Ihres Daseins richtig ist, auf alle Erscheinungsformen zu übertragen, auch auf solche, wo es keine Gültigkeit hat.›»

Ich stupfe Alex, der neben mir sitzt und flüstere. «Ist das der Raudive, mit dem du Tonbandstimmenforschung machtest?»

Alex nickt. Dann werde ich wieder durch Tumult von draussen abgelenkt. Ein zweiter Cateringwagen ist angekommen, und mehrere metallene Warmhaltegefässe werden zu den Anrichtetischen getragen.

«Wir haben es hier mit etwas Aussergewöhnlichem zu tun», sagt Dr. Senkowski seinen Vortrag abrundend, «einer Anomalie, die in den grösseren Bereich der Paraphysik oder Paranormologie gehört, weil sie gegen gewisse Normen verstösst, die wir Menschen hier im Westen innerhalb der letzten paar hundert Jahre, aufgebaut haben. Und jetzt passiert etwas, das eigentlich gar nicht passieren dürfte.

Man sieht also keine Ursache. Das ist die eher wissenschaftliche oder technische Seite. Dann gibt es die menschliche Komponente. Für viele Menschen sind die einfachen Versuche, solche Stimmen auf Tonband aufzuzeichnen, ich möchte nicht sagen ein Beweis, aber ein Hinweis dafür, dass das Leben nach dem Tod weiter geht. Es ist für sie ein grosser Trost, wenn sie die Meldung eines verstorbenen Angehörigen oder eines geliebten Menschen auf Band hören. Diese menschliche Komponente trifft eigentlich eines der Grundprobleme unserer Existenz. Wir sind hier, wir wissen nicht, woher wir kommen und ebenso wenig, wohin wir gehen, aber wir können diese Indizien als Stütze nehmen für die Hoffnung, dass das Leben weiter geht.»

«Da bin ich aber froh», flüstere ich Alex zu und drücke seine Hand.

«Ich auch», sagt er vielsagend und zwinkert mir zu. «Und nun gehen wir essen. Da kommt ein himmlischer Duft von draussen herein.»

DIE KRUMME SCHEITERBEIGE

Alex legt den Hörer auf. «Ich habe gerade mit Lucius Werthmüller abgemacht, mit dem Basler Psi-Tage Team am kommenden Wochenende noch eine Sitzung vor dem Kongress, Ende November, abzuhalten und zwar wie schon so oft, im Schluch.»

«Gut, dass wir einen so langen Altweibersommer haben», erwidere ich. «Es geht immerhin Ende Oktober zu.»

«Ja, mit dem Wetter haben wir Glück. Abends werden wir allerdings heizen müssen.»

«Dieses Team, was sind denn das für Leute?», frage ich neugierig.

«Anfänglich bestand dieses Team aus zwei Leuten, Matthias Güldenstein, der auch Lehrer war, und mir. Damals lag der Schwerpunkt der Kongresse bei den parapsychologischen Themen wie Psychokinese, Telepathie oder Hellsehen. Ungefähr zehn Jahre später kamen andere dazu. Als wir 1992 den ‹1. Weltkongress für Geistiges Heilen› veranstalteten, baten wir den Philosophen und Publizisten Dr. Harald Wiesendanger, der sich seit vielen Jahren mit dieser Thematik auseinandersetzte, als Mitorganisator in unser Team zu kommen. Später stiessen Dr. med. vet. Donatus Rüetschi, ehemaliger Präsident der Schweizerischen Vereinigung für Parapsychologie Bern, Lucius Werthmüller, Gründer und Präsident des Basler Psi-Vereins, sowie Matthias' Ehefrau Eva, professionelle Übersetzerin und Leiterin des Psi-Zentrums Basel dazu.»

Teamgeist spürend sage ich begeister, «dieses Wochenende möchte auch ich einen Beitrag leisten. Ich übernehme den Kochpart.»

Schon am Donnerstag steigen Alex, Peter und ich hinauf, um alles vorzubereiten. Dann, am Freitagmorgen, klettern Eva und Matthias, der etwa zehn Jahre jünger ist als Alex, pustend, mit ihrem Gepäck den Hang herauf. Lachend und erfolgsbewusst landen sie nach der kurzen ebenen Waldstrecke vor unserer Türe. Nicht weit hinter ihnen sehen wir Lucius, Harald und Donatus, alle drei um die vierzig, angeregt diskutierend aus dem Wald kommen. Am Laufbrunnen neben dem Haus stellen sie ihre Rucksäcke am Baumstammtrog ab, und einer nach dem anderen hält seine hohlen Hände unter das Rohr mit dem sprudelnden Strahl und trinkt genussvoll das Bergwasser.

Eva streicht über ihren langen dicken Zopf, der ihr vorne über die Schulter hängt, und wirft ihn nach hinten: «Man ist sich hier oben gar nicht bewusst, dass St. Gallen nicht weit hinter diesen Hügeln liegt, sondern wähnt sich weitab vom Getriebe», schwärmt sie. «Was für ein herrliches Fleckchen Erde!»

Der jüngste der Organisatoren, Luci, mit seinem dichten braunen Haar und kurzem Vollbart, wendet sich vergnügt an Alex: «Steht die krumme Scheiterbeige noch.»

«Ja, ja», lacht dieser, «mit vielen Stützen. Kommt, ich zeig sie euch.»

Wir pilgern alle hinter das Haus, wo Alex auf eine hohe, mit Brettern und Stangen abgestützte Holzbeige an der Hauswand zeigt.

«Wie ihr ja wisst, habe ich das schiefe Konstrukt Rubens Faria zu verdanken.»

Auf meinen fragenden Blick erklärt mir Luci: «1981 hatte ich für unseren Basler Psi-Verein mit dem besagten Rubens Faria, einem brasilianischen Trancechirurgen, schon alle Konditionen und Modalitäten vereinbart, um bei uns im Zentrum Heilsitzungen durchzuführen, hatte etwa dreissig Patientinnen und Patienten geladen, und alles war vorbereitet. Er kam sogar fast pünktlich, was etwas heisst für einen Brasilianer, forderte jedoch unmittelbar vor Beginn der Behandlungen ultimativ das Doppelte des vereinbarten Honorars. In meiner Ratlosigkeit rief ich Alex an, der wenige Tage zuvor selber eine Veranstaltung mit ihm durchgeführt und ebenfalls Schwierigkeiten gehabt hatte. Mein Anruf kam gerade als er hier oben Scheite aufschichtete. ‹Das ist Erpressung›, rief er und enervierte sich so sehr, dass diese Holzbeige hier ganz schräg und unstabil wurde. Die verlangte Entlohnung wurde Rubens schlussendlich bezahlt, sonst wäre er, ohne die vielen wartenden Menschen zu behandeln, abgezogen. Die folgenden Jahre wurde Alex, jedes Mal, wenn er an seinem Holzvorrat vorbeiging, an diesen Vorfall erinnert, und bei jedem meiner Besuche zu diesem Rückzugsort wärmen wir die Geschichte wieder auf.»

Das Team verzieht sich zur Besprechung in die gemütlich beheizte Stube.

Während ich das Mittagessen, Geschnetzeltes mit Bratkartoffeln, für die kleine Gruppe richte, kommt Peter mit Schirmlingen in die Küche. Er ist für seine Pilzspürnase bekannt und machte sich schon frühmorgens im umliegenden Wald auf die Suche nach dementsprechenden Leckerbissen.

«Am besten schmecken sie paniert», sagt er mit einem Augenzwinkern, um mich über die Mehrarbeit hinweg zu charmieren.

«Wird gemacht», zwinkere ich zurück.

Gegessen wird auf der Terrasse, einem einfachen Platz mit Bretterboden, und am Horizont, vor dem Hintergrund eines strahlend blauen Himmels, leuchtet der Säntis in seiner ganzen Pracht.

«Danke, Christina», ruft Eva, als das Team nach pausierter Sitzung, aus der Stube kommt, «das sieht ja köstlich aus.»

«Bitte, bitte», erwider ich erfreut und stosse mit einem Glas Bergwasser mit allen auf die Psi-Tage an: «Wie lange gibt es diesen Kongress denn schon?»

«Seit 1983, und dazu gekommen ist es auf Umwegen», sagt Alex, der gerade mit einem frisch gefüllten Krug Wasser vom Brunnen zurückgekehrt ist und allen einschenkt. «Damals hatte die Messe Basel eine Gesundheitsausstellung mit Kongress, genannt ‹Natura›. Dort gab es auch Vorträge über alternative Gesundheitsmethoden, und ich hielt einen über ‹Geistiges Heilen›. Es waren überraschend viele Besucher angereist, und der Vortrag kam gut an.

Daraufhin entschloss der Generaldirektor, Hr. Frédéric Walthard, diesen geistigen Heilmethoden im Kongress des folgenden Jahres nicht nur einen Vortrag, sondern einen ganzen Tag zu widmen und dazu auch Heildemonstrationen einzubauen, und bat mich diesen zu organisieren.»

Matthias, der am anderen Ende des Tisches sitzt, deutet mir, ihm die Salatschüssel weiterzureichen.

«Dieser erste Heilertag im folgenden Jahr, 1981,» höre ich Alex, «mit der Idee, Trancechirurgie auf der Bühne zu zeigen, hat grosse Resonanz gefunden – auch in der Presse. Es waren Vertreter verschiedener Arten von Geistheilung eingeladen worden – unter anderem der Indianer Don Perrote, ein Medizinmann, und zwei Philippinen, die geistigoperative Eingriffe machten. Die waren der Hit. Dazu gab es entsprechende Vorträge, zu Beispiel von Dr. Schiebeler, einem deutschen Physiker und sehr bekannten Parapsychologen, der auch einen Film über die philippinischen Heilmethoden zeigte.»

«Mein Kompliment zu diesen Schirmlingen, sagt Harald neben mir. Die sind ja himmlisch zubereitet.»

Ich freue mich über die Anerkennung und lächle dankend zurück.

«Am zweiten Tag», sagt Alex, «begab ich mich wie immer frühmorgens auf einen Spaziergang und ging zuerst zum Messeareal hinüber, um zu schauen, ob alles klappt. Da sah ich Massen von Leuten kommen – ganze Völkerströme. Sonst gab es vielleicht fünfzig bis hundert Personen bei solchen Vorträgen, folglich war ein Saal für circa tausend Zuschauer vorgesehen. Nun waren aber die tausend Eintrittskarten schon am Morgen verkauft worden. Das war zwar eine Sensation, verursachte jedoch einen Aufstand erboster abgewiesener Besucher. Aber feuerpolizeilich konnten einfach nicht mehr Leute eingelassen werden. Aufgrund dieses gewaltigen Erfolges hat Hr. Walthard gefunden: ‹Ja, wenn das stark Alternative, wie die Philippinen und die Indianer, auf solches

Interesse stossen, könnte man statt einen ganzen Tag sogar einen extra Kongress darüber machen – nicht nur für das Geistige Heilen, sondern ganz allgemein für paranormale Erscheinungen›. Hr. Michèl Marti, Kongressleiter der Messe Basel, wurde eingebunden und erste Gespräche für einen Parapsychologie-Kongress geführt.»

Während ich das Geschirr des Hauptgangs abräume und mich in die Küche begebe, um Kaffee zu machen, holt mein Serviceassistent, Peter, den Dessert aus dem Kühlschrank. Beim Anblick der beiden Schüsseln, eine mit geschlagenem Rahm, die andere voll mit prallen, reifen Himbeeren, ertönen Ausrufe des Wohlgefallens um den Tisch.

«Unsere eigenen», kommentiert Alex stolz, «sie wachsen am Zaun rund um den Gemüsegarten.»

WAS HEISST PSI

«An diesem besagten Heilertag war ich auch dabei», bringt Matthias sich zwischen zwei Bissen ein, «nämlich als Besucher. Der Grund war Don Perrote. Er hatte bei uns in der Parapsychologischen Arbeitsgruppe Basel gearbeitet, war zu diesem Heilertag eingeladen worden und bat mich, doch auch mitzukommen, um ihn zu übersetzen. Seitdem ich zwei Jahre zuvor einen parapsychologischen Kongress in Freiburg im Breisgau erlebt hatte, trug ich mich mit dem Gedanken, einen solchen in der Schweiz zu organisieren. Als ich dann am Heilertag Herrn Marti kennenlernte, sprach ich ihn darauf an. ‹Das ist jetzt schon interessant› antwortete dieser, ‹gerade habe ich mit anderen Leuten, nämlich mit Hr. Walthard, Prof. Alex Schneider, Frau Dr. med. Elisabeth Studer und anderen über die Idee geredet, aus dem Heilertag einen eigenen Kongress zu machen›. Alex hatte ich ja schon zuvor, anlässlich seiner Vorträge über Tonbandstimmen kennengelernt. So haben wir beide uns zusammengetan. Meine Idee diese Kongresse ‹Basler Psi-Tage› zu nennen, wurde angenommen – ebenso das Thema für den ersten Kongress ‹Psychische Beeinflussung von Materie›. 1983 haben Alex und ich dann den ersten Basler Psi-Tage Kongress organisiert.»

«Wofür steht denn das Psi?», möchte ich wissen.

«Psi ist keine Abkürzung», erklärt Matthias, «sondern der dreiundzwanzigste Buchstabe des griechischen Alphabets sowie der Anfang des Wortes ‹Psyche›, griechisch für Seele. Er bezeichnet die aussersinnliche Fähigkeit des Menschen und die Kraft, die paranormalen Phänomenen zugrunde liegt.»

Da flattern zwei Schmetterlinge vor uns herab bis dicht über den Tisch, fliegen schwankend im Duett von einem zum anderen, heben wieder ab und verschwinden im Rosenbusch an der Hausecke.

«Oh, wie lieblich», ruft Eva aus. Sie legt ihre Hand auf Matthias' Arm: «Ich glaube, wir sollten hier oben einmal ein paar Tage Ferien und nicht nur Arbeitswochenenden machen.»

Bestätigend nickt dieser und tätschelt ihre Hand.

«Matthias hatte die geniale Idee», fährt Alex fort, «nicht den ganzen Tag nur Vorträge zu halten, sondern sogenannte Workshops anzubieten, wo die Besucher in kleine Gruppen aufgeteilt werden können. Wir waren der erste Kongress, der so etwas anbot. Den Leuten hat es gefallen, dass sie auf diese Weise mit den Referenten auch sprechen und ihre Meinungen einbringen konnten, und dass sie, wenn etwas demonstriert wurde, hautnah dabei waren.»

«Vor allem wollten wir keine Dogmen verkünden», betont Matthias, «vielmehr die Teilnehmer dazu anregen, sich besser zu informieren und gegenüber dem Paranormalen eine offene, tolerante, aber auch vernünftige und kritische Haltung einzunehmen.»

«Ihr müsst es auf jeden Fall gut gemacht haben», sage ich, «denn in Alex' Büro hängt ein Ehrenzeugnis in goldenen Lettern der Messe Basel, ‹Testimonium Honoris Causa, Mercatus Helveticus›.»

«Das war tatsächlich so», bestätigt Harald, «durch unsere Bemühungen sind die Basler Psi-Tage ja auch zum renommiertesten Publikumskongress für Grenzwissenschaften geworden. Aber mehr darüber heute Abend.»

FEUERLAUF UND DAS
MATHEMATISCH BEWIESENE JENSEITS

Nachdem das Grüppchen sich wieder zur Arbeit zurückgezogen hat, kommt Peter mit ein paar Ästen daher.

Wie gefällt dir die Idee, heute Abend ein Lagerfeuer zu machen? Das Holz ist trocken, und es ist für die Jahreszeit immer noch warm genug, um draussen zu sitzen.»

«Tolle Idee», sage ich, während ich den Tisch abräume. «Das gibt eine super Atmosphäre.»

Die Dämmerung schiebt sich aus dem Tal den Hang herauf und es fängt an einzudunkeln als wir uns nach dem Abendessen, ausgerüstet mit Gläsern und ein paar Flaschen Wein, etwas entfernt vom Haus, um das Feuer setzen.

Rund um das abgelegene Haus ist es still geworden; nur das Prasseln des brennenden Holzes ist zu hören. In Abständen ertönt das Schlagen der Kirchturmuhr vom Dorf herauf. An den fernen umliegenden Hügelflanken sieht man da und dort kleine Lichter von den Höfen.

«Wir könnten ja einen Feuerlauf machen», sagt Peter in die feierliche Stille hinein.

«Was man bei euch für verrückte Sachen hört», rufe ich entsetzt aus und halte Matthias mein Weinglas zum Einschenken hin.

Alex bringt noch ein paar dicke Scheite, wirft sie in die Flammen, sodass eine Wolke von kleinen Funken emporstäubt, und setzt sich zu uns: «So verrückt ist das gar nicht. Unter dem Thema

‹Psychische Beeinflussung von Materie›, hat die russische Physikerin und Parapsychologin, Larissa Vilenskaja, die ich in Moskau kennengelernt hatte, an den ersten Psi-Tagen, auf der kleinen Wiese links neben dem Messeeingang, einen Feuerlauf demonstriert, der übrigens einer uralten Tradition entstammt. Es ist tatsächlich ein Phänomen, das wir mit unserem herkömmlichen Verständnis der Naturgesetze nicht enträtseln können. Lebendes Gewebe stirbt bei 60 Grad. Daher müssten die Füsse aller jener, die es versuchen, zu Kohle verbrennen, sobald sie die bis zu 450 Grad glühend heisse Holzkohle berühren. Es ist eine Sache des Bewusstseins.»

«Und, wenn wir unser Bewusstsein richtig einsetzen würden», frage ich erstaunt, «könnte das jeder von uns?»

«Auf jeden Fall haben es damals Tausende in Seminaren gelernt und erfolgreich durchgeführt. Das Feuerlaufen hat zu jener Zeit richtig Furore gemacht. Einige wenige verbrannten sich die Füße, wenn ihr Bewusstsein während des Laufs nicht in der richtigen Verfassung war, oder beim Heruntersteigen, wenn ihre Aufmerksamkeit zu früh nachgelassen hatte.»

Nur schon die Vorstellung lässt mich erschaudern: «Ich habe in meinem Leben einiges gewagt, aber das Risiko, meine kostbaren Füsse zu verbrennen, würde ich nie eingehen.»

Schwarz und majestätisch heben sich die Silhouetten der hohen Lärchen, am unteren Ende des Gartens, gegen den sich nun violett verfärbten Himmel ab.

Nach einem Augenblick der Stille fährt Alex fort: «Jenseits unserer fünf Sinne existiert eine andere Wirklichkeit und das, was wir als Realität erleben, ist nur ein Teil des Ganzen. Moderne Theorien besagen, dass es viel mehr als unsere vier Dimensionen von Raum und Zeit gibt, die sogenannten verborgenen Dimensionen, die auch die Eigenschaften des Bewusstseins einschliessen. Ich wiederhole mich, wenn ich sage, unsere alte Physik hat nichts am Hut mit Geist oder Bewusstsein. Aber die Quantenphysik redet davon, und Männer wie Max Plank, Werner Heisenberg, David Bohm und nicht zuletzt Einstein, haben das schon lange entdeckt und darüber berichtet. So auch Burkhart Heim, mit dem ich so manche Diskussion darüber geführt habe. Er war einer der wenigen Physiker, der auch zu biologischen, psychologischen und paranormalen Vorgängen fundiert sprechen konnte. So oft es ging, habe ich ihn über seine ‹Metronenfeldtheorie› befragt, in der alles fliesst, mit der alles berechnet werden, und sogar das Jenseits mathematisch bewiesen werden kann, und die auf eine alles umfassende Intelligenz hinweist.»

Ich horche auf. Ein Abendlüftchen schiebt mir eine Haarsträhne über das Gesicht: «Das Jenseits mathematisch beweisen? Das müsste doch einen Aufschrei bewirkt haben. Der Mann tönt ja wie ein echtes Genie, und den hast du persönlich gekannt?»

«Ja, im Jahre 1973 bin ich ihm erstmals in Italien an einem Kongress über das ‹Stimmen-Phänomen›, und dann an den ‹Imago Mundi Kongressen› in Innsbruck immer wieder begegnet. Daraus ist eine fast dreissigjährige Freundschaft entstanden.

«Es gab in der Menschheitsgeschichte noch nie etwas, das mit derartigem Aufwand betrieben wurde, wo Milliarden investiert werden, doch mit so wenigen Resultaten wie die Elementarteilchenphysik, die in den Forschungszentren ‹Cern› und ‹Desy› gemacht werden. Das sind riesige Beschleunigungsanlagen, bei denen die Anlage selber ein Heidengeld kostet. Der Unterhalt allein ist pro Jahr in der Grössenordnung von Milliarden Dollar, und dafür misst man Dinge wie die Lebenslänge und die Masse eines Elementarteilchens. Burkhart Heim setzt sich an den Computer, gibt ein paar Zahlen ein und macht in Kürze die gleichen Berechnungen. Und nein, einen Aufschrei haben Heims Theorien nicht bewirkt. Das Schwierige daran ist, dass niemand sie untersuchen kann, denn ein hochkarätiger Physiker hat ein paar Monate, bis er nur schon draus kommt, geschweige denn, bis er weiter damit zu arbeiten vermag. Leider ist er nicht anerkannt von der grossen

Gemeinschaft der Wissenschaftler, weil eben kaum jemand seine Anschauung versteht und offiziell dazu Stellung nehmen kann. Anscheinend gibt es nur an die fünf Mathematiker in der Welt, die dieser Theorie folgen können. Ich gehöre nicht dazu.»

Ein kühler Wind streicht um Haus und Garten und Alex zieht die Schultern hoch. «Und überhaupt – die Lebenslänge eines Elementarteilchens interessiert uns doch schlichtweg nicht, sondern wir möchten Antworten auf die Fragen haben: Was sind wir als Mensch? Gibt es eine Seele? Und so weiter. Auf diese brennenden Fragen lässt sich unsere offizielle Naturwissenschaft mit ihrem Anspruch auf gesicherte Erkenntnisse bis heute nicht ein, denn jeder Wissenschaftler, der das Wort Gott oder Bewusstsein in den Mund nimmt, gilt als unseriös.»

Im Schein des Feuers sieht man Köpfe nicken; das Team kennt Alex Ansichten und stimmt ihm zu. Er ist in sein mit Pathos vorgetragenes Lieblingsanliegen abgerutscht und sitzt nun nachdenklich da.

Nach einem Moment des Schweigens meldet sich Donatus und macht kurzen Prozess aus der soeben gehörten gehaltvollen Deklamation. Trocken und mit todernster Miene wirft er in die Stille: «Aber im Grunde genommen weisst du Bescheid, Alex, und wirst uns den Feuerlauf hier und jetzt rein quanten- und bewusstseinsmässig demonstrieren.»

Ganz gespannt schauen wir alle auf Alex.

«Nein, danke», ruft dieser gedehnt aus. «Das habe ich nie gemacht und werde auch jetzt nicht damit anfangen. Ich mache lieber das, was ich besser kann: eure Gläser nachfüllen.»

Wir atmen auf, und unter herzlichem Gelächter nehmen wir gerne sein Angebot an.

MYSTERIUM DES GEISTIGES HEILENS
UND DER FERNBEHANDLUNG

Als der Abend voranschreitet wird es immer frischer, sodass Eva fröstelt. Sie holt einen Schal aus dem Haus und legt ihn sich über die Schultern.

Tief ziehe ich die kühle, aromatische Bergluft in meine Lungen: «Wenn ich es richtig verstehe, holt ihr Heiler und Medien aus dem In- und Ausland, seid aber selbst lediglich Organisatoren und nicht heilerisch tätig.»

«Doch, doch», sagt Donatus vehement, «ich bin Mediziner und Heiler, und es ist mir ein Anliegen zu betonen, dass man bei gesundheitlichen Problemen, neben der Schulmedizin, auch das geistige Heilen in Anspruch nehmen darf, anstatt zu warten, bis alles zu spät ist und der Geistheiler ein Wunderheiler sein muss. Das geistige Heilen lässt sich problemlos mit allen Therapieformen kombinieren, verursacht keine unerwünschten Nebenwirkungen und zieht vergleichsweise geringe Kosten nach sich»

Wie choreographiert vollführt ein Schwarm Mücken, im nun gänzlich verschwindenden Tageslicht, seinen letzten Tanz.

«Auch für mich ist das Heilen ein grosses Thema», spricht Harald weiter, «aber auf eine andere Art. Ende 1990, nach einem Kongressbesuch in Deutschland, besuchte mich Alex in Heidelberg. Er habe neulich ein Buch von mir in die Hand bekommen, jenes über Psi-Phänomene, das ihn, sowie die anderen Teammitglieder, sehr beeindruckt habe. Nach einem kurzen Gespräch fragte er, ob ich Lust hätte, künftig die Psi-Tage mitzuorganisieren.»

«Du warst ganz baff», schiebt Alex, der aufgestanden ist, um noch ein paar Holzbrocken ins Feuer zu werfen, belustigt ein. «Doch hast du zum Glück zugesagt. Das war der Beginn einer schönen, langjährigen Zusammenarbeit in der Organisation dieses Kongresses.»

Harald nickt Alex lächelnd zu: «Seit vielen Jahren erforsche ich das Phänomen des geistigen Heilens und habe schon etliche Bücher und Artikel darüber geschrieben. Hinter einem Nebel von wirren Weltanschauungen und Pseudofakten findet sich ein harter Kern von Geschehnissen, die ein wissenschaftlich Gebildeter staunend anerkennen muss, auch wenn ihm schleierhaft bleibt, wie sie überhaupt möglich sind. Wer sich damit auseinandersetzt, stösst auf rätselhafte Genesungen von vermeintlich *behandlungsresistenten*, ja *austherapierten* Patienten, wie auch auf eine Fülle von hochwertigen Tests und Experimenten, in denen unkonventionelle Therapien Wirkungen erzielten, die sich nicht als Beobachtungsfehler, Placebos oder Betrug abtun lassen.»

«Huhu huhuuu», ertönt es plötzlich aus den obersten Ästen einer nahestehenden Lärche.

«Aha, unser Waldkäuzchen stattet uns einen Besuch ab», erklärt Alex. «Wir sehen es gern, denn seit ein paar Jahren kümmert es sich um die Mäuse rund ums Haus. Doch erzähl bitte weiter Harald. Du arbeitest doch gerade an einer Studie für Fernbehandlung.

«So ist es», sagt Harald. «Diese angebliche Vermittlung von heilenden Energien über beliebige Entfernungen hinweg ist ein Mysterium. Denn wie soll Geistheilung gelingen, wenn ein Kranker von seinem Therapeuten Hunderte von Kilometern entfernt ist, ihm vielleicht niemals begegnete und womöglich nicht einmal weiß, dass auf Distanz mit ihm gearbeitet wird? Wie sollen übermittelte *Heilkräfte* zielgenau, selbst zu anderen Kontinenten hin, einen bestimmten Empfänger erreichen können, ohne sich dabei im Geringsten abzuschwächen? Der ‹Fernheil-Test› hat die Probe aufs Exempel gemacht – in der bislang aufwendigsten wissenschaftlichen Studie, die in Europa diesem Phänomen gewidmet worden ist, mit fünfundfünfzig Fernheilern aus sieben europäischen Ländern und einhundertzwanzig Schwerkranken, die aus schulmedizinischer Sicht *austherapiert* sind. Durchschnittlich elf Jahre lang hatte sich jeder von ihnen mit seinem Leiden herumgequält, ohne bei Ärzten Hilfe zu finden. Ein neunköpfiges Team von Medizinern und Wissenschaftlern, mehrere Universitäten und private Forschungsinstitute wirkten an dieser Studie mit. Sie belegt zweifelsfrei, Fernheilen wirkt – selbst in vermeintlich aussichtslosen Fällen."

«Ich staune immer wieder», sage ich beeindruckt, «was uns Menschen zur Verfügung stünde, wüssten wir nur darüber Bescheid. Wenn man nicht gewisse Kreise pflegt, sind diese Dinge nicht nur wenig bekannt, sondern werden oft belächelt.»

«Oder sie werden schlichtweg verboten», wirft Donatus lapidar ein.

Im Dunkeln hört man das ungestüme Sprudeln des Brunnens. Ich hole einen grossen Krug voll nun eiskalten, perlenden Wassers und biete jedem davon an.

LUCIS BESTÜRZENDES ERLEBNIS
MIT DER TRANCE-CHIRURGIE

«Apropos verboten, das bringt mich auf die Trance-Chirurgie zurück», sage ich in die Runde. «Diese Extremform des Heilens wird hauptsächlich in Brasilien praktiziert, nicht wahr?»

«Ja», antwortet Alex, «und, in einer anderen Form, in den Philippinen. Beide haben eine Merkwürdigkeit gemeinsam, nämlich dass Körperöffnungen entstehen, die unter eigenartigen Umständen zustande kommen, wenn diese Heiler arbeiten. Es werden andere Werkzeuge, als die der Schulmedizin gebraucht, und die Eingriffe sind schulmedizinisch kaum begreifbar. Damit ist es von vornherein klar, dass diese extremen Formen nicht als alternativ Methoden hier bei uns eingesetzt werden können.»

«Warum habt ihr diese Heiler denn in der Schweiz auftreten lassen?»

«Es ist so – es war in allen Wissenschaften so – extreme Situationen und Experimente bringen einen am ehesten an die zentrale Wahrheit zurück. Die Schulmedizin und auch die alternativen Methoden stecken in festgefahrenen Gleisen. Wenn wir nun die Arbeitsweisen der Brasilianer und Philippinen beobachten, können wir vielleicht einiges für unsere Art zu heilen lernen.»

Luci, der bis dahin zugehört hat, fühlt sich angesprochen: «Die Psi-Tage 1986, an welchen Dr. Edson de Queiroz, einer der bekanntesten brasilianischen Trance-Chirurgen, übrigens auch Schulmediziner, im grossen Saal San Francisco operierte, waren für mich der Wendepunkt zu meinen heutigen Aktivitäten. Ich war noch nicht beim Psi-Tage Team, sondern mit einem befreundeten Filmemacher zu diesem Kongress gekommen, um zu drehen. Eine komplett neue Welt tat sich mir dort auf. Staunend beobachteten wir den philippinischen Heiler David Oligane, der aus der Distanz mit einer Handbewegung Körper öffnete und Verbandsmaterial schnitt. Völlig bestürzt aber hat mich Edson de Queiroz. Ihm zufolge arbeitet ein Geistwesen namens Dr. Fritz, deutscher Militärarzt aus dem Ersten Weltkrieg, durch ihn. Aus einer Gruppe von Freiwilligen wurden willkürlich Personen ausgewählt und auf die Bühne geholt. Es wusste niemand, ob und wann er dran kommt, aber kaum lag der Patient auf der Liege, wurde schon operiert, ohne dass sich der Heiler nach den Beschwerden informiert hätte. Weder die zu operierende Stelle, noch die Instrumente wurden steril gemacht.

Ich runzle die Stirn: «Das ist ja unglaublich», rufe ich aus, und mein fragender Blick geht zu Alex, welcher bestätigend nickt.

«So schien es mir auch», bestätigt Luci, «doch einem Mann wurde eine Geschwulst aus dem Arm entfernt, einer Frau ein Gewächs aus der Brust. Dann führte er eine Rückenbehandlung durch, bei welcher er dicke Kanülen von Spritzen durch das Kleid in das Rückenmark der stehenden Patientin trieb. Es habe sehr weh getan, sagte Sie im Nachhinein, hat aber während des Eingriffs mit den umstehenden Journalisten und Medizinern gesprochen.

Im Anschluss an die Psi-Tage hatten mein Kollege und ich drei Tage lang die Gelegenheit, Edson weiterhin zu filmen, während er mehrere Hundert Personen behandelte. Ich erlebte nicht nur hautnah, wie Patienten während der Operationen keine oder kaum Schmerzen empfanden, sondern auch paranormale Phänomene an eigener Haut, wie etwa Berührungen von Geisterhand. Im Anschluss an diese Erlebnisse nahm ich Kontakt mit Matthias Güldenstein auf, um mehr über den Spiritismus und den Hintergrund solch spektakulärer Phänomene zu erfahren. Dies führte zu meiner Mitarbeit im Basler Psi-Verein und einige Zeit später zum Psi-Tage Team.»

«Du hast natürlich recht Christina, das alles tönt unglaublich», greift Alex auf. «Und besonders beim Anblick solcher Operationen müssen sich für Skeptiker unwillkürlich ein paar Fragen ergeben, denn wie bringt man es fertig, ohne Anästhesie derartige Eingriffe praktisch schmerzfrei durchzuführen? Wieso entstehen keine Infektionen? Unsere Schulmedizin macht eine grosse Geschichte daraus, und trotzdem gibt es dort oft Infektionen. Weiters fliesst kaum Blut. Bei normalen OPs muss man die Blutgefässe sofort abbinden, und trotzdem fliesst sehr viel Blut. Und, wie ist es möglich, dass die Wunden so schnell heilen, ohne dass genäht wird und meistens nur ein Pflaster drauf kommt? Diese Heiler können das.»

«Waren die Eingriffe denn immer erfolgreich?», frage ich interessiert.

«Es gab recht gute Erfolge, die überzeugten», stellt Harald klar. «Andererseits waren bei uns die Heilerfolge, statistisch gesehen, nicht überwältigend. Dazu muss man wissen, dass zu diesen Heilern viele schwere, austherapierte Fälle kamen. Ein anderer Faktor ist, dass wenn diese Menschen in ihrer normalen Umgebung arbeiten, wie in den Philippinen auf dem Land, in einer Hütte oder einer kleinen Kapelle, dann sind die Heilerfolge bedeutend besser als in unserer hektischen Welt hier. Bei den Eingeborenen ist das ganzheitliche Denken ausserordentlich wichtig.»

«Dann kommt noch dazu», erläutert Alex weiter, «dass wir oft kein Verständnis zeigen für deren Vorgehen. Ein Philippine kann am Bauch des Patienten herummachen, obwohl dieser mit den Halswirbeln Schwierigkeiten hat. Oft ziehen sie Dinge aus dem Körper, die sicher nicht drin waren, und der Patient ist wieder gesund. Das sind dann die typisch symbolischen Handlungen dieser Eingeborenen. Da passieren Materialisationen, das heisst, irgendwelche Gegenstände entstehen aus dem Nichts. Oder es kann Psychokinese sein, wo durch paranormale Art, eventuell Gedankenkraft, Gegenstände aus dem Körper heraustransportiert werden – also, dass jemand seine Gallensteine loswird, ohne dass der Körper geöffnet wird. Und, wenn auch nicht jede Operation gelingt, so ist mir nicht bekannt, dass durch diese Eingriffe mit den Patienten je etwas Schlimmes passiert wäre, höchstens, dass sie hinterher gleich krank waren wie vorher, aber nicht schlechter. Aber, man redet oft lieber von den negativen Fällen. Sicher, Scharlatane gibt es auch unter den philippinischen Heilern, sowie den brasilianischen, aber ich bin zu hundert Prozent überzeugt, dass es die am Anfang nicht gab. Wir vom Westen haben sie verdorben. Nach meinem Ermessen ist es wirklich eine verpasste Chance nicht nur der Wissenschaft, sondern auch der Parapsychologie, diese Phänomene mehr zu erforschen.»

Die Nacht ist vorgerückt und mit einem raschen Blick auf meine Uhr stelle ich fest, dass es schon 22 Uhr ist.

Nachdenklich schaut Alex zum sterneüberzogenen Firmament hinauf: «Am Anfang waren diese Heiler vollkommen kooperativ. Als ich in den 70er-Jahren zu ihnen in die Philippinen reiste, haben sie geholfen wie sie nur konnten, und waren in ihrem kleinen Dorf froh, dass man sich für sie interessiert. Man hat mit ihnen experimentieren können, wie man wollte. Heute haben sie kein Interesse mehr, denn sogenannte Experten wollen sie lediglich als Scharlatane entlarven, oder Film-Teams wollen zum hundertsten Mal filmen, wie sie das denn jetzt machen. Die philippinischen

Heiler geben sogar zu, dass vielleicht gewisse Dinge gar nicht nötig wären, aber dass eben dann wenn es blutet, der Patient eher das Gefühl hat, ‹jetzt ist mit mir etwas gemacht worden›. Es gibt einen sehr guten Film von einem deutschen Produzenten darüber. Er hat das den ‹heilenden Schock› genannt. Der Patient hat danach einen derart positiven Schock, dass er einfach gesund werden will. Wenn er sieht, er wird jetzt auf diese merkwürdige Art operiert, dann kommt die Selbstheilung. Wir hatten die Hoffnung, dass durch die Psi-Tage die Forschung etwas angeregt wird. Doch geforscht wird immer noch nicht.»

«Du warst selbst in den Philippinen bei den Heilern?», frage ich, völlig überrascht, noch nichts davon gehört zu haben.

«War ich, ja», gibt Alex zurück und streckt gähnend seine Arme und Beine. «Aber, das ist eine lange Geschichte, die ich dir ein anderes Mal erzähle. Für mich ist es Zeit, ins Bett zu gehen.»

Noch ganz in Gedanken über das Gehörte, knöpfe ich meine Jacke zu, denn mit der hereinziehenden Nacht war nun auch die Kälte vollends gekommen. «Nun kann ich es kaum erwarten, diese Psi-Tage selber zu erleben», sage ich zu Eva.

«Das kannst du bald», gibt sie zurück, «in einem Monat, vom 29. November bis 2. Dezember.»

DAS EREIGNIS
‹PSI-TAGE›

Mit nassen und windigen Tagen hatte der November seinen Einzug gehalten und die letzten dürren Blätter von den Bäumen gerissen. Wie ein bleiernes Dach bedeckt der graue Himmel unsere Stadt. Dafür wird meine Welt durch Alex immer bunter.

Es ist Donnerstag, der 28. 11. 1996, ein Tag vor dem Psi-Tage Kongress. «Der Zug nach Basel fährt auf Gleis drei ein», tönt es aus einem Lautsprecher.

«Komm», sagt Alex, «wir gehen in die Nähe der Zugspitze. Ich habe zwar zwei Plätze für uns in der ersten Klasse reserviert, doch ganz vorne können wir gleich in den Speisewagen einsteigen. Später gibt es dort keinen Platz mehr.»

Ich rolle mein Köfferchen hinter ihm her: «Gute Idee, das untermalt meine Aufregung.»

«Die Psi-Tage sind ja ganz etwas Neues für dich, da glaube ich dir, dass du gespannt bist».

«Ja, sehr. Nachdem was du so angedeutet hast, wird es höchst interessant.»

Im Speisewagen gibt es noch genügend freie Tische, und bald sitzen wir vor Kaffee und *Gipfeli*. Alex zieht ein Programmheft aus seiner Aktentasche und überreicht es mir zum Lesen.

Weltkongress für geistiges Heilen
14. Basler Psi-Tage
29.11. – 2.12.1996

Sind vermeintlich ‹unheilbare› Krankheiten wirklich ein Fall für Geistheiler? Wirkt geistiges Heilen bloss als Placebo, durch den starken Glauben der Behandelten – oder auch Kraft rätselhafter Energien? Besitzt jeder von uns Heilkräfte, die sich schulen lassen? Diese Fragen erörtern auf den diesjährigen ‹Psi-Tagen› über hundert namhafte Fachkräfte aus fünf Kontinenten.

«Da reden über hundert Leute in sechs Sälen», sage ich staunend. «Das ist ja ein riesiges Unterfangen, das ihr da zu fünft organisiert.» Ich fliege über die Namen der Referenten. Von einigen hatte ich schon gehört. «Brasilianische oder philippinische Trance-Chirurgen gibt es heuer keine, wie ich feststelle.»

«Nein, aber eine in Deutschland lebende Brasilianerin stellt ihre Schule und deren Techniken vor, die darauf zielen, Menschen von Krankheiten zu befreien, aber auf eine ganz ausgefallene Art. Die Methode nennt sich ‹Captação›. Eine liebe Bekannte von mir, die Psychiaterin Dr. Anne Glantz, hat das gelernt und bietet diese Therapie an.»

Die Beschreibung dafür findest du hier im Programmheft:

Captação

Energetisches Heilen mithilfe von Medien. Bei den meisten Erkrankungen, so glauben Spiritisten, spielen ‹Besetzungen› mit: sei es durch ein fremdes Geistwesen, sei es durch nichtintegrierte seelische Anteile aus eigenen früheren Leben. Im brasilianischen ‹Captaçao› nimmt ein Medium in Trance diese Fremdenergien in sich auf, um sie dann zu bannen.

«Das ist ja alles sehr spannend, und es wird mir schwerfallen, zu entscheiden, was ich mir in diesen drei Tagen alles anschaue», antworte ich, noch ganz im Programmheft vertieft. «Und hier ist ein Artikel von dir». Ich lese still:

‹Weder Zauberer noch Reparateure
Was Geistheiler auszeichnet

Unsere alltägliche Gedankenwelt ist immer noch mehr oder weniger stark von den Ideen des Materialismus geprägt. Nach wie vor neigen wir dazu, uns mit unserem Körper zu identifizieren. So fällt es uns schwer zu begreifen, wie Geistheilung, etwas Körperfremdes, die kleineren und größeren Leiden des Körpers beheben können soll. Geistiges Heilen zu verstehen und ihm zu vertrauen setzt voraus, dass der Mensch sich als ein größtenteils unbekanntes Wesen begreift. Sein Körper ist davon nur die erfahrbare äußere Schale; der wirkliche und wichtige Teil liegt dagegen im Unsichtbaren. Damit die Schale gesund ist, muss sich vor allem das Innere in einem harmonischen Zustand befinden. Erst ein solches Menschenbild bewahrt uns davor, in Geistheilern etwa nur Zauberer zu sehen, die mit ungewöhnlichen, womöglich sogar *verbotenen, dunklen* Kräften, anstatt mit Medikamenten Parasiten im Körper zerstören oder andere Defekte beheben. Geistheiler arbeiten in den unsichtbaren Schichten – und von dort aus leiten sie Heilungsprozesse ein.›

«Sehr eindrücklich geschrieben», sage ich anerkennend. «Und es ist tatsächlich so, dass auch ich mich, wenn ich Schmerzen habe, als erfahrbare äussere Schale erlebe, wie du es nennst, und versuche, das Übel mit einer Aspirin in den Griff zu bekommen. Dass ein wichtiger unsichtbarer innerer Teil nicht in Harmonie sein könnte, kommt mir gar nicht in den Sinn.»

«In unserer modernen, vom Bewusstsein getrennten Welt geht es den meisten so», bestätigt Alex.

«Das erinnert mich daran, dass du mir die Geschichte deiner Reise in die Philippinen und des geistigen Eingriffs an deinem Hals noch schuldig bist. Übrigens wundert es mich, dass du so lange von der Arbeit freinehmen konntest. Für so eine Reise warst du ja nicht nur ein paar Tage weg.»

«Als Lehrer hat man viermal im Jahr Ferien. So liessen sich solche Kulturreisen zwischendurch gut einfädeln. Nach dem Kaffee setzen wir uns in unser Abteil, denn zum Erzählen ist es dort gemütlicher.»

DIE MAGIE
DER PHILIPPINISCHEN HEILER

«Es war 1973», beginnt er wenig später seinen Bericht, «als ein guter Bekannter, den ich schon einmal erwähnt habe, Professor Dr. Werner Schiebeler, mit einem deutschen Chemiker Prof. Dr. Stelter auf den Philippinen war und dort Unglaubliches erlebt und gefilmt hat. Dr. Naegeli, Arzt und wie du ja schon gehört hast, vor mir Präsident der SPG, der die Geistheiler dort schon mehrmals besucht hatte, war mit von der Partie. Sie durften Zeugen sein, wie Heiler und Heilerinnen unterschiedliche Substanzen aus den Körpern der Patienten entnahmen. Bei den einen hatten sie den Eindruck, es seien Körperteile, bei den anderen waren es Pflanzenteile, Steine oder Plastikstücke. Diese Vorgänge wurden arglos in aller Offenheit jedem Beobachter demonstriert.»

«Sachen, die nicht in einen Körper gehören, und die man auch nicht geschluckt haben kann?», frage ich gedehnt. «Da käme ich mir veräppelt vor.»

«Du sagst es – anderen ist es genauso gegangen. Westliche Besucher stellten diese Vorgänge oft als raffinierte Tricks hin. Dr. Schiebelers kleine Reisegruppe wusste von diesen Verdächtigungen und hielt besonderes Augenmerk auf eventuelle Täuschungsversuche. Er kam zur Überzeugung, dass es nicht möglich sei, alle Phänomene durch Tricks zu erzeugen. Dazu erfolgten sie in zu kurzen Zeitabständen, an meist den Heilern unbekannten Patienten. Tony Agpaoas Eingriffe waren besonders spektakulär. Vor Dr. Schiebelers laufender Kamera schnitt er einer österreichischen Patientin ein erkranktes Leberstück heraus – ein schulmedizinisch unmöglicher Eingriff. Ob es ein Trick war, sei dahingestellt, auf jeden Fall war diese Frau von einem neunundzwanzig Jahre bestehenden Leberleiden geheilt.

Dr. Schieberlers Bericht und sein Bildmaterial waren so fantastisch, dass ich Tony Agpaoa und andere philippinische Heiler selbst erleben wollte. Noch im selben Jahr reiste ich mit meinem Freund, Dr. Erwin Hasler, sowie einem befreundeten Journalisten nach ‹Baguio City›, auf einer Gebirgsterrasse, nördlich der Hauptstadt Manila, und landete in einer anderen Welt. Dort angekommen wurden wir sehr freundlich aufgenommen. Dieses Bergvolk pflegte seit alters her ihre ursprünglichen Bräuche und Traditionen, obwohl im 16. Jahrhundert die spanischen Missionare versucht hatten, ihnen diese auszutreiben. Viele Urvölker, auch die Philippinen, denken und glauben in anderen Systemen, solange diese noch nicht durch das, was wir Zivilisation nennen, zerstört wurden. Magie ist so ein System.»

«Ich dachte, Magie sei etwas, deren sich ein paar wenige Eingeweihte bedienen, um etwas zu erreichen, das man auf normalem, alltäglichem Weg nicht bewerkstelligt – etwa Medizinmänner, um Regen zu machen. Du sagst aber, dass ganze Völker magisch leben oder lebten?»

«Ja. Heute noch bekannt für diese Glaubensvorstellung sind die Aboriginals in Australien. Sie enthält Götter und Naturgeister, die man beschwören kann auf das Naturgeschehen einzuwirken. Dabei werden überlieferte Rituale durchgeführt. Zum Katholizismus konvertiert, glauben die philippinischen Geistheiler, dass Gott selbst oder eine Heiligengestalt vom Himmel herab, oder aus dem Jenseits, ihre Hände führt.

Die Reiseleiterin einer Gruppe, die ebenfalls eingetroffen war, kam mit Schmerzen im Arm, sodass sie ihn nicht hochheben konnte. Einer der Heiler ging auf sie zu, machte eine Handbewegung und hatte plötzlich die Hand voller Kieselsteine. ‹Ah, da waren Steine im Getriebe›, sagte er und schmiss sie weg. Die Frau hatte danach keine Beschwerden mehr.»

«Schon verrückt!», sage ich kopfschüttelnd. «Aber trotz deiner Erklärung, dass Magie die Grundlage dieser Heilvorgänge ist, wäre ich misstrauisch gewesen und hätte mit Argusaugen alles scharf beobachtet.»

«Das haben Dr. Hasler und ich natürlich auch gemacht. Unserer Bitte, die Behandlungsräume genau untersuchen zu dürfen und den Heilern bei der Arbeit zuzusehen, kam man gerne nach. Wir wurden zu einer kleinen christlichen Kapelle geführt, wo die Eingriffe stattfinden sollten, und – fünf Meter vom Geschehen entfernt – in die vorderste Reihe platziert. Bald hob ein Mantrasingen an, sakrale Stimmung breitete sich aus, und die Heiler – viele davon schlichte Bauern – begannen ihr Prozedere.

Toni Agpaoa erklärte uns: ‹Gott ist das höchste Wesen. Ihn ruft der Heiler an, wenn er behandelt. Ihm schreibt er alle Macht zu. Die Entwicklung der technologischen, wissenschaftlichen Welt hat uns vergessen lassen was wirklich tief in uns ist, unsere anderen Dimensionen. Wir können euch mit unserer Arbeit ein wenig helfen, aber ihr müsst an die Heilung glauben und daran arbeiten. Dann setzt die Selbstheilung ein.›

Vor meiner Ankunft hatte ich mich in einem klimatisierten Raum aufgehalten, mit der Folge, dass ich Halsschmerzen hatte und meine Stimme total weg war. Zudem litt ich unter einer chronischen Erkältungsanfälligkeit. Tonys Assistent, Rudi Jimenez, bot mir an, mich zu behandeln. Kaum war ich auf der Liege, begann er mit Knetbewegungen an meinem Hals. Dann machte er etwas mit chirurgischem Besteck. Ich war bei vollem Bewusstsein, verspürte keine Schmerzen und hatte das Gefühl, mein Hals werde oberflächlich massiert.»

«Das war wahrscheinlich auch so.» Sage ich nüchtern. «Du konntest das Ganze ja nicht beobachten.»

«Das konnte ich sehr wohl, indem man einen Spiegel darüber hielt. Da war mein Staunen gross. Mit den Knetbewegungen war die Haut geöffnet worden, und die darunter liegenden Muskelstränge sowie die Luftröhre waren sichtbar. Nachdem man die Stelle nahtlos verschlossen hatte konnte ich aufstehen, war wohlauf und verspürte keinerlei Beschwerden. Das Ganze hatte etwa fünf Minuten gedauert.»

«Und da war kein Trick angewendet worden? Du kennst ja den Spruch: ‹Die Hand ist schneller als das Auge›.»

«Nein, kein Trick. Das haben andere auch schon geglaubt. Doch die Behauptung, dass der Heiler schnell eine Folie aus einer Schublade nimmt und auf die betroffene Stelle legt, hat sich für mich als falsch erwiesen, denn das wäre in dieser kurzen Zeit gar nicht möglich gewesen. Unser Freund, der Journalist, durfte fotografieren, und wie gesagt, ging das ganze Prozedere so schnell, dass er nur fünf Fotos fertigbrachte. Auf den Bildern sieht man den offenen Hals und die Hände des Heilers im Hals drin. Wie kommt man mit der Hand so weit hinein? Normalerweise würde mich so ein Griff erwürgen.»

Immer noch nicht ganz überzeugt frage ich: «Durfte Dr. Hasler denn dabei sein?»

«Das durfte er, und als Arzt konnte er bestätigen, dass der Hals anatomisch korrekt aussah. Um an die betreffende Stelle zu kommen, müsste an den Seiten sehr viel Haut zurückgeklappt worden sein, was auf dem Foto sichtbar wäre. Das war aber nicht der Fall. Auf den Fotos sieht man im geöffneten Hals einen schwarzen Punkt, dann den Heiler, der mit einer Zange an diesem Punkt zieht und einen Faden abschneidet. Auf den darauf folgenden Fotos war der schwarze Punkt weg. Meine Halsschmerzen waren verschwunden und meine Stimme kam auch wieder.»

«Wenn das alles stimmt, müsste man es bei uns gross herausbringen und ernsthaft, unter kontrollierten Bedingungen, unter die Lupe nehmen!»

«Genau das meine ich!», ruft Alex aus. «Das wäre doch interessant! Gerade auf den Philippinen gibt es eine grosse Anzahl dieser ländlichen Heiler. Da hätte man viel Gelegenheit das gründlich zu untersuchen, aber man tut es nicht. Zigtausend Ärzte sind schon hingegangen und haben sich das angeschaut. Aber, wo ist ein vernünftiger Untersuchungsbericht? Ist das Gewebe wirklich keimfrei? Ist der Patient tatsächlich schmerzfrei? Nirgends! Das kann man alles messen. Warum misst man das nicht, zum Teufel noch mal?»

Alex' Gesicht nahm einen finsteren Ausdruck an, und seine Augen sprühen vor Ärger.

AN DEN GRENZEN UNSERES VORSTELLUNGSVERMÖGENS

In Basel angekommen nehmen wir das Tram zum Messeplatz. Dort steigen wir mit einer beträchtlichen Anzahl anderer Fahrgäste, vermutlich verfrühten Kongressbesuchern aus dem Tram und pilgern auf ein grosses Gebäude zu, auf dem ‹Swissôtel Le Plaza› und auf dem Anbau links in grossen Lettern ‹Congress Center Basel› steht. Hier finden ab morgen auf mehreren Etagen und in diversen Sälen die Basler Psi-Tage statt. Nach dem Einchecken im Hotel sehe ich Alex nicht mehr; er trifft sich mit dem Team, um letzte Vorbereitungen abzuwickeln.»

Ich für meinen Teil deponiere meinen Koffer im Zimmer und mache mich, bis zum gemeinsamen Abendessen, auf den Weg, das mir unbekannte Basel zu erkunden.

Am Freitagmorgen schmeisst Alex sich in Schale. Ich darf ihn nicht stören, denn er ist ganz in organisatorischen Gedanken vertieft. Dann ist wieder früh weg. Alleine begebe ich mich zur Eröffnung des Kongresses, der in Kürze stattfindet. Bei der Anmeldetheke habe ich Gelegenheit, das Team kurz zu begrüssen, dann eile ich zum dreitausend Besucher fassenden Saal ‹San Francisco›.

Ich bin etwas zu früh, will mir aber einen guten Platz sichern, und setze mich ziemlich vorne an den äusseren Rand.

«Guten Morgen», sagt lächelnd die Dame neben mir.

Ich grüsse zurück: «Zum ersten Mal hier?»

«Neeeiiin, ich komme schon seit vielen Jahren regelmässig. 1986 war ich sogar eine der freiwilligen Patienten für einen philippinischen Trance-Chirurgen. Da ich Medizinerin bin, wollte ich es genau wissen; zuschauen hat mir nicht gereicht. Ich habe mich beim Aufruf für Freiwillige gemeldet, ohne meinen Beruf anzugeben. Ich sagte nur, ich hätte eine *Ovarialzyste* und stellte mich zur Verfügung. Diese Eierstockzyste, die dauernd Beschwerden verursachte, hatte ich schon lange. Und immer wieder brauchte ich Schmerzmittel. Nachdem mich keiner gefragt hatte, auf welcher Seite sich die Zyste befindet, dachte ich mir: ‹Jetzt wollen wir mal gucken, was dieser Geistheiler kann.› Ich habe mich auf den Tisch gelegt, und Professor Schneider hat mich sehr nett beruhigt. Der Raum wurde ein bisschen abgedunkelt und Meditationsmusik angemacht. Als der Heiler seine Hände auf meinen Bauch legte, kam auf einmal eine Energie auf mich zu, die hier oben durch die Fontanelle, die ja schon lange geschlossen ist, eintrat. Wie ein Licht oder Blitzstrahl schoss sie durch meinen Körper, genau auf die rechte Seite, wo die Zyste war.»

«Und, das haben Sie alles gespürt?», frage ich perplex.

«Ja. Und dann hatte ich das Gefühl, die Zyste sei geplatzt. Der Heiler hat mit einem Tuch über die Stelle gewischt und pro forma ein Pflaster auf den Bauch geklebt.»

«Hatte er Ihre Bauchdecke aufgemacht?»

«Nicht mit den Händen oder einem Instrument, nur durch die Energie. Da ist mir klar geworden, dass wir es sind, die die Energie leiten. Ein Heiler sendet sie zum Patienten, und von diesem hängt es ab, was er damit macht. Ob er die Energie aufnimmt und an die kranke Stelle leitet – sei das ein Krebs, eine Zyste, ein Bandscheibenvorfall, was auch immer -der Patient schickt sie an den betreffenden Ort. Er muss offen dafür sein. Wenn er sich verschliesst und denkt: ‹Ach, das hilft eh nicht›, oder ‹Was läuft denn hier?›, dann ist die Energie verschwendet. Später, nach etwa einem Jahr, habe ich mich mit Professor Schneider über meinen Zustand unterhalten, und konnte ihm berichten, dass ich seit dem Eingriff keine Beschwerden mehr hatte. Ich brauchte keine Schmerzmittel mehr. Die Zyste war weg.»

Alex' Schilderung seines eigenen Erlebnisses in den Philippinen und nun der Heilbericht dieser Dame haben mich neugierig gemacht. «Schade, dass dieses Jahr keine Trance-Chirurgen auftreten», sage ich enttäuscht. Das hätte ich gerne gesehen.»

Die Beleuchtung im Zuschauerbereich wird etwas heruntergefahren, Zeichen für den offiziellen Start des Kongresses mit Begrüssung und Einführungsrede des Präsidenten. Der hohe Pegel der Besuchergespräche senkt sich. Es wird still im Saal. Da schreitet Alex, feierlichen Schrittes an mir vorbei, in Richtung Bühne. Er stellt sich vor das Rednerpult, gross und aufrecht, und seine Präsenz erfüllt den Saal.

‹Was für ein schöner Mensch›, denke ich, und ein Glücksgefühl durchflutet mich.

ABLEHNUNG REVOLUTIONÄRER PHÄNOMENE

«Psi-Tage, meine verehrten Damen und Herren», beginnt Alex mit kraftvoller Stimme vorzutragen.

«An der Schwelle vieler umwälzender Phänomene steht die Skepsis, die Befremdung, die Furcht und oft die Ablehnung. Unser Denkapparat reicht bei aller intellektuellen Schulung nicht immer aus, Neues, Fremdartiges, wirklich zu erfassen. Gerade Gebildete neigen dazu, nicht medizinisch nachprüfbare Heilerfolge mit vorgefertigten Anschauungen abzuwürgen. So wird versucht, neue Entdeckungen mit einem limitierten Vorstellungsvermögen zu deuten, was häufig misslingt. Demzufolge braucht es mehr als die ordnende Logik, um mystische Erfahrungen zu interpretieren. Es braucht die Intuition, um die Grenzerlebnisse einzuordnen, denen wir hier gegenüberstehen.

Wir leben in einer Zeit des Umbruchs, und immer mehr Menschen werden sich dessen bewusst. Viele nehmen die Erfahrung dieser Grenzphänomene an, ohne sie deuten zu müssen. Andere, an sorgfältiges Analysieren gewohnt, möchten mehr über diese Vorgänge wissen. Erst dann ist eine Umkehr, eine Heilung für sie möglich.

Interessant ist die Tatsache, dass unser Körper grundlegend für eine solche Kehrtwende bereit sein könnte, denn fünfundneunzig Prozent des Gehirns und des ganzen neuronalen Systems liegen brach. Es ist eine große Herausforderung an die Medizin, sowie an uns alle, die letztlichen Ursachen für unsere Existenz, aber auch unsere unerschlossenen Möglichkeiten zu erkennen, und endlich Wege dorthin zu finden. Es genügt nicht, über fantastische Berichte zu staunen, wir müssen zu den wahren Quellen gelangen. Dies ist jedoch keine einfache Aufgabe, und ohne Unterstützung von außen kaum zu bewältigen.»

Alex atmet tief durch, greift zum Glas auf dem Rednerpult, nimmt einen Schluck Wasser und fährt fort:

«Die Schulmedizin akzeptiert die Möglichkeit unerklärlicher Spontanremissionen. Für die seltenen da und dort registrierten Fälle mag man das so stehen lassen. Wenn es aber viele Fälle sind, dann muss hinter diesen Heilungen eine bisher nicht erkannte Gesetzmäßigkeit stehen. Oft wird auch abwertend geäußert, derartige Heilungen, besonders von leichteren Störungen, seien *natürlich* durch die Selbstsuggestionen der Kranken entstanden. Diese Bemerkung ist in gewisser Sicht nicht falsch, aber oberflächlich, beschreibt sie doch das eigentliche Geschehen in keiner Weise.

Die Biochemie sagt uns zwar heute, dass im kurzen Zeitraum von Wochen die Baustoffe des Körpers, selbst der DNA, ausgetauscht werden. Wo steckt nun aber das falsche Programm, das ein Organ aus neuen Zellen immer wieder in der kranken Form entstehen lässt? Diese Muster sind länger andauernd als die Krankheit selber. Soll es denn nicht möglich sein, diese, wenn man genügend tief in das menschliche Wesen eindringt, auszutauschen?

Andere Versuche dazu, wie das ‹Positive Denken›, der ‹Wunsch an den Kosmos›, das Gebet, bleiben leider oft an den äußeren Schichten der menschlichen Existenz hängen, wie dem Körper oder den Gedanken. Sie dringen nicht zur Wirklichkeit tieferer Lagen vor.

Die Geistheilung, meist in der Form des altbekannten biblischen Handauflegens, wird seit einigen Jahrzehnten von vielen Patienten akzeptiert, obwohl dafür, besonders bei Fernheilung, das naturwissenschaftlich begründete Verstehen fehlt. Welche Kräfte sind da am Werk? Mit dieser Frage finden wir uns in einer der spannendsten Debatten der Gegenwart wieder.

Unser diesjähriger ‹Weltkongress für geistiges Heilen› mit seinem einmaligen Informationsangebot bietet Gelegenheit, Antworten auf diesbezügliche Fragen zu erhalten.

Wie Sie schon unserer Ausschreibung entnehmen konnten, umfasst das Programm rund 50 Seminare und Workshops, dazu 50 Vorträge, Podiumsgespräche sowie Diskussionen mit dem Publikum. Herausragende Heiler stellen ihre überzeugendsten Erfolge vor, demonstrieren live ihre Fähigkeiten, bieten individuelle Beratungen an, erläutern ihre Arbeitsweise und unterziehen sich Tests und Experimenten. Ärzte, Psychologen und andere Wissenschaftler nehmen Stellung dazu, erörtern jüngste Erkenntnisse aus Forschung und Praxis. Geistig Geheilte berichten.

Zusammenfassend möchte ich sagen, dass wir uns von unseren ausrangierten, stereotypen Denkmustern verabschieden müssen, um offen zu werden für neue Erfahrungen, auch wenn sie uns seltsam, irritierend oder gar bedrohlich erscheinen. So kann es uns gelingen, über die Grenzen unseres alten Vorstellungsvermögens hinauszutreten.»

CAPTAÇÃO:
MEDIUMISTISCHES HEILEN VON BESETZUNG

Angesichts dieser weisen Worte merke ich, dass meine Skepsis immer mehr weicht und der Wissbegier Platz macht. Nach dieser Einführung folgt der sogenannte ‹Wegweiser›, in welchem alle Referenten des Kongresses ihre Arbeitsweisen auf der Bühne vorstellen. Diese kurzen Einblicke lassen mich – nebst ein paar anderen interessanten Veranstaltungen – für den Workshop über ‹Captação entscheiden, denn in meinem Praktikum zur Psychotherapeutin in einer Psychiatrie, sowie später in meiner Praxis, hatte ich mehrmals den Eindruck, dass es sich bei den Krankheitsbildern nicht unbedingt um psychische Krankheiten handelt und hatte mich gefragt, was da noch dahinterstecken könnte. Später, im Workshop, erfahre ich, dass ‹Captação›, auch genannt ‹Mediumistisches Heilen›, eine vorwiegend in Brasilien, aber auch in Europa ausgeübte Art der Seelenerlösung ist. Das Wissen darum geht zurück auf den Spiritisten Allan Kardec. Dabei stellt ein dafür geschultes Medium den Besetzgeistern zeitweilig seinen oder ihren physischen Körper zur Verfügung. Auf diese Art können die Toten mit Lebenden in Kontakt treten. Eine zweite geschulte Person, der ‹Indoktrinator›, spricht mit diesen besetzenden Verstorbenen und versucht ihre Absichten zu erkennen. Diese Unglücklichen wissen meistens gar nicht was sie tun und können nun aufgeklärt werden. Das therapeutische Ziel ist, die Belästiger liebevoll, aber energisch davon zu überzeugen, ihre geplagten Opfer zu verlassen und in die nächste Dimension weiterzugehen.

Mir erscheint diese bei uns weitgehend unbekannte Herangehensweise an ein gesundheitliches Problem höchst interessant und die Information wertvoll. Die Methode lernen und anwenden werde ich wohl kaum, denn dazu sehe ich mich nicht geeignet. Nun weiss ich jedoch, wohin ich mich wenden muss, wenn ich in meiner Arbeit erkenne, dass es Captaçao braucht.

DER PHILANTHROP

Am Abend, nach der letzten Veranstaltung, halte ich Ausschau nach Alex. Ich erspähe ihn wie abgemacht im Foyer, allerdings mitten in einer Gruppe von lebhaft diskutierenden Menschen, und mein Versuch, mich ihm zu nähern und seine Aufmerksamkeit zu erheischen, bleibt ohne Erfolg.

Neben mir steht eine junge Frau, die mit ihrem schmalen Gesicht und den ernsten Augen den Anschein erweckt, als habe sie das Leben schwer geprüft. Offensichtlich wartet sie ebenfalls darauf, mit Alex reden zu können. Lächelnd schauen wir einander an.

«Sie möchten mit Professor Schneider reden», frage ich.

«Ja, er hat mir einmal sehr geholfen, und ich wollte mich bedanken.»

«Darf ich neugierig sein und fragen, wie er Ihnen geholfen hat?»

«Sicher. Das ist jetzt circa zehn Jahre her, mein Sohn sass im Rollstuhl, und ich suchte Heiler. Ich hatte viel über das Heilen gelesen und kam zu einem Buch, in dem die Adresse von Professor Schneider drin war – auch seine Telefonnummer.»

«Tatsächlich – seine Telefonnummer?», sage ich erstaunt.

«Ja, und so habe ich ihn einfach angerufen. Er war sehr nett, und wir haben lange gesprochen. Zu dem von ihm angegebenen Heiler konnte ich nicht gehen. Mein Sohn konnte nicht so weit reisen. Dann empfahl er mir das Buch über Daskalos. Also, dieses Gespräch vergesse ich nie, weil es einfach so berührend war, so nett, so ruhig – die Stimme war schön. Und er hat mir einfach zugehört. Da war so viel Anteilnahme in seiner Haltung, soviel Wärme – das hat mir sehr, sehr geholfen.»

Da ruft mir Harald Wiesendanger zu: «Komm, wir gehen ins ‹L'Escale›, Alex wird nachkommen.»

Wir bahnen uns einen Weg durch die Massen zur Rolltreppe hinüber und dann hinaus auf die hell erleuchtete nächtliche, leicht überzuckerte Strasse – es hatte angefangen zu schneien.

«Mir ging es vor ein paar Jahren so wie dir jetzt», sagt Harald, als wir den Messeplatz überqueren. «Es muss 1988 oder 89 gewesen sein, als ich als ganz gewöhnlicher Besucher und Journalist zu den Basler Psi-Tagen kam. Ich hatte mir vorgenommen, den weitum geachteten Professor zu interviewen, doch das war schlicht unmöglich. Während den Vorträgen war er als Moderator im Einsatz, und kaum waren die Veranstaltungen beendet, war er dicht umlagert von Besuchern, die alle auch einmal mit dem berühmten Professor Schneider persönlich sprechen wollten. Ich bin nie mehr als auf fünf Meter Abstand an ihn herangekommen. Auf diese Entfernung konnte ich ihn nur immer wieder bewundern für seine Engelsgeduld, die Freundlichkeit und Höflichkeit, mit der er wirklich auf jede Frage einging, auch wenn sie ihm zum zwanzigsten Mal gestellt wurde. Das hat mir sehr imponiert.»

«Die Menschen glauben, er habe Lösungen für alles», antworte ich. «Zu Hause ist es genauso. Stundenlang hört er ihnen am Telefon zu; er lässt dafür sogar das Essen kalt werden. Alle möglichen Probleme werden an ihn herangetragen – Krankheiten, Spuk, Geldsorgen und so weiter. Jeder wird ernst genommen.»

Harald nickt: «Ich habe ihn in diesen sechs Jahren als Wissenschaftler kennengelernt, einen ganz aussergewöhnlichen, der Distanz hält zu den Phänomenen die er untersucht, der grundsätzlich auch nur über Phänomene redet, die er aus eigener Erfahrung kennt. Ich habe ihn schätzen gelernt, als einen der bedeutendsten Parapsychologen im deutschsprachigen Raum der zweiten Hälfte des 20. Jahrhunderts. Aber viel mehr als seine Verdienste um die Wissenschaft und die Organisation der Parapsychologie in der Schweiz beeindruckt mich seine fast einzigartige Persönlichkeit. Ich habe, wie schon vorhin gesagt, selten jemanden kennengelernt, der mit so viel Güte, Weisheit und Geduld mit allen Menschen in seinem Umfeld umgeht, dem immer daran gelegen ist, Konflikte zu entschärfen und bei Gegensätzen zu vermitteln. Er war in all diesen Hinsichten vom ersten Moment an für mich ein ganz grosses Vorbild.»

DAS NAHTODERLEBNIS
DER JUNGEN ANNE

Im ‹L'Escale›, vor dem Hintergrund wunderschöner alter Wand-
täfelungen, stehen Gäste eng gedrängt an Stehtischen. Rechts, auf
einer langen Anrichte, erwartet uns ein gut sortiertes Buffet: Ka-
napees, belegte Brötchen, Käse, Oliven, Chips, Kuchen, Obst und
mehr. Mit ein paar Häppchen und unseren Getränken in Händen
halten wir Ausschau nach bekannten Gesichtern.

Harald weist mit dem Kopf in die linke Ecke: «Siehst du dort drüben die zwei Damen an einem Stehtisch?»

«Ja», sage ich, «mit der Brünetten habe ich heute gesprochen. Sie
hat mir von der Trance-Chirurgie erzählt, die ein philippinischer
Heiler an ihr durchgeführt hat. Kennst du sie?»

«Ja, das ist die Ärztin Dr. Dagmar Berg. Sie ist auch sehr an der
parapsychologischen Forschung interessiert und leitet alle möglichen Projekte, die dich interessieren könnten. Die Frau daneben ist
Dr. Anne Glantz, Fachärztin für Psychiatrie. Vor ein paar Jahren hat
sie an einem der Psi-Tage Kongresse über ihr Nahtoderlebnis gesprochen. Komm, ich stell dich vor.»

Ich erinnere mich, dass Alex mir im Zug erzählt hat, Frau Dr.
Anne Glantz arbeite mit der Captação Methode. Frau Dr. Berg, die
uns nun ihrerseits entdeckt hat, winkt uns zu sich.

«Das freut mich jetzt aber sehr», sage ich, die beiden Damen be-
grüssend. «Am Vormittag bekam ich einen persönlichen Bericht
über Trance-Chirurgie von Frau Dr. Berg, am Nachmittag war ich
im Captação Workshop, und von Alex hatte ich gehört, dass Sie,
Frau Dr. Glantz, diese Arbeit machen.»

«So ist es», sagt diese freundlich und rückt ihren Teller zur Seite,
damit Harald und ich Platz für unsere haben.

«Ich arbeite ebenfalls psychotherapeutisch», erkläre ich ihr, «und
hatte mir vorgenommen, im gegebenen Fall einen Captação Therapeuten zu suchen. Darf ich mich, wenn nötig, an Sie wenden?»

«Natürlich. Alex und ich sind alte Bekannte. Fragen Sie ihn nach meiner Telefonnummer.»

«Und von Dr. Wiesendanger habe ich erfahren, dass Sie ein Nahtoderlebnis hatten. Das finde ich absolut spannend und würde mich sehr freuen, wenn Sie mir das Erlebnis schildern könnten.»

«Das ist schon ganz früh in meinem Leben passiert, mit sechzehn.» Sie pausiert kurz und sammelt ihre Erinnerungen. «Ich hatte eine Blutkrankheit, und man wusste nicht genau, was es überhaupt ist. Ich bin immer schwächer und schwächer geworden, und nur noch zu den Hauptfächern in die Schule gegangen. Eines Nachts habe ich eine Stimme gehört, klar und deutlich, die sagte: ‹Jetzt stirbst du.› Dann habe ich meinen Körper durch das Brustbein verlassen. Es ging ganz einfach – das hätte ich nicht gedacht. Dann bin ich weggeschwebt, und der Körper ist hier zurückgeblieben. Ich hatte sofort keine Symptome mehr und habe mich wohlgefühlt. Dann bin ich in ein unwahrscheinlich schönes Licht gekommen. Was heisst Licht, wir haben keinen anderen Ausdruck, aber im Grunde ist es ein Erschauen, Erspüren, Erfassen des Universums – alles auf einen Schlag, das war enorm. Dann kam auch Musik, die bei uns am ähnlichsten ist mit Glasharfe, aber buchstäblich Sphärenmusik, und ich hatte das Wissen, dass das Universum Mathematik ist.»

«Und das alles begriffen Sie während der Lichterfahrung?»

«Ich möchte es so sagen, da denkst du nicht – da bist du einfach. Dann war da eine Gruppe von grossen Lichtgestalten, ein bisschen weiter weg. Eine von diesen Gestalten hat sich aus der Gruppe gelöst, ist auf mich zugekommen und hat gesagt: ‹Es ist noch nicht Zeit.› Und dann, schwupp, bin ich wieder in den Körper zurückgezogen worden. Das hat eine Trauer ausgelöst, die nie ganz verschwunden ist. Es ist so enorm schön dort, dass ich mich sehr darauf freue, eines Tages wieder hinübergehen zu dürfen und nicht mehr hierher zurückkommen zu müssen.

«Ich habe schon gehört, dass man sich dort sehr geliebt fühlt. War das bei Ihnen so?»

«Einfach so intensiv existent – pures Sein. Es gibt nicht wirklich Worte dafür. Geliebt? Nein, eigentlich ... kein Gefühl.»

«Es ist schade», sage ich, «dass man von diesen wunderbaren Eindrücken abgetrennt wird, wenn man wieder in den Körper kommt.»

«Ein Stück weit habe ich sie natürlich als Erinnerung behalten. Das vergisst man nicht mehr. Und ich kann es für mich schon wieder aktivieren. Aber wir haben schlichtweg keine Sprache dafür, das ist das Problem. Am ehesten passt noch das Wort *Licht*, aber es ist etwas total anderes. Wie das Wort *Glasharfe* für die Musik. Und das ist das wirklich Bedauerliche, dass man es am Schluss nicht weiter geben kann, weil uns die Sprache fehlt. Ich bin nun nicht mehr traurig, wenn jemand stirbt, sondern denke mir: ‹Jetzt machst du diese schöne Erfahrung und musst nicht mehr zurück.› Beim Sterben habe ich zweifellos auch Angst, denn das ist die lebenserhaltende Funktion des Körpers, aber Aufenthalte in Spitälern oder lebensverlängernde OPs und solche Sachen gibt es bei mir sicher nicht. Dann gehe ich.»

DAMPFENDE PIZZAS UND
DIE WELT DES UNERKLÄRBAREN

Luci und seine hübsche Partnerin Sabin, mit ihren langen dunklen Haaren und lachenden Augen, tauchen neben uns auf: «Wir haben, für ein paar von uns, den kleinen Saal im Restaurant ‹Zum Wurzengraber›, grad gegenüber, reserviert. Kommt, wir gehen, dort können wir besser reden.»

«Alex ist noch nicht hier», werfe ich ein «Er wird nicht wissen, wo wir sind.»

«Doch, doch», erwider Luci, «er hat noch ein spätes TV-Interview, weiss aber Bescheid und kommt nach.»

Kurz darauf überquert unser Grüppchen die nun dick verschneite Strasse, mit ein paar mir unbekannten Leuten im Schlepptau.

Das Restaurant ist randvoll, es herrscht Hochstimmung. Der Duft von Knoblauch und Käse durchströmt den grossen Raum. Kellner laufen eilig herum und balancieren kunstgerecht Serviertabletts mit dampfenden Tellern über die Köpfe sitzender Gäste. Man hört eine Frauenstimme in dickem Baseldytsch Befehle rufen.

«Das ist Patrizia», lacht Luci, «die Besitzerin und Mama dieses Lokals.»

Sie kommt ihm mit offenen Armen entgegen: «Ciao Luci, ich habe schon gedacht, ihr kommt nicht mehr. Schau, hier hinten habe ich euch den kleinen Saal reserviert. Da seid ihr ein bisschen unter euch.»

In einer durch ein grosses Aquarium und einem riesigen Ficus abgetrennten Ecke sind wir fast privat.

«Ich bin zutiefst beeindruckt von dem, was ihr da jedes Jahr auf die Beine stellt», sage ich zum Team, sobald wir abgesessen sind.

«Freut mich», sagt Luci. «Die Psi-Tage, wie du sie heute erlebst, haben eine etwas abgeänderte Form. Jene, die seit dem Anfang dabei sind, wissen, dass in den 1980er-Jahren unser Hauptaugenmerk auf der Erforschung der Parapsychologie lag. Damals war das öffentliche Interesse gross, und ein Bedarf für einen Publikumskongress gegeben. Alex und Matthias haben in den 70er und 80er-Jahren wertvolle Pionierarbeit geleistet.»

«Zu Beginn der parapsychologischen Vereinigungen», erklärt Matthias weiter, «in den 1950er bis in die 70er Jahre bestanden diese tatsächlich aus Arbeitsgruppen von Forschern und interessierten Laien, die gemeinsam experimentierten, sich intensiv mit paranormalen Phänomenen auseinandersetzten, einzelne Fälle dokumentierten und veröffentlichten.»

«Richtig», greift Harald auf. «Im Pressespiegel aus den Anfangszeiten erkennt man eine differenzierte und ernsthafte Auseinandersetzung mit den Psi-Phänomenen.»

«So war es», sagt Luci, «damals wurde noch verstanden, dass die Parapsychologie eine Wissenschaft ist und kein Glaubensbekenntnis. Und ähnlich wie bei den drei Schweizer Gesellschaften hat sich bei den Basler Psi-Tagen der Themenschwerpunkt im Laufe der Jahre in Richtung Esoterik und Spiritualität verlagert. Wir sehen heute bei Vorträgen von wissenschaftlichen Parapsychologen nur ein dürftiges Publikumsinteresse. Das öffentliche Interesse an der Psi-Forschung hat laufend abgenommen. Sie fristet ein Schattendasein und ihre Resultate werden in der Öffentlichkeit kaum wahrgenommen. Dazu tragen viele Forscher selbst einen Teil bei, weil sie sich aufgrund der Umstrittenheit der Thematik schwertun, die Ergebnisse ihrer Arbeit verständlich und öffentlich zu kommunizieren. Sie überlassen somit das Feld den privaten Fernsehanstalten, die mit ihren Shows ein schiefes Bild vermitteln.»

PATER ANDREAS RESCH: DIE FRAGE NACH DER SEELE

Durch den Fischtank sehe ich nun zwei Personen näher kommen. Es ist Alex mit einem sympathischen, vielleicht 60-jährigen Mann, kleiner als er, in dunkelgrauem Anzug und Krawatte.

«Ich habe im ‹L'Escale› geschaut, ob ihr noch da seid», sagt Alex, «und habe dort Andreas aufgegabelt. Für die, die ihn nicht kennen – darf ich vorstellen, Pater Professor DDr. Andreas Resch aus Innsbruck, Doktor der Theologie sowie Professor für Klinische Psychologie und Paranormologie an der Päpstlichen Lateranuniversität Rom. Er ist einer der weltweit größten Experten für Grenzbereiche der Wissenschaften und leitete dreissig Jahre lang, von 1966 bis vor einem Jahr, also 1995, die ‹Imago Mundi-Kongresse›. Ich hatte von 1984 bis zur Beendigung 1995 das Privileg sein Vizepräsident zu sein. Freunde sind wir noch heute, und

in der Welt der Parapsychologie gibt es immer wieder Berührungs-
punkte, wie an den Psi-Tagen, wo er uns ab und zu Stütze ist.»

Ein Schmunzeln huscht über das wohlwollend freundliche Gesicht von Pater Resch, und er legt seine Hand auf Alex' Arm. «In
der Leitung des Imago Mundi Kongresses brauchte es unbedingt
universitäre Vertreter. Neben mir als Leiter waren das Professor
Dr. Ernst Senkowski als Präsident und Alex als Vizepräsident.
Eine seiner Stärken, das habt ihr ja selber schon zur Genüge erlebt, sind seine präzisen Aussagen. Und zwar kann er vollkommen
unterscheiden zwischen dem, was physikalisch an Wissen vorhanden ist, und dem, was das Phänomen, das unter strengster Kontrolle genau beobachtet wird, aussagt und ob dieses Phänomen
physikalisch erklärt werden kann oder nicht. Alex hat den grossen
Vorteil, dass er als Wissenschaftler den sogenannten naturwissenschaftlichen Attacken in einer ungeheuren Ruhe und Souveränität begegnen kann. Er lässt alle leben, aber im Moment, wo die
Argumente unsachlich werden, schaltet er sich ein und gibt klare
Antworten. Oft konnte ich mit Genugtuung beobachten, wie er
Angriffe wunderbar auffing und in einer Eleganz beantwortete, wo
dann Schweigen war.»

Sichtlich erfreut über den überraschenden Besuch stehen Frau
Dr. Glantz und Matthias spontan auf und begrüssen Pater Resch
aufs Herzlichste.

«Das waren wunderbare Kongresstage damals in Innsbruck»,
sagt Dr. Glantz. «Man konnte damit rechnen dass Sie spitzen Referenten eingeladen hatten. Das waren immer Vorträge auf höchs-
tem Niveau.»

«Danke», sagt Dr. Resch. «Darauf habe ich immer Wert gelegt.
Aber, wie Lucius sagte, als Alex und ich herein kamen, hat seit den
90er-Jahren eine Wende vom Inhalt zum Erlebnis begonnen. Und
wer veranstalten wollte, der musste Sensationen anbieten. Das
ist es, was die Leute sehen wollten, nicht wissenschaftliche Dar-
legungen. Diesem Druck seid ihr an den Basler Psi-Tagen etwas

entgegengekommen. Schliesslich waren die Anforderungen so – die wollten alle den gebratenen Spiess haben. So hat sich dann gezeigt, dass auch ich auf Sensationen umsteigen hätte müssen. Aber da habe ich nicht mitgemacht und habe die Kongresse letztes Jahr eingestellt.»

«Kommt der Begriff ‹Paranormologie› von dir, Andreas?», fragt Matthias den Geistlichen.

«Ja, den habe ich erfunden. Es war geradezu ein Presseereignis, als ich im Herbst 1969 an die ‹Accademia Alfonsiana›, Päpstliche Lateranuniversität, nach Rom berufen wurde, um Vorlesungen über klinische Psychologie und den Themenbereich von Esoterik, Okkultismus, Parapsychologie, Spiritismus und so weiter zu halten. Ich selbst stand dabei vor dem großen Problem einen Begriff zu finden, der diesen Gesamtbereich abzudecken vermag, ohne dabei schon eine Deutung zu enthalten, ist doch in den meisten Fällen selbst die Sicherung der Echtheit der Phänomene noch offen. Paranormologie bezeichnet ganz neutral die Grenzgebiete der Wissenschaft.»

Pater Resch hält einen Moment inne, nimmt seine Brille ab, reibt sich die Augen und setzt sie wieder auf.

Seine gewinnende Persönlichkeit und Art zu sprechen drückt grosses Wissen und Autorität aus, und gebannt hören wir ihm zu.

«Seit Anbeginn der Menschheitsgeschichte werden wir mit Vorstellungen konfrontiert, die sich mit der Welt des Außergewöhnlichen und Unerklärbaren befassen. Der tiefste Grund dieser Vorstellungen liegt in den Fragen nach Lebenssinn und Fortleben nach dem Tode. So sehr sich die Wissenschaft auch bemühte und immer noch bemüht, diese vielschichtigen Fragen nach dem Paranormalen in den Bereich der Mythologie abzuschieben oder als Fabeleien abzutun, bleibt ihre Wirkkraft ungebrochen und erreicht zurzeit, wo Wissenschaft und Technik, nach dem Scheitern der Aufklärung die Sinnfrage auszuklammern, einen Auftrieb, der alle Bereiche der Gesellschaft erfasst. Dabei stehen nach wie vor viele Fragen im Mittelpunkt des Interesses, wie etwa:

- Ist außer der grobstofflichen Welt und der Welt des Geistes noch ein Zwischenreich anzunehmen, die Welt des Feinstofflichen, ein Corpus Subtile?
- Gibt es ein Jenseits und ein Hereinwirken Jenseitiger?
- Kann man mit dem Jenseits in Verbindung treten?
- Gibt es Erkenntniswege, die außerhalb der Sinneserfahrung liegen?
- Gibt es einen materiefreien Geist?
- Gibt es ein Fortleben nach dem Tode?

Und so weiter.»

«Wie Sie ja schon angetönt haben», bringt sich Donatus ein, «sind in der Parapsychologie die Begriffe Geist, Bewusstsein und Seele immer wieder Thema. Wie würden denn Sie, als Theologe, die Frage nach der Seele beantworten?»

«Rein von der Hirnphysiologie her», antwortet Pater Resch, «kann man sich die Dimension des menschlichen Bewusstseins nicht erklären. Es muss einen nicht materiellen Teil, also eine Seele im Menschen geben, denn sonst gäbe es kein Fortleben und damit auch keine Freiheit. Es gäbe für den Menschen letztlich auch keine Verantwortung, weil sich sein Handeln auf seine körperlichen Funktionen reduzieren würde.»

«Sehr schön gesagt, Andreas, und genau auf den Punkt gebracht», schaltet sich Matthias ein. «Auch ich habe deine Kongresse besucht – mehrere Male. Was mir über meine Innsbruck-Besuche noch stark in Erinnerung blieb, ist die fröhliche, entspannte Atmosphäre, die abends herrschte. Wir mussten am nächsten Tag ja nicht arbeiten gehen, hatten Zeit zum Plaudern, und genossen unser Gläschen Wein. Ein wenig wie Ferien. Einmal war eine grössere Schweizer Gruppe angereist, auch die SPG-Zürich, darunter Alex Schneider. Bis dahin hatte ich Alex meist in seiner gewohnten schweizerischen Umgebung erlebt, wo er wohl ausgesprochen menschenfreundlich, aber eher zurückhaltend und fast etwas schüchtern wirkte. Nun» – Schalk blitzt in Matthias Augen auf – «an diesem internationalen Kongress, lebte er sichtlich auf und kehrte den Charmeur heraus. Er machte den anwesenden Damen gegenüber galante Bemerkungen, versprühte geistreiche Geschichten und wurde immer wieder Mittelpunkt vielseitigen Interesses.»

Offensichtlich kommen Alex auch Erinnerungen an diese Zeit, denn er schmunzelt verhalten: «Schuld daran war natürlich Innsbruck. Es heisst nicht umsonst, *felix Austria*», sagt er und wirft mir ein schelmisches Lächeln zu.

Und, wie damals in Innsbruck, geht auch hier, in unserem gemütlichen Hinterzimmer, der Abend fröhlich weiter. Die Gläser klingen und die Diskussionen sind in vollem Gang.

«Ihr Dialekt kommt nicht aus Innsbruck, sondern aus dem Südtirol, nicht wahr?», frage ich Pater Resch.

Er lacht: «Sie haben ein feines Ohr.»

«Ich kenne den sprachlichen Unterschied von meiner Mutter, sie kommt aus Deutschnofen, bei Bozen.»

«Dann sind wir ja Nachbarn», ruft er erfreut, «ich komme aus Steinegg.» Daraufhin zeigt er auf seine Armbanduhr. „Für mich ist es heute genug. Ich würde mich aber sehr freuen, wenn ihr beide mich einmal in Innsbruck besuchen würdet.»

«Ah, gute Idee», stimmt Alex zu. «Das machen wir vielleicht schon diesen Winter.»

«Schön», Pater Resch nickt bestätigend. «Du weisst ja, wo ich zu finden bin, Alex.»

Dr. Glantz, die dieser Einladung zugehört hat, schaltet sich ein: «Auch zu mir nach Flims müsst ihr kommen. Von dort führe ich euch auf eine schöne Bergwanderung.»

DAS GEHIRN ALS SPIEGEL DES
HEILUNGSVORGANGS

Während der restlichen Kongresstage erlebte ich noch viel Spannendes und Informatives. Die Ankündigung einer Veranstaltung mit Dr. Haffelder, in der er seinen Apparat vorstellt, der Heilvorgänge anzeigt, erregt das Interesse vieler Besucher, so auch meines.

‹Mit der von Dr. Günther Haffelder entwickelten EEG-Spektralanalyse-Technik weist der Physiker und Psychologe rätselhafte Veränderungen im Gehirn von Heilern und Patienten während einer Heilbehandlung nach. Es werden hierbei funktionelle Prozesse des Gehirns untersucht und grafisch dargestellt. Seine Messergebnisse stützen die Vermutung, dass beim Heilvorgang tatsächlich unergründete Energiefelder wirksam sind. Die Wellenlänge der Hirnströme zeigen, ob heilende Energie zum Patienten fliesst. Vielleicht stellen Sie sich für einen Live-Test zur Verfügung?›

Nachdem ich einer grosse Anzahl von Demonstrationen verschiedenster Heilmethoden sowie einem überzeugenden Live Test bei Dr. Haffelder beigewohnt habe, wird mir klar, dass es viele Wege gibt, die zu einer Wandlung vom Kranksein zum Gesund- und Intaktsein führen, wenn wir offen dafür sind.

Den fünf Organisatoren dieses Kongresses bin ich überaus dankbar, all diese Therapieformen, die ich sonst kaum je kennenlernen würde, gesammelt an einen Ort zu bringen und so für die interessierte Öffentlichkeit zugänglich zu machen.

ജ⭗ര

BRIEFE EINES VERSTORBENEN SOHNS
AN SEINE MUTTER

Die Post war gekommen, darunter die Zeitschrift, ‹Femina›. Im Abschnitt ‹Parapsychologie in der Schweiz› gibt es mehrere interessante Artikel – einer beeindruckt mich besonders:

Weisungen aus dem Jenseits

Zitate aus Briefen (1946 – 1948) von Roland de Jouvenel (als 15-Jähriger an einer rätselhaften Krankheit gestorben), an seine Mutter Marcelle.

Marcelle Jouvenel empfing die Botschaften ihres Sohnes so: ‹Eines Abends nahm ich einen Bleistift zur Hand; meine Hand wurde von einem Zittern erfasst und begann plötzlich zu schreiben, mit einer grossen, geneigten Schrift, die genau das Gegenteil der meinigen ist.›

Beginn des 1. Briefes, undatiert 1946:
    ‹Da Du mich bittest, zu kommen: hier bin ich. Sei nicht untröstlich. Ich bin da, ganz nahe bei Dir. Ich liebe Dich.›

2. Brief, undatiert 1946:
    ‹Hier ist es schöner, als auf Erden, es ist warm, und nichts gleicht dem, was Du kennst. Engel sind hier, ich habe einen Freund, er ist gross; ich wohne in einem Turm, ein Raum darin ist für Dich bestimmt, ich bereite alles vor.›

5. Brief, undatiert 1946:
    ‹Jung sterben ist eine hohe Gunst, denn man dringt beinahe auf einen Schlag bis ins Herz der himmlischen Dinge vor.›

9. Februar 1947:
    ‹Ich bin da, Mami. Jedesmal, wenn Du mich anrufst, leuchten Punkte auf um mich herum wie Phosphorschein.›

12. Mai 1947:

‹Mama, Mama! Wenn Du mich sehen könntest, Du wärest entzückt! Ich befinde mich in regenbogenfarbigen Strahlen, Lichter aller Tönungen umgeben mich, tausend Symphonien erklingen um mich. Ich bin sehr, sehr glücklich.›

8. November 1947:

‹Mama, das Jenseits ist so wunderbar! Die Stunde Deines Todes ist eingeschrieben in den göttlichen Gesetzen. Ich weiss, wann Dein Leid zu Ende geht, und ich freue mich.›

19. April 1948:

‹Mama, so viele Leute betrachten unsere Gespräche als Fabeleien. Das höhere Leben, das ich Dich lehre, ist für sie Geschwätz aus Deinem Unterbewusstsein. (...) Lass sie reden. Danke, Mama, dass Du (...) den Kritikern mutig entgegentrittst.›

21. Mai 1948:

‹Die Menschen stürzen in ihr Verderben, aber es wird noch ordentlich Zeit vergehen, bevor sie in den Abgrund fallen. 1958 wird ein verhängnisvolles Jahr sein.›

4. November 1948:

‹Mama, wir veranstalten heute Abend ein grosses Engelfest für Dich. Komm zur Feier. Ich will Dir sagen, was Du zu tun hast, um mit uns zu sein.›

28. Dezember 1948:

‹Wenn Du aus Deiner inneren Trübsal herauskommst, wird Dein Herz über der Welt aufblühen. Und gleich dem Schmetterling wirst Du Dich im Frühling einer neuen Entwicklung wiederfinden.›

(Schluss des letzten Briefes)

Ich lese Alex den Artikel vor und betone, dass mich die Geschichte sehr berührt. «Mein Herz geht hinaus zu dieser Mutter, obwohl sie nun selber schon lange tot ist. Wie furchtbar ist es doch ein Kind zu verlieren, und wie gnädig ist der Himmel, dass er uns solchen Trost anbietet, wenn wir bereit sind, uns auf so etwas einzulassen. Das ist doch ein weiteres Indiz für das Überleben des körperlichen Todes, nicht wahr?»

Alex nimmt das Heft, das ich ihm reiche: «Schön, doch dazu muss ich Folgendes sagen, ohne dabei deinen Enthusiasmus dämpfen zu wollen. Wie diese Briefe zeigen, kann das automatische Schreiben einen trauernden Hinterbliebenen tatsächlich trösten, aber sie sind mit Vorsicht zu geniessen. Davor habe ich auch meine Schüler immer wieder gewarnt. Zeitweise war es mithilfe der Buchstabentafeln, genannt ‹Ouija Brett›, oder mit Glasrücken direkt zum Gesellschaftsspiel geworden. Aber das kann gefährlich werden. Es ist ein Fall bekannt geworden, in welchem jemand auch voller Freude über längere Zeit Botschaften aus dem Jenseits, über automatisches Schreiben empfing. Die Nachrichten kamen aber nicht aus dem Himmel, wie du es nennst, denn allmählich musste der Schreiber mit Entsetzen erkennen, dass alles Schwindel war, und dass ihn eine niedere Wesenheit, die sich als Jesus ausgegeben hatte, an der Nase herumgeführt hatte. Am Ende lachte die Wesenheit höhnisch über seine Leichtgläubigkeit. Komm doch nächste Woche mit mir. Ich wurde eingeladen, an einem Gymnasium einen Vortrag über Parapsychologie zu halten. Du weisst nun schon einiges über dieses Thema, aber da gibt es noch viel mehr, dass dich interessieren wird.»

☙❧

PARAPSYCHOLOGISCHER VORTRAG
AN EINEM GYMNASIUM

Das Wetter spielt uns übel mit; es regnet in Strömen. Jeder unter seinem Schirm, eilen wir vom Parkplatz zum Schulgebäude. Unter dem Torbogen des Gymnasiums werden wir punkt 8 Uhr von einer etwa vierzigjährigen schlanken, brünetten Dame in grauem Kostüm freundlich begrüsst: Frau Jürgen, die Philosophielehrerin. Ihrer Haltung ist zu entnehmen, dass sie aufgeregt ist.

Alex nimmt seinen nassen Hut vom Kopf, klopft das Wasser ab und fährt sich mit der Hand über das zerzauste Haar. Er gibt seiner Freude darüber Ausdruck, heute einen Vortrag über Parapsychologie halten zu dürfen, und sie bedankt sich ihrerseits überschwänglich, dass er ihrer Bitte nachgekommen ist. Dann bedeutet sie uns mit einer Handbewegung ihr zu folgen.

Als wir die Schule betreten, kommt uns ein Geruch von Büchern, Reinigungsmitteln, Schulküche und – ich lache innerlich – *harter Mathearbeit* entgegen, der mich an meine eigene Schulzeit erinnert.

Wir werden zum Auditorium geführt, wo schon eine stattliche Anzahl Schüler gespannt auf dieses aussergewöhnliche Ereignis wartet. Frau Jürgen neigt sich zu Alex und sagt stolz: «Zu diesem besonderen Anlass habe ich die Philosophieklassen aller Jahrgänge kommen lassen.»

Alex schaut lächelnd in die Runde und seine Augen leuchten auf. Man merkt, dass er gerne unter jungen Menschen ist. Er empfindet eine Sympathie für sie die schnell gegenseitig wird.

Bedächtig schreitet er zum Rednerpodium, und in seiner unverwechselbaren Art öffentlich zu sprechen, als ob ein inneres Feuer erwache das die Worte fliessen und die Zuhörer lauschen lässt, eröffnet Alex seinen Vortrag.

«Parapsychologie ist ein grosses Feld, zu gross, um es in einen einzigen Vortrag packen zu können», beginnt er. «So habe ich für Sie ein paar interessante Psi-Phänomene zusammengestellt und dazu ein paar Lichtbilder mitgebracht.»

Er setzt seine Brille auf, nimmt ein paar Blätter und Bücher aus seinem Aktenkoffer und legt sie sorgfältig auf das Pult. Als er zwei längliche Behälter mit Lichtbildern aus dem Köfferchen nimmt, fällt ihm etwas auf.

«Frau Jürgen», er zeigt auf ein Gerät auf dem Pult, «das ist nicht die richtige Sorte Projektor. Das hier ist ein Computer Beamer – ich benötige aber einen Projektor für Diapositive.»

Betreten entschuldigte sich die Lehrerin. Sie habe den Schulwart um genau so einen Projektor gebeten. Dann beauftragt sie Johanna, eine kräftig gebaute Schülerin mit einem dichten Netz von Sommersprossen über dem gefälligen Gesicht, das Richtige zu beschaffen.

«Geht klar», ruft diese munter und macht sich hurtig auf den Weg.

«Hoffen wir, dass dieses Ding sich bald findet – sich *materialisiert*», sagt Alex mit einem gurgelnden Lachen und schaut in die Runde.

Die Schüler haben sich auf das Thema vorbereitet und schon kommt die erste Frage: «Was heisst Parapsychologie?»

In bekannter Manier legt sich Alex eine Hand auf die Brust und nickt dem Fragesteller zu.

«Parapsychologie, oder besser gesagt, Paranormologie, heisst das, was neben dem anerkannten Psychologischen liegt, oder dem Normalen – das, was die Wissenschaft abhandelt. Die Naturwissenschaft hat es mit der Aussenwelt, mit der phänomenalen Welt zu tun. Die einzige Brücke von dort zu unserem Bewusstsein sind unsere Sinnesorgane. Da diese aber keine zuverlässigen quantitativen Aussagen machen, benutzen wir Messinstrumente, die exaktere Angaben liefern. Allerdings geben auch diese keine

Auskunft über das, was dahinter steckt, was *wirklich* ist, die *transzendente* Welt. Doch genau die Dinge, die danebenliegen, wie Sie wahrscheinlich selber wissen, üben oft grössere Faszination aus als die Kernaussagen einer Wissenschaft. Das konnte ich auch im Freifach Parapsychologie, das ich an der Kantonsschule in St. Gallen angeboten habe, immer wieder beobachten.»

Ein Tuscheln geht durch die Klasse und Alex hält inne: «Gibt es schon weitere Fragen?»

«Nein», antwortet ein selbstbewusst wirkender junger Mann mit breiter Stirn und kräftiger Kieferpartie, «aber die Worte *Parapsychologie als Freifach* sind bei uns angeklungen. So etwas würden wir hier auch begrüssen. Viele offene Fragen könnten somit diskutiert und beantwortet werden.»

Alex nickt bestätigend. «Damit müsst ihr euch an eure Lehrerin wenden», stellt er mit einem lächelnden Blick auf Frau Jäger fest.

«Aber zurück zur Frage, was Parapsychologie ist. Es gibt eine wissenschaftliche Parapsychologie. Sie hat ihre Wurzeln weit zurück bei Schopenhauer und anderen berühmte Namen. In den 30er Jahren hat ein gewisser ‹Rhine› von der Duke University angefangen statistisch auswertbare Laborexperimente zu machen. Sein zentrales parapsychologisches Gebiet war die Telepathie, das heisst das Übereinstimmen von Bewusstseinsinhalten von zwei Menschen, die nicht irgendwie durch Worte und so weiter ausgetauscht wurden. Dann das Hellsehen – das Wissen um Situationen die man nicht gesehen oder gehört hat, oder ein anderer Informationskanal etwas dazu beigetragen hat. Und schliesslich die Psychokinese, also wenn ich jetzt bewerkstelligen würde, dass alle eure Uhren stehen bleiben, oder die Pausenglocke nicht läutet.»
«Aber bitte erst am Ende der Pause», ruft ein munterer Blondschopf aus der hintersten Reihe, was Lachen und Klatschen der Gruppe zur Folge hat.

Alex schmunzelt und fährt fort: «Dann kommen die komplexeren Phänomene, die man nicht gut einordnen kann, die aber alles enthalten, wie zum Beispiel die Fragen des paranormalen Heilens, des Fortlebens nach dem Tod, der Reinkarnation und so weiter.

Mitte des 19. Jahrhunderts hat das Parapsychologische angefangen sich in der westlichen Welt zu verbreiten. So richtig Fuss gefasst hat es in England. Es gibt dort seit 1886 die ‹Society for Psychical Research›, also eine wissenschaftliche Gesellschaft, die mit anerkannten wissenschaftlichen Methoden diese Dinge zu überprüfen versucht. Hingegen in Deutschland ist relativ wenig in dieser Richtung geschehen. Von den Engländen angefeuert taten sich, ebenfalls im Jahr 1886, der Psychiater Albert Freiherr von Schrenck-Notzing und der Philosoph Carl du Prel zusammen und gründeten die Psychologische Gesellschaft in München. Dort wurden hauptsächlich Untersuchungen zur Hypnose und Telekinese durchgeführt. Sehr viel später, nämlich 1950, gründete Professor Hans Bender wohl ein Institut in Freiburg im Breisgau, wo er parapsychologische Forschung betreibt. Das nennt sich aber ganz vorsichtig ‹Grenzgebiete der Psychologie›. Das Wort *Parapsychologie* wird tunlichst vermieden – es ist akademisch nicht stubenrein.»

Da hört man ein Poltern. Mit dem Diaprojektor auf den Armen hat Johanna die Türe aufgestossen. «Herr Maier war ein bisschen verärgert», sagt sie schnaufend und stellt das Gerät auf das Pult. ‹Wenn ihr schon mittelalterliche Apparaturen benötigt, könnte ich ja auch ein Grammophon im Dachboden holen›, meinte er schroff.»

Die Schüler, die angefangen hatten, andächtig zu lauschen, brechen in Gelächter aus.

Alex setzt sich mit einer kapitulierenden Grimasse auf den Pultrand und seufzt vernehmlich. «Lichtbilder sind heutzutage tatsächlich etwas veraltet. Doch man hat mir abgeraten, sie zu digitalisieren, denn so kann Betrug mit Retuschieren eher vermieden werden.

Er fährt sich mit einer Hand über den Kopf und steht wieder auf: «Nun lasst uns bei der einfachsten Form des Psi-Einflusses beginnen, beim sogenannten ‹Ahnen›. Das fällt in den Bereich der ‹Pseudo-Präkognition›. Psi ist vornehmlich eine Funktion des Unbewussten und Psi-Informationen können meistens die Bewusstseinsschwelle nicht überschreiten. Sie äussern sich in Ahnungen oder vielleicht Träumen. Da will zum Beispiel jemand nicht ins Flugzeug steigen – er kann nicht sagen warum – und tatsächlich, das Flugzeug stürzt ab. Nun ist es so, dass er nicht etwa genau vorausgesehen hat, dass das Triebwerk ausfällt, sondern er hatte einfach eine Ahnung, vielleicht einen Traum – Steigrohr des Unbewussten – und hatte beim Erwachen das komische Gefühl, ‹etwas passiert heute›.»

Frau Jürgen hält die Hand in die Höhe: «Wenn wir diese Ahnungen haben, so können wir zumindest vorsichtig sein.»

Alex nickt beipflichtend. «Ja, diese Ahnungen kommen, damit wir darauf achten. Das ist keine Spielerei, sondern sie wollen uns etwas sagen. Tiere regieren auf sehr kleine Hinweise. Aber unser menschliches Gehirn ist dauernd beschäftigt mit Denken und Grübeln und blockt solche höheren Eingebungen ab.

Hier ein schönes Beispiel vom Ahnen: Ein guter Freund von mir – ein sehr klarer Mensch und sehr respektierter Spenglermeister sowie Feuerwehrhauptmann in seinem Dorf – hatte auch ab und zu Träume, die sich später als Vorausgesichte entpuppten. Eines Nachts träumte er sehr intensiv von einem hohen Turm, der wie eine Fackel brannte. Hinter einem geschlossenen Fenster stand ein Kind. Dann sah er sich, wie er mit dem Kommandowagen hinfährt und sofort die Idee hat: ‹Hier muss ich retten!›. Also will er die Auszugsleiter hochfahren und sieht, dass diese nicht auf dem Fahrzeugdach ist. Da schaut er sich um und entdeckt nicht weit entfernt eine Leiter an einem Baum. Er zählt 23 Sprossen und sagt sich: ‹Die reicht bis zum Fenster.› Er stellt die Leiter gegen die Wand, klettert hinauf und muss eiligst die Scheiben einschlagen, da der Raum schon voller Rauch ist. Er steigt in das Zimmer, findet ein kleines Mädchen und trägt es hinaus.

Ein paar Tage nach dem Traum gab es Feueralarm. Als er mit seinen Feuerwehrmännern bei der Brandstelle ankam, erinnerte er sich an den Traum, denn er stand zwar nicht vor einem Turm, aber einem hohen Haus dessen Dachstock schon zünftig brannte. Er dachte an das Mädchen im Traum und verstand den Hinweis, ganz oben ein Kind retten zu müssen. Rasch die Leiter her – aber, oh Schreck, die Leiter war nicht auf dem Löschfahrzeug. Sie war nach einer Feuerwehrübung nicht richtig aufgeräumt worden. Wie konnte so etwas passierten?»

Das Entsetzen des Brandmeisters hat sich offensichtlich auf die Zuhörer übertragen, denn ein Raunen geht durch den Raum.

«Mein Freund dachte: ‹Im Traum habe ich doch eine Leiter gesehen›, schaute sich um und fand eine. Er stellte sie an die Hauswand, stieg hinauf, schlug das Fenster ein, fand ein kleines Mädchen und trug es hinunter. In diesem Fall war der Traum lebensrettend. Später hat er die Sprossen der Leiter gezählt: Es waren tatsächlich 23.»

Auch Frau Jürgen ist erschrocken und legt sich eine Hand auf die Brust.

«Es gibt kausale und akausale Vorgänge – die Naturwissenschaft ist total kausal. Das Kausalitäts- oder Ursache und Wirkungsgesetz ist Ihnen ja bekannt: Die Eigenschaft der Natur gestattet es, aus einem gegebenen Zustand eines Systems, auf dessen zukünftigen Zustand schliessen zu können. Darüber hinaus gibt es akausale Phänomene – einfach Dinge, die durch den Sinn miteinander verbunden sind. Wenn Sie also etwas denken, oder etwas in ihrem Bewusstsein haben, und eine zweite Person erfasst das möglichst grad wörtlich oder auch symbolisch, dann ist das Telepathie, die Übertragung von geistigen und seelischen Inhalten – eine akausale Verbindung. Hier ein typisches Beispiel von einer Mutter, die während des Kriegs plötzlich ein ganz starkes Gefühl hatte, dass in dem Moment etwas Schlimmes passiert:

Nachts um 2:30 Uhr sah sie im Traum, wie ihr Sohn durch Maschinengewehrfeuer erschossen wird. Wochen später bekam sie dann den Bericht, dass genau in jenem Moment ihr Sohn an der Ostfront gefallen war.»

«Manchmal passiert es mir», meldet sich ein Mädchen mit einem lustig seitlich hochgebundenen karottenfarbenen Pferdeschwanz, «dass ich meine Freundin anrufen will, und im selben Moment läutet schon das Telefon, und sie ist dran. Ist das auch Telepathie?»

«Wahrscheinlich schon», bestätigt Alex. «*Sehen* Sie aber ein inneres Bild, eine Situation, die gerade am Geschehen ist, ohne dass Sie die normalen physikalischen Übertragungskanäle dazu benützen – weder das Fernsehen, noch die Zeitung, so ist das Hellsehen.

Es gibt allerdings Fälle, bei denen man sich fragt, ob es sich um Telepathie oder um Hellsehen handelt. Ich gebe Ihnen ein Beispiel von Hellsehen aus der Literatur: Ein schwedischer Wissenschaftler, namens Swedenborg, der auch Seher war, befand sich einmal, circa hundert Kilometer entfernt von Stockholm, mit Freunden zusammen. Während sie plauderten, rief er plötzlich: ‹Mein Gott, in Stockholm ist ein fürchterlicher Brand ausgebrochen. Jetzt sind schon mehrere Stadtteile in Flammen.› Nach etwa zwei, drei Stunden sagte er: ‹Gott sei Dank hat man das Feuer in den Griff bekommen, und mein Haus ist in Sicherheit.›»

«War das jetzt Telepathie oder Hellsehen Ihrer Meinung nach?», meldet sich schüchtern ein zierliches Mädchen mit leichtem Silberblick.

«Danke für Ihre Frage», gibt Alex mit einem breiten Lächeln zurück. «Hier sieht man, dass Hellsehen und Telepathie im Einzelfall nicht so leicht zu trennen sind. Vielleicht hat Swedenborg die Leute angezapft, die den Brand dort sahen und ihm dieses Bild übermittelten. Auch die begleitenden Umstände muss man mit einbeziehen. Nämlich die Erregung, die Swedenborg empfand, weil er selbst in Stockholm wohnte und Angst um sein eigenes Haus hatte. Die Angst bewirkt, dass das sogenannte ‹Gesicht› viel lebendiger wird, als wenn man nicht persönlich an einem Vorfall beteiligt ist. Also, der Affekt spielt hier eine wichtige Rolle.

Jetzt kommt bei Swedenborg aber noch etwas dazu – die Prä-kognition. Bis jetzt hat er Gegenwärtiges gesehen – das kann man noch akzeptieren, oder auch Vergangenes, vielleicht ist das irgendwo gespeichert. Aber Swedenborg hat in den Augen der Wissenschaft den *Fehler* gemacht, dass er auch Dinge sah, die noch nicht geschehen waren, und noch schlimmer, die nicht von dieser Welt sind – Leben nach dem Tod, die Engelswelten und so weiter, und schrieb Bücher darüber.»

Alex nimmt seine Brille von der Nase, kramt in seiner Jackentasche nach Papiertaschentüchern und putzt sie damit.

«In den 1930er-Jahren kam es zu einem riesigen Durchbruch der Wissenschaftlichkeit. Eine Gruppe in Amerika kam auf die Idee, gewisse Dinge aus der Parapsychologie zu isolieren – was immer ein bisschen problematisch ist. Wenn man Teile weglässt, hat man dann noch das Ganze? Man hat es auf zwei Psi-Phänomene reduziert, die Telepathie und das Hellsehen. Und hier ein Lichtbild.»

Ich hatte mich neben den Lichtschalter platziert und als mir Alex nun ein Zeichen gibt, fahre ich mit dem Dimmer die Helligkeit im Raum herunter. Dabei vernehme ich das Klicken des Projektors und auf der Leinwand werden fünf Karten sichtbar,

jede mit einem Symbol: einem Kreis, drei gezackte Linien, einem Pluszeichen, einem Quadrat und einem Stern.

«Das sind die ‹Zener-Karten› mit ihren typischen Symbolen», erklärt Alex. Professor Joseph Banks Rhine gründete 1935 das weltweit erste parapsychologische Laboratorium. Er wurde dessen Leiter und machte statistisch auswertbare Laborexperimente zur Außersinnlichen Wahrnehmung und Psychokinese. So erfand er zusammen mit seinem Mitarbeiter Karl Zener diese Karten und begann damit die potenziellen telepathischen Fähigkeiten von Probanden zu erproben und nachzuweisen. Fuuurchtbar langweilig. Aber damit wurde Telepathie wissenschaftlich bewiesen.

«Wie soll das gehen?», meldet sich Kaugummi kauend wieder der muntere Bursche in der hintersten Reihe.

«Wenn man sagt, etwas sei *wissenschaftlich bewiesen*», erklärt Alex, «dann meint man, dass eine Serie von Bedingungen erfüllt und bestimmte Zusammenhänge sehr gut erforscht sind. Kurz und einfach gesagt: Ein Experiment muss jederzeit, an jedem Ort und so oft wie gewünscht wiederholbar sein. Und diese Anforderungen erfüllen die Zenerkarten.

Ebenfalls in den USA wurde zwischen 1970 und 1990, an der Stanford Universität, im Auftrag von amerikanischen Geheimdiensten, eine zweite modernere Linie der Experimente durchgeführt. Dieses Mal von Russell Targ, einem amerikanischen Physiker. Diese Forschung kennt man heute als das ‹Precognitive Remote Viewing›, voraussehendes Fernwahrnehmen.

Da geht s aber nicht darum, etwas auf Karten zu erraten, sondern man schickt jemanden an einen gewissen Ort, niemand weiss wohin – und jetzt, wo ist der Kamerad? Also, weil es ein Kamerad ist, sind sie mit ihm auf einer gewissen psychischen Ebene verbunden und gehen quasi ein bisschen mit. Dann entspannen Sie sich und schauen einfach, was sie für Bilder bekommen. Vielleicht sehen Sie Züge ein und aus fahren. Vielleicht heisst das, der Freund steht am Bahnhof? Das Remote Viewing gibt bedeutend bessere Resultate, als die Karten. Da ist man dem Menschlichen etwas näher.

Auch Professor Bender hat in Freiburg Untersuchungen mit dem sogenannten Fernwahrnehmungsprotokoll gemacht. Da zeigte sich, dass Menschen tatsächlich in der Lage sind, Informationen zu erhalten, die ihnen durch den Gebrauch der fünf Sinne nicht zugänglich wären.»

«Damit müsste man doch auch die richtigen Lottozahlen voraussehen können», ist die nächste Frage eines Schülers in einem Adidas T-Shirt, untermalt von Gelächter und Applaus.

Alex zeigt schmunzelnd auf ihn und meint: «Sie treffen den Nagel auf den Kopf. Das wollte ich gerade ansprechen. Dazu ein Wort zur Ethik. Es ist tatsächlich so, dass derjenige, der etwas vorausweiss, den anderen gegenüber einen Vorteil hat. Darf man denn so einen Vorteil haben? Es gibt den berühmten Fall, bei dem Studenten von Russel Targ neunmal Gewinne an der Börse gemacht haben. Dieses Ereignis wurde auf einem der jährlichen Treffen der ‹Society for Scientific Exploration› vorgestellt.» Alex nimmt ein Heft vom Pult und liest:

«Remote-Viewing-Experiment: Börsengewinn durch ‹außersinnliche› Wahrnehmung

Studenten der Universität von Colorado konnten durch Remote Viewing oder Fernwahrnehmung Schwankungen an der US-amerikanischen Aktienbörse vorhersehen. Mit diesem Wissen haben sie mehrere Zehntausend Dollar Gewinn erzielt. Die Forschungsgeschichte verborgener Wahrnehmungsmechanismen kann mehrere solcher finanziellen Erfolge verbuchen. Die Studie war ein Kurs-Projekt an der Universität von Colorado in Boulder mit dem Titel ‹Edges of Science› (‹Grenzbereiche der Wissenschaft›).

«Tolle Studie», ruft ein hochgewachsener Schüler in einem schwarzweissen Adidas T-Shirt.

Alex hält den Finger hoch und liest das Ende des Artikels:

«Entsprechend eingeschränkt war die Zahl der Versuchsdurchgänge.»

«Schaaaaade», echot es laut durch den Saal. Und das Lachen und Spekulieren hält einen Moment lang an.

«Nun zur Telekinese oder Psychokinese», spricht Alex weiter. «Ein bekanntes positives psychokinetisches Phänomen wird heute sehr stark untersucht, die ‹Geistheilung›. Ein Heiler behandelt einen Kranken, sein Zustand bessert sich, und zwar eklatant – eine schwere Krankheit geht zurück. Es gibt statistische Untersuchungen, die zeigen, dass es funktioniert.

«Entschuldigung», unterbricht schüchtern eine Schülerin in der 1. Reihe. «Können nicht eine positive Einstellung und die eigenen Selbstheilungskräfte zur Heilung führen?»

«Ja, natürlich könne sie das. Es gibt jedoch zusätzliche Erscheinungen, die darauf hinweisen, dass auch anderes sich abspielt, nämlich auf der paranormalen Ebene – dass solche Suggestionen auch telepathisch übertragen werden können. Oder dass sogar Psychokinetisches abläuft.

Durch mein jahrelanges Interesse an Grenzphänomenen bin ich auch persönlich aussergewöhnlichen Heilern begegnet. Das Phänomenalste, das ich in diesem Bereich erlebt habe, war der grosse Mystiker und Heiler auf Zypern, Stylianos Atteshlis, genannt Daskalos. Markides nennt ihn in seinem höchst lesenswerten Buch den ‹Magus von Strovolos›.»

«Den haben Sie tatsächlich persönlich kennengelernt?», fragt Frau Jürgen staunend.

«Ja, ich war zweimal dort. Einmal alleine und dann mit einer Reisegruppe der Schweizer Parapsychologischen Gesellschaft. Bei meinem privaten Besuch hat er mich eingeladen, einen Tag lang seinen Heilungen beizuwohnen. Er war ein einfacher Mann, und die Leute, die Hilfe bei ihm suchten, empfing er nicht in einem Praxisraum, sondern in seiner Stube. Von morgens bis abends kamen Kranke. Eines Vormittags kam eine junge Frau mit einem fünfjährigen Mädchen. Das Kind konnte nicht laufen und musste hereingetragen werden. Daskalos setzte es sich auf seine Knie und begann ihm über die Beine zu streichen. Dann wurden die nächsten Kranken hereingebeten, einer nach dem anderen, und während der ganzen Zeit strich er dem Kind über die Beine. Als es Mittag wurde, stellte er das Mädchen auf den Boden und sagte: ‹Jetzt lauf zu deiner Mama hinüber.›

Ganz unsicher versuchte es auf seinen dünnen, gummigen Beinchen den Raum zu durchqueren und schaffte es bis zu Mitte. Daskalos fing es wieder auf, als es drohte zu stürzen, setzte es sich wieder auf seine Knie und fuhr mit seinen Streichbewegungen fort. Den ganzen Nachmittag wechselte sich das Streichen mit den Gehversuchen, die stetig besser wurden. Und laufend kamen weitere Kranke, die er zugleich behandelte. Am Abend konnte das Kind laufen.»

Eine junge Dame räuspert sich charmant lächelnd: «Hat dieser Heilerfolg denn angehalten?», fragt sie offensichtlich interessiert.

«Das kann ich Ihnen leider nicht beantworten», sagt Alex bedauernd. «Ich habe das Kind nicht mehr gesehen. Über Daskalos'nachhaltige Heilungen gibt es jedoch unzählige Berichte.

Bei meinem zweiten Besuch, jenem mit der Gruppe, sassen wir ein paar Vormittage in seinem Gärtchen, seinem Lieblingsort. In seinen Pantoffeln kam er zu uns und hielt uns Vorträge. Er erzählte und lachte gerne. Seine Lehre über die Elementale hat mich am meisten beeindruckt. Er beschrieb sie als verdichtete, von uns selbst erschaffene Gedankenformen, Energien, die eine Eigendynamik angenommen haben. Positive Energien behindern uns nicht. Aber destruktive Elementale, die wir selbst einmal mit unseren negativen Gedanken erzeugt haben, umlagern uns und halten uns im Zustand der Angst, des Kummers, des Zorns und dergleichen, um sich davon zu nähren – um nicht abzusterben. ‹Ach, die Menschen sind so dumm!›, rief er aus, ‹dass sie auf eine Vorhersage hören und diese dann unaufhörlich in Panik herumwälzen. Erst dann kommt das Malheur, denn mit der Furcht lässt man die negativen Elementale so richtig stark werden.› Daskalos beherrschte die ‹Exomatose›, also das ausserkörperliche Reisen, und war ausserhalb des Körpers praktisch ebenso zu Hause wie im Körper selbst. Auf diese Art stellte er fest, dass die Menschen von diesen Elementalen umlagert sind. Damit zeigte er auf, dass wir uns bemühen sollen, die guten Elementale mit positiven Gedanken zu nähren, und nicht umgekehrt die schlechten Elementale, die uns

Kräfte rauben und unser Fühlen und Handeln zerstörerisch beeinflussen, mit negativem Denken zu unterstützen. Ihre Nahrung ist nicht unser negatives Reden, sondern unsere Affekte: Sorgen, Trauer, Verzweiflung, Angst.»

Mir fällt auf, dass ein Mädchen in der ersten Reihe etwas auf ein Stück Papier schreibt. Ihre langen dunkelblonden Haare werfen bei gesenktem Kopf einen Schatten auf ihr Gesicht. Dann schiebt sie den Zettel ihrem Nachbarn zu, der ihn augenblicklich laut vorliest: „Wie stoppen wir negative Gedanken?"

Alex hat auch bemerkt, dass das Mädchen die Urheberin der Frage ist und wendet sich zugleich an sie und den Frager.

«Indem wir sie nicht beachten und uns auf Dinge konzentrieren, die uns Freude machen. So lassen wir die negativen Elementale schrumpfen.»

Alex wendet sich an die restlichen Schüler: «Das braucht Übung und Ausdauer, denn wenn wir diese penetranten Angreifer nicht zur Haustüre hereinlassen, werden sie versuchen, sich durch die Hintertüre einzuschleichen.»

Diese Erklärung scheint bei ihnen anzuklingen, denn einige nicken und andere schauen sich vielsagend an.

Alex setzt seinen Vortrag fort: «Mit negativen psychokinetischen Phänomenen, also jemandem Schaden zuzufügen, kann man keine experimentellen Versuche anstellen, das wäre unethisch. Aber es gibt Fälle, bei denen man sieht, dass es funktioniert, weil die Ausführenden keinen Hehl daraus machen und sich sogar filmen lassen, nämlich die Anhänger des ‹Umbanda›, eine südamerikanische Religion. Es gibt Filmaufnahmen von an sich braven Brasilianern, die tagsüber heilen und abends – man muss ja schliesslich von etwas leben – », sagt er durch schmale Lippen, «Aufträge entgegennehmen, jemandem zu schaden. Am Nachmittag zeige ich Ihnen einen Film, wo man sieht, wie eine Frau Nadeln in eine Puppe steckt und dann ein Ritual macht, durch welches die Nadeln in eine lebende Person eindringen.»

«Ist das nicht nur Hokuspokus?» wird aus dem Raum gerufen.

«Nein, durchaus nicht», gibt Alex zurück. «Der Filmemacher hat auch Kontakt zu einem Opfer so eines Zaubers aufgenommen, einer Deutschen, die eine Affäre mit einem verheirateten Brasilianer hatte. Für eine gewisse Summe wurde sie schwarzmagisch ausgeschaltet. Da sie in Folge immer wieder Nadeln in ihrem Körper hatte, begab sie sich in eine Klinik in Deutschland, um sich diese herausoperieren zu lassen. Im Film wird gezeigt, wie der Chirurg den Arm freilegt. Dieser ist vollkommen glatt, nicht verletzt, aber da ist etwas drin. Er schneidet auf, und zieht eine Nadel heraus.

Schwarzmagie wird auch in anderen Ländern betrieben. Daskalos, hat mir erzählt, dass er öfters solche Fälle in seiner Praxis zur Heilung hat – Leute, die verflucht oder geschädigt worden sind durch solche Schwarzmagier. Ja, eben – wenn's natürlich fürs Gute funktioniert – also, ich bring den Krebs weg – dann ist potenziell das andere auch möglich. *Potenziell*, sage ich, denn es braucht da schon noch eine gewisse Überwindungsklippe, dass man das wirklich kann und tut.»

«Geschieht so etwas nur in exotischen Ländern?», will ein Schüler mit aufgeschlossenem Gesichtsausdruck wissen und streicht sich ein paar Haare aus der Stirn. «Kommt das bei uns nicht auch vor?»

«Sie stellen die Frage mit Recht», antwortet Alex. «Wir müssen gar nicht so weit weggehen. Es kommt mir ein Fall aus dem Rheintal in den Sinn. Da kenne ich einen Pater, der Exorzismen macht. Die katholische Kirche praktiziert ja den kleinen und den grossen Exorzismus. Also, wenn da ein Fluch auf etwas lastet, dann kann man das durch kirchliche Rituale wegbringen.

Da war einmal ein Bauer, dem ging es von Monat zu Monat schlechter. Das Kalb starb bei der Geburt, die Kuh frass nicht mehr, Krankheiten in der Familie, auf den Feldern wuchs es nicht richtig – der Bauer war zerstört: ‹Wenn das so weiter geht, ist das mein Bankrott›. Der Bauer ging zum Dorfpfarrer und bat ihn um Hilfe. Zu diesem Priester kam bald darauf ein anderer Bauer, der zu ihm sagte: ‹Ich habe etwas gemacht, das ich nicht verantworten kann. Mein Nachbar hat mich einmal furchtbar geärgert. Dann habe ich ein altes Buch mit Sprüchen gefunden und habe daraus diesen gewissen Spruch aufgesagt und bei Vollmond ein gewisses Ritual gemacht. Aber ich hätte nie gedacht, dass es derart wirkt.›

Dadurch, dass er seine Tat bereut hatte, war der Fluch weg. Die Kühe beim ersten Bauern haben wieder Milch gegeben und die Felder wieder getragen.»

Diskussionen entstehen im Raum, ob man so etwas glauben kann oder nicht.

«Sie wundern sich begründet, ob das alles nicht nur Humbug ist», fährt Alex fort und öffnet eines der mitgebrachten Bücher. «Darüber haben sich schon viele grosse Denker ihre Köpfe zerbrochen. Die bedeutendsten Philosophen – bis hin zu Johann Gottlieb Fichte – haben sich besonders zu Beginn des 19. Jahrhunderts stark mit diesen parapsychologischen Fragen auseinandergesetzt.

Ich lese Ihnen zwei Aussagen berühmter Männer vor, nämlich von C. G Jung und Arthur Schopenhauer. Hier aus einem Brief von Jung an seinen guten Freund Wolfgang Pauli:

‹Sie müssen sich darüber klar sein, dass die Parapsychologie eines der schwierigsten Probleme darstellt, mit denen der menschliche Geist je konfrontiert wurde. Sogar Nuklearphysik ist einfacher.›

Das hat sich Jung nicht so einfach aus dem Ärmel geschüttelt, denn dieser Freund, Wolfgang Pauli, war Nobelpreisträger der Kernphysik, einer der berühmten Schweizer Wissenschaftler an der ETH. Die haben sehr viel miteinander diskutiert. Jung war der festen Ansicht, dass Physik und Psychologie zwei Seiten derselben Münze sind. Und hier zu Schopenhauer.»

Alex blättert zu der markierten Seite eines seiner mitgebrachten Bücher.

‹Die in Rede stehenden Phänomene aber sind, wenigstens vom philosophischen Standpunkt aus, unter allen Tatsachen, welche die gesamte Erfahrung uns darbietet, ohne allen Vergleich, die wichtigsten, die, sich mit ihnen gründlich bekannt zu machen, die Pflicht eines jeden Gelehrten ist.›

Alex legt das Buch wieder weg und schaut in die Runde: «Und nun zu den Automatismen. Wie schon gesagt, ist das Ahnen die einfachste Form des Psi-Einflusses. Es wird etwas konkreter bei den psychomotorischen Automatismen. Das sind Tätigkeiten wie Schreiben, Sprechen, Malen, Tanzen und so weiter, die durch das Steigrohr des Unbewussten an die Oberfläche kommen und von den ausübenden Personen als unabhängig von ihrem bewussten Wollen geschildert werden.

Es gab einen Brasilianer, Carlos Mirabelli, der eine so starke geistige Kraft besass, dass er alle psychischen Phänomene ausüben konnte, vom automatischen Sprechen und Schreiben, über das Levitieren, bis hin zur physikalischen Medialität. Darüber spreche ich später.»

Alex schaltet den Projektor an, den man nun surren hört. «Hier ein Lichtbild von einer Buchstabentafel, einem Ouija Brett. Das kommt von oui und ja. Die sind stark in Gebrauch.  Aber ich warne Sie – nehmen Sie das nicht zu leicht, das kann gefährlich werden. Es steht, *Gott zum Gruss* drauf. Sie sehen, wir kommen in ein heikles Gebiet hinein, also, es muss ein Stossgebet da sein, damit keine Schwierigkeiten entstehen.»

Es kommt Unruhe auf im Raum, dann meldet sich ein Bursche mit widersprüchlicher Haltung: «Warum gefährlich?»

«Es ist so:» gibt Alex zurück. «Meistens steht *ja* und *nein* auf dem Brett. So kann man fragen: ‹Soll ich heute Abend mit ihr ausgehen, oder nicht?› Oder: ‹Ich habe keine Freundin, wird eine für mich auftauchen?› Und: ‹wie wird sie heissen?› Erstaunlich, das Ding bewegt sich. Dann kommt ein Name. Das ist ja verrückt! Und wenn tatsächlich eine Dame auftaucht mit diesem Namen, ist man fasziniert. Ob das nun Zufall ist oder nicht – man ist beeindruckt. Da kann man natürlich die wildesten Spiele machen, mit Fragen stellen und Antworten bekommen. Aber», Alex blickt den Frager eindringlich an, «wer antwortet denn da überhaupt, zum Teufel nochmal? Es ist denkbar, dass es leibfreie Intelligenzen gibt, und es ist ebenfalls vorstellbar, dass Sie auf diese Art und Weise zu irgendeiner Intelligenz – die meisten Leute sehen darin einen Verstorbenen – Kontakt aufgenommen haben.»

Die Lehrerin schaltet sich ein: «Auch Psychologen warnen davor. Hat das einen bestimmten Grund?»

«Das hat sehr wohl einen Grund!», erklärt Alex. «Man muss aufpassen, dass nicht zu viel Unbewusstes durch das Steigrohr hochkommt und das Bewusstsein so überschwemmt, dass wir damit nicht mehr fertig werden. Psychologisch ist erfasst worden, dass unser Unbewusstes so angeregt werden kann, dass es uns total überflutet und uns zu Handlungen verleitet, die wir normalerweise nicht machen würden. Etwa, dass einer denkt: ‹Warum sollte ich nicht aus dem Fenster steigen und fliegen können? Das muss doch möglich sein.›»

«Und was ist mit der Theorie, dass niedere Geistwesen am Werk sein könnten?», will Frau Jürgen wissen.

«Ja, ja, das wird auch oft vermutet. Auf jeden Fall sollte man das nur machen, wenn jemand dabei ist, der Distanz zum Ganzen hat. In St. Gallen gab es einen katholischen Priester, Kaplan Agustoni. Der hat das jeweils mit jungen Leuten gemacht, ohne Problem und ohne Gefahr.»

Um fünf nach neun läutet die Schulglocke zur kurzen Pause. Draussen ist es heller geworden – es hatte aufgehört zu regnen.

«Aus Eile habe ich heute Morgen nur schnell einen Kaffee hinuntergekippt, und nun rumort es in meinem Bauch», sage ich leise zu Alex, zu dem ich mich während der fünf Minuten setze. «Ich hoffe, niemand hat das Knurren gehört.»

«Bis zur grossen Pause und einem Croissant muss dein Magen allerdings noch eine Stunde warten», antwortet er mitfühlend.

Der muntere Bursche aus der hintersten Reihe kann sein Bedürfnis aber nicht zügeln. Im Augenwinkel bemerkte ich, wie er verstohlen ein Zigarettenpäckchen aus der Schultasche zieht und daraus eine Zigarette entnimmt. Dann springt er in langen Sätzen zur Türe hinaus.

«Nur fünf Minuten, Max, gell!», ruft Frau Jürgen ihm nach.

Im Nu ist die kurze Pause wieder vorbei und ich setze mich erneut zum Lichtschalter. Von Max keine Spur.

«Ein weiterer psychomotorischer Automatismus ist das ‹mediale Sprechen›», beginnt Alex wieder. «Der schon erwähnte Carlos Mirabelli verstand im normalen Zustand nur seine Muttersprache, in Trance aber sprach er an die dreissig Sprachen, darunter Arabisch, Chinesisch und sogar afrikanische Dialekte. Er war auch ein Schreibmedium in verschiedenen Sprachen, und das in einem unglaublichen Tempo.

Damit sind wir beim ‹automatischen Schreiben›», sagt Alex und schaut zu mir herüber. «Dies ist eine psychische Fähigkeit, die es einer Person ermöglicht, geschriebene Wörter zu produzieren, ohne *bewusst* zu schreiben. Die Worte stammen aus einer unbewussten, spirituellen oder übernatürlichen Quelle. Fantastische Texte wurden so schon produziert, ganze Bücher geschrieben. Jedoch selbst Befürworter des automatischen Schreibens geben zu, dass es unzähliger Fälle von Täuschung gibt. Da setzen Sie sich einfach an einen Tisch, nehmen Bleistift und Papier und warten – nichts. Am nächsten Tag zur gleichen Zeit wieder – sie fangen an zu kritzeln. Am nächsten Tag wieder, und da kommen plötzlich Worte. ‹Oh, mein Gott, es schreibt›, rufen Sie aus, denn *Sie selbst* schreiben nicht.›

«Gibt es nicht auch Fälle automatischen Schreibens, die man ernst nehmen darf», melde ich mich zu Wort. Die Schüler schauen überrascht zu mir herüber.

«Doch, sehr wohl. Ich behaupte nicht, dass nicht auch tröstliche Botschaften von Verstorbenen hier verzweifelt Trauernde erreichen, doch es kann auch anders laufen. Da kam einmal eine Frau in wahnsinnige Schwierigkeiten. Sie fing an Schriftstellen aus dem Buch Moses zu schreiben. Hinterher schaute sie in der Bibel nach, und alles stimmte. Das faszinierte sie so sehr, dass sie die ganze Zeit schreiben musste. Doch später realisierte sie, dass sie angefangen hatte, Quatsch zu schreiben. Am Ende wurde sie vom unsichtbaren Schreiber, verlacht und verhöhnt.»

Der Geruch von Zigarettenrauch und das Klingeln eines Handys dringen von draussen herein. Frau Jäger geht zum offenen Fenster, sieht Max im Schulhof: «Max, ich weiss, du hast eine Armbanduhr», ruft sie aufgebracht.

«Hab ich, Frau Professor», hören wir, «aber fünf Minuten sind einfach zu kurz für eine ... Pause.»

«Und um am Telefon zu turteln», fügt sie tadelnd hinzu, den Rauchgestank ignorierend. Dann fordert sie Max auf, sofort hereinzukommen und schliesst kopfschüttelnd das Fenster. Kurz darauf schleicht sich Max zu seinem Platz und setzt sich.

Alex schiebt das nächste Dia ein. «Auf diesem Lichtbild rede ich mit Uri Geller, einem sympathischen Burschen – und der kann etwas.»

«Aber das ist doch nur Showbusiness», ruft entrüstet eine grosse Brünette.

«Da gebe ich Ihnen natürlich recht, antwortet Alex. «Der Rahmen seiner Bühnenvorstellungen ist Showbusiness, der Kern ist aber tatsächlich paranormal. Ich habe die erste Gabel, die er in der Schweiz verbogen hat mitgebracht, aber dafür brauchen wir wieder mehr Licht.»

Ich drehe den Dimmer nach oben und sehe, wie Alex eine verbogene Gabel aus seiner Aktentasche nimmt und in die Höhe hält. Die Schüler recken ihre Hälse, und Alex ruft: «Kommt her und nehmt sie in die Hand. Ihr sollt ja sehen, dass das keine Blechgabel ist, die man so leicht verbiegen kann.» Es entsteht ein kleiner Tumult, bis endlich jeder das Objekt auf seine Biegefestigkeit geprüft hat.

«Man hat nie mehr etwas von ihm gehört», kommentiert die Lehrerin.

«Doch, doch», kontert Alex. «Er hat wirklich sehr grosse Fähigkeiten. Er lebte etwas oberhalb von London an der Themse und hatte einen eigenen Heli-Landeplatz. Doch das Haus wurde ihm zu klein, so hat er es für 60 Millionen Pfund verkauft und ein grösseres gekauft. Sein Talent ist sehr lukrativ. Das läuft bei ihm ungefähr so: Da kommt einer und sagt: ‹Irgendwo in Wales muss es noch Mineralien geben – aufgrund der Geologie muss es in diesen Hügeln Zinn haben – Uri, komm und zeig uns wo.› Sie steigen in den Helikopter, fliegen über das Gebiet – Uri deutet hinunter und sagt: ‹Halt, da unten müssen wir landen.› Sie gehen dorthin, und Uri zeigt genau auf die Stelle.

Die ersten Millionen hat er in der Wüste verdient. ‹Verdammt nochmal, hier muss es irgendwo Öl geben›, fluchten die Experten, ‹aber wir haben überall gegraben und nichts gefunden. Uri, wo ist das Öl?› Uri deutete auf einen Punkt: ‹Hier müsst ihr graben, genau da.›»

Ein Schüler mit dunkel umrandeter Brille, die ihm einen intellektuellen Ausdruck verleiht, meldet sich zu Wort: «Und das hat immer gestimmt?»

Alex nickt: «Ja, zum Grossteil. Das Metallbiegen ist Psychokinese, das Dinge-Finden ist Remote Viewing oder Hellsehen.»

«Ist das Wassersuchen mit Ruten auch Psychokinese?», interessiert sich die Lehrerin.

«Ja klar, gute Frage», ruft Alex lachend, denn er erinnert sich an das Erlebnis eines Kollegen. «Ich kannte einen Ingenieur aus

München. Der hatte den Auftrag für DM 500'000 für die U-Bahn eine gewisse Strecke des Untergrunds zu untersuchen, weil ständig, da und dort, Wasser einbrach. Er hatte in grossen Abständen Probebohrungen gemacht, war aber auf dasselbe Problem gestossen: nämlich Wassereinbrüche. Bald befürchtete er, mit dem zur Verfügung gestellten Geld nicht auszukommen. Da erzählte ihm jemand von einem Rutengänger. ‹Ach was, Rutengänger›, meinte er anfänglich abschätzend, holte ihn aber aus Verzweiflung schlussendlich doch. Dieser ging mit ihm an die Stelle, wo er schon gebohrt hatte und sagte: ‹Da, unter der oberen Schicht, musst du weiterbohren›. Und tatsächlich fand er die Quelle. Daraufhin hat er die ganze Strecke mit der Rute austesten lassen und nur noch in grossen Abständen Bohrungen gemacht. Am Ende hatte er DM 200'000 übrig.»

Alex konsultiert die grosse Uhr über der Türe, um zu sehen, wieviel Zeit ihm bleibt für den nächsten Abschnitt.

«Und nun zum Phänomen Poltergeist», setzt Alex seine Rede fort.

«Jaaa», tönt es begeistert aus dem Zuschauerraum, was Alex ein Schmunzeln abgewinnt. «Dies sind sehr umstrittene Manifestationen. Für die Wissenschaft sind sie Betrug, denn es fehlen jegliche wissenschaftliche und somit glaubwürdige Beweise. Die Psychologen sagen, es könnten Halluzinationen sein oder emotionale Störungen, die unter anderem dem Wunsch nach Aufmerksamkeit entstammen. Die Parapsychologie sieht das jedoch etwas anders. Ihr zufolge können es psychokinetische Äusserungen einer Person sein. Oder aber es sind Quälgeister, die Orte besuchen und sich dort durch übernatürliche Vorkommnisse bemerkbar machen, wie Klopfen oder umherfliegende Gegenstände – sogar Möbel. Zum Unterschied von ortsgebundenen Spukgeistern sind Poltergeister personengebunden und folgen einer bestimmten Person. Wenn diese den Ort wechselt, verschwinden die Ereignisse meisten. Der Poltergeistspuk von Rosenheim ist vermutlich der meistuntersuchte Fall.»

Es ist auffallend ruhig im Saal geworden. Alle hören aufmerksam zu.

«Er begann 1967 mit merkwürdigen Telefonaten in einer Anwaltskanzlei. Glühbirnen explodierten, Sicherungen flogen heraus, und die hinzugezogenen Elektriker suchten verzweifelt nach den Gründen. Das ganze Büro wurde mit Messgeräten verkabelt. Als sich vor Augenzeugen Bilder an der Wand drehten, wurden die Polizei, Physiker und Psychologen eingeschaltet.

Die mysteriösen Telefonate hielten an. Anrufe kamen herein – manchmal auf allen vier Apparaten zugleich – doch nach dem Abnehmen wurden die Gespräche unterbrochen oder die Leitungen waren tot. Die Post installierte neue Telefonapparate, sowie einen Gebührenzähler, der bereits am ersten Tag ein abgehendes Gespräch registrierte, ohne dass jemand telefoniert hatte. Am nächsten Tag gingen innerhalb fünfzehn Minuten zweiundvierzig Anrufe an die Zeitansage. Nun reichte der Anwalt eine Anzeige gegen Unbekannte ein. In den nächsten Tagen knallte es immer wieder, weil Leuchtstoffröhren in zweieinhalb Meter Höhe platzten. Dabei wurde sogar eine Angestellte verletzt. Fehler in den Leitungen oder Apparaten wurden nach Überprüfung ausgeschlossen. Alle Phänomene traten ausschliesslich während der Bürozeit auf.

Die Ereignisse eskalierten, sodass Bilder von den Wänden sprangen, Schubladen sich öffneten, ein schwerer Eichenschrank sich verschob und ausgetauschte Glühbirnen sofort wieder platzten. Mittlerweile wurden Schlösser an den Telefonapparaten angebracht, und trotzdem wurde in einem Monat die Zeitansage fünfhundertmal angerufen. Später stritt der Anwalt jahrelang gerichtlich mit der Post und musste letztlich doch DM 15.000 Telefonkosten bezahlen.

Max hat sich die längste Zeit ruhig verhalten – nun pfeift er durch die Zähne und ruft: «DM 15.000 Telefonkosten wegen eines Geists!» Er hat trotz seiner Schelmenhaftigkeit ein frisches Wesen und geniesst in seiner drolligen Art offensichtlich die Sympathie der Klasse, denn alle lachen und nehmen ihm seine dauernden Störungen nicht krumm. «Hat man denn nichts dagegen unternommen?», fragt er interessiert.

«Man hat sehr wohl etwas unternommen um dem Phänomen auf die Spur zu kommen», antwortet Alex an die Klasse gerichtet, alles Menschenmögliche, aber ohne Erfolg. Nun wurden Prof. Bender, Leiter des Freiburger Instituts für Grenzgebiete, sowie Pater DDr. Andreas Resch aus Innsbruck gerufen. Dieser ist Professor für Parapsychologie an der Lateranuniversität in Rom. Die beiden sollten Spuren jenseits der herkömmlichen Lehrmeinung verfolgen. Die zwei Experten auf diesem Gebiet einigten sich, dass hier ein Poltergeist am Werk sein muss. Doch welcher Angestellte ist wohl das Ziel dieser Schikanen?

«Hätte man nicht der Reihe nach jedem ein paar Tage freigeben können, um zu sehen, was dann passiert, oder eben nicht passiert?» wundert sich die sommersprossige Johanna.

«Ins Schwarze getroffen», ruft Alex erfreut aus und nickt dem Mädchen zu. «Genau das hat man gemacht. Man schickte alle Angestellten nacheinander ein paar Tage in die Ferien. Annemarie, eine neunzehnjährige Schreibkraft ging als erste, und die Ereignisse stoppten urplötzlich. Als sie ihre Arbeit wieder aufnahm, begannen die unerklärbaren Vorkommnisse sofort wieder. Es wurde ihr gekündigt. Sie wechselte zu einer anderen Kanzlei, wo es nur noch vereinzelt zu seltsamen Vorkommnissen kam. Sie beteuerte, keine übernatürlichen Kräfte zu besitzen. Es müsse andere Gründe dafür geben. Professor Bender sah den Vorfall als Beweis für psychokinetische Bewirkung. Spontane Psychokinese sei damit zum ersten Mal objektiv registriert worden. Die Wissenschaft hat ihn hinterher dafür angegriffen», sagt Alex mit unmissverständlichem Ärger in der Stimme. «Was kann man anderes erwarten – seine Handhabung des Falles wurde als unwissenschaftlich kritisiert.»

«Das finde ich total schade», meldet sich ein hochgewachsener schlaksiger junger Mann mit freundlichem Ausdruck zu Wort.

«Das wäre doch *die* Gelegenheit gewesen, Forschungen im Gebiet der Psychokinese anzustellen, diese als eine zusätzliche menschliche Fähigkeit wissenschaftlich zu etablieren und als ebenso entwicklungswürdig zu erachten wie das Schreiben oder Klavierspielen, anstatt sie als Hirngespinst abzutun.»

Bewegt lässt sich Alex auf den Stuhl gleiten. «Danke, Sie sprechen mir aus dem Herzen. Das ist der springende Punkt. Genau darum geht es uns Parapsychologen doch. Da rätseln wir dauernd an der Tatsache herum, warum wohl neunzig Prozent des menschlichen Gehirns brach liegen, und hier starrt uns die Antwort ins Gesicht. Aber es wagt sich kaum ein Wissenschaftler an dieses Thema heran, denn wenn er sich nur schon damit beschäftigt, wird er boykottiert und als unseriös hingestellt.»

Endlich läutet die Schulglocke wieder und kündigt den Beginn der grossen Pause an. Frau Jürgen geht uns voraus zum Lehrerzimmer. Bevor ich die Croissants auf dem Tisch entdecke, rieche ich sie schon von Weitem.

«Kaffee auch für Sie beide?», fragt sie, drückt für sich den Espressoknopf an der Kaffeemaschine und beobachtet den göttlich riechenden, dampfenden Strahl.

«Für mich gerne!», rufe ich aus, «und ich bin so frei und nehme mir ein *Gipfeli*.»

«Gerne einen Espresso für mich», sagt Alex. «Der hilft mir immer bei langen Reden.»

Durch eine offene Türe die zur Schulcafeteria führt sind lebhafte Gespräche von Träumen, Wunderheilungen, dem Film ‹Poltergeist› und Erfahrungen mit dem Quija Brett zu hören.

«Gut, dass Sie davor gewarnt haben», sagt Frau Jürgen. «Das Geheimnisvolle ist tatsächlich verlockend.»

Nach der Pause greift Alex den Faden wieder auf: «Wir waren bei den psychomotorischen Automatismen. Das Levitieren gehört auch dazu. Hier ein Lichtbild vom schon erwähnten Brasilianer Carlos Mirabelli, der grad zwei Meter über dem Boden in der Luft herumschwebt. Sie sehen den Türsturz – sein Kopf ist darüber. Das war ein echter Könner. Er ist mir nichts dir nichts in die Höhe gegangen. Das war für ihn nichts Besonderes.

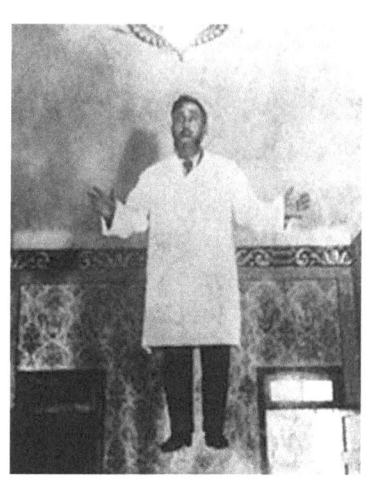

Dann gab es den Engländer Daniel D. Home, gesprochen wie im Englischen Hume. Er konnte zum Fenster hinausschweben und beim anderen wieder herein.»

Max sagt halblaut etwas zu seinem Nachbarn. Beide lachen.

«Wie bitte, Max?», fragt Alex, neugierig was der Schüler hier beizutragen hat.

«Ach, ich meinte nur, es wäre praktisch, wenn ich das könnte. Dann würde ich in der Lateinschularbeit zum Fenster hinaus schweben und erst am Ende der Stunde wieder herein.»

«Ich glaube, wir würden das alle aus irgendwelchen Gründen gerne können», sagt Alex schmunzelnd, unter den beipflichtenden Ausrufen der Schüler.

Interessant sind auch die ‹Automatisten›, die im künstlerischen Bereich tätig sind. Da gibt es zum Beispiel die jetzt 81-jährige

Rosemary Brown. Sie ist eine Hausfrau, die für den Hausgebrauch ein bisschen Klavierspielen konnte, aber sicher nicht komponieren. Doch dann fing sie plötzlich an im Stil von Liszt, Chopin, Beethoven, Mozart, Bach und anderen zu komponieren. Sie hat auch Stücke geschrieben, die sehr schwierig zu spielen sind, mit welchen sogar Berufsmusiker Schwierigkeiten haben. Und was sie komponiert, ist nicht bloss dilettantisches Geklimper. Das englische Rundfunkorchester hat unter dem Namen Rosemary Brown Werke von diesen dahingeschiedenen Komponisten aufgeführt.

«Spannend wirds bei den medialen Porträtisten». Alex schiebt das nächste Dia ein: ein gezeichnete Porträt und daneben das Foto eines Mannes. «Das hier wurde medial von der Engländerin Coral Polge gezeichnet, die für ihre Kunst sehr berühmt wurde. Es gibt heute noch eine englische Schule für *Psychic Artists*. So wie man zu einem regulären Medium geht, um Botschaften übernatürlicher Art von Engeln, geistigen Führern oder Verstorbenen zu empfangen, begibt man sich zu einem medialen Porträtisten. Dieser oder diese geht in Kontakt mit der Geistwelt und wenn sich ein Jenseitiger meldet, fängt das Medium an zu zeichnen. Vielleicht einen Geistführer oder sogar jemanden, den man sofort als seinen verstorbenen Grossvaters, Onkel oder lieben Freund erkennt. Da ist man natürlich verblüfft. Einen Geistführer kann sich ein schlauer Zeichner erfinden, aber wie kann das Medium wissen, wie der Verwandte oder Bekannte ausgesehen hat?»

«Die Botschaften einer verstorbenen Person, die ich erkenne, wären für mich auch glaubhafter», bringt sich eine Schülerin mit wohlklingender Stimme ein.

«Da pflichte ich Ihnen bei», sagt Alex. «Mein Freund und Mitbegründer der Basler Psi-Tage, Matthias Güldenstein, der selbst medial zeichnet, hat einmal treffend gesagt: ‹Die Leute aus der geistigen Welt scheinen jedes nur erdenkliche Mittel zu benutzen, um uns ihre Informationen herüberzubringen. Wir können uns kaum vorstellen, wie sehr sie sich anstrengen, um uns auf irgendeine Weise ihre Identität zu beweisen. Eines der Mittel dafür ist es offenbar, uns einen Eindruck ihres Gesichts zu vermitteln, mit dem sie sich zu ihren irdischen Lebzeiten identifizierten.›»

Dann hält Alex ein Buch in die Höhe: «Ich habe hier noch eine Biografie über Coral Polge mit vielen ihrer medialen Porträts. Wer möchte, kann es sich gerne anschauen.»

Man hört das Verschieben von Stühlen und im Nu hat sich eine Traube von Schülern um das Pult geschart, um die Bilder einer genauen Prüfung zu unterziehen. Nach ein paar Fragen zur Glaubwürdigkeit, ruft mich Alex zu sich. Ich kann die Zweifel beseitigen, denn ich habe unter den vielen Medien auch eine ‹Psychic Artist› übersetzt und war, durch die Kommentare ihrer Klienten, von diesen speziellen Jenseitskontakten überzeugt.

Nach diesem kurzen Intermezzo setzt Alex den Vortrag wieder fort.

«Ebenso aus der Parapsychologie ist der Begriff Materialisation. Dieser Bereich alleine ist schon so gross, dass man einen weiteren Tag damit gestalten könnte. Also werde ich nur ein paar Beispiele anführen. Der wichtigste Vertreter solcher Materialisationen ist der indische Heilige Sai Baba, von dem es zigtausende von diesen materialisierten Gegenständen gibt, die immer unter vielen Augen entstanden sind. Also kann es nicht sein,

dass er jedes Mal getrickst hat. Auch *ich* war dort und habe solche Materialisationen erlebt.

In diesem Dia sieht man ihn so viel Asche produzieren, wie unmöglich in den Krug passt. Warum macht das Sai Baba? Er möchte der Menschheit beweisen, dass Materie nicht das ist, was die klassische Naturwissenschaft meint, und das Stabile, klare, grundlegende – Stichwort Materialismus – gar nicht stimmt.

«Das hätte sicher unseren Physiklehrer interessiert.», kommentiert eine blasse Schülerin mit kurzen blonden Locken. «Schade, dass er das nicht hört.»

Alex verkneift sich ein Lächeln.

«Das nächste Dia ist aus dem kirchlichen Bereich, nämlich das Bildnis ‹Unsere liebe Frau von Guadalupe›. Auch diesen Ort, ausserhalb von Mexico City, habe ich selbst besucht. Hier entstand – von der Kirche wohl dokumentiert – folgendes paranormale Ereignis:

Der Mönch Juan Diego ging gerne vor die Stadt hinaus, in den wüstenartigen, mit Dornen und Gestrüpp bewachsenen

Stadtteil Guadalupe, um dort zu meditieren. Eines Tages, im Dezember 1531, erschien ihm, laut Überlieferung, viermal eine schöne Frau, die sich als ‹Maria, die Mutter des einzig wahren Gottes› bezeichnete. Sie beauftragte Juan Diego, dem Bischof auszurichten, hier eine Kapelle zu errichten, sie wolle den Menschen ihre Liebe als barmherzige Mutter zuteilwerden lassen. Der Bischof sagte, er wolle ein Zeichen, sonst müsse er glauben, der Teufel sei im Spiel. Juan ging geknickt mit dieser Botschaft an den Ort der

Erscheinung. Die schöne Frau kam wieder und befahl dem Mönch, an einer bestimmten Stelle Rosen zu pflücken und dem Bischof als Beweis zu bringen. Trotz des Schnees fand Juan dort tatsächlich blühende Rosen und nahm sie, wie geheissen, in seinem Mantel zum Bischof. Als er sie vor ihm ausschüttete, zeigte sich auf seinem Mantel das Bildniss der Jungfrau Maria.

«Ist das Bild nicht einfach Malerei?», wird gefragt.

«Gründliche moderne, wissenschaftliche Untersuchungen haben gezeigt, dass sich kein Farbstoff auf dem Tuch befindet», erklärt Alex.

«Und der Bischof hat damals eine Kapelle erbauen lassen?», ist die nächste Frage.

«Ja, das hat er tatsächlich gemacht. Später entstanden Kirchen, und heute steht dort eine Basilika, ein viel besuchter Wallfahrtsort.»

Alex ist es warm geworden. Er nimmt seinen Sakko ab, hängt ihn über den Stuhl und streckt sich unmerklich. «Wir sollten unbedingt ein wenig lüften», sagt er in den Raum hinein, «denn nun kommen wir zum letzten, etwas längeren Abschnitt des Vormittags – zur physikalischen Medialität.»

Ein paar bereitwillige Helfer setzen Alex Wunsch um und öffnen die Fenster. Ich atme tief ein. Von einem Kirchturm aus der Stadt hört man es elf Uhr schlagen.

Nach ein paar Minuten werden die Fenster wieder geschlossen und Alex fährt fort: «Worum handelt es sich bei der physikalischen Medialität? Sie ist die spektakulärste der verschiedenen, sich ab circa 1850 in England verbreitenden Methoden Kontakt zwischen Lebenden und der Welt der Verstorbenen herzustellen. Sehr starke Medien produzieren dabei eine seltsame feinstoffliche Substanz, genannt ‹Ektoplasma›. In ihr formen sich Bilder, menschliche Körperteile oder komplette Körper mit Atmung und vernehmbarem Herzschlag. Sie können sich vorstellen, wie aufregend, aber auch umstritten diese Phänomene waren. Sie stellten das wissenschaftliche Weltbild, nämlich dass nach dem Tod nichts mehr ist, total auf den Kopf und wurde daher nicht nur verächtlich abgelehnt, sondern undifferenziert als Schwindel abgetan. Ich sage undifferenziert, denn jene renommierten Wissenschaftler, die sich dieses Themas angenommen und es erforscht haben, wurden angegriffen, angefeindet und aus wissenschaftlichen Kreisen ausgeschlossen.

Einer dieser Forscher war der sehr respektierte Münchner Nervenarzt und Parapsychologe Albert Freiherr von Schrenck-Notzing. Obwohl er von vornherein mit Angriffen rechnete, veröffentlichte er 1913 ein umfangreiches Werk über diese Materialisationsphänomene. Gestern noch wollte ich darin nachlesen, was er über das Ektoplasma entdeckt hat, denn das ist der Kern der Sache, habe aber nach seitenweisen chemischen Analysen die Lektüre wieder aufgegeben», sagt Alex und wirft, geräuschvoll durch die Lippen pustend, den Arm in die Luft. Unwillkürlich verbreitet er damit eine auflockernde Heiterkeit unter den Schülern, über die sich eine gespannte Grabesstille gelegt hatte.

«Noch nie davon gehört», kommt, mit demonstrativer Gestik, von einer äusserst hübschen dunkelhaarigen Schülerin südländischen Typs. «Wie tritt denn dieses Ektoplasma in Erscheinung?»

«Meistens strömt es rauchartig aus Mund und Nase des Mediums, das sich in Volltrance befindet, und kann auch fest werden. In dieser Substanz haben Verstorbene die Möglichkeit, Gestalt anzunehmen und können von allen Beobachtern wahrgenommen werden. Mehrheitlich hat sich gezeigt, dass sie sich von ein paar Minuten bis zu einer Stunde hier aufhalten können. Diese sogenannten Phantome wurden auch häufig fotografiert und sogar gefilmt. Die Substanz ist sehr lichtempfindlich und somit unter normalen Bedingungen kaum sichtbar, nur in dunklen oder mit Rotlicht beleuchteten Räumen. Das war und ist heute noch Futter für Zweifler und Gegner und schürt die Kontroversen um die Authentizität dieses Phänomens. Oft hört man das Argument, das

Medium habe vor der Séance feine Gaze verschluckt und dann herausgewürgt oder im After verborgen und dann während der Sitzung herausgezogen. Entschuldigung», ruft Alex entrüstet, «aber wie soll denn daraus eine Figur entstehen?»

Das war der Losungssatz und Grund für die Schüler, die wie erstarrt Alex' Schilderungen gelauscht hatten, in donnerndes Gebrüll auszubrechen.

«Es wird Euch also nicht zu viel?», will Alex mit einem Schmunzeln wissen.

«Nein, nein!», tönt es im Chor zurück, «machen sie weiter.» Auch Frau Jürgen nickt mit einem zustimmenden Lächeln.

«Um pro und contra Beweise zu erbringen, hat man Medien vor Séancen körperlich oral und rektal untersucht. Einige wurden in Gaze eingenäht und auf ihren Stuhl gefesselt. Daraufhin sah man, entgegen allen Massnahmen, das Ektoplasma durch die Gaze hindurchströmen, und nach der Sitzung erneut im Körper der Medien verschwinden. Einem polnischen Forscher gelang es, ein kleines Stück dieses Ektoplasmas abzutrennen, bevor es wieder im Mund des Mediums verschwand. Es wurde an zwei Instituten medizinischbiologisch untersucht und erwies sich – kurz und vereinfacht ausgedrückt – als albuminartiger Stoff. All diese, die Echtheit belegenden Massnahmen haben jedoch leider nicht dazu geführt, dass man dieses Phänomen wissenschaftlich ernst nimmt und anerkennt. In der zweiten Hälfte des 19., Anfang des 20. Jahrhunderts ist die physikalische Medialität hauptsächlich in England so richtig aufgeblüht. Damit berühmt geworden sind zum Beispiel die Briten Florence Cook, Helen Duncan, Gordon Higginson und sogar Sir Arthur Conan Doyle, der Erfinder des Sherlock Holmes. Auch ein dänisches Medium, Einer Nielsen, sowie der schon erwähnte Brasilianer Carlos Mirabelli, erlangten damit grosse Bekanntheit.»

«Kann man mit einem solchen Phantom auch sprechen und ihm Fragen stellen?», will eine Schülerin schüchtern wissen.

«Ja natürlich», beeilt sich Alex zu bestätigen. «Eine Vollmaterialisation kann sprechen und Dinge tun, die das Medium oft selbst nicht kann, wie zum Beispiel ein Instrument spielen. Somit ist die Identität eines Verstorbenen bewiesen. Ein bedeutender englischer Naturforscher, Sir William Crookes, der für seine Arbeiten in den Bereichen der Physik und Chemie sogar geadelt wurde, hat ca. 1870 die ersten solchen Materialisationen genauestens studiert und dokumentiert, mit der Absicht, sie als Schwindel zu entlarven. 1873 wurde er auf Florence Cook, ein ausserordentlich starkes schottisches Medium aufmerksam. Während neun Monaten hat Crookes sorgfältigste Untersuchungen mit Florence Cook durchgeführt. Um sie unter ständiger Kontrolle zu haben, wohnte sie zeitweise bei der Familie ‹Crooks›. In den Séancen wurde sie von strengen Augen verfolgt, denn es nahmen zahlreiche kritische Beobachter, unter anderem Wissenschaftler, teil.

Florence war in der Lage, eine Wesenheit, die sich Katie King nannte, so zu materialisieren, dass sich diese für ein paar Stunden hier aufhalten konnte. Dann plötzlich sank sie wieder in sich zusammen und verschwand. Dieses Phantom, Katie King, trat drei Jahre lang bei Florence Cook als eine Art jenseitige Vermittlerin in Erscheinung, sprach überdies mit den Besuchern und beantwortete Fragen der Wissenschaftler. Crookes war überzeugt.»

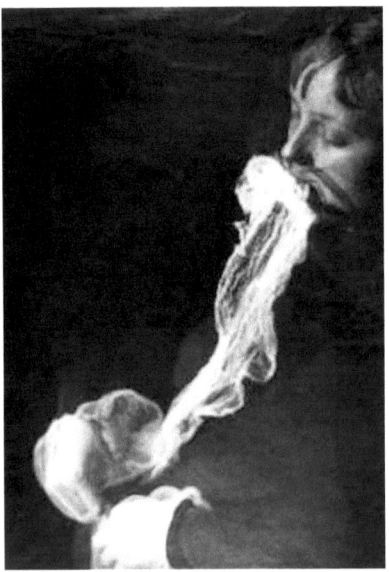

Wieder hört man das Klicken des Diaprojektors.

«Im vorhergehenden Dia sah man das Ausströmen des Ektoplasmas, im zweiten die Entstehung des Phantoms Katie King, während das Medium in Volltrance auf dem Stuhl liegt. Im dritten Bild kann man deutlich die menschlichen Züge der Materialisation erkennen.

Die Engländerin Helen Duncan hatte Pech mit ihren Materialisationen. 1944, während des Zweiten Weltkriegs, wurde sie nach dem Hexengesetz von 1735 wegen Verschwörung verurteilt. Wie war so etwas möglich? Ihre Medialität war so stark, dass sogar die britische

Regierung daran glaubte. Im Hinblick auf den bevorstehenden D-Day, also der Landung der Alliierten in der Normandie, hielt man es für notwendig, sie unter einem, von den wahren Gründen ablenkenden Vorwand, einzusperren, denn man befürchtete, sie könnte unabsichtlich Kriegsgeheimnisse verraten. Helen hatte dies bereits zweimal getan, indem sie Geister von zwei Seeleuten von Kriegsschiffen materialisierte, bevor der Verlust dieser Schiffe veröffentlicht wurde.

389

Die beiden Seemänner trugen ihre Marinekappen, auf denen die Namen der Schiffe zu lesen waren. Sie gaben an, dass ihre Schiffe zerstört wurden und sie dabei umkamen.»

Aufgeregte Diskussionen entstehen unter den Zuhörern, sodass Alex eine kurze Pause einlegen muss. «Am Ende des Vortrags wird Gelegenheit für Fragen und ausführliche Antworten geboten», sagt er. Dann wartet er, bis sich der Stimmenpegel wieder senkt und fährt fort.

«Hier zwei Dias von Königin Astrid, Frau von König Leopold von Belgien, die 1935 bei einem Autounfall in der Schweiz ums Leben kam.

Zuerst ein Porträt von ihr während sie noch lebte, dann ein Foto von ihrem Phantom. Materialisiert wurde sie vom Dänen, Einer Nielsen.»

Nachdem Alex das letzte Dia aus dem Projektor zieht und ich das Licht wieder angemacht habe, bleiben die Schüler eine Weile wie hypnotisiert sitzen.

«Unglaublich?», fragt Alex.

«Das Wort *unglaublich* trifft es nicht genau», kommentiert jetzt Max überraschend ernst. «Eher *unergründlich*, denn diese rauchähnlichen Erscheinungen kommen und gehen und hinterlassen keine Beweise.»

Alex nickt und fährt sich über die Stirn: «Dazu fällt mir Folgendes ein. Wie schon gesagt, war es einem Forscher möglich, ein Stück dieses Ektoplasmas abzutrennen und zu untersuchen. Einem weiteren Forscher, einem Franzosen namens Julé, gelang ein sehr interessanter Versuch. Er sagte zu einem Phantom: ‹Hier ist ein Kübel mit warmem Wasser, und drüber schwimmt eine Schicht Paraffin. Bitte stecke deine Hand hinein und zieh sie wieder heraus. Auf diese Weise wird deine Hand überzogen mit diesem Paraffin.› Das Phantom tat wie gebeten, und nachdem es sich wieder entmaterialisiert hatte, lag die Paraffin-Hand da. Diese hat man nachher mit Gibbs ausgefüllt.»

Ein Schüler in dunkler Hose und weissem Hemd, augenscheinlich aus einer höheren Klasse, meldet sich zu Wort: «Auch ich würde nicht *unglaublich* dazu sagen, sondern *befremdend*. Allerdings ist alles Neue anfänglich befremdend, und wenn sich die Verstorbenen wirklich so sehr bemühen, mit ihren Hinterbliebenen in Kontakt zu treten, dann sollte man das nicht unterbinden, sondern weiter erforschen und entwickeln.»

Alex deutet eine leichte, dankende Kopfbewegung an: «Erfreulicherweise gibt es doch immer wieder Menschen, die Offenheit für solche Vorgänge zeigen. Und in meiner Erfahrung sind es oft die Jungen.»

«Haben Sie so etwas selber schon erlebt?», bringt sich Frau Jürgen ein.

«Ja, und meine Partnerin hat es sogar hautnah erfahren», gibt Alex zurück und weist auf mich. «Sie wird es Ihnen gerne erzählen.»

Er schaltet den Diaprojektor ab, ich begebe mich zum Podium und beginne zu berichten.

«Es war vor ein paar Monaten in einer Villa in Zollikon. Mit Professor Schneider und etwa fünfzig weiteren Besuchern wartete ich in einem grossen Wohnzimmer gespannt auf das bevorstehende Ereignis. Lucius Werthmüller und Matthias Güldenstein, ebenfalls Parapsychologen, die schon öfters Zeugen solcher Materialisationen sein durften, waren auch gekommen und erklärten mir, was sich bald abspielen wird. Trotzdem konnte ich anfänglich nicht umhin, das Ganze als Zaubertrick abzutun, denn die Fenster waren lichtdicht abgedeckt, sodass die Demonstration im Dunkeln abgehalten werden musste. ‹Das Ektoplasma ist sehr lichtempfindlich und unter normalen Bedingungen kaum sichtbar, ausser in dunklen oder mit Rotlicht beleuchteten Räumen›, versuchte Matthias meine Zweifel zu entkräften. ‹Du hast natürlich nicht ganz Unrecht das Ganze zu hinterfragen. Die ‹Society for Psychical Research› hat tatsächlich einige sogenannte Physische Medien als Scharlatane entlarvt. Was allerdings den Stewart Alexander betrifft, der heute hier die Demonstration gibt, so haben Lucius und ich ihn schon öfters erlebt und konnten uns von der Unverfälschtheit seiner Arbeit überzeugen.›

Bald darauf wurden wir vom Gastgeber mit einer kurzen Erklärung über die physikalische Medialität begrüsst. Die Besucher wurden darauf hingewiesen, dass man nicht weiss, was passieren wird, und in diesem Sinne auch nichts versprochen werden kann. Dann wurde ein Gebet gesprochen und das Licht ausgemacht. Im Rotlicht erkannte ich einen Mann auf einem sehr stabilen Sessel mit Armlehnen – das Medium Stewart Alexander. Ich ärgerte mich darüber, dass wir in den hinteren Reihen sassen, war jedoch freudig überrascht, als die Besucher gefragt wurden, ob jemand ganz nach vorne zu Stewart kommen möchte, um das Ganze hautnah zu erleben.

‹Ich will›, rief ich. So wurde ich gebeten, Stewart gegenüber auf einem Stuhl Platz zu nehmen. Seine Arme waren auf den Armlehnen festgebunden. Zwischen uns stand ein kleines, rotbeleuchtetes

Tischchen mit einer durchsichtigen Glasoberfläche. Plötzlich bewegte sich etwas auf dem Tisch. Es war, als ob sich Rauch über dem Tisch entwickle. In diesem rauchartigen Gebilde entstand ein Gegenstand, der immer dichter wurde, bis eine menschliche Hand erkennbar wurde.

‹Du kannst sie berühren, wenn du willst›, sagte Stewart.

Natürlich wollte ich und streckte die meine aus. Da hob sich die Hand des mir unbekannten Toten vom Tisch und kam mir ein Stück entgegen. Unsere Hände umschlossen und drückten sich in der Art einer Begrüssung. Die Geisterhand war fest und warm, wie die Hand eines lebenden Mannes.»

«Hatten Sie denn keine Angst», kam eine entsetzte Zwischenfrage aus dem Raum.

«Nein! Das tönt jetzt vielleicht unglaubwürdig, aber es war eine Freundlichkeit in der Hand zu spüren, wie wenn man einen lieben Bekannten begrüsst. Ich war wie fixiert und hielt lange diese Hand, bis ich hörte: ‹Du kannst sie wieder loslassen.› Ich liess los, die Hand legte sich wieder auf den Tisch, wurde immer luzider und verschwand ganz im Ektoplasma, das sich daraufhin auch auflöste. Stewarts Arme waren noch immer auf dem Stuhl festgebunden. Nach dem profunden Eindruck, der die Berührung dieser Hand bei mir hinterlassen hatte, bedurfte es jedoch keines weiteren Beweises der Wahrhaftigkeit dieser Erscheinung.»

Es war buchstäblich totenstill im Raum geworden. Die Augen der Schüler sind geweitet vor Staunen, und in etlichen meine ich Unglaube zu lesen. ‹Wenn ich die Hand nicht selbst berührt hätte›, geht mir durch den Kopf, ‹würde ich das Ganze auch als Trick abtun›, und lächle verstehend.

Alex ergreift wieder das Wort: «Damit sind wir am Ende des Vortrags angekommen. Am Nachmittag gibt es, wie gesagt, einen Videofilm. Haben Sie noch Fragen an mich?»

Alex erntet grossen Applaus. Einerseits ist Begeisterung offensichtlich, doch werden auch verständliche Zweifel angesprochen.

«Zu dieser Thematik gibt es unendlich viele Fragen», meldet sich ein hagerer Schüler. Seine gerunzelte Stirn und die zusammengekniffenen dunklen Augenbrauen bringen seine Zweifel deutlich zum Ausdruck. «Ihr Vortrag war faszinierend, doch gibt es Aspekte, von denen ich nicht überzeugt bin.»

Alex kennt diese Argumente gut, nickt zustimmend und erwidert: «Zunächst einmal ist skeptisch sein nicht nur gesund, sondern auch empfehlenswert. Nur wir selber können entscheiden, was für uns richtig und gut ist. Randgebiete wie die Parapsychologie werden oft in Zweifel gestellt. Schade ist lediglich, dass sie auch abgewertet werden, besonders von Akademikern und Leuten, die gar keinen Bezug dazu haben. Sie sagen: ‹Oh, diese Parapsychologen, das sind nur ein paar Spinner, das ist alles ohne Bedeutung.› So ist das aber nicht, und ich möchte Ihnen dazu einen von meinem Freund Lucius Werthmüller veröffentlichen Artikel vorlesen, der dieses Problem verdeutlicht.» Alex nimmt eines der Blätter aus dem kleinen Stapel vom Pult:

‹Einige halten die Psi-Forschung für reine Zeitverschwendung, weil sie die Phänomene längst für bewiesen halten. Auf der anderen Seite stehen sogenannte Skeptiker, die sie ebenfalls für unnötig halten, wenn auch aus anderen Gründen. Sie sagen: ‹Ernsthafte Wissenschaftler beschäftigen sich mit realen Dingen. Wir haben keine Zeit, uns mit Behauptungen zu beschäftigen, von denen wir sowohl im Herzen als auch im Kopf wissen, dass sie von Grund auf unsinnig sind.›, meinte beispielsweise der Chemiker Peter Atkins. Das Zitat zeigt das Problem deutlich. Allein schon die Auseinandersetzung mit dem Thema disqualifiziert einen Wissenschaftler in den Augen von Skeptikern. Ihr Einfluss, gerade auch auf die öffentlichen Medien, ist so gross, dass heute im öffentlichrechtlichen Fernsehen kaum mehr eine offene Auseinandersetzung mit dem Thema stattfindet. Es gibt in der Geschichte der Wissenschaft unzählige Beispiele für Weltbilder, Erfindungen und Entdeckungen, die seinerzeit bekämpft oder ignoriert wurden. Max Planck, Nobelpreisträger für Physik, erklärte: ‹Eine neue wissenschaftliche Wahrheit pflegt sich nicht in der Weise durchzusetzen, dass ihre Gegner überzeugt werden, sondern vielmehr dadurch, dass ihre Gegner allmählich aussterben und die heranwachsende Generation von vornherein mit der Wahrheit vertraut gemacht ist.› Bis es soweit ist, trösten wir uns damit, dass wir uns mit unseren Ansichten über das Paranormale in guter Gesellschaft befinden mit Geistesgrössen wie Goethe, Dickens oder Thomas Mann, mit Staatsmännern wie Abraham Lincoln oder Theodore Roosevelt und mit Wissenschaftlern wie Thomas Edison, Marie und Pierre Curie und Albert Einstein.»

☙❧

6. REINKARNATION

Der erwachende Frühling hat Alex' Wanderlust angefacht. Nun ist er überzeugt, es sei höchste Zeit in den Süden zu fahren und so den Winter ganz hinter sich zu bringen.

Er holt die Landkarte von Italien, breitet sie auf dem gossen Esstisch aus und drückt seinen Zeigefinger mit Überzeugung auf einen Punkt zwischen Volterra und San Gimignano.

«Vor ein paar Jahren haben Ursula ich hier in einem Landgasthof übernachtet – traumhafte Hügellandschaft zum Wandern.» Seine Augen leuchten. «Die möchte ich dir unbedingt zeigen.»

«Wandern gut und recht», sage ich erfreut, «aber Florenz und Pisa passen hoffentlich auch in deine Pläne?»

«Wenn es sein muss», sagt er zwar ohne überschäumende Freude aber doch kompromissbereit.

Voller freudiger Erwartung sind wir bald auf Fahrt in Richtung Italien – die Wanderklamotten im Kofferraum. Es ist noch dunkel, als ich langsam dem Zoll zusteure, das Fenster öffne, und den Zöllnern ‹buon giorno› zurufe.

«Schon praktisch, so gut italienisch zu können», sagt Alex schläfrig und reckt sich ein wenig.

«So gut ist es nicht, aber ich lernte es so recht und schlecht indem ich es vom Französischen ableitete, um mit meinen Ex-Schwiegereltern zu kommunizieren. Es reicht zum Plaudern.»

Unterhalb von Chiasso fängt es an, hell zu werden. Meine Stimmung aber nicht. Je flacher und weiter die Landschaft der Lombardei wird, desto trüber wird mein Gemüt.

«Du meine Güte», sage ich zu Alex, «etwas ist mir über die Leber, besser gesagt, die Seele gekrochen, ich weiss gar nicht was los ist. Mir ist, als ob eine Faust mein Herz zudrücke. Ein scheussliches Gefühl. Ausserdem habe ich deutlich den Eindruck, schon einmal in dieser Gegend gelebt zu haben – in einem Kloster. Wäre es dir egal, wenn ich die Autobahn verlassen und durch die Dörfer fahren würde. Ich bin überzeugt, ich finde einen Ort, wo ich sagen kann, *ja, hier war es – hier war ich einmal zu Hause.*»

«Freilich kannst du das, ich bin sogar froh. Du kennst meine Einstellung zum Auto, die gilt besonders bei Autobahnen. Mir geht es dort immer zu schnell. Viel lieber fahre ich langsam und beschaulich durch Dörfer und Naturlandschaften.»

So ist beiden gedient, und ich beginne auf der ländlichen Strecke, mich auf die Umgebung zu konzentrieren und nach einem Kloster Ausschau zu halten.

«Mir fällt gerade auf», sage ich, «dass ich soeben ganz selbstverständlich vermutet habe, schon einmal hier gelebt zu haben, dabei kenne ich das Phänomen der Wiedergeburt nur theoretisch aus Büchern und Berichten. Was hältst denn du davon? Du bist doch der Spezialist auf diesen Gebieten.»

«Moment mal», ruft Alex lachend. «Ich habe mein Leben lang versucht, verschiedene Dinge, man könnte es Puzzlesteine nennen, zusammenzufügen. Habe wohl auch sehr viele Vorträge über die verschiedensten mystischen Vorgänge gehalten und immer versucht, Überblick zu geben über das, was man im Moment darüber weiss. Das bedingt freilich, dass ich nirgends Spezialist bin. Die Reinkarnation ist für mich eine Möglichkeit wie viele andere. Wie ich immer wieder betone, ist die Welt, die wir mit unseren Sinnen wahrnehmen, nicht die ganze Existenz. Mit den Sinnen wahrnehmen ist natürlich wichtig, aber der bedeutsamere Teil ist unsichtbar. Konkrete Antworten über diesen unsichtbaren Teil kann ich dir allerdings nicht geben. Ich weiss einfach», Alex hebt die Hand nach oben, «es kommt eine reiche, grosse Welt, nachdem wir die physische verlassen.

Hingegen kannte ich einen sogenannten Experten auf diesem Gebiet, den ich schon mehrmals erwähnt habe, nämlich Daskalos, einer der grössten Heiler und Mystiker, die es je gegeben hat. Leider ist er vor einem Jahr gestorben, sonst würde ich mit dir nochmals zu ihm gehen. Lies das Buch über ihn, das ich schon den Schülern im Gymnasium empfohlen habe, ‹Der Magus von Strovolos›. In den Vorträgen, die er unserer Reisegruppe hielt, hat er unter anderem über die Reinkarnation gesprochen, und erwähnt, dass sich Paare manchmal schon sehr lange kennen, und oft über Jahrhunderte hinweg ein Band der Liebe zwischen den beiden gewachsen ist.»

Ohne ein Kloster gefunden zu haben, kommen wir abends in Vigevano an. Alex erwacht aus seinem Halbschlaf und öffnet das Autofenster.

«Das sieht aber nett aus hier. Da könnten wir übernachten.»

«Dagegen habe ich nichts einzuwenden», sage ich, froh, bei dieser Gelegenheit die Stadt gründlich nach einem Kloster durchforsten zu können. Die Melancholie hatte mich total erfasst. Nur zu gerne bewegt Alex seine steif gewordenen Beine und begleitet mich bei meiner Erkundung durch viele Strassen und Gassen – doch nichts.

In der Piazza Ducale angekommen bleiben wir beeindruckt stehen. Der weite, rechteckige Platz ist auf drei Seiten von Bauten im Renaissancestil mit wunderschönen Arkaden umgeben und mit Strassencafés übersät. Die mächtigste Erscheinung jedoch ist der Dom, der den Platz abschliesst.

Der Duft von italienischer Küche setzt meinem erfolglosen Suchen ein Ende. Meine Enttäuschung ist augenscheinlich, und Alex legt seinen Arm um meine Schultern: «Hier steht Hotel, da könnten wir essen und ein Zimmer nehmen», sagt er aufmunternd.

«In Ordnung», brumme ich verdrossen, und wir steuern auf einen leeren Tisch mit Blick auf den Dom zu. Eifrig bringt uns ein Cameriere die Speisekarten. Alex dreht seine auf die Rückseite, um die Weine zu studieren. «Ein gutes Tröpfchen wird sicher auch deine Laune reparieren», meint er mit einem Augenzwinkern.

Neben uns trifft eine stilvoll gekleidete Familie ein und setzt sich an einen langen festlich gedeckten Tisch – irgendetwas wird gefeiert. Bald kommen immer mehr Leute dazu, auch Kindern, bis es an die zwanzig sind – alle aufs Feinste herausgeputzt. Was für eine Explosion der Freude! Es wird umarmt, geküsst, gelacht, ein Baby geknuddelt und vor allem überschwänglich parliert.

«Das ist genau der Grund, weshalb ich bisher immer gerne nach Italien gefahren bin», kommentiere ich diese Lebenslust. «Das Land hat für mich durch seine fröhlichen Menschen, das feine Essen, die schönen Landschaften, das Meer und das Wetter den Nimbus von Ferienland gehabt. Jedes Mal, wenn ich die Alpen überquert hatte, überkam mich ein Gefühl von Freiheit. Wieso dies jetzt, wo ich mit dir hier bin, so anders sein soll, ist mir rätselhaft.»

Als wir am nächsten Morgen weiter in den Süden fahren und die ebene Landschaft hinter uns lassen, entschwindet überraschend die Schwermut, und bald habe ich sie total vergessen. Wie vereinbart besuchen wir Pisa und Florenz, aber die Touristenflut lässt uns die Städte bald verleiden. Wohl fühlen wir uns beide erst in der ländlichen Toskana. Hier kommt Alex auf seine Rechnung, und wir machen guten Gebrauch von unseren neuen Laufschuhen. Da er zudem feine Orte zum Übernachten kennt und unsere Gaumen nicht zu kurz kommen lässt, habe ich nichts zu klagen und marschiere tapfer mit.

Zu früh hatte ich mich über das Verschwinden meines Seelenschmerzes gefreut. Auf dem Rückweg in die Schweiz, als wir uns Parma nähern, trifft er mich wie ein Sturm aus heiterem Himmel wieder.

«Was ist das nur?», frage ich Alex, der inneren Pein preisgegeben.

Wir fahren an Getreide- und Maisfeldern vorbei. Dazwischen leuchtet überall das Rot der Mohnblumen, die ich sonst so liebe. «Hier lassen sie mich an Blut denken», sage ich entsetzt. «Und jetzt bekomme ich ganz deutlich ein inneres Bild. Ich sehe eine junge Frau aus einer vergangenen Zeit – die ich als mich selbst erkenne – in einem langen grauen Mantel und ausladendem Hut, wie für eine grössere Reise gekleidet, in eine Kutsche einsteigen. Ihr Gesicht zeigt zutiefstes Leid, und jetzt bricht ihr das Herz.»

Alex schüttelt erstaunt den Kopf, nimmt mich jedoch absolut ernst. Als ich etwas später die bergige Gegend von Chiasso erblicke, ist der Spuk wie weggeblasen. Vier Monate später sollte ich wieder daran erinnert werden.

«In ein paar Tagen muss ich eine mündliche Diplomprüfung ablegen, und ich sterbe deswegen heute schon vor Angst», jammere ich drei Monate später einer Freundin am Telefon vor. «Eine eigenartige Sache ist das. Schriftliche Prüfungen sind absolut kein Problem, aber wenn ich eine Prüfungskommission vor mir habe, werde ich ganz starr und kann nicht mehr sprechen.»

«Dazu fällt mir etwas ein», höre ich am anderen Ende. «Eventuell hat diese Angst ihre Wurzeln in der Vergangenheit. Im Moment befindet sich Sofia, eine Bekannte von mir und Sensitive aus Russland, in Rorschach. Ihre Spezialität ist es, frühere Leben zu sehen. Sie bietet damit Sitzungen an, denn oft können hartnäckige Probleme gelöst werden, indem man ihren Ursprung in einer einstigen Existenz erkennt. Ich gebe dir ihre Telefonnummer. Vielleicht kann sie dir helfen.»

Ich ergreife jeden Strohhalm, um dieser Angst beizukommen, rufe Sofia an und mache einen Termin schon für den nächsten Tag. Sofia ist eine zierliche, etwa sechzigjährige Person mit einem gütigen Gesicht, dem das Leben tiefe Falten eingemeisselt hat. Kaum haben wir uns gegenseitig vorgestellt und ich erklärt, dass ich wegen meiner Prüfungsängste gekommen sei, wechselt Sofias Stimme vom Plauderton ins Berichten, was sie augenblicklich innerlich sieht. Wir stehen einander immer noch gegenüber, als sie in der Gegenwartsform zu schildern beginnt:

«Es ist das Jahr 1634, und wir sind in Norditalien in einem Kloster.»

Blitzartig erinnere mich an meine Zustände und inneren Bilder auf der Italienreise, und ich sinke in den Stuhl hinter mir.

«Sie sind dort Nonne, eine ganz junge, so um die achtzehn», fährt Sofia fort. «Ihre Familie hat sie schon als Kind Gott geweiht und dem Kloster übergeben. Sie hatten gar keine Wahl. Das Klosterleben entspricht Ihrem Naturell jedoch nicht im Geringsten. Einerseits bergen Sie eine Trauer und ungestillte Sehnsucht nach liebender Zuwendung in sich, sind andererseits jedoch eine quirlige, lebensfrohe, junge Frau und haben unzählige Fragen in Bezug auf das Leben. Die Nonnen sind oft ganz schockiert über Ihre Offenheit und versuchen Ihr Ungestüm zu zügeln.»

Die Geschichte nachzuvollziehen fällt mir nicht schwer. Mir ist, als ob ich mich erinnere.

«Es ist ein kontemplativer Orden», beschreibt Sofia weiter, «und der Kontakt zur Aussenwelt ist sehr beschränkt. Hin und wieder finden jedoch offizielle Männerbesuche im Kloster statt, nämlich von Mönchen.

Alle Nonnen haben Aufgaben. Zu den Ihren gehört es, das Kloster und die Kirche mit Blumen aus dem Klostergarten zu schmücken, der sich im Innenhof befindet.

Ausserdem werden Sie gerufen, um Gäste mit Getränken und Imbissen zu versorgen, so auch die Ordensbrüder.»

Ganz versunken lausche ich Sofias Worten. Jegliches Geräusch ist in den Hintergrund geraten, auch der Strassenlärm.

«Es gibt ein weiteres männliches Wesen, das im Kloster verkehrt: den Beichtvater der Nonnen», höre ich die Stimme der Sensitiven. «Er hat eine Wohnung im Gebäude auf der anderen Seite des Innenhofs und ist gross, schlank und etwas älter als Sie. Wenn Sie ihm begegnen überkommt Sie ein neues, unbekanntes Gefühl, das Sie stark zu ihm hinzieht und die Sehnsucht in Ihrem Herzen auflodern lässt. Wenn Sie mit den anderen Nonnen darüber sprechen, senken diese ihren Blick und nennen Sie sündig.

Sie prüfen, ob es Ihnen ähnlich ergeht, wenn Sie ganz nah an die besuchenden Padres herankommen, etwa mit dem Arm, wenn Sie Getränke servieren. Doch nichts, keine Anziehung, kein Glücksgefühl.

Als Sie sich eines Tages in den Garten begeben, um Blumen zu holen, bemerken Sie den Priester, der sich in einem Gartenabschnitt unweit seiner Wohnung zu schaffen macht. Er pflanzt Tulpenzwiebel. Sie ergreifen die Gelegenheit, gehen zu ihm hinüber und sprechen ihn ohne Umschweife über ihre Empfindungen an, und dass sie diese nicht verstehen. Sie möchten eine Erklärung. ‹Darüber können wir gerne einmal sprechen›, sagt er, ‹es wird sich eine Gelegenheit dafür ergeben.› Diese ergibt sich bald, und es wird klar, dass auch er sich zu Ihnen hingezogen fühlt, ja, in Sie verliebt ist. Ihr werdet ein Paar. Eure Liebe ist so stark, dass alle Versuche sie zu vertreiben misslingen. Der Mann hat aber so grosse Schuldgefühle, dass er diese Sünde beichtet.»

Ganz absorbiert von den Geschehnissen in Sofias Bericht ahne ich das Schlimmste.

«Nun wird bekannt», sagt sie, «dass die Inquisition im Anmarsch ist und in benachbarten Orten schon ihr Unwesen treibt. Überall wo sie gewütet hat, hinterlässt sie blutige Spuren. Ihrem Geliebten wird es erschreckend klar, dass es ein verhängnisvoller Fehler war, euer Verhältnis nicht geheim gehalten zu haben. Schnellstens muss er etwas unternehmen, um Sie zu schützen. Er wendet sich an seinen Freund, den Bischof der Region, von dem er weiss, dass er ihm vertrauen kann.»

Sofia nimmt einen Schluck Wasser vom Glas auf dem Tischchen zwischen uns.

«Sie haben ein Sprachtalent», sagt sie, «und beherrschen auch Latein".

Ich kann kaum fassen, was ich da höre und bin in Tränen. Auch in diesem Leben fällt mir das Sprachenlernen ganz leicht.

‹Nun›, sagt der Bischof, ‹die Frau spricht Latein. Wir schicken sie also weit weg in ein anderes Kloster, mit dem Vorwand, dass die Nonnen dort Latein Unterricht brauchen›.

Mit dem Umsetzen dieser Idee wird nicht lange gewartet, und eilig wird alles für die Reise vorbereitet.

«Jetzt muss ich ehrlich sein», sagt Sofia, «und gestehen, dass ich nicht erkenne, ob man Sie nach Nord-Spanien oder Südfrankreich geschickt hat».

«Ich weiss es aber», rufe ich aus, die Zusammenhänge erkennend, «nach Südfrankreich. Dorthin hat man mich, im jetzigen Leben, mit vierzehn Jahren, in ein Klosterinternat geschickt. Ich war ohne Geschwister abseits vom Dorf aufgewachsen und deshalb extrem schüchtern. Meine Eltern waren der Meinung, dass mich die Fremde aufwecken wird. Das hat sich dann tatsächlich bewahrheitet. Ohne blassen Schimmer von der Sprache kam ich zu den Nonnen und den Internatsschülerinnen. Vom ersten Tag an wurde nur Französisch mit mir geredet, jedoch die Sprache war mir wider Erwarten gar nicht fremd, und alle staunten, als ich mich zwei Wochen später schon verständigen konnte. Ich fühlte mich wie zuhause.»

Sofia nickt verstehend. «Der Abschied von Ihrem Geliebten ist grausam für Sie. Lieber würden Sie sterben. Und als Sie in die Kutsche steigen, bricht Ihr Herz.»

Betroffen lege ich die Hand auf meine Brust – «genau meine Worte auf der Italienreise».

Sofia hält einen Moment inne, denn sie versteht nicht, was ich damit meine. An dieser Stelle halte ich es für angebracht, das Medium in mein rätselhaftes Erlebnis in Italien einzuweihen. Nun ist selbst sie erstaunt.

«Nach anfänglichem Liebeskummer und Heimweh», schildert sie weiter, «wird Ihr Leben im neuen Kloster mit der Zeit erträglich. In der grossen Ruhe, die dort herrscht, finden Sie wieder zu sich.

Drei Jahre geht das etwa so, dann erreicht die Inquisition auch diese Region. Das Beichtgeheimnis ihres Geliebten war preisgegeben worden. Anfänglich lassen die Inquisitoren den Eindruck entstehen, alle Nonnen befragen zu wollen. Nach einigen Tagen der Einvernahme wird Ihnen jedoch bewusst, dass Sie in ein Netz von gezielten Fangfragen geraten sind, und der ganze Spektakel nur ihretwegen inszeniert wurde. Sie entscheiden, offen und ehrlich zu antworten und deklarieren Ihre Meinung, Gott habe Männer und Frauen erschaffen, um sich zu lieben. Die körperliche Liebe sei keine Sünde, sagen Sie und gestehen, einen Liebhaber gehabt zu haben. Als nun allerdings die Frage nach dem Namen dieses Mannes fällt verstummen Sie. Zu Verrat sind Sie nicht bereit. Genau das will man jedoch von Ihnen. Dieser abtrünnige Gottesdiener muss ebenfalls gekreuzigt werden. Nur aufgrund der niederträchtigen Aussage seines Beichtvaters kann man aber nicht gegen ihn vorgehen, denn das Beichtgeheimnis darf offiziell nicht gebrochen werden. Ein öffentliches Bekenntnis, eine Anschuldigung sollen Sie machen. Das kann man Ihnen indessen nie und nimmer entringen. Sie bleiben stumm.

Ich gebe Ihnen jetzt keine Beschreibung von all den Torturen, die Sie infolgedessen erleiden mussten, nur von jenen, die mit Ihrer Redeangst zu tun haben. Die Zähne wurden ihnen ausgeschlagen, und am Schluss hat man Sie nackt im Klosterhof erhängt. Sie waren froh darüber, denn nun hatten alle Qualen ein Ende.»

Auch die Sitzung ist zu Ende. Mit den Händen vor dem Gesicht verweile ich jedoch noch einen Moment versonnen in diesen inneren Bildern. Zu gewaltig ist das Gehörte. Ein Ausschnitt aus diesem vergangenen Lebens ist für einen kurzen Augenblick in leuchtenden Farben vor mir auferstanden und hat mir Einblick in die Hintergründe meiner lähmenden Prüfungsangst gewährt. Wird mir nun das Wissen darum zum richtigen Zeitpunkt helfen die Angst zu überwinden?

Auch eine andere Frage ist noch offen, nämlich jene nach dem Priester. Und so lade ich kurz entschlossen dieses ausserordentliche

Medium zum Mittagessen ein, das Alex in der Zwischenzeit zuhause vorbereitet. Sofia lehnt sich im Auto zurück und schliesst die Augen. Die drei Sitzungen des Vormittags haben sie müde gemacht.

Da erinnere ich mich an eine vor langer Zeit gemachte Aussage der Kartenlegerin Marianne. Ich hatte die Karte der Wiedergeburt gezogen, welche von ihr als Neubeginn mit einem Partner interpretiert wurde. Nun bekommt diese Aussage einen umfassenderen Rahmen.

Das Schweigen im Auto und das Vorbeiflitzen der weissen, unterbrochenen Mittellinie auf der Autobahn tun ihre hypnotische Wirkung und versetzen mich noch einmal in diese längst vergangene Zeit. Ist es meine Fantasie, ein Tagtraum, oder hat die mediale Sitzung den Vorhang zu meinem Unbewussten so weit zur Seite geschoben, dass ihm Erinnerungsfetzen entsteigen – wie damals in der Lombardei?

VERLORENE LIEBE WIEDERGEFUNDEN

Umgeben von einem mittelalterlichen Gebäudekomplex sehe ich mich, bekleidet mit einem scharzen Habit und einer Giesskanne in der Hand, in einem Rosenbeet inmitten eines grossen Innenhofgartens. Der ockerfarbene, L-förmige Bau links sowie direkt vor mir, mit den Arkaden eines Kreuzgangs und den kleinen Fenstern im ersten Stock, lässt mich auf ein Kloster schliessen. Rechts steht eine Kirche mit einem angebauten Wohnhaus. Wo Kirche und Haus verbunden sind ragt, als ob später angebaut, eine Art Kapelle bis an den Rand des Gartens, mit einem Türmchen und einer kleinen Glocke – typisch eine Totenkapelle.

Als die Uhr auf dem Kirchturm viermal schlägt, weiss ich, es ist eine Stunde vor der Vesper. Da öffnet sich die Klostertüre, ein Grüppchen Nonnen überquert den Innenhof und betritt die Kirche. Es ist die reguläre, wöchentliche Beichtstunde, und ich schliesse mich ihnen an, denn auch ich will meine Sünden bekennen. Als ich an der Reihe bin, betrete ich den Beichtstuhl und stelle sicher, dass die Türe dicht geschlossen ist. Kein Laut darf nach aussen dringen. Ich knie mich vor dem Gitter nieder, das mich vom Beichtvater trennt, erkenne aber trotz des Dämmerlichts sein geliebtes Gesicht.

Zu Beginn lähmt die Angst meine Zunge, doch dann spreche ich ihn wieder auf meine Gefühle für ihn an und warte mit pochendem Herzen auf seine Antwort. Sinnend neigt er seinen Kopf und es entsteht eine unerträgliche Stille. Ich spüre förmlich seinen inneren Kampf, doch dann ringt er sich zu einem Entschluss durch – einem entscheidenden, schicksalhaften.

«Unter der Kniebank liegt etwas für Sie», flüstert er. Ich bücke mich und finde auf dem Boden unter der Bank, ganz nach hinten geschoben, einen Schlüssel.

«In der Totenkapelle, hinter dem Altar, gibt es eine geheime Verbindungstüre zu meiner Wohnung, und das ist der Schlüssel dazu. Wenn es bei mir frei ist für Ihren Besuch, stelle ich eine Madonnenstatue in eines der Fenster zum Innenhof.»

Der Schlüssel verschwindet tief in meiner Habittasche. Mit gesenktem Kopf verlasse ich benommen den Beichtstuhl. Mein Wunsch war Realität geworden, doch die Ungeheuerlichkeit unseres Vorhabens und seine Implikationen verursachen blanken Terror. Inbrünstig bete ich um göttlichen Beistand und um die Kraft, mein sündiges Verlangen zu überwinden.

Wann immer ich mich zum Innenhof begebe, wage ich es kaum zu den Fenstern meines Liebsten hinüber zu schauen. Tagelang geschieht nichts, und ich glaube, meine Gebete seien erhört worden. Doch etwa eine Woche später, nach der Frühmesse, tritt das Befürchtete, jedoch Ersehnte ein. Wie üblich begebe ich mich mit einem Korb für Schnittblumen in den Garten, da sehe ich von Weitem das leuchtende Weiss des Schleiers der Madonnenfigur hinter einem seiner Fenster. Mein Herz steht still – vor Freude aber auch Panik.

Zwischen der Prim, dem ersten Tagesgebet um 6 Uhr, und der Terz, der 9 Uhr Gebete, würde ich nicht vermisst werden. Jede Nonne verrichtet zu dieser Zeit ihre Morgenpflichten; meine sind der Blumenschmuck des Klosters, der Kirche und gelegentlich der Totenkapelle. Ich greife in meine Habittasche wo ich den Schlüssel finde, drehe mich, als ob die Beete prüfend, unauffällig im Kreis, um zu sehen, ob ich beobachtet werde. Dann bewege ich mich wie in Trance hin zur Totenkapelle. Dem Impuls widerstehend mich nochmals umzusehen, schlüpfe ich hinein. Bei geschlossener Türe ist es im Inneren ziemlich dunkel, denn durch die schmalen Rundbogenfenster fällt kaum Licht in den Raum. Immer noch kann ich meine Meinung ändern, umkehren und diesen Ort der Versuchung verlassen. Ich schliesse die Augen und lasse die sakrale Atmosphäre der Kapelle auf mich wirken. Doch der Geruch von Weihrauch und Kerzen lässt sein Gesicht vor mir auftauchen und verstärkt meine Sehnsucht nach ihm.

Im Dämmerlicht tasten sich meine Füsse über den abgetretenen, unregelmässigen Steinboden zur Öllampe des Ewigen Lichts, das neben dem Altar an einer Kette von der Decke hängt. Ich drehe den Docht höher und verstärke so momentan den rosa Schimmer, der nun bis hinter den Altar reicht. Die Messingklinke der verzogenen alten Geheimtüre blitzt auf und weist mir den Weg. So geräuschlos wie möglich stecke ich den Schlüssel in das jahrhundertealte, eventuell verrostete Schloss und halte den Atem an. Es muss wohl geölt worden sein, denn es öffnet sich mühelos und leise.

Der kleine Raum hinter dem Geheimdurchgang ist fensterlos und wäre stockfinster, würde nicht gegenüber, durch eine leicht geöffnete Türe, Tageslicht dringen. Ich sperre hinter mir ab und stehe zögernd im Halbdunkel. Da wird gegenüber die Türe ganz geöffnet und eine männliche Gestalt, die sich deutlich vom Tageslicht hinter ihr abhebt, erscheint: Mein Liebster. Er steht im Türrahmen und breitet ganz weit seine Arme aus. Absolutes Vertrauen durchfliesst mich, alle Skrupel weichen von mir, und ich stürze mich in diese offenen Arme, die mich wie ein Schutzmantel umfangen. Alles bebt in mir, und mein erkennendes Herz ruft, ‹hier bin ich zuhause, hier kann mir nichts geschehen, hier bleibe ich – in alle Ewigkeit›.

Hinter mir bläst ein Fernlastfahrer sein Horn und reisst mich aus meiner inneren Reise. Ich bin zwar auf der rechten Spur, aber viel zu langsam geworden. Sofia wacht auf und reibt sich die Augen. Ich trete aufs Gas.

Daheim angekommen, bemerke ich, dass ich den Hausschlüssel nicht dabei habe und läute. Alex öffnet die Türe und kommt uns lächelnd entgegen.

«Ist er es?», frage ich Sofia, «ist er der Priester?»

Mit einem erkennenden Gesichtsausdruck nickt Sofia: «Ja, er ist es.»

ෂ)ෆ

7. MYSTISCHE REISE: ENGLAND UND WALES

WALES ERKUNDEN

Mit seinen bunten Blättern und Morgennebeln hat sich der Herbst angekündigt, und es ist so weit. Voller Reisefieber, ausgerüstet mit Wanderschuhen, Regenschutz und Filmkamera, geht es wieder einmal zum Flughafen Zürich auf Rekognoszierungsreise. Allerdings, aus terminlichen Gründen, dieses Mal ohne Alex. Aufgrund faszinierender Berichte über Wales haben wir geplant dieses Gebiet, zusätzlich zu den schon bewährten Orten wie Stonehenge, Avebury und Glastonbury, in unsere nächste Südengland Gruppenreise zu integrieren.

Nach der Landung in Heathrow nehme ich das gemietete Auto in Empfang und begebe mich auf die M40 Richtung Wales mit dem Zwischenziel Malvern. Angespannt fahre ich auf der linken Spur, merke aber bald, dass mein Gehirn seine Linksfahrkenntnisse im Handumdrehen aus dem Gedächtnis kramt.

Das schöne Abbey Hotel in Malvern dient mir heute nur zum Übernachten, und schon früh breche ich am nächsten Morgen zur Weiterfahrt auf. Nachdem ich das Städtchen Hayon-Wye, ein Paradies gebrauchter Bücher, hinter mir lasse, entferne ich mich auch immer mehr von der lärmenden Welt.

EINE SCHMALSPURBAHN
NACH PONTSTICILL

Sanfte Hügel mit wilden Mooren, Bauernhäuser und zerfallende Burgen wechselten sich ab mit einsamen Klöstern und hübschen Marktstädten. Auf den ersten Blick wirkt die Landschaft verlassen, doch zwischen den Bäumen kräuselt Rauch aus den Kaminen. Und überall Schafe. Je nach Besitzer mit unterschiedlichen Farbtupfern gekennzeichnet, schlendern sie über Wiesen und Strassen. Sie lassen sich nicht aus der Ruhe bringen und bleiben, zu meinem Ärger, oft mitten auf der Fahrbahn stehen.

Was diese Landschaft ausserdem prägt, sind die stillgelegten Minen, die an vielen Orten riesige schwarze Gruben im Boden hinterlassen haben.

Der Tipp mit der Schmalspurbahn, aus einem Reiseheft, hat sich bei mir festgebissen, und so zieht es mich nach Pant, unweit von Merthyr Tydfil, zur Bahnstation des ‹Brecon Mountain Railway›.

Ich habe Glück und muss nicht lange auf die nächste Abfahrt warten. Bald schlängelt das mit hölzernen Bänken ausgestattete Züglein quietschend und schaukelnd aufwärts, mitten durch Wälder und sattgrüne Landstriche. Dann gib es einen Ruck, und die Bremsen pfeifen schrill. Als wir Passagiere uns zum Fenster hinauslehnen, sehen wir eine Herde Schafe, die in aller Gemütsruhe vor dem Zug, mitten auf dem Gleis dahin spaziert. Alles Pfeifen nützt dem Lokführer nichts. Seine nächste Angriffsstrategie, vorne an der Lok Dampf abzulassen, wirkt. Blökend springen die Tiere in alle Richtungen davon. Dann gehts weiter dem Taf-Fechan-Stausee entlang bis zur Endstation Pontsticill.

Nachdem alle ausgestiegen sind und die Plattform sich geleert hat, entdecke ich einen Pfad, der sich hinter dem Bahnhöflein den Hang hinaufwindet. Es ist kurz vor 12 Uhr, und ich schätze, bis höchstens zur letzten Rückfahrt ausreichend Zeit für eine längere Hügelwanderung zu haben.

410

WALISISCHE GASTFREUNDSCHAFT

Wie verzaubert zieht es mich hinauf, immer weiter über die stillen, herbstlichen Schafweiden. Das Land riecht würzig und erdig. Kein Baum ist in Sicht, nur von Steinmauern durchzogenes Weideland und hier und dort mit Dickicht überwachsene Kohlegruben. Es liegt etwas Geheimnisvolles über dem ganzen Gebiet.

An einem besonders schönen Fleckchen lasse ich mich nieder, um zu picknicken und zu verweilen. Kein Laut ist zu hören. Da erspähte ich über dem eingebrochenen Teil einer Mauer einen riesigen Friedhof, der auf der anderen Talseite, stumm und doch aufrüttelnd, den ganzen Hang einnimmt. Die letzte Ruhestätte früherer Bergarbeiter. Vor mich hin träumend vergesse ich die Zeit.

Weit unten schimmert der Stausee im Gold der sinkenden Sonne. Sie hat sich während meines gedankenverlorenen Seins merklich dem Horizont genähert, und ich muss umgehend eine Abkürzung zur Bahnstation finden. Also klettere ich über ein Holzgatter und springe auf einer Traktorspur den Hang hinunter in Richtung eines Bauernhofs. Mein nächster Kletterversuch über dessen Umzäunung wird jedoch von einem wild bellenden englischen Schäferhund vereitelt. Nachdem alle schmeichelnden Worte nicht helfen das Tier zu besänftigen, fange ich an zu rufen: «Hello, hello, hellooo!»

Endlich nähert sich mir eine Frau in etwa meinem Alter, in Arbeitsschürze und Stiefeln, und befiehlt dem Hund still zu sein.

«Was machen Sie denn hier, das ist privat!», fragt sie überrascht, aber nicht unfreundlich.

Ich versuche ihr in kurzen Worten meine Lage darzustellen, worauf sie mich durch ein Gatter eintreten lässt und meint: «Das erste, was Sie jetzt brauchen, ist eine Tasse Tee».

Dagegen habe ich nichts einzuwenden und nehme dankbar an. Beim Überqueren des Hofes ruft uns eine junge Frau zu: «Watch it, the horses are coming in for their tea!»

Als wir zur Seite springen, galoppieren fünf Pferde mit fliegenden Mähnen aus einer Koppel an uns vorbei und verschwinden in einem grossen Stall.

«Ich weiss, dass ihr Engländer verrückt seid nach eurem Tee», kommentiere ich grinsend, «aber dass hier auch Pferde Tee trinken, ist mir neu.»

«Erstens bezeichnen wir hier das Abendbrot als Tee, oder Teezeit, auch für die Tiere, und zweitens sind wir nicht Engländer, sondern Waliser», sagt die Bäurin mit Nachdruck, bleibt aber weiterhin freundlich.

Da bin ich tüchtig ins Fettnäpfchen getreten. Ich entschuldige mich gehörig und halte ihr meine Hand hin: «Übrigens bin ich Christina.»

«Und ich Gwyneth», antwortet sie mit einem aufrichtigen Lächeln, als wir in der Küche ankommen.

LAMMEINTOPF
UND WHISKEY

«Nun setz dich mal hier an den Tisch. Ich mach dir Tee und du erzählst mir genau, was du heute noch vorhast», sagt die wehrschafte, mittelschlanke Frau mit kurzen, graumelierten Haaren, füllt einen Teekessel mit Wasser und stellt ihn auf einen enormen Herd, eine Kombination Kochherd und Holzofen. In einem grossen Topf blubbert ein Lammeintopf für das baldige Abendessen. Thymianduft hängt in der Luft. Als Gwyneth hört, dass ich beabsichtige, zumindest den letzten Zug zurück nach Pant zu nehmen, schüttelte sie den Kopf.

«Das schaffst du nicht mehr. Der letzte fährt um 18 Uhr. Bis zur Bahnstation brauchst du zwanzig Minuten, und jetzt ist es viertel vor sechs.»

Sie bemerkt meine Bestürzung und fährt fort. «Du bist für mich ein spannender Besuch von weit weg, und ich würde mich freuen, dich bei uns beherbergen zu dürfen.»

Prüfend wandern meine Augen über ihr Gesicht. Ja, sie meint es tatsächlich. Ich fühle mich sehr geehrt, bei Einheimischen aufgenommen zu werden und nehme freudig an. Näher kann man einem Land gar nicht kommen als durch seine Menschen. Dass diese praktische, unkomplizierte Bauersfrau gottlob keine Umstände mit mir machen würde, habe ich schnell erfasst.

Im Eingangsbereich werden nun Stimmen laut, die Küchentüre öffnet sich und ein Grüppchen tritt ein, das sich an den langen Tisch setzt. Gwyneth stellt uns gegenseitig vor.

«Wir haben Besuch aus der Schweiz – Christina. Und das ist meine Familie: mein Mann John, mein Enkelsohn Jonathan, meine Tochter Helen die Pferdezüchterin und unser Farmhelfer Charles.»

Es scheint für niemanden aussergewöhnlich zu sein, einen unerwarteten Gast im Haus zu haben.

«*Helen* ist die Pferdezüchterin?», fragte ich den Bauern, «nicht Sie?»

«Richtig», antwortet John, ein grauhaariger Mittfünfziger mit einem gemütlichen, stoppeligen Gesicht voller Lachfalten. «Ich bin Schafbauer», nuschelt er, seinen Eintopf löffelnd. Auf unserer Farm halten wir an die tausend Schafe.»

«Was, tausend!», rufe ich perplex. «Wo bringt ihr die denn alle unter?»

John kichert ob meiner Unkenntnis: «Die werden nicht untergebracht. Die bleiben das ganze Jahr draussen. Wir gehen jeden Tag auf Kontrolle mit dem Hund, und nur verletzte Tiere bringen wir in die Scheune, sowie Lämmer, die ihre Mutter verloren haben.»

Die jungen Leute, die im Nebengebäude wohnen, verabschieden sich nach dem Essen. Während John seine Post kontrolliert, räumen Gwyneth und ich den Tisch ab und waschen das Geschirr. Danach gehts in die grosse wohnliche Stube, wo ein offener Kamin fast die ganze Seitenwand einnimmt.

«Im Winter brennen hier halbe Baumstämme, erklärt John und hält mir mit seiner ledrigen Hand eine Whiskyflasche entgegen: «Ein kleiner Schluck gefällig?»

«Nur ein ganz kleiner, danke», sage ich und setzte mich dann mit dem daumenbreit gefüllten Glas zu Gwyneth auf die abgenutzte, doch einladende, dunkelbraune Ledercouch. Der Whisky brennt in meiner Kehle und erfüllt mich bald mit wohliger Wärme. Auch Prince, der Schäferhund, der mich mittlerweile akzeptiert, gesellt sich zu uns und legt sich zu Johns Füssen.

ZWEI MYSTISCHE TIPPS

Was ich denn mache, so ganz alleine unterwegs, werde ich gefragt. Daraufhin erzähle ich von meinem Leben mit Alex und den aufregenden Reisen, die wir schon gemacht haben, sowie meiner Absicht, für unsere nächste Gruppenreise mystische Gegenden in Wales aufzuspüren.

«Mystisch», wiederholt John, und lässt sich das Wort auf der Zunge zergehen. «Wenn du Mystisches in Wales suchst, dann kann ich dir zwei Orte ans Herz legen: Der eine ist auf natürliche Art mystisch, ‹Worms Head›, eine grandiose und von Schmugglersagen umwobene Felsformation an der südlichen Gowerküste. Daneben thront auf einer Klippe mit fantastischer Aussicht das ‹Wormshead Hotel›. Und so früh wie du dran bist, gibt es dort für deine Gruppe im nächsten Sommer garantiert Übernachtungsmöglichkeiten. Der andere Ort ist religiös mystisch, die Abtei zu Tintern.»

Ich hole Notizblock und Kugelschreiber aus meinem Rucksack und notiere die Details dieser interessanten Informationen.

«Bei euch aufgenommen zu werden, ist mir etwas ganz Besonderes», sage ich. «Allerbesten Dank! Zu gerne würde ich es auch unserer Reisegruppe ermöglichen, diesen schönen, ursprünglichen Fleck zu erleben und sie sogar hier picknicken lassen. Meint ihr, das wäre möglich? Hättet ihr ein Plätzchen, wo etwa zwanzig Leute über die Mittagszeit verweilen können? Das Essen würden wir mitbringen.»

John streicht sich über den Kopf: «Wenn ihr nicht gerade zur Zeit der Schafschur kommt, die bis in den Juni hinein gehen kann, müsste das gehen.»

«Nächsten Juli», werfe ich schnell ein.

Gwyneth nickt: «Ich mache dir einen viel besseren Vorschlag.» Ihr Gesicht hat einen geschäftstüchtigen Ausdruck angenommen. «Wir haben eine zweite Tochter, Claire. Sie wohnt mit Mann und Kind im Nachbardorf und arbeitet bei einem Partyservice. Über sie biete ich dir sehr gerne ein fixfertiges Buffet bei uns im Garten an.»

Eine Hand lege ich mir aufs Herz, mit der anderen halte ich John mein leeres Glas hin: «Das erfordert noch einen Schluck», sage ich bewegt, überzeugt, dass nicht nur *ein* guter Geist, sondern gleich ein paar mit auf diese Erkundungsreise gekommen sind. Mit einem Schlag habe ich alles erledigt, die Suche nach aussergewöhnlichen Orten, das Übernachten und das Picknicken. Zutiefst befriedigt lege ich mich zur Ruhe.

DER DRACHENKOPF

Nach vielen Umarmungen und Dankesrufen meinerseits mache ich mich am nächsten Morgen auf den Weg in den Süden.

Bald liegen die Hügel und Berge hinter mir, und durch ausgedehnte Weideflächen und weite Äcker führt meine Route über die Halbinsel ‹Gower› nach ‹Rhossily›. Salzige Luft, die bis ins Innere des Autos dringt, kündigt das nahe Meer an. Dann sehe ich ihn von Weitem, den Drachenkopf – den ‹Worms Head›. Imposant zieht sich diese lange schmale Felsformation vor der Steilküste Rhossilys, einem kleinen gepflegten Städtchen, ins Meer hinaus und reckt am Ende majestätisch seinen steinernen Kopf empor.

Westlich davon erstreckt sich tief unten ein langer breiter goldener Sandstrand, gesäumt vom ‹Rhossily Down›, einem grasbewachsenen Hügel, durchzogenen von Wanderwegen. Und genau zwischen dem Lindwurm und dem Strand thront, vor dem Abgrund der hohen Klippe, das ‹Wormshead Hotel›.

Johns Vermutung, dass Rhossily zu unserer Vorstellung von mystischen Reisen passen könnte, erweist sich als perfekt. Auch hatte er recht, dass ich für nächsten Sommer noch Unterkunft für eine grössere Gruppe im Hotel bekommen würde. Tatsächlich habe ich Glück, kann das Hotel begutachten und eine provisorische Reservierung machen. Der geräumige Speisesaal sowie alle Zimmer haben Meerblick. Die äusserst freundliche, aufgestellte Wirtin macht mir den Vorschlag eines Buffets mit allem drum und dran. Auch für die Vegetarier werde gesorgt, verspricht sie. Aus Erfahrung weiss ich, dass ich mich auf eine gute Küche verlassen kann, denn die Engländer haben sich über die letzten Jahre zu den reinsten kulinarischen Künstlern entwickelt. Ich bin selig.

Die Uhr in der Rezeption steht kurz vor zwölf. So bestelle ich ein Glas Wein und einen Hamburger an der Theke und suche mir ein schönes Plätzchen auf der Terrasse, die einen weiten Blick über die Bucht gewährt. Möwen kreischen über dem herbstlich tiefblauen Meer. Ein Windstoss wirbelt meine Haare auf. Da ich entschieden habe hier zu übernachten, steht mir der ganze Nachmittag zur Verfügung, um die Gegend zu erkunden und mit Musse alle potenziellen Wanderwege persönlich zu prüfen.

DIE BESCHWÖRENDEN RUINEN
DER ABTEI ZU TINTERN

Am nächsten Tag ist die von John und Gwyneth empfohlene Klosterruine in Tintern an der Reihe. Um die Grosstadt Cardiff zu vermeiden und dem schönen Wye Fluss folgen zu können, nähere ich mich dem Ort von Norden her. Dort will ich nicht, wie ein Tourist, mit dem Auto direkt zur Abtei fahren, sondern diesen Geheimtipp Schritt für Schritt erkunden. Auf der Landkarte entdecke ich einen Wanderweg, der von Brockweir nach Tintern führt. Ich stelle das Auto in diesem Weiler ab und folge dem gekennzeichneten Pfad. Entlang Wald- und Wiesenstrecken begegne ich immer wieder dem lieblich dahin mäandernden Wye. Da und dort, wo das Wasser stillzustehen scheint, lassen sich Schwäne darauf treiben. Dann, am Ende des lichter werdenden Waldes, bietet sich mir eine verzauberte Erscheinung – der Blick auf die Ruinen der Zisterzienser Abtei.

«Ooooh», entfährt es mir, und ich beschleunige meinen Gang. Eine Faust legt sich um mein Herz, und Ehrfurcht durchfliesst mich, als ich die riesige, fast tausend Jahre alte Anlage gänzlich erblicke. Es stehen nur mehr Säulen und Teile der Wände da, kein Dach, aber die ursprüngliche Schönheit ist immer noch zu erkennen. Auch mit diesem Ort hat John ins Schwarze getroffen – er wird der Reisegruppe gefallen.

ೋ౦ೋ

ANNAS KOFFER KOMMT NICHT AN

Fast ein Jahr später treffen sich einundzwanzig gut gelaunte Menschen frühmorgens am Flughafen Zürich. Fredy Christ unseres Reisebüros ‹Terra Sancta Tours› ist auch gekommen, um allen eine gute Reise zu wünschen, und jene einander vorzustellen, die unbekannterweise ein Zimmer miteinander teilen. Freudige Erregung ist auf die Gesichter geschrieben. Man hat da und dort wohl Mystisches erlebt oder darüber gelesen, aber eine mystische Reise hat noch keiner gemacht.

Nachdem wir in Heathrow gelandet sind und auf die Koffer warten haben die meisten aus der Gruppe das Gefühl von wundersamer Vertrautheit mit diesem Land, das sie zum ersten Mal besuchen. Ich stosse Alex lächelnd an, denn ich weiss Bescheid.

Eigentlich darf nichts schief gehen und keine Minute verschwendet werden, denn in meiner Begeisterung für das faszinierende Land habe ich ein bisschen viel für den ersten Tag geplant. So hätte ich die eigentliche Reise gerne ohne Umschweife begonnen, doch es gibt eine Verzögerung wegen eines fehlenden Gepäckstücks: Annas Koffer ist nicht angekommen.

Nach ein paar Nachforschungen bleibt uns nichts anderes übrig, als für die Nachlieferung die Adressen unserer Hotels und Einzugsdaten anzugeben. Ich lasse Anna meine Skepsis nicht merken, denn, wie soll das klappen, wenn wir, ausser an einem Ort, jeweils nur eine Nacht bleiben?

Chauffeur Bill der Busfirma Wiltshire Coaches wartet schon vor dem Ausgang am abgemachten Treffpunkt auf uns und lädt geschwind unsere Koffer in den Laderaum. Als er die zierliche, eher unscheinbare Anna mit hängenden Schultern und einem langen Gesicht neben der Bustüre stehen sieht fragt er sie: «And you – don't you have any luggage?»

Anna versteht wohl Englisch, haspelt und stottert aber beim Antworten: «My Koffer is lost. Now I have the salad. This makes me finished», stösst sie hervor, die Stirn in sorgenvollen Falten.

Auf den perplexen Blick des Fahrers hin erkläre ich ihm, was sie damit meint.

«Oh, that's too bad», richtet der gut aussehende Mittvierziger seine Antwort an Anna. «But I am sure they will send it to you as soon as it arrives.»

«There I see black», stöhnt Anna verdrossen.

Bill streicht sich ein paar dunkle, lockige Strähnen aus der Stirn und schaut mitfühlend drein. Die junge Frau hat es ihm irgendwie angetan.

«Komm zu uns Anna!», rufen ein paar Frauen, die schon eingestiegen sind.

«Trixi, mit der du das Zimmer teilst, hat dir einen Fensterplatz reserviert. Und im Hotel kümmern wir uns alle um dich. Nur keine Sorge.»

Ich juble innerlich, dem Wespennest, Heathrow Flughafen, endlich entfliehen zu können: ‹Oxford – wir kommen!›

Nachdem jeder ein passendes Plätzchen im Bus gefunden hat, und das Fahrzeug zu rollen beginnt, nimmt Alex das Mikrofon.

DIE VERBORGENEN INFORMATIONEN
DER MYSTIK

«Guten Morgen meine lieben Mitreisenden. Die Bezeichnung *Mitreisende* ist treffend, denn Christina und ich sind nicht Reiseleiter im herkömmlichen Sinn. Seit Jahren besuchen wir besondere Orte, und haben entschieden, das dort Erlebte mit anderen zu teilen.

Mystische Reise steht in unserer Ausschreibung. In ein paar Gebieten dieser Erde gibt es noch diese Mystik, die ursprüngliche Informationen zum Inhalt hat. Christina und mir ist sie besonders in Hawaii und England begegnet. Nicht nur in der Natur, an besonderen Orten und wie man weiss in Kristallen ist sie zu finden, sogar ganz gewöhnliche Steine können starke Imprägnierungen alten Wissens in sich tragen, wie etwa die Mauern alter Bauten.

Man kann die Mystik nicht abrufen, und so wird sie abgelehnt, weil es keinen naturwissenschaftlichen Beweis dafür gibt. Und doch weiss man etwa in der Homöopathie, dass Wasser sehr komplexe Informationen trägt. Auf Bildern sieht man sie nicht, und sie ist jenseits jeglicher Kunst- oder archäologischer Betrachtungen, aber sie vermag es, unser Bewusstsein zu erreichen.»

«In den Volkserzählungen findet man ja auch viel Mystisches», kommentiert Verena.

«Tatsächlich», erwidert Alex. «Wie gesagt, strahlen nicht nur sakrale Orte, sondern auch ganz gewöhnliche Häuser diese Mystik aus. Im traditionsverhafteten England gibt es noch ganze Dörfer mit uralten Häusern, zum Teil aus dem Mittelalter, wo man diese Mystik wahrnimmt. Sie strömen Ruhe aus und beinhalten die Information von Heimat – von Geborgenheit. Wir sind Weltenbürger geworden, aber wir suchen diese Stätten wieder.»

Alex reicht mir das Mikrofon und bittet mich ein paar Worte über das Hotel unserer ersten Übernachtung, dem historischromantischen Abbey Hotel in Malvern zu sagen.

«Auch dieses Hotel könnte man mystisch nennen», erkläre ich, «denn es ist ein ehemaliges Kloster. Habt ihr euch schon gewundert, wieso es gerade in Südengland so mystisch sein soll?», frage ich meine wissbegierigen Zuhörer.

«Ja, doch», kommt von da und dort.

«Unser äusserst kundiger, örtlicher Reisebegleiter Geoff Brooks, Psychotherapeut und Rutengeher, spezialisiert auf Kraftlinien, wird für uns, soweit möglich, den Vorhang zu diesen Geheimnissen lüften. Die erste vieler weiterer Unterweisungen im Rutengehen werden wir noch heute bei den ‹Rollright Stones› machen.»

DER CHARMANTE RUTENGEHER GEOFF

Wir treffen auf dem Parkplatz in Oxford ein und sehen von Weitem den grossen, blonden Mann mit breitem Lächeln. Seine Liebenswürdigkeit und seine hellblauen Hemden werden zum Markenzeichen auf unserer Reise. Bald ist er umringt von unserer Gruppe, die interessiert seiner begrüssenden Worte harrt.

«Are you ready to experience the most spiritual journey of your life?», fragt er.

«Seid ihr bereit, auf die spirituellste Reise eures Lebens zu gehen?», übersetze ich.

«Yes!», rufen alle lachend.

«Die werdet ihr nämlich erleben», sagt er. «Ich werde nicht die ganze Zeit bei euch sein, sondern nur an fünf Tagen. Aber die werdet ihr nie mehr vergessen.»

Wir schauen uns alle erwartungsvoll an und sind gespannt auf das Erlebnis, das auf uns wartet.

«Oxford ist nicht spirituell oder mystisch, aber einen Besuch wert, wenn man in der Nähe ist», erklärt Geoff. «Wir werden nun durch die Stadt spazieren, wo ihr einige der berühmtesten Colleges der Welt bestaunen könnt, vor allem das ‹Christ Church College›, die älteste Universität der englischsprachigen Welt, neuerdings bekannt durch Harry Potter. Anschliessend habe ich noch etwas anderes typisch Englisches mit euch vor, eine Kanalbootsfahrt auf der Themse, in Oxford ‹Isis› genannt.»

Nach dem Stadtrundgang eile ich zum Pub ‹Head of the River›, neben der Bootseinstiegsstelle, wo ich schon ein Picknick zum Mitnehmen für jeden vorbestellt hatte: Fisch und Chips – was denn sonst? Mit unseren Papiertüten besteigen wir nun das Kanalboot und gleiten gemächlich auf der türkisgrünen Isis dahin. Entenschwärme weichen uns paddelnd aus und flüchten flatternd in die Hecken und Baumreihen am Ufer. Hier und dort hängen Weidenäste tief ins Wasser. Ein wahrlich schöner Ort, um unser Picknick zu geniessen und uns plaudernd näherzukommen. Wir fahren bis zum ‹Iffley Lock›, einer bemannten Schleuse, die für uns geöffnet wird. Kurz danach machen wir jedoch kehrt, denn es soll ja heute noch weiter zu den ‹Rollright Stones› gehen.

Nach einer kurzen Busfahrt zu dieser prähistorischen Stätte, stehen wir alsbald in einem Kreis von stehenden Steinen, von klein bis zu etwa eineinhalb Meter hoch. Geoff zieht ein ganzes Bündel aus Drahtkleiderbügeln selbst gebastelter, L-förmiger Wünschelruten aus seinem Rucksack. Mit viel Geduld bemüht er sich uns Anfängern zu zeigen wie man sie hält. Die Gesichter der meisten von uns sehen sehr komisch aus, denn alle Ruten schwingen sofort herum. Da gibt es keine Frage, die Ruten scheinen wirklich – irgendwie angestossen – ein Eigenleben zu bekommen.

«Das, was sie in Bewegung setzt, sind die Energielinien», erklärt Geoff.

Er wird überschüttet mit Fragen. Natürlich ist es ihm unmöglich uns in einer Stunde alles über das Rutengehen zu vermitteln, aber er gibt uns eine gute Einführung. Neben den verschiedenen vorhandenen Erdenergien spricht er hauptsächlich von den ‹Ley-Linien›, denen wir, wie er sagt, in Südengland immer wieder begegnen werden.

DER MAGNETISMUS
DER LEY-LINIEN

«Kann man diese Ley-Linien nachweisen oder sogar messen?», möchten Karl und Silvia wissen.

«Gewiss», antwortet Geoff. «Mit den heutigen genauen Messmethoden lassen sich Ley-Linien nicht nur nachweisen, sondern auch die Veränderungen deren Magnetismus und Gravitation messen», erklärt er. «Es handelt sich um eine männliche, die ‹Michaels Linie› und eine weibliche, die ‹Marien Linie›, was dem Yin-Yang Prinzip entspricht.»

«Wo beginnen denn diese Kraftlinien?», kommt eine Frage.

«Es wird gesagt, dass der Ausgangpunkt der Linien vor der westlichen Landspitze Cornwalls im Meer liegt.», antwortet Geoff, «und dass die Energie, die diesem Nabelpunkt entspring, aus dem Kosmos einströmt. Die beiden Linien treffen in ‹Lands End›, in Cornwall, auf das Festland, von wo aus sie nach ‹Penzance› fliessen. Schon unsere Ahnen wussten darüber Bescheid, denn Penzance, aus der kornischen Sprache übersetzt, heisst heilige Landspitze. Die beiden Linien laufen wie zwei Flüsse nebeneinander her und kreuzen sich gelegentlich. Wo sie sich überqueren, entsteht ein kraftvoller Energiewirbel. Signifikante Kreuzpunkte befinden sich am St.-Michaels-Berg, im Steinkreis von Avebury, hier bei den Rollright Stones und dreimal in Glastonbury, nämlich beim Artus Grab, am Chalice Well – auf deutsch Kelchsbrunnen – und beim Tor.»

«Ausser dem St.-Michaels-Berg, alles Orte, die wir in den nächsten Tagen besuchen werden», fügt Alex hinzu.

«Richtig», antwortet Geoff, «und darauf freue ich mich sehr, denn es geht eine Kraft von den Linien aus, die das Leben in all seinen Formen begünstigt. Unsere Vorfahren wussten um diese Kraft und versuchten, sie mit Steinsetzungen und Kreisen einzufangen und zu halten. In neuerer Zeit wurden oft christliche Kirchen und sogar Kathedralen auf diese alten Heiligtümer gebaut, meistens im Bestreben, die heidnischen Kulte zu verdrängen. Die Missionierung sah es als ihre Aufgabe, dieses Wissen aus den Köpfen der Menschen zu radieren.»

DAS VIKTORIANISCHE ABBEY HOTEL
UND DIE MALVERN HÜGEL

Ohne Geoff geht unsere Fahrt dann weiter, und gegen Abend kommen wir, am Fusse der Malven Hügel, im Wasserkurort Malvern an. Grün leuchtet uns die zum Grossteil von Wildreben überwachsene Front des wunderschönen viktorianischen Abbey Hotels entgegen. Augenblicklich ist die Gruppe verzaubert von diesem Haus mit seinem aufwendig gemeiselten Türbogen, den gothischen Kreuzstockfenstern, der breiten einladenden Treppe mit ihrem nostalgischen Geländer und den Türmchen und Zinnen auf dem Dach. Und überall hängen üppig blühende Blumenkörbe. Auch die Eingangshalle besticht mit ihrer typisch englischen Einrichtung und einer schön gearbeiteten hölzernen Treppe zu den oberen Stockwerken.

Nachdem die Zimmer zugeteilt worden sind, warten Alex und ich beim Empfang auf jene, die vor dem Abendessen noch einen Rundgang durch das Städtchen machen möchten.

Auch Anna ist darunter und wird sofort von einer Handvoll Frauen umringt. «Wir würden dir gerne ein paar Klamotten und andere notwendige Dinge leihen», sagt Lucie. «Sag uns einfach, was du brauchst.» Die anderen nicken.

«Ein paar Toilettensachen findest du sicher im Städtchen und auch ein paar Schuhe für die morgige Hügelwanderung», meint die kesse, sympathische Trixi und zieht ihren locker gewordenen blonden Pferdeschwanz wieder auf Scheitelhöhe.

«Deine Ballerinas eignen sich sicher nicht dafür. Wenn du nicht alleine gehen magst, komme ich mit. Und meine Schminksachen kannst du auch ausleihen. Schliesslich sind wir ja Zimmerkolleginnen.»

«Ich bin ganz gerührt von eurer Grosszügigkeit!», erwidert Anna. «Schuhe kaufen gehen ist eine super Idee, und vielleicht finde ich auch sonst noch ein paar praktische Sachen zum Überbrücken.»

Während sich die zwei Frauen schon auf den Weg in die Stadt machen, kommen ein paar vor Glück strahlende Teilnehmer auf Alex und mich zu. «Unsere Zimmer sind ein Traum», schwärmen sie. «Die Einrichtung ist passend altenglisch, die Bäder sind jedoch supermodern.»

«Wir haben einen schönen Blick auf die Abteikirche», berichten Elsa und Regula.

«Und wir auf die Altstadt und die Hügel», werfen Roland und Vreni ein.

Unser Grüppchen zieht los, und gemütlich schlendernd und plaudernd erreichen wir auf gut angelegten Fusswegen die hübsche Altstadt mit ihren vielen kleinen Geschäften und Cafés.

Clara stösst Bruno an: «Schau mal, dort bieten sie ‹Cream Tea› an, den typischen englischen Nachmittagstee mit Scons, Erdbeerkonfitüre und dickem Rahm. Da müssen wir morgen Nachmittag unbedingt hin.»

Da kommen Anna und Trixi aus einem Laden. Anna hält eine Einkaufstasche hoch: «Juhuuu, Wanderschuhe, ein T-Shirt, eine Hose und eine Zahnbürste ergattert!», quietscht sie freudestrahlend.

Am nächsten Morgen, nachdem wir uns ausgiebig am feinen englischen Frühstücksbuffet mit Speck, Rührei, gebratenen Champignons sowie gegrillten Tomaten gelabt haben, versammeln sich jene vor dem Hotel, die die Hügel besteigen möchten.

Mit ausgestrecktem Arm zeige ich auf den höchsten Punkt:

«Praktisch direkt vor uns seht ihr den ‹Worcester Beacon›.
Er liegt knapp über vierhundert Meter und qualifiziert sich somit als Berg. Weiter links erhebt sich der schon von Weitem sichtbare und heute als Denkmal geschützte ‹Herefordshire Beacon›. Mit seinen rundum eingekerbt Gräben und Erdwällen erkennt man ihn, als die Siedlung der keltischen Briten, die vor zweieinhalbtausend Jahren dort oben lebten und sich hinter diesen Wallen gegen Feinde verschanzten. Heute führen viele gepflegte Wanderwege auf den Hügelzug.»

Mitten durch ein Meer von rosaroten Fingerhutblüten machen wir uns dann an den Aufstieg. Trixi tippt Anna auf den Arm: «Da hinten kommt Bill. Der würde sicher gerne mit dir laufen», sagt sie mit einem Augenzwinkern.

«Quatsch», gibt Anne zurück, sieht sich aber doch verstohlen um.

Etwa eine Stunde später kommen wir auf dem baumlosen Bergrücken an.

«Da hat man freie Sicht in alle Himmelsrichtungen!», ruft Silvia begeistert.

«Ja», bestätige ich, «und wenn man sich im Kreis dreht, kann man im Süden die dunstigen Hügel des ‹Cotswolds› sehen, im Norden jene von ‹Worchester›, und im Westen erkennt man die ‹Brecon Beacons› von Wales, wo wir morgen hinfahren.»

Gemächlich verläuft sich daraufhin die Gruppe, jeder in seinem Tempo, denn bis zu den Sitzungen am Nachmittag mit den bekannten Medien Sheila und Su steht uns genügend freie Zeit zur Verfügung.

FEURIGES BARBECUE
UND TANZ IM GARTEN

«Heute Abend servieren wir Ihrer Gruppe ein Barbecue im Garten», verkündet uns bei unserer Rückkehr das Fräulein an der Rezeption. «Ausserdem haben wir zu Ihrer Unterhaltung eine Vier-Mann-Band bestellt.»

Alex und ich trauen kaum unseren Ohren. «Ich weiss nicht, wie wir zu so einem Privileg kommen», gibt Alex zurück, «aber ich bedanke mich auf jeden Fall herzlich.»

Zur Essenszeit treffen sich alle im Garten wieder. Die Frauen sind fein herausgeputzt, und Anna hat sich sogar eine Blume ins blonde Haar gesteckt. Bill entfährt ein leiser Pfiff.

Auf dem wie mit einer Manikürschere getrimmten Rasen ist ein Buffet angerichtet, und an einem breiten Grillbräter versucht ein junger Hilfskoch in weisser Haube und Schürze die Kohle zu entfachen. Da unsere Leute sich mit ihren Tellern schon in Reih und Glied vor den Grillexperten gestellt haben, versucht dieser nun dem Feuer auf die Sprünge zu helfen. Offensichtlich hat er nicht viel Erfahrung darin, denn er packt eine Flasche Grillstarter und schüttet eine Ladung davon quer über die glimmende Kohle. Eine riesige Stichflamme schnellt empor, knapp an seinem Gesicht vorbei. Vreni, die zuvorderst steht, springt mit einem Aufschrei zur Seite.

«Endlich», ruft der ganz und gar nicht beeindruckte Grillchef, nimmt mit einer Grillzange ein paar Steaks, Hühnerschenkel und Würstchen und legt sie auf das Gitter mitten ins Feuer. Gut gelaunt wie wir sind, brechen wir in schallendes Gelächter aus. Trotz etwas angekohltem Fleisch sind alle in bester Stimmung, stossen auf die bisher gut verlaufene Reise an und tauschen ihre Tageserfahrungen aus.

Verspätet kommt Lucie ziemlich verstört auf uns zu.

«Was ist denn mit dir los!», rufe ich ihr entgegen. «Komm, setz dich zu uns.»

Nachdem ihr jemand Essen und Trinken geholt hat und sie ein paarmal durchatmen konnte, weiht sie uns in ihre Bestürzung ein: «Ich komme gerade von einer medialen Sitzung mit Sheila.»

«Die kann nicht gut gewesen sein», schliesse ich aus ihrem Zustand.

«Doch», kontert sie, «sehr gut sogar. Aber diese Frau hat meine ganze Welt auf den Kopf gestellt!»

Ich schaue sie verwundert an: «Wie?»

«Mein Leben werde sich um 180 Grad wenden, ich sei medial begabt, und es schlummere ein künstlerisches Talent in mir, meinte sie. Ich soll mich nicht länger von meinem Mann tyrannisieren lassen, mich auf die Beine stellen und das Leben so leben, wie ich es mir vorstelle. Die Kraft dazu hätte ich.»

Rund um den Tisch wird geklatscht und Lucie gratuliert. Diese ist weniger euphorisch: «Jetzt kommt das Umsetzen», meint sie mit einem erzwungenen Lächeln.

Das Dessert wird gebracht, Zeichen für die Band mit ihrer musikalischen Unterhaltung zu beginnen. ‹In the mood› fährt Alex in die Beine, und er ist nicht mehr zu halten. Charmant bittet er mich um einen Tanz und wirbelt mich im Swing-Stil im Kreis herum. Walter macht es ihm gleich, fordert Karina mit einem Handkuss zum Tanzen auf, und schwingt sie elegant zwischen den Tischen umher.

Ich stupfe Alex: «Schau mal dort hinüber. Bill hat Anna zum Tanzen geholt.»

«Mhm, und es umgibt sie beide eine Art Vertrautheit», meint er lächelnd.

Die anderen plaudern und haben Spass. Es herrscht ausgelassene Stimmung; ein wunderbares Ausklingen des zweiten, erfolgreichen Reisetages.

MYSTIK AUF DEM BLACK
AND WHITE TRAIL

«Was für ein schöner Tag sich uns heute präsentiert», verkündet Alex im Bus am nächsten Morgen.

Der Himmel erscheint grösser hier in dieser gebirgslosen Landschaft und spannt sich zartblau über die erwachende Stadt sowie die angrenzenden weiten Felder. Nur im Westen schieben sich graue Fetzen vom Bristolkanal in unsere Richtung.

«Die Fahrt nach Wales führt uns über einen beabsichtigten Umweg durch den ‹Black and White Trail›, den ‹Schwarzweiss-Pfad›,» berichtet Alex weiter. «Der Begriff leitet sich von den vielen alten Fachwerkhäusern in der Region ab. Hier in Nord-Herefordshire legt man grossen Wert darauf, diese alten Häuser zu erhalten, denn was wir heute komfortabel vom Bus aus bestaunen können, sah schon im Mittelalter ein Reisender von seiner Kutsche aus.

Auch hier ist die Mystik zu finden, von der ich gesprochen habe. Man kann sie nicht suchen, aber man spürt sie, wenn man durch die ruhigen Strassen läuft, entlang Blumengärten hinter Lattenzäunen, vorbei an frei stehenden Glockentürmen mit beilbehauenen, mächtigen Eichenbalken, oder etwa in einem Friedhof mitten unter uralten, schiefen Grabsteinen und keltischen Kreuzen.»

Im idyllischen Weobley machen wir Halt und kehren in der Teestube ‹The Gable› ein. ‹Erbaut 1530› steht auf dem Schild neben dem Eingang. Die Männer müssen sich beim Eintreten bücken, denn der Türrahmen und die mit Hopfenblüten geschmückten Deckenbalken sind niedrig. Das freundliche Ehepaar ist sehr beflissen es uns an den Tischen behaglich zu machen, wo selbstgebackene, knusprige Scons, Erdbeermarmelade und butterdicke Sahne schon für uns bereitgestellt wurden. Ein echter ‹Cream Tea›.

«Wir haben sie gespürt die Mystik, Alex!», rufen ein paar gut gelaunt, als sie wieder in den Bus steigen.

LUNCH IN DER SCHEUNE
DER ABERCRIBAN FARM

Weniger gut gelaunt ist der Himmel. Er erweist sich als Miesmacher, und hat sich in der Zwischenzeit mit einer grauen Wolkendecke überzogen. Meine Moral sinkt. Noch können wir uns ohne Regen der grünen Hügel des Brecon Beacon mit ihren Schafen und Farmen erfreuen, doch dann zeigen sich dicke Tropfen auf der Windschutzscheibe und meine Hoffnung auf gutes Wetter fällt in den Keller.

Als wir in Pant beim Bahnhof der Schmalspurbahn aus dem Bus steigen, müssen Schirme und Jacken aus den Rucksäcken gekramt werden. Die rote Lokomotive zischt und dampft und wirkt wie ein ungestümes Pferd, das trotz Regen losstürmen möchte. Auch unsere Leute scheinen durch die Wetterverschlechterung nicht verstimmt zu sein und besteigen mit überraschend guter Laune die hölzernen Waggons. Mit ihren Ärmeln wischen sie auf der Fahrt immer wieder über die sich anschlagenden Fensterscheiben, um etwas von der Gegend zu sehen. Meine Gedanken sind bei Gwyneth und dem versauten Garten-Picknick.

Über einen matschigen Weg und tiefe Pfützen führe ich in böser Vorahnung die Gruppe von der Endstation den kurzen Anstieg zur Abercriban Farm hinauf. Auf der Anhöhe will ich links zum Wohnhaus abdrehen, höre aber Gwyneths Stimme von gegenüber ‹hierher› rufen. Ich wende mich der enormen Scheune zu, und tatsächlich, da steht die Schafbäuerin in hohen Stiefeln und dickem Parka mit hochgezogener Kapuze und winkt uns zu sich.

Froh, unter Dach zu kommen, schlüpfen wir eilig durch das Scheunentor. Was für ein Anblick! Auf der flachen Seite mehrerer gerollter Heuballen hatte Gwyneth mit ihren Helfern schneeweisse Tischtücher und ihr bestes Geschirr ausgebreitet. In schönen Anrichteschalen warten feine Leckerbissen auf uns, und auf einem alten Holztisch steht ein riesiger, silbrig glänzender, dampfender

Samowar. Direkt angrenzend liegt eingezeunt eine Handvoll Lämmer auf Stroh.

«Sie haben ihre Mütter verloren und müssen von Hand aufgezogen werden», erklärt uns Gwyneth. «Nun bedient euch bitte vom Buffet», ruft sie dann. «Den Tee serviere *ich* euch.»

Ich bin den Freudentränen über ihre Bemühungen nahe, als ich sehe, was sie damit meint: In mehreren Teekannen hatte sie starken Tee vorbereitet. Nun nimmt sie eine Tasse, gibt zuerst Milch hinein, dann den starken Tee. Anschliessend öffnet sie das Hähnchen am Samowar und giesst kochendes Wasser über die Mischung. So bekommt einer nach dem anderen diese wohlriechend Spezialmischungen. Wie Balsam geht sie hinunter und erwärmt mein Gemüt.

«Du hast dich wahrlich als Gastgeberin bewährt meine liebe Freundin», schwärme ich und umarme Gwyneth.

Sie zeigt auf das Grüppchen ihrer Familienmitglieder: «Meine Leute haben es möglich gemacht», strahlt sie stolz.

Auch die Lämmer scheinen sich über die festliche Stimmung zu freuen und haben sich hinter der Umzäunung versammelt. Neugierig schauen sie auf das muntere Treiben. Es ist keine Frage, alle fühlen sich wohl und sind vergnügt, auch wenn das Wetter die geplante Hügelbesteigung vereitelt hat.

JUBEL AN DER RHOSSILY BUCHT

Dann geht die Reise weiter. Je mehr wir uns nach der wunderbaren Mittagspause von der bergigen Gegend der Breacons entfernen, desto weiter lassen wir auch die Wolkenschicht hinter uns und fahren einem sonnigen Tag entgegen. Vorne, neben dem Chauffeur, habe ich einen VIP Platz mit bester Sicht und ziehe meine Videokamera aus dem Rucksack. Nach etwa einer halben Stunde Fahrt Richtung ‹Swansea› habe ich den blauen Streifen des Bristolkanals auf der Linse, der dort ins offene Meer übergeht und mit dem Azur des Himmels verschmilzt. Von dort ist es nicht mehr weit zur Rhossily Bucht, und gespannt warte ich auf das Auftauchen des Drachenkopfs. Dann ist es so weit. Hinter mir haben sich die meisten aus ihren Sitzen erhoben und sind unter Begeisterungsrufen am Fotografieren.

«Es ist jetzt sechzehn Uhr», sage ich durchs Mikrofon. «In ein paar Minuten sind wir beim Hotel. Zwischen dem Einchecken und dem Abendessen habt ihr zwei Stunden, um euch eurer Erkundungslust hinzugeben. Auch der morgige Tag steht uns dafür ganz zur Verfügung.»

Alex übernimmt das Mikrofon: «Ich mache euch einen Vorschlag. Weit unten seht ihr jetzt auch den sandigen Küstenstreifen, der, wie mir Christina sagt, über einen zwar steilen aber stabilen Pfad gut erreichbar ist. Nach dem Abendessen treffen wir uns dort unten.»

Eine Stunde nach dem fabelhaften Dinner, bei dem auf der Anrichte von verschiedensten Fleisch- und Fischsorten über alle möglichen Beilagen und Salate bis hin zum Dessert nichts fehlte, steigen wir zum Strand hinunter. Golden glänzt das Meer in der Abendsonne und trägt kleine, sacht rauschende Wellenlinien an das mit Muscheln und kleinem Schwemmholz übersäte Ufer. Ich ziehe meine Schuhe aus und lasse meine Füsse in den ockergelben Sand sinken. Die beim Laufen entstehende Spur verweht jedoch bald in der steten Brise. Angrenzendend ragt der mit Gras und lila leuchtendem Heidekraut bewachsene Buckel des ‹Rhossili Down› in die Höhe. Auf dem Kamm erspähen wir noch späte Wanderer.

Aus einer windstillen Ecke der Bucht winken uns Karl und Silva zu. Etwas früher heruntergekommen sind sie dabei, Schwemmholz zu sammeln.

«Wir machen ein Lagerfeuer», rufen sie.

Mit jedem Zweig, den die weiteren Ankommenden mitbringen, wird der Holzhaufen grösser. Aus den alsbald züngelnden

Flammen hat sich rasch ein lustiges Feuer entwickelt, um das wir uns setzen und bald in heitere Gespräche vertieft sind. Alles Möglichen wird aufgetischt – natürlich auch Geistergeschichten. Leila, unsere gruppeneigene Hellsichtige, weiss sogar von selbst erlebtem Spuk zu berichten.

Die Nacht senkt sich sanft auf uns herab, und man hat den Eindruck, die Sterne nähern sich der Erde. Es ist kühler geworden, und die Paare kuscheln sich aneinander. So auch Anna und Bill.

Vor dem Aufstieg zurück zum Hotel meldet sich Leila nochmals. Nachdenklich streicht sie sich ihre vom Wind zerzausten roten Krausen aus dem Gesicht.

«Soeben ist mir ein inneres Bild gekommen, und das ist keine Spukgeschichte, sondern eine Warnung. Jemand muss beim Aufstieg sehr aufpassen, dass ihm oder ihr nichts passiert. Ich sehe jedoch nicht, wer es ist.»

«Da bin ich aber froh um meine neuen Schuhe», wirft Anna heiter ein. «And for your hand», flüstert sie Bill zu, der daraufhin bestätigend die ihre fester drückt.

Kaum haben wir begonnen zu steigen – wir sind uns noch am Wundern, von wem die Rede sein könnte – hören wir Kieselsteine rollen. Unser liebgewonnener 80-jähriger Pfarrer, der im Dunkeln nicht mehr gut sieht, ist auf dem steilen Pfad ins Rutschen gekommen. Sofort eilen ihm mehrere Hände zu Hilfe. Vorne wird er gezogen und hinten geschoben.

«Danke Leila», rufen wir im Chor. «Schön, dass wir unser eigenes Medium dabei haben!»

Während des Frühstücks am nächsten Tag, der uns frei zur Verfügung steht, verkünden Alex und ich, dass wir den Rhossily Down besteigen werden. Die meisten entscheiden mitzukommen. Punkt zehn Uhr versammelt sich die Wandergruppe vor dem Hoteleingang und marschiert in guten Schuhen und munterer Stimmung zum Startpunkt des Hügelpfades, der durch eine Wandertafel, *Coast Path / Llwybr yr Arrondir*, ausgeschildert ist.

Immer höher führt von da an der Pfad über den fast zweihundert Meter hohen, baumlosen, mit Gras und Blumen bewachsenen Hügelzug. Schafe und Ponys grasen friedlich vor sich hin, und verschiedene Vogelarten nisteten in den Nischen der Klippen. Die Pracht des Panoramablicks über Land und Meer ist unbeschreiblich. Kein Foto wird dieser atemberaubenden Szene gerecht; sie ist wahrlich mystisch.

DIE STILLE SCHREI
DER ABTEI ZU TINTERN

Am nächsten Tag geht es weiter zur Klosterruine von Tintern. Auch mit der Gruppe will ich nicht wie ein herkömmlicher Touristenschwarm direkt zur Abtei fahren, Fotos machen und wieder gehen. Auf meiner Entdeckungstour hatte ich einen Leckerbissen gefunden, und den sollen auch meine Mitreisenden auskosten dürfen.

Entzückt vom Naturpfad folgen wir dem romantischen, sich gemächlich dahin windenden ‹River Wye›, bis die mir schon bekannte lichte Waldstelle die Sicht auf die Ruinen der Zisterzienser Abtei freigibt, die geisterhaft ihre dachlosen Giebel in den Himmel streckt.

«Wow», ist rundum zu hören. Die alten Mauern rufen den Betrachtern ihre stille Klage entgegen. Viele sind gefesselt, manche schmerzlich berührt. Es scheint, als wolle das Fotografieren gar nicht mehr aufhören.

«Euch ergeht es wie mir vor einem Jahr», teile ich meine Betroffenheit mit ihnen. «Doch auch heute erfasst mich die Trauer über das Schicksal jener Menschen die 1536, nach der Errichtung der anglikanischen Staatskirche durch Heinrich VIII und die darauffolgende Auflösung aller Klöster, gezwungen waren, diesen Ort zu verlassen. Heinrich konfiszierte alle Besitztümer klösterlicher Einrichtungen in England, Wales und Irland und hat somit die Existenz von Tausenden von Mönchen und Nonnen, die nie etwas anderes gekannt hatten, zerstört und sie heimatlos gemacht. Die Mauerreste sind immer noch durchtränkt mit diesem dramatischen Geschehen. Das ist es, was den Ort mystisch macht.»

WILTSHIRE: HEIMAT DER MYTHEN, LEGENDEN UND KORNKREISE

«Unsere nächste Unterkunft wird Sie begeistern», verkündet Alex am nächsten Morgen, als wir wieder an Bord unseres *mystischen Raumschiffes* gehen, das uns sowohl zu anderen Orten als auch in andere Bewusstseinswelten führt. «Vier Nächte werden wir im ‹Urchfont Manor› wohnen, einem Herrschaftshaus aus dem 17. Jahrhundert mitten in Wiltshire, dem Gebiet der Mythen und Legenden sowie der Kornkreise.

Schon bei der Anfahrt durch eine wunderschöne Parklandschaft mit riesigen alten Bäumen wird das hübsche Gutshaus aus roten Ziegeln sichtbar. Die freundliche Eingangshalle mit ihren vielen Bilder an den hohen Wänden ist durch die grossen Fenster auffallend hell. Das ganze Gebäude wirkt familiär, und einige haben das Gefühl, heimgekommen zu sein, wenn nicht im Haus, so doch in diesem Gebiet.

Ich erkundige mich sofort nach Annas Koffer. Aber leider ist dieser immer noch nicht angekommen. Meine Versuche bei ‹British Airways› anzurufen, verlaufen im Nichts. Der Anrufbeantworter gibt ein paar krächzende Töne von sich und hängt mich ab. Aufgebracht blicke ich zu Anna hinüber und hebe resigniert die Schultern.

«Nicht ärgern», sagt sie, «ich hab ja gottlob meine Freundinnen, die mir aushelfen.»

Freudig begrüsse ich dann die beiden schon eingetroffenen englischen Medien, die besten die ich je kennengelernt habe: Sheila W. sowie Pam, die mir vor ein paar Jahren in St. Gallen einen neuen Partner vorausgesagt hat. Sie sind angereist, um unseren Leuten an allen vier Abenden, separat buchbare, mediale Sitzungen anzubieten. Ausserdem stellen zwei geistige Heiler ihre Fertigkeiten zur Verfügung.

Bill, der in diese Gegend zu Hause ist, wohnt während der nächsten Tage nicht in unserer Unterkunft. Nach dem Abendessen verabschiedet er sich von Anna, die dem in der Dämmerung verschwindenden Reisebus noch lange nachwinkt.

AVEBURY, WEST KENNET LONG BARROW UND SILBURY HILL

Am nächsten Morgen stösst Geoff wieder zu uns. Mit seiner aufgestellten Art löst er im Frühstücksraum sofort Freude in unserer noch halb verschlafenen Gruppe aus.

«Der heutige Tag ist den prähistorischen Stätten ‹Avebury›, ‹West Kennet Long Barrow› und ‹Silbury Hill› geweiht», kündigt er an.

Im Bus wartet ein anderer Chauffeur auf uns. Bill ist angeblich krank. Anna will sich ihre Enttäuschung nicht anmerken lassen und macht eine tapfere Miene. Damit täuscht sie aber niemanden.

Schon auf der Fahrt und dann an Ort und Stelle umgarnt uns Geoff wieder mit seinen fesselnden Berichten. «Was wir soeben betreten haben, ist der innere Kreis des ‹Avebury Henge›. Dieser Megalithenkreis ist der größte der Welt und umfasst achtundzwanzig Hektar. Dieser berühmte Landschaftstempel wurde vor circa viereinhalbtausend Jahren erbaut. Leider hat er nur noch sechsunddreissig von seinen ursprünglich einhundertvierundfünfzig bis zu fünf Meter hohen Steinen, denn diese wurden über die letzten Jahrhunderte aus Aberglaube demoliert und vergraben.»

Mir zieht es den Magen zusammen ob der destruktiven Ignoranz der Menschheit.

«Wie schon erklärt», sagt Geoff, «kommt die Energie von der Michaels- und der Marienlinie. Sie fliessen genau hier wo wir stehen durch, und wir werden sie jetzt mit unseren Ruten aufspüren.»

So erhalten wir an diesem Tag unsere zweite Lektion im Rutengehen. Mit der Rute nach vorne gerichtet, suchen und finden wir nach einigen Metern den Rand des Energieflusses. Die Ruten schlagen seitlich aus, und indem wir der angezeigten Richtung folgen erreichen wir zwei sehr hohe Steine.

«Hier befindet sich ein Tor mit sehr hoher Energie, denn die beiden Linien treffen sich und fliesen zusammen hier durch.»

«Wie ein Hochzeitspaar», sagt Annelies.

«Du hast es erfasst», gibt Geoff bedeutungsvoll lächelnd zurück. «Die Vereinigung macht sie stark.»

Dann dreht er sich um und weist auf eine bestimmte Stelle. «Ein alter Prozessionsweg, die ‹West Kennet Avenue›, verbindet diesen Steinkreis mit den prähistorischen Stätten ‹Sanctuary›, ursprünglich ein Tempel der Muttergöttin, und ‹West Kennet Long Barrow›, ein etwa fünfeinhalbtausend Jahre alter, lang gezogener, neolithischer Grabhügel, in dem die regierende Klasse beigesetzt wurde. Ihre Gebeine wurden noch lange für Rituale benutzt. Dort fahren wir als nächstes hin.»

«Ich fahre nicht, ich gehe zu Fuss», teilt Alex mit.

«Ich komme auch», ruft Bruno, der gerne Alex' Gesellschaft sucht. «Ich habe ein paar Fragen an dich.»

«Wir wollen auch lieber laufen », melden sich noch ein paar andere. Und so zieht Alex mit einem kleinen Marschtrupp los.

Wir Busfahrende haben uns beim Langgrab schon ins Gras gelegt, in der Vermutung, lange auf die anderen warten zu müssen, da kommen sie schon vergnügt daher.

Heike lacht und setzt sich zu uns ins Gras: «Wir sind über ein abgemähtes Feld auf den weitum sichtbaren ‹Silbury Hill› zugelaufen.

Von dort sind wir einem Bach gefolgt, und haben euch aus der Ferne schon gesehen».

«Wenn ihr am Silbury Hill vorbei gelaufen seid, habt ihr euch sicher über seine Ebenmässigkeit gewundert», fragt Geoff.

«Das haben wir tatsächlich», antwortet Markus und rückt seine Schildkappe zurecht.

«Es ist kein natürlicher Hügel, sondern eine Art Pyramide, auch genannt ‹Hügel der leuchtenden Wesen›, erklärt Geoff. «Er wurde aus verschiedenen Schichten konstruiert: Stein, Erde und Holz, um wie eine Batterie zu wirken. Er sollte die Energien sammeln und lagern, und wenn der Energiefluss im Umfeld niedrig war, wieder auf das Land zurückströmen. Unsere Vorfahren aus der Steinzeit hatten aufgehört Jäger und Sammler zu sein und betrieben Ackerbau und Viehzucht. Ohne technische Hilfe, wie wir sie kennen, waren sie ganz auf die Natur und die Götter angewiesen. Mit den Erdenergien versuchten sie die Fruchtbarkeit der Erde zu erhöhen, und mit der Verehrung der Götter, deren Wohlgefallen zu gewinnen.»

GLASTONBURY – DAS ALTE AVALON

Auch am nächsten Tag haben wir Glück mit dem Wetter. Ausser ein paar Schäfchenwolken trübt nichts den blauen Himmel. Beim Frühstück weihe ich unsere Leute über die einzigartige Atmosphäre der alten, heiligen Stadt ‹Glastonbury› ein, die heute auf dem Programm steht.

«Zu ihr pilgern nicht nur Christen und Anhänger des König Arthus Mythos, sie ist auch die Hauptstadt des ‹New Age› in Europa», weiss ich zu erzählen.

Die angekündigte Atmosphäre kommt uns schon auf dem Weg vom Parkplatz zur Klosterruine entgegen. In den Schaufenstern der Buchhandlungen wird vom Esoterik-Handbuch über

Arthuslegenden bis hin zu Anleitungen zum Gebrauch von Hanf alles angeboten. Im Handumdrehen befinden wir uns im Bannkreis der Flower Power sowie dem verschollenen Camelot, denn wir sehen uns nicht nur umgeben von Hippies, sondern auch von Göttinnen allen Alters, Hexen und Druiden – jeder nach seiner Fantasie.

Bevor wir das Klostergelände betreten, führt uns Geoff auf einen kleinen Hügel neben der verfallenen Abtei und bleibt unter einem Baum stehen.

«Es gibt wohl kaum einen magischeren Ort in England als Glastonbury», beginnt er seine Ausführungen. «Wir befinden uns in einem der wichtigsten spirituellen Zentren unseres Planeten. Die Schleier sind hier dünn, denn es ist das Tor zu einer mystischen Welt. Als wichtiger Akupunkturpunkt, bekannt als das Herzchakra des Erdkörpers, besitzt es eine heilige Schwingung. Die kraftvollen Linien männlicher und weiblicher Energie vermögen das Herzchakra zu öffnen. Dieser Prozess wird nicht unbemerkt an Ihnen vorübergehen.»

«Ich spüre es jetzt schon und bin überzeugt, Geoffs Herzchakra ist weit geöffnet», flüstert mir Susi ins Ohr, «er ist so liebenswürdig.»

«Schon möglich», antworte ich leise zurück und muss ob den glänzenden Augen der jungen Frau schmunzeln.

«Ursprünglich war der Ort eine Insel, genannt ‹Avalon›», setzt Geoff fort, «die sich aus den ‹Sommerset Lowlands› erhob, das einst grossteils unter Wasser stand. Die Kelten glaubten, es sei ein Ort der Unsterblichkeit, und dass der Gott der Anderswelt hier wohne. Aus diesem Grund haben sie ihre im Krieg verwundeten Helden hier hergebracht.»

«Ist nicht auch König Artus hier begraben?», fragt Lara und schaut hinter ihrer Kamera hervor.

«*Exactly*», sagt Geoff. «Der Legende nach wurde der tödlich verletzte Hochkönig von Britannien und seine Frau Ginevra auf dem Gelände der Abtei beigesetzt.

Hier stehen wir auf dem ‹Wearyall Hill›, der als der heiligste Boden Britanniens gilt. *Weary* heisst müde, und müde, nachdem er mit dem Schiff in England gelandet war, soll Josef von Arimathäa, der Onkel der Jungfrau Maria, mit seinem Stab diesen Hügel erklommen haben. Oben angekommen, steckte er laut Überlieferung den Stab in den Boden, woraus der Weissdornbaum entstand, unter dem wir uns befinden. Das hört sich wie eine schöne Geschichte an, aber es ist mehr als das. Dieser Baum ist in der Tat etwas ganz Besonderes. Botaniker haben ihn untersucht und festgestellt, dass er zweifelsfrei aus dem Heiligen Land kommt.»

«Ich habe gelesen, dass er am Weihnachtstag blüht», teilt uns Lara mit, «und dass der englischen Königin jedes Jahr eine Blüte für ihren Weihnachtstisch gesandt wird.»

«Ja, darüber freut sie sich anscheinend sehr», sagt Geoff lächelnd und setzt seinen Bericht fort.

«Der als Christ verfolgte Josef von Arimathäa hatte in einem Traum die göttliche Anweisung erhalten mit seinem Schiff und noch anderen verfolgten Christen aus dem Heiligen Land zu fliehen und gegen Westen zu segeln, bis er zu einem spitzigen Berg komme. Als er nach langer Fahrt und Suche den Hügel ‹Tor› erblickte, wusste er, er hatte sein Ziel erreicht.»

«Haben die einheimischen Druiden, also die geistigen Führer der Kelten, den Christen denn erlaubt, sich in ihrem Gebiet anzusiedeln?», fragt Marcus, der sich ein wenig auszukennen scheint.

Geoff nickt: «Den Berichten zufolge, ja. Josef baute mit seinen Leuten zwölf Zellen aus Holz und Lehm. Über die Jahrhunderte hinweg sind dann die ersten christlichen Kapellen und Kirchen und schliesslich die mächtigste Abtei Englands entstanden. Ende des 12. Jahrhunderts brannte sie jedoch bis auf die Grundmauern nieder. In den Trümmern wurden die Gebeine eines grossen Mannes mit einer schweren Kopfverletzung und die einer Frau gefunden. Daneben soll ein metallenes Kreuz gelegen sein mit der Inschrift: ‹Hier liegt der berühmte König Arthur auf der Insel

Avalon begraben›. Hundert Jahre später wurden, im Beisein von König Edward I und seiner Gemahlin, Königin Eleanor, Gebeine und Kreuz unter dem Hochaltar der neu erbauten Abtei beigesetzt. Diese verschwanden aber, als 1539 Heinrich VIII Kloster und Kirche zerstören liess. Wir werden nun ein paar Schritte weitergehen, zu den Ruinen der Abtei.»

Im Gänsemarsch folgen wir unserem Guide und bleiben von Ehrfurcht ergriffen, vor den sagenumwobenen Überresten des enormen Klosterkomplexes, stehen.

«Skrupellose Anführer hat die menschliche Geschichte immer schon gekannt», setzt Geoff seine Schilderungen fort, «aber beim blutigen Heinrich trifft diese Beschreibung besonders zu. Nichts war ihm heilig, ausser seinem eigenen Willen. Wie auch von Hunderten anderen Abteien eignete er sich die Schätze dieses einst wohlhabenden Benediktinerklosters an, Zentrum der Macht und Gelehrsamkeit dieser christlichen Mystiker, und liess für die Herstellung von fünfhundert Kanonen, die er brauchte, um sich gegen die Franzosen und Spanier zu verteidigen, das mehrere Tonnen schwere Bleidach herunterreissen. Der Rest wurde dem Zerfall überlassen. Überlebt hat aber der Mythos, Artus und seine Königin Ginevra seien in Glastonbury begraben worden.»

«Wie es scheint, haben sich auch die Christen das alte Wissen über die Kraftlinien zunutze gemacht, wenn sie ihre Kirche hier errichtet haben», sagt unser Pfarrer.

«Sie wussten genau Bescheid», antwortet ihm Geoff. «Und das ist ja das Spannende. Nicht nur haben sie den ganzen Klosterkomplex über der Marienlinie gebaut, sondern das Allerheiligste, den Hochaltar, so ausgerichtet, dass er auf dem Punkt steht, wo die Michaels- und die Marienlinie sich kreuzen.»

Nun zieht Geoff die Drahtruten wieder aus seinem Rucksack, verteilt sie und heisst uns, ihrer angezeigten Richtung zu folgen. In einer geraden Linie führen sie uns an den Mauerresten entlang, bis zu einer kleinen eingezäunten Stelle. Geoff hält seine Rute darüber und wir die unseren. Sie drehen sich wild im Kreis. Erfreut über seine nun schon erfahrenen Rutengänger-Schüler verkündet er: «Wir stehen am Hochaltar!»

Während der Mittagspause verteilen wir uns in den verschiedensten Strassencafés und begeben uns eine Stunde lang in die rätselhafte Welt der Sinnsucher aller Arten, die diese kleine Stadt jeden Sommer überschwemmen.

Ausgerüstet mit unseren Drahtwerkzeugen pilgern wir anschliessend zu zwei weiteren geheimnisumwobenen Orten: zum ‹Tor› und den ‹Chalice Well Gärten›.

«Tor», hören wir dort Geoff, «bedeutet Hügel oder Gipfel. Er ist seit Jahrtausenden mit Magie und Mysterium verbunden. Darunter kreuzen sich wieder die beiden Energielinien, und deshalb ist auch dies ein grosser Kraftort. Wer sich darauf einlässt, spürt förmlich die Vitalität, die aus dem Boden strömt.»

«Dann ist es ja höchste Zeit, dass wir hierhergekommen sind», meint Karl und schaut vielsagend in die Männerrunde.

Nickend und schmunzelnd wird er bestätigt.

Nicht weit vom Tor entfernt verlautbart Geoff: «Dieses mit Eisenoxid rot gefärbte Wasser des ‹Chalice Well› ist eine heilige Quelle. Sie ist eng mit der Gralslegende verflochten, denn Josef von Arimathäa soll hier den heiligen Gral mit dem Blut Christi vergraben haben, woraufhin die Quelle entsprang, welcher Heilwirkung nachgesagt wird. Macht einen Spaziergang durch diese lieblichen Gärten, trinkt das Wasser des Brunnens, und wenn ihr wollt, legt euch ins Pilgerbassin, wie es Tausende von Pilgern über die Jahrhunderte machten und heute noch tun. Im Chalice Well Shop beim Eingang könnt ihr leere Flaschen kaufen, um sie mit dem Wasser abzufüllen.»

Der kleine Laden erweist sich als wahre Fundgrube. Er führt ausser den Flaschen auch Bücher, Schmuck, Kerzen, Aura Sprays und Essenzen. Eine Traube unserer Frauen hat sich um die Essenzen gebildet, und ihre Wirkversprechen werden laut vorgelesen.

«Goldene Rose für Freude und Seelentrost», liest Clara.

«Schneeglöckchen für die Selbstfindung», hören wir von Trixi.

«Ich hab auch etwas Tolles gefunden!» Leila hält triumphierend ein Fläschchen hoch. «Sandelholz für die Öffnung des dritten Auges.»

«Und hier steht Magnolie für Liebesglück und Leberreinigung», kichert Susi. «So eines kauf ich mir.»

«Ich auch», sagt Anna mit einer Pokermiene. «Leberreinigung kann ich gut gebrauchen.»

MITTEN IM HERZ
VON STONEHENGE

Am nächsten Morgen heisst es früh aufstehen, denn mit Isabelle Kingston, Astrologin, Medium und Expertin auf dem Gebiet der Kraftplätze, dürfen wir schon um fünf Uhr morgens direkt in den Megalithenkreis, der untertags gegen den grossen Touristenstrom abgeriegelt ist. Sie erwartet uns schon vor Ort, und Geoff, der mit ihr befreundet ist, begrüsst sie aufs Herzlichste.

Noch jemand ist überglücklich: Anna. Bill ist wieder unser Chauffeur und hat ihr ein Sträusschen mitgebracht. Starke Zahnschmerzen hatten ihn gestern gezwungen, notfallmässig den Zahnarzt aufzusuchen.

«Ich glaube, ich habe nicht genug Lebertröpfchen genommen», lamentiert Susi vor sich hin und schielt zu Geoff hinüber.

Isabelle, eine grosse, imposante Frau mit wallender Haarpracht, gibt uns Einblick in diese viel besuchte, doch immer noch geheimnisvolle Stätte. Ganz still, ohne zu unterbrechen, lauschen wir gespannt ihren Worten.

«Wir stehen an einem ganz besonderen Ort, dem Allerheiligsten unserer Vorfahren, die aus den Sternen kamen», beginnt

Isabelle. «Das Gebiet hatte eine derart enorme Bedeutung, dass sie auch ihre Gebeine hier beisetzen liessen. Rund herum seht ihr Grabhügel. Davon gab es Tausende. Heute sind sie fast alle verschwunden.

‹Stonehenge›, ist ein Kraftportal», schildert sie weiter, «darunter kreuzen sich vierzehn Kraftlinien, die einen mächtigen Wirbel verursachen. Unsere Vorfahren wussten das. Sie hatten Zugang zu Kenntnissen, die uns entschwunden sind.

Ihr seht einen äusseren Kreis mit grossen Steinen, die ursprünglich alle Quersteine oben drüber hatten, sodass es einen geschlossenen Kreis ergab. Sie sehen aus wie Tore, und die Menschen glaubten, dass die Götter durch diese Tore zu ihnen kommen.

Die grossen Steine wurden aus der Gegend von Avebury hierher gebracht und sind von einer besonderen Komposition. Sie sollen die Energie der *Ley-Linien* halten. Das Kristall darin soll mit dem Wasser im Boden kommunizieren, um das Land energetisch aufzuladen.»

Unser Pfarrer zückt seinen Notizblock, auf dem er Fragen vorbereitet hat: «Weiss man denn jetzt mehr, wie der Transport vonstatten ging, besonders über grössere Distanzen?»

«Nehmen wir als Beispiel die kleineren Steine, genannt *blue stones*, die aus Wales kommen», antwortet Isabelle. «Man hat berechnet, dass es zweihundert Menschen bräuchte, um einen von ihnen zu heben. Von den grossen gar nicht zu reden. Das ist auch ein Beweis dafür, dass sie damals das Wissen hatten, wie man etwas energetisch hebt und transportiert, ohne es mechanisch zu bewegen.»

Dann geht Isabelle zu einem der liegenden Steine und legt ihre Hand drauf. «Hier möchte ich euch etwas Besonders zeigen, das ein alltäglicher Besucher nicht erlebt. Es befinden sich hier drei Punkte in einem Dreiecksabstand, welche die Fähigkeit haben, die Menschen auf Astralreisen zu schicken. Im Moment ist die Energie niedrig, und nur der Platz hinter diesem Altarstein ist noch stark genug, um die Astralreisen zu begünstigen. Wer möchte, kann sich hier hinstellen und so eine Reise versuchen. Danach geht und spürt den ganzen Ort und nehmt die verstärkte Energie dieser heiligen Stätte auf. Sie kann eure Herzchakren öffnen. Das wird mehr Freude und Leichtigkeit in eure Leben bringen.»

Die Worte Herz, Freude und Leichtigkeit holen uns aus unserer Verzückung. Natürlich wollen wir alle eine Astralreise machen und stellen uns einer nach dem anderen auf den Altarplatz.

Ob das, was wir dabei erleben, tatsächlich eine Reise ist, kann ich nicht beurteilen. Auf alle Fälle sind wir beeindruckt, berührt und manch einer sogar aufgewühlt.

DAS MYSTERIUM
DER KORNKREISE

Unser Mittags-Picknick haben wir im ‹Barge Inn› geplant, einem Pub im Dörfchen Honey Street, das zum offiziellen Ort für das Kornkreis-Geschehen ernannt wurde. Geoff weiss, dass dort die aktuellsten Informationen ausgetauscht werden, und er auf diese Weise von den neuesten Kreisen hören wird.

«Beobachtet wurde dieses Phänomen in Europa schon im 16. Jahrhundert, aber meist für ein teuflisches Werk gehalten», erzählt uns Geoff auf der Fahrt dorthin. «Neuerdings sind diese mysteriösen Formationen im Südwesten Englands auf Mais- und Weizenfeldern wieder aufgetaucht. Seit den späten 1980er-Jahren gibt es an die zweitausend dieser zum Teil riesigen Muster. Man hat die Entstehung nie beobachtet, jedoch hin und wieder die begleitenden Umstände.»

«Was hältst du von der Theorie, dass sie von Ausserirdischen gemacht werden?», fragt Stefan.

«Tatsächlich vertreten manche diese Ansicht», antwortet Geoff. «Und in einem Jahr gab es sogar einen Kreis mit dem Gesicht eines Ausserirdischen, mit dem Piktogramm einer Info-Disk am unteren Ende angehängt. Aber es kann genauso gut sein, dass die Vorstellung, also das Bewusstsein vieler Leute die daran glauben, diese Wunderwerke hervorbringen.»

«Auf jeden Fall bin ich schon neugierig, wie die von oben aussehen», sagt Walter. «Morgen Vormittag können wir diese geheimnisvollen Erscheinungen ja vom Kleinflugzeug aus bestaunen.»

«Absolut super Idee», erwidert Geoff. «So könnt ihr sie in ihrer Ganzheit erfassen. Zum Teil sind sie so gross – der grösste entstand 1996 in Asbury mit einem Durchmesser von 756 Meter – dass man beim Hineinlaufen total den Überblick verliert. Am Nachmittag erleben wir dieses Phänomen dann hautnah. Nicht alle Bauern freuen sich darüber und mähen sie sofort nieder. Andere lassen sie stehen, bitten aber die Besucher das umliegende Feld nicht zu zertrampeln.»

Der Gastgarten des Pubs, ein einfacher gelber Ziegelbau direkt am blumenbesäumten Avon und Kennet Kanal, bietet sich perfekt für die Mittagspause an, ob wir nun unsere Brötchen verzehren oder uns an der Theke etwas Warmes holen.

Mit ein paar von uns im Gefolge begibt sich Geoff sofort in den Hinterraum, wo die Wände gepflastert sind mit Fotos von den neuesten, aber auch alten Kornkreisen – faszinierende Gebilde. Daneben zeigen Landkarten die mit Stecknadeln gekennzeichneten Orte, wo diese zu finden sind.

Geoff legt seinen Finger auf einen bestimmten Punkt: «Hier gehen wir morgen hin», ruft er begeistert, «das ist nicht weit von hier.»

Draussen steht die Sonne hoch über der Landschaft von Alton Barnes. Kanalboote gleiten idyllisch an uns vorüber, und zwischen ein paar Büschen sitzen Bill und Anna mit ihren Füssen im Wasser. An einer Hügelflanke in der Ferne leuchtet ein in den kalkhaltigen Boden gekratztes Scharrbild eines weissen Pferdes.

Zurück in unserer Herberge möchte Alex nach dem Abendessen noch einen Spaziergang durch Urchfont machen. Von Weitem sehen wir Elsa. Vor der Dorfkirche, unter einer grossen, alten Eibe, sitzt sie mit geschlossenen Augen auf einer Bank.

«Ich bin nur noch benommen», sagt sie, als wir uns neben sie setzen. «Es ist, als hätte ich Watte im Kopf, und ich muss die ganze Zeit schlafen. Schon seit Beginn der Reise ist mir an den unerwartetsten Ecken so zumute, als hätte ich in einem früheren Leben dort gelebt. Der Reiseablauf ist mir viel zu dicht, und an vielen Orten, wo wir drei, vier Stunden Zeit hatten, um uns etwas anzusehen, wäre ich am liebsten ein paar Tage geblieben. Meine Seele kommt gar nicht nach mit all dem, was ich in diesen paar Tagen erlebt habe. Die Stimmungen, Farben, Bilder, Gedanken und Gefühle, Eindrücke, Zusammenhänge zu inneren Prozessen, Antworten auf Lebensfragen, Entscheidungen – überwältigent – magisch. Ich komme mir vor, zwar auf eine gute Art, aber doch wie aus der Zeit und dem normalen Leben herausgefallen. England ist für mich Seelenheimat.»

«Es hört sich an, als wärst du nicht zum ersten und vermutlich auch nicht zum letzten Mal hier», sage ich lächelnd und berühre anteilnehmend ihren Arm.

«Da hast du sicher recht», gibt sie aufatmend zurück, glücklich, verstanden zu werden. «Dieses Land wird mich wieder sehen.»

Am nächsten Tag, der den Kornkreisen gewidmet ist, kommt Elsa nicht zum Frühstück.

«Sie schläft noch», sagt ihre Zimmerkollegin Regula etwas ratlos. «Ich habe versucht sie zu wecken. Sie hat aber nur etwas von Verdauen-Müssen gemurmelt, sich umgedreht und weiter geschlafen.»

«Das ist schon in Ordnung», sage ich. «Sie hat keinen Termin für einen der Flüge gebucht, die heute Vormittag stattfinden.»

Obwohl Roland von vielen begeisterten Flugteilnehmern aufgemuntert wird in das Microlight Flugzeug einzusteigen, hat er grosse Bedenken. Andererseits ist die Überlegung, aus der Luft einen schönen Film mit seiner neuen Videokamera machen zu können, sehr verlockend.

Dann kommt Anna überglücklich zurück: «Schöööön war es», ruft sie strahlend.

«So, jetzt wag ich's», posaunt er entschieden und setzt sich neben den Piloten. Während des Flugs wird gefilmt – ein Kornkreis nach dem anderen. Manche haben ganz einfache Formen. Doch andere weisen komplexe geometrische Muster mit vielen grossen und kleinen Piktogrammen auf.

«Das hat sich wirklich gelohnt!», sagt Roland hinterher erfreut. «Die meisten Formationen hätte ich vom Boden aus nie so auf den Film gekriegt.»

Während des Mittagessens läutet Geoffs Mobiltelefon. Im Laufe des Gespräches ziehen sich seine Mundwinkel bis zu den Ohren hoch.

«Es gibt einen brandneuen Kreis hinter dem Silbury Hill», verkündet er dann überschwänglich.

«Da kommen wir mit dem Bus viel näher hin als zu manchen anderen», kommentiert unser Chauffeur zufrieden.

Dann kommt der Moment des Betretens dieser mysteriösen Erscheinungen: dieses Mal in einem Roggenfeld.

«Wie ihr ja schon gehört habt», erklärt uns Geoff, «gibt es echte und gefälschte Kornkreise. In diesem Kreis hier sieht man an der Komplexität des Musters, dass er nicht gefälscht sein kann. Man erkennt die Richtung, in welcher die Energie geflossen ist: im Uhrzeigersinn.»

Dann schneidet er eine Ähre ab und hält sie in die Höhe. «Das hier ist auch ein Beweis, dass der Kreis echt ist, und nicht von Menschen fabriziert wurde. In einem echten wirkt das elektromagnetische Feld auf den Halm. Wenn die Energie vom Boden aus in den Halm, also auf den Knoten im Halm trifft, dann dreht er sich spiralförmig. In den menschengemachten Kreisen wird der Halm gebrochen und umgeknickt.»

Geoff weiss noch mehr Interessantes über dieses Phänomen zu erzählen. Dann entlässt er uns auf eigene Erkundungstour. Ganz ehrfurchtsvoll und still verteilen wir uns und schauen und fühlen. Manche versuchen das Muster abzulaufen, um es zu erfassen. Andere lassen sich auf die liegenden Ähren nieder. «Vielleicht spürt man etwas», meinen sie. Was sich auf alle Fälle bestätigt ist, dass es Dinge gibt, die niemand erklären kann – nicht einmal die Wissenschaft.

WELLS:
DIE STADT MIT DEN SIEBEN QUELLEN

Am nächsten Morgen ist es beim Frühstück ziemlich still, denn es ist unser letzter Reisetag. Gestern Abend hat sich Geoff von allen verabschiedet, was die meisten auch etwas traurig stimmte. Er war uns ein lustiger und lieber Freund geworden.

Heute geht es weiter zum ‹Swan Hotel› in Wells. Elsa und Anna sind besonders wortkarg. Elsa würde am liebsten hierbleiben, und Anna hat gleich zwei Gründe verstimmt zu sein: Erstens ist ihr Koffer immer noch nicht angekommen und zweitens hat sie hier ihr Herz verloren.

Als wir etwas später vor unserer letzten Bleibe ankommen bricht ein Chor von Stimmen in ‹Aaahs› und ‹Ooohs› aus. Der Grund: Genau gegenüber dem Hoteleingang, getrennt durch einen begrünten Platz, steht die anglikanische Kirche St. Andrew, die berühmte Kathedrale von Wells. Die von hier sichtbare, von zwei Türmen flankierte Fassade des Bollwerks, ist übersät mit Figuren von Engeln, Heiligen und biblischen Szenen.

«Was für ein Wunderwerk», bestätigt Alex die begeisterten Ausrufe. «Was für Künstler die damaligen Baumeister doch waren». Dann hält er die Reisebroschüre in die Höhe: «Das Programm sieht für heute einen freien Tag vor. Mit Musse könnt ihre euch das hübsche Städtchen ansehen sowie den ganzen kirchlichen Komplex, der zudem Bischofssitz ist. Besonderes Augenmerk verdient der angrenzende ‹Vicar's Close›, ein aussergewöhnliches Strässchen aus dem 14. Jahrhundert mit Reihenhäusern für Kirchenchormitglieder. Was die Kirche selbst betrifft, so findet ihr, neben den baulichen Kunstwerken, eine höchst interessante astronomische Uhr. Diese hat immer noch ihr ursprüngliches mittelalterliches Gesicht und zeigt das pre-kopernikanische Universums mit der Erde in ihrem Zentrum. Neben der Zeitanzeige auf einem 24-Stunden-Zifferblatt, zeigt sie auch die Bewegung der Sonne und des Mondes.

Ein absolutes Highlight ist die ungleichmässige Treppe hinauf zum berühmteren Kapitelhaus, mit seiner uralten Bibliothek und originalen, angeketteten Büchern.

Um 18 Uhr gibt es dann ein feines Abschiedsdiner im Hotel. Hinterher könnten wir uns auf dem Rasen vor der Kathedrale treffen und unsere Reise ausklingen lassen.»

Obwohl wir das mittelalterliche Städtchen kennen, machen auch Alex und ich uns nach dem Zimmerbezug freudig auf, die geschäftige Highstreet sowie die engen Nebengassen mit ihren schönen historischen Häusern, von denen viele aus dem 14. bis 16. Jahrhundert stammen, aufs Neue zu bestaunen. Vom prächtigen gotischen Brunnen auf dem Marktplatz und den Eingängen der zahlreichen Pubs leuchten uns hängende Blumenkörbe in allen Farben entgegen.

Durch das Tor ‹Bischofs Auge› führt uns der Weg anschliessend zum Wassergraben des bischöflichen Palasts und von dort über eine kleine Brücke in den romantischen, gepflegten Bischofsgarten, wo sich die Quellen befinden, die dem Ort seinen Namen gegeben haben. Zwei um Futter bettelnde Schwäne ziehen mit ihren Schnäbeln an einer am Palasteingang befestigt Schnur.

Angrenzend daran führt ein spektakulärer, weitläufiger Kreuzgang zum Gotteshaus. Dort nimmt uns der Blick auf das auffallend helle Innere sofort wieder gefangen. Mit seinen wuchtigen Arkadensäulen und dem kunstvoll geschmückten Gewölbe – den Scherenbögen – ist es eine überwältigende Kombination von Statik und Ästhetik.

Es ist Sonntag, und in der Kathedrale findet gerade ein Hochamt statt. So setzen wir uns respektvoll in eine der hintersten Bankreihen, lauschen dem Chor und lassen die Mystik des sakralen Baus auf uns wirken.

Abends, im Speisesaal des Hotels, reissen die begeisterten Kommentare der Teilnehmer über all die eindrücklichen Dinge, die sie gesehen und erlebt haben, nicht ab.

Mit vier im Hotel organisierten Weinflaschen und jeder mit einem Glas in der Hand, ziehen wir hinterher vor die Kathedrale und setzen uns im Kreis auf den Rasen.

«Stefan und Liliane fehlen», stelle ich fest. Im selben Moment treten die beiden aus dem Gotteshaus und kommen auf uns zu.

Stefan ist ganz ergriffen: «Dieser Dom hat mich völlig fasziniert. Unfassbar, was der Mensch fähig ist zu kreieren.»

Mit hochachtendem Staunen lässt Alex seinen Blick abermals über den monumentalen gotischen Bau gleiten.

«Der Mensch ist ein eigenartiges Wesen. Er ist imstande, Gewaltiges zu schaffen, aber auch gewaltig zu zerstören. Auf unserer Reise haben wir viel Mystisches und Magisches gesehen. Wir haben hineingeschaut in die machtvollen Handlungen der Kreatur Mensch. In Stonehenge und Avebury waren wir Zeugen seines jahrtausendelangen Bestrebens mit den Göttern in Verbindung zu treten. Das Bewusstsein der damaligen Menschen spielte sich in einer magischen Welt ab; eine Welt, zu der wir keinen Zugang mehr haben. Im 12. Jahrhundert haben die Erbauer dieser Kathedrale dieses Prinzip noch gekannt und haben sie absichtlich hier errichtet, weil sie wussten, dass hier sieben Quellen zusammenfliessen. Quellen stehen in Verbindung mit der Mystik, und überall auf der Welt gab es Quellkulte. Einige von uns sind auf dieser Reise zu ihrer eigenen inneren Quelle vorgedrungen, und bei vielen ist einiges in Fluss gekommen.»

Nach einem Moment der Reflektion in der Runde hört man das Rascheln von Papiertüten und das Klingen von Gläsern.

«Ein Hoch auf den Fluss», sagt Bruno, füllt Alex' und sein eigenes Glas und reicht die Flasche weiter. «Darauf muss angestossen werden, lieber Alex, auf dass die inneren und äusseren Quellen heftig sprudeln. Du hast uns mit dieser Reise, deinen begleitenden Kommentaren und vor allem deiner persönlichen Art Welten eröffnet. Du bist ein Pionier des geistigen Aufbruchs. Diese Tage waren für mich eine Einweihung und dafür danke ich dir herzlich.» Die Dämmerung ist schon hereingebrochen, als wir zum Hotel zurückkehren. Da kommt uns die Empfangsdame entgegen.

«Es gab ein Anruf für Sie vom Urchfont Manor mit zwei Nachrichten. Zum einen ist dort ein Koffer für eine Dame eingetroffen, und man will wissen, ob man ihn hierher schicken soll.»

«Now everything is in butter!», ruft Anna ekstatisch.

«Zum anderen hat die Dame vom Zimmer 34 eine Schublade voller Kleider vergessen.»

Elsa lässt sich in einen Fauteuil gleiten: «Das bin ich.»

Alex wünscht der Gruppe eine gute Nacht und bestellt drei Cognacs. Dann setzten wir uns damit zu Elsa, im Moment noch ratlos, wie wir das Problem auf die Schnelle lösen sollen.

«Am liebsten würde ich nach Urchfont zurückfahren und nicht nur, um meine vergessenen Sachen zu holen, sondern, um noch eine Woche dortzubleiben», sagt sie, schüttelt aber hoffnungslos den Kopf.

«Das lässt sich schon machen, wenn du wirklich willst und die extra Kosten auf dich nimmst», antwortet Alex.

Bill und Anna haben von der Bar aus zugehört und kommen nun zu uns herüber.

«Wenn du noch nicht zurückfliegen willst, bleibe ich auch ein paar Tage», sagt Anna und schmiegt sich fester an Bill, der seinen Arm um sie gelegt hat.

«Wir sind ja nicht ganz auf uns gestellt», fügt sie hinzu und schaut Bill vertrauensvoll in die Augen.

Nach einer telefonischen Abklärung – die Managerin im Urfont Manor nimmt zum Glück noch ab – kann arrangiert werden, dass beide Frauen eine weitere Woche dortbleiben und dann zusammen zurück in die Schweiz fliegen.

Auf dem Weg zum Lift hänge ich mich, nun doch etwas müde, bei Alex ein: «Da wird Fredy Christ Augen machen, wenn wir morgen mit ihm telefonieren.»

«So gross wird die Überraschung für ihn nicht sein», meint er lächelnd. «Er weiss ja, dass wir uns auf einer mystischen Reise befinden.»

ᔥᔥ

8. HOCHZEIT IN FLORIDA

FÜNFUNDREISSIG GRAD IM SCHATTEN
UND EIN RIESIGER CAMPER

Mitten unter all diesen Geschehnissen, diesem pulsierenden Leben unter vielen Menschen, geschieht etwas sehr Privates: Nach drei Jahren des Zusammenlebens entscheiden wir uns, den Bund der Ehe einzugehen. Ausgefallen soll es werden – wie könnte es auch anders sein – nämlich auf einem Schiff in Florida mit dreitägiger Kreuzfahrt zu den Bahamas. Anschliessend soll es eine Hochzeitsreise im Wohnmobil geben, vom Süden Floridas bis nach Atlanta in Georgia und zurück.

Mit den notwendigen Dokumenten, Ringen und einfacher Hochzeitskleidung im Gepäck landen wir am 25. Juni 1999 in Miami. Der Lautsprecher im Flugzeug hatte eine lokale Temperatur von 35° angekündigt, und die Klimaanlagen in der Flughafenhalle laufen auf Hochtouren. Bis wir endlich unsere Koffer in Empfang nehmen können und durch die Zollformalitäten geschleust werden, ist uns beiden so kalt, dass wir kaum erwarten können ins Freie zu kommen. Aber, oje, draussen erschlägt mich die Hitze. Alex ist nicht unglücklich, er hat es gerne warm. Mit einer Hand schattenspendend über den Augen hält er Ausschau nach einem Taxi, und kurz darauf steigen wir in einen gekühlten Chevrolet. Ich atme auf. «Wie halten sie das nur aus?», rufe ich dem dunkelhäutigen Fahrer zu. Dieser dreht sich gut gelaunt zu uns um und stellt sich als Miguel aus Kuba vor. «Wir Hispano Amerikaner, von denen es in Florida viele gibt, sind die Hitze gewohnt. Die anderen Floridianer halten sich im Sommer gerne in gekühlten Orten auf.

Von ihren gekühlten Häusern gehen sie zur gekühlten Garage und fahren im gekühlten Auto zum klimatisierten Supermarkt oder ihren Arbeitsstätten», erklärt er in dickem hispanischem Akzent.

Entlang Palmenalleen und vorbei an riesigen Hotels, geht es dann zu ‹Cruise America›, der Vermietungsstelle des *Motorhomes*, das ich für unsere zweieinhalbwöchige Hochzeitsreise reserviert hatte. Dort angekommen, führt uns Eddy, der breitschultrige Angestellte mit frischfröhlichem Gesicht, zu unserer fahrenden Sommerresidenz, in der wir unsere Flitterwochen verbringen wollen. Alex hat keinen Führerschein, so bin ich die Pilotin und Alex der Co-Pilot, der die Landkarte studieren sowie die Strassenschilder im Auge behalten soll.

Beim Anblick des sieben Meter langen, drei Meter breiten Gefährtes trifft mich fast der Schlag. Doch Eddy tröstet mich mit dem Hinweis, dass in Amerika die Strassen und Parkplätze breit sind, und ich mich bald an die Ausmasse gewöhnen werde. Dann entdecke ich den aufgemalten Namen unseres motorisierten Honeymoon Hotels, ‹Flying magic›, und lege mir die Hand aufs Herz. «Die Magie reist mit uns», flüstere ich Alex zu, der mein Kommentar augenzwinkernd bestätigt.

Wir staunen über die Camper Ausstattung: praktische Einbauschränke in hellem Holz, eine voll ausgerüstete L-förmige Küche mit mannshohem Kühlschrank und dickbauchigem Toaster für die pfannkuchengrossen Toastscheiben, ein breites Bett im Heck sowie ein zweites im Alcoven über dem Fahrerhaus, eine Dusche und neben der Türe sogar ein kleines Handwaschbecken. Eddy weist auf die aufgedoppelte Insektengittertüre und überreicht uns eine grosse Dose Mückenspray. «Compliments of Cruise America», sagt er mit einem vielsagenden Gesichtsausdruck. «In Florida könnt ihr ohne diese beiden Dinge nicht sein».

Auf der Strassenkarte sehe ich erfreut, dass die ‹Interstate 95› nur einen Häuserblock von hier entfernt ist. Sie führt von Miami die ganze Ostküste des ‹Sunstates› entlang in den Norden der

USA und direkt an Cape Canaveral vorbei, wo unser Schiff im Hafen liegt.

Dann überreicht mir Eddy den Schlüssel, wir steigen ein, ich richte ein Stossgebet an den heiligen Christophorus, Schutzheiliger der Reisenden, und ein paar Minuten später befinden wir uns auf dem sechsspurigen Superhighway. Ziemlich nervös sehe ich anfänglich nichts anderes als die Fahrbahn vor mir und die an uns vorbeidonnernden Kolosse von Fernlastern. Nur peripher nehme ich die enormen Reklametafeln wahr, die den Strassenrand säumen. Über uns spannt sich der immense, zartblaue Baldachin des Himmels, auf dem hier und dort kleine weisse Wolkenfetzen dahin ziehen.

Die vierstündige, problemlos verlaufende Fahrt zu unserem ersten Campingplatz in Wabasso, am Indian River, mit kurzem Kaffee- und WC-Stop an einer Tank stelle, gibt meinen Nerven Zeit sich zu entspannen. Schlussendlich habe ich ja auch einen Helfer neben mir, der einerseits dabei ist, die vor ihm auf dem Armaturenbrett ausgebreitete Strassenkarte zu studieren, andererseits mir immer wieder Hinweise auf Sehenswürdigkeiten entlang der Strecke zu geben. Nach einer Weile hört das Rascheln der Karte auf und ein Seitenblick verrät mir, dass mein Co-Pilot klammheimlich eingeschlafen ist. Nicht weit von unserem Ziel stupfe ich ihn, damit er sein Amt wieder aufnehmen möge. Doch nach einigen Versuchen die vorbeiflitzenden Autobahnschilder zu entziffern fährt er sich mit gespreizten Fingern verzagt durchs Haar und stöhnt: «Es geht mir zu schnell, ich kann die englischen Beschilderungen nicht lesen. Du musst viel langsamer fahren».

«Auf der Autobahn?!», rufe ich amüsiert aus und werfe ihm einen tragikomischen Blick zu. Gottlob sind die Floridianer gemütliche Autofahrer und lassen mich, nachdem ich kurz vor der richtigen Ausfahrt die Tafel mit der Aufschrift ‹Wabasso› entdeckt hatte, ohne Hupkonzert, auf die rechte Spur wechseln. Gut ausgeschildert lässt sich zu meiner Freude dann auch das ‹Vero Beach Kamp› finden.

Nicht nur die Strassen sind breit in Amerika, alles ist riesig, so auch die Campinganlagen. Wie verzaubert bleibe ich bei der Einfahrt einen Moment stehen, um das ganze sich präsentierende Bild mit seinen sattgrünen Palmen, alten Eichen und Zypressen aufzunehmen. In langen, grauen Strängen hängt spanisches Moos von den Ästen.

Die nette Dame am Empfang weist uns einen weitläufigen Platz mitten in diesem Traumwald zu, und obwohl wir von weiteren Campern in meist noch grösseren Wohnmobilen benachbart werden, hören und sehen wir sie kaum. Besuch bekommen wir nur von zwei Arten anderer Campingbewohner: Nach dem Einparken beobachten wir durch das Wohnwagenfenster, wie sich äusserst zutrauliche, graue Eichhörnchen auf unseren Picknicktisch setzen und offensichtlich auf Leckereien warten. Heute gibt es aber leider keine, auch wird nicht gekocht, denn wir konnten uns noch nicht mit Lebensmitteln versorgen. *Steak & Shrimps $3.99* prangte von einer Reklametafel des Restaurants neben der Rezeption, und wir hatten uns in stillem Einverständnis zugenickt. Dann steigt Alex aus dem Camper, um das Elektrokabel anzuschliessen und trifft dabei auf die andere Sorte Nachbar. Kaum ist er im Freien, ertönen seine schrillen Hilfeschreie. Entsetzt öffne ich die Türe und finde ihn komplett bedeckt mit kleinen schwarzen Mücken. Er hatte vergessen sich einzusprühen. Zum Glück steht der Insektenspray auf dem Boden neben der Türe. Schnell komme ich ihm damit zu Hilfe und sprühe uns beide eiligst von Kopf bis Fuss ein. Dann ziehen wir uns um, machen uns fein für den Abend, und Arm in Arm machen wir uns auf zu einem feinen Soupée.

DAS HOCHZEITSSCHIFF

Von hier sind es nur noch zwei Fahrstunden bis zu unserem Schiff. Da die ‹SS Dolphin IV› auch als Hochzeitsschiff dient, sind wir nicht das einzige heiratswillige Paar, das am Samstag, dem 26. 6. 1999, schon um 12 Uhr, zwei Stunden vor der regulären Eincheckzeit, an Bord geht.

An der Reling herrscht reges Treiben, denn einige Paare haben ihre Trauzeugen, Brautjungfern und Familien mitgebracht. Bunte Papierschlangen und Konfetti fliegen zu winkenden Freunden und Angehörigen auf dem Pier. Dann steigen von unten Dutzende roter Ballonherzen in den Himmel. Die hübsche junge Frau in geblümtem, schulterfreiem Kleid neben mir winkt lebhaft und wischt sich Freudentränen von der Wange.

Im Vergleich mit anderen Kreuzfahrtschiffen ist das unsere klein, jedoch mit allem Komfort ausgestattet. Unsere schöne Kabine hat sogar einen Balkon mit freier Sicht auf das ruhig in der Sonne glitzernde Meer. Solange wir im Hafen stehen, bleibt die Balkontüre wegen der Hitze freilich geschlossen. Doch unser Stuart kündigt tröstlich eine kühle Brise an, die, wie er sagt, auf der Fahrt immer weht.

Für die feierlichen Eheschliessungen, die noch heute Nachmittag im Hafen stattfinden, wurde das Casino in einen Hochzeitssaal umgewandelt und mit Blumen sowie passenden Dekorationen festlich herausgeputzt. Alex wird instruiert, um 13 Uhr ohne mich im Saal zu erscheinen. Als ich zehn Minuten später in weissem Sommerkleid, mit einem kleinen Brautstrauss folge, ertönt der Hochzeitsmarsch aus einer Musikanlage. Gross, schlank und edel steht Alex in weissem Smoking, blauem Hemd und weisser Hose bei der Friedensrichterin – hier die Standesbeamtin – und sieht mir mit strahlendem Lächeln entgegen. Für mich ist das schon das Jawort. Der Rest ist Formalität, um das Ganze offiziell zu machen. Ohne Hochzeitsgäste führen wir dieses bedeutsame, lebensverändernde

Ereignis in schlichtem Rahmen mit lediglich zwei Zeugen von der Schiffscrew und der Richterin durch, die uns am Ende der Zeremonie freudig umarmt und ausruft: «And now, for the very first time, you can be called Mr. and Mrs. Alex Schneider».

Ich bin überaus glücklich, doch überrascht, wie schnell dieser entscheidende Augenblick, auf den wir unsere ganze Aufmerksamkeit gerichtet hatten, vorüber ist. Er war vorbei bevor er begann, obwohl er fortan unsere Zukunft bestimmte.

Abends, nachdem das Schiff abgelegt hatte, erwartet alle Passagiere, besonders uns frisch gebackene Hochzeitspaare, eine fabelhafte Feier mit Festmahl und Tanz im grossen Saal. Bald verziehen sich Alex und ich jedoch nach draussen auf das Schiffsdeck. Leider gibt es auch dort im vorderen Teil laute Unterhaltung und so flüchten wir nach hinten zum Heck. Hier, ganz im Dunkeln, legen wir uns nebeneinander auf zwei Liegestühle und schauen zum sternenübersäten Firmament hinauf. Bei jeder Sternschnuppe drücken wir uns vielsagend die Hände.

Da höre ich aus der Vergangenheit die Stimme der Kartenlegerin Marianne:

‹Sind Sie schon zum zweiten Mal verheiratet?›
‹Nein›, antworte ich, ‹nur einmal und bereits geschieden›.
‹Wenn das noch nicht ist, wird es in Zukunft sein. Ich glaube wirklich, dass Sie in drei Jahren nochmals heiraten.›

Am nächsten Morgen – wir sind noch gar nicht richtig wach – zerschneidet das Schiffshorn die Stille, und als wir über das Geländer unseres Balkons schauen, sehen wir den Hafen von Freeport sich nähern. Das Angebot, mit dem Bus in die Stadt gefahren zu werden, ist keine Option für Alex. Auf seine alterprobte Weise will er das Land erspüren. So laufen wir mit den Badesachen in der Tasche, dem mit wunderschönen Perlmutt Muscheln übersäten weissen Strand entlang.

460

Nach einem langen Marsch, die Mittagszeit ist schon vorüber, erreichen wir ein einheimisches Quartier. Eng aneinandergereiht stehen zu beiden Seiten der Strasse einfache Holzhäuser. Auf den breiten Veranden spielt sich Dorf- und Familienleben ab, und wir haben das Gefühl, Eindringlinge zu sein. Da wäscht eine Mutter ihrer Teenagetochter die Haare, dort, im Haus daneben, werden Rastazöpfe geflochten, und gegenüber waschen zwei Frauen in bunten Kopfwickeln das Mittagsgeschirr in vor Seife überschäumenden Schüsseln. Auf der Strasse spielen ein paar Buben Fussball. Fröhliche Rufe fliegen hin und her, und die Luft ist erfüllt von herzlichem Lachen.

Bei Alex hat sich der Hunger eingestellt. «Hier sieht es nicht nach Restaurant aus», sagt er enttäuscht. Doch kurz ausserhalb des Dorfes kommen wir zu einem kleinen grün und gelb gestrichenen Holzhaus mit dem Aushängeschild ‹Jacinta's Bar & Grill›. Auf einer Tafel neben der Türe steht ‹Lobster Trap, open for Breakfast, Lunch & Dinner›.

«Die haben diese Beiz genau für uns hierhergestellt», sagt Alex in seinem trockenen Humor und legt sich eine Hand auf den Magen. Es sind keine anderen Gäste da, als wir uns einem Tisch auf der Terrasse nähern. Augenblicklich kommt uns eine etwa dreissigjährige, vor Leben sprühende Bahamaerin entgegen. «Jacinta, Besitzerin und Köchin des Restaurants», sagt sie strahlend und erklärt, auf unsere Frage zu den leeren Tischen, dass die meisten ihrer Gäste erst abends kommen. Dann empfiehlt sie uns mit ausdrucksstarker Miene den gegrillten Hummer. «Frisch vom Fischer» fügt sie mit bedeutungsvoll rollenden Augen hinzu. Überzeugt von ihrer Schilderung sind wir einverstanden, woraufhin sie sich mit Volldampf zu den Tönen eines laut scheppernden Radios in der Küche zu schaffen macht.

Im Schatten der Terrassenüberdachung schlürfen wir Zitronensaft mit viel Eis und beobachten amüsiert einen Gecko, der mit majestätisch gehobenem Kopf und eingerolltem Schwanz sein

Revier im Auge behält. Wie der Blitz fällt er über Insekten her die sich auf die Terrasse gewagt hatten und lässt sie in seinem Schlund verschwinden.

In kürzester Zeit wird uns der gegrillte Hummer serviert. «Vortrefflich!», rufen wir Jacinta zu und zeigen ihr die unmissverständliche Daumen-hoch-Geste der Anerkennung.

«Ich befürchte, der trägt zu meiner einsetzenden Trägheit bei», sage ich müde zu Alex. Kauend nickt er zur Bestätigung und zeigt auf unsere Badetücher.

Nachdem für unser leibliches Wohl gesorgt war und Jacinta zusagt, uns vor dem Rückmarsch eine Pina Colada mit wenig Rum zuzubereiten, lassen wir uns, nicht weit entfernt, unter schattenspendenden Bäumen nieder und verbringen den restlichen Nachmittag genüsslich mit Baden und Faulenzen.

Nach unserer Rückkehr zum Schiff, und die Nacht hindurch, fahren wir bei vollkommen ruhiger See nach Cape Canaveral zurück. Am Ende dieser kurzen aber ebenso bedeutenden wie eindrücklichen karibischen Kreuzfahrt freuen wir uns auf unser rollendes Sommerhaus und darauf, unsere Hochzeitreise nun zu zweit weiterzuführen.

HONEYMOON
AUF DER DAYTONA BEACH

Für die anstehende ausgedehnte Tour ist ein Grosseinkauf erste Priorität. Noch im Hafenbereich finden wir den ‹Wild Ocean Market›, wo ich mich um die Lebensmittel kümmere und Alex um die Getränke. Von einem Ansichtskartenständer leuchten uns farbenprächtige Floridaaufnahmen entgegen. Ein paar davon landen in unserem Einkaufswagen.

«Diese extralange Briefkarte mit Couvert bekommen meine Girls daheim», sage ich zu Alex und zeige ihm entzückt die Vorderseite mit zwei schmusenden Papageien.

Lächelnd streichelt er mir die Wange.

Wieder im Camper öffnet Alex die Strassenkarte, und ich zeige auf einen Ort, den ich speziell ausgewählt hatte: Daytona Beach. Nach zwei Stunden erreichen wir den legendären Strand, wo ich die nächste Übernachtung einlegen möchte. Wenn ich bis dahin noch eine Spur von Zweifel hegte, ob das Fahrzeug auf dem Strand zugelassen ist, so schwindet diese gänzlich angesichts der grossen Einfahrt unter einem Pier mit der Überschrift ‹Welcome to Daytona Beach›. Der Anblick dieses breiten, viele Meilen langen Strandes ist in der Tat faszinierend und der Sandboden, wie beschrieben, so fest, dass wir ohne Weiteres darauf fahren können. Nachdem wir ein passendes Plätzchen gefunden haben richten wir uns häuslich ein und erkunden genauer die Ausstattung des Fahrzeugs. Für das Abendessen backe ich im kleinen Ofen die gefrorene Pizza vom Supermarkt. Alex, der Getränkechef, öffnet eine Flasche Châteauneuf-du-Pape-Festtagswein der Amerikaner, hat er sich sagen lassen. Auch an den Sekt, der heute nicht fehlen darf, hat er gedacht.

Als die rotgoldene Sonne hinter dem westlichen Landstreifen abtaucht setzen wir uns mit der Flasche Schampus vor unser mobiles Ferienhäuschen und schauen auf den abdunkelnden Atlantik hinaus. Nichts ist zu hören ausser dem langgezogenen Rauschen der Wellen. Da zeigt Alex nach vorne, zu einer Stelle, wo dunkle Formen auf der Wasseroberfläche sichtbar werden. Gespannt schauen wir auf die auf- und abtauchenden Punkte.

«Schildkröten», sagt Alex.

Dutzende dieser Tiere sind in Strandnähe gekommen und lassen sich von den Wellen schaukeln.

«Du weisst, dass die Glück bringen sollen», sage ich hocherfreut.

«Nein, noch nie gehört, aber ein so schönes Omen nehme ich gerne an.»

Morgens, noch bevor ich Kaffee kochen kann, hat sich Alex schon auf einen Streifzug gemacht. Ich reibe mir die Augen und schiebe die Vorhänge zur Seite. Vor dem Fenster führen Fussspuren zum Wasser und von dort dem Strand entlang, wo sie von einer endlosen Linie sich kräuselnder Wellen verwischt werden. Die Sonne ist über den östlichen Horizont gekrochen, und vor der Küste entdecke ich einen Schwarm brauner Pelikane, die hoch in der Luft Kreise drehen. Dann plötzlich stürzten die grossen Vögel herab und schiessen wie Pfeile, mit ihren langen Schnäbeln voraus ins Meer, wo sie unter dem Wasser verschwinden. Aufgeregt verfolge ich die Szene, und schon tauchen sie wieder auf, die riesigen Kehlsäcke gefüllt mit Wasser und vermutlich Fischen. Was für ein Schauspiel – was für ein Geschenk!

Ich suche und finde die Filterkanne und braue mir vorerst nur einen Kaffee. Dann setze ich mich mit der Papageienkarte an den Tisch.

‹Meine lieben Töchter!

Ja, wir haben es tatsächlich getan – wir haben uns ‹getraut›. Im Moment sind wir noch am Anfang unserer grossen Reise auf der östlichen Seite der Halbinsel Florida, nämlich auf dem sagenhaften Daytona Strand. Morgen geht es weiter in den Norden. Der nächste Halt wird in

St. Augustin sein, einem fünfhundert Jahre alten, geschichtsträchtigen Städtchen, erbaut von den spanischen Conquistdores. Anschliessend führt uns der unvergessliche Film ‹Vom Winde verweht› nach Atlanta, auf einen kurzen Besuch der Stadt mit dem Hauch des ‹Alten Südens›, bevor wir unser Lager am nördlichsten Punkt unserer Rundfahrt, am Fusse des ‹Springer Mountain› aufschlagen. Hier beginnt der dreieinhalbtausend Kilometer lange ‹Appalachian trail›, der von Georgia über Berg und Tal, durch Wälder und Wildnis, durch vierzehn Staaten nach Main führt. Er bietet Gelegenheit, wilden Tieren zu begegnen wie etwa Elchen, Waschbären, Stachelschweinen und sogar Schwarzbären. Vor Letzteren mögen wir allerdings verschont bleiben. Alex malt sich ein paar Tageswanderungen auf diesem ungewöhn lichen Fernwanderweg aus, und wir haben dafür extra unsere Wanderschuhe und Rucksäcke mitgebracht. Alex wäre nicht Alex, wenn ihn nicht schon der Gedanke daran in die froheste Stimmung versetzen würde. Die Rückfahrt nach Miami haben wir auf der westlichen Seite, entlang des Golf von Mexiko geplant, mit Marco Island und seinen traumhaften Stränden und Delfinsichtungen zum Ziel. Für interessante Campingplätze entlang der Route in den Süden lassen wir uns von Empfehlungenund lustigen Zufällen leiten. Abrunden soll unsere Reise der subtropische Sumpf, die Everglades, wo wir hoffen, die verschiedensten Vogel- und Reptilienarten anzutreffen. Als Souvenirs halte ich meine Augen offen für lässige T-Shirts.
Dicke Umarmungen,
Ma und Alex.›

Gähnend strecke ich mich und halte Ausschau nach meinem Gemahl. Tatsächlich sehe ich in ziemlicher Entfernung eine grosse, schlanke Gestalt in meine Richtung laufen. Geschwind suche ich die Bratpfanne und die restlichen Frühstücksutensilien und beginne Spiegeleier zu braten. Salziger Wind bläst zu den offenen Fenstern herein und bringt eine Brise Fischduft und Ferienatmosphäre mit sich. Aus dem Radio haucht Nat King Cole ‹Unforgettable, that's what you are ...». Alex nähert sich dem Wohnwagen und zeigt mir durch das Fenster ein schönes Stück Schwemmholz, das er gefunden hat. Er tritt ein, schiebt die Pfanne mit den Frühstückseiern von der Flamme und dreht das Gas ab. Dann legt er eine Hand auf die Brust, verneigt sich leicht und sagt schmeichelnd: «Darf ich um diesen Tanz bitten, schöne Frau?»

Ich lasse mich in den Arm nehmen und antworte leise: «Flirtet dieser ältere Herr etwa mit mir?»

«Ja, das tut er, und noch mehr hat er getan: dich zu seiner Frau gemacht, to my lawfully wedded wife, wie die Friedensrichterin so schön sagte.»

«Das musste wohl so kommen», gebe ich mit einem schelmischen Lächeln zurück, «denn es heisst ja nicht nur, ‹felix Austria›, glückliches Österreich, wie du einmal gesagt hast, sondern ‹tu felix austria nube› – du, glückliches Österreich, heirate.» Und Wange an Wange tanzend summe ich mit:

«Unforgettable, that's what you are,
unforgettable, though near or far.
Like a song of love that clings to me.
How the thought of you does things to me.
Never before
has someone been more
unforgettable in every way.
And forevermore that's how you'll stay.
That's why darling, it's incredible,
that someone so unforgettable
thinks, that I am unforgettable too.»